马克思主义理论与思想政治教育研究丛书

本书获海南大学重点学科建设项目资助

马克思主义基本原理教育新探索

◎ 李德芳 张云阁 主编

本书分别从不同的侧面对马克思主义基本原理中的一些重要问题进行了探讨，并对马克思主义基本原理教学的经验作了总结，在一定程度上深化了高校马克思主义基本原理的教学和研究。

武汉大学出版社

WUHAN UNIVERSITY PRESS

图书在版编目(CIP)数据

马克思主义基本原理教育新探索/李德芳,张云阁主编.—武汉:武汉大学出版社,2009.3

马克思主义理论与思想政治教育研究丛书

ISBN 978-7-307-06820-9

Ⅰ.马… Ⅱ.①李… ②张… Ⅲ.马克思主义三个组成部分—教学研究 Ⅳ.A81

中国版本图书馆 CIP 数据核字(2009)第 006125 号

责任编辑:文 诗 责任校对:黄添和一 版式设计:杜 枚

出版发行:**武汉大学出版社** (430072 武昌 珞珈山)

(电子邮件:cbs22@whu.edu.cn 网址:www.wdp.com.cn)

印刷:武汉中远印务有限公司

开本:720×980 1/16 印张:31.25 字数:448 千字 插页:2

版次:2009 年 3 月第 1 版 2009 年 3 月第 1 次印刷

ISBN 978-7-307-06820-9/A·49 定价:49.00 元

总　序

武汉大学党委书记　顾海良

　　自 1848 年马克思和恩格斯共同撰写的彪炳千古的《共产党宣言》发表以来，马克思主义已经走过了一个半世纪多的历程。在这一个半世纪多的历程中，世界上没有哪一种理论体系，能像马克思主义这样，如此深刻地阐明人类历史发展的客观规律，如此强有力地影响着人类社会的发展。今天，不管是马克思主义的拥护者或者是反对者，都自觉或不自觉地受惠于这一理论的"普照之光"。在这一个半世纪多的历程中，世界上也没有哪一种社会思潮，能像马克思主义这样，如此密切地贴近人类的经济、政治、社会、文化、思想、生活发展的实际。其间，它既经历过凯歌行进的辉煌岁月，也有过经受如磐风雨摧折的艰难时辰，但却始终保持着旺盛的生命力，不断地以"复兴"的面貌、崭新的姿态、发展的形式出现在世人的面前。马克思主义在其曲折的发展历程中，显示出强劲的理论生命力。

　　马克思主义决不是什么先知先觉者布下的某种"福音"，也不是什么千古不变的"教义"，它是时代发展的产物，是世界文明世代发展的结果，是人类思想史上的伟大革命的结晶。马克思主义在走过第一个世纪之交——19 世纪和 20 世纪之交——时，曾经经受过一次关于它的历史命运的大论争。这次大论争持续了 20 年，后来由俄国社会主义革命的胜利、中国及一批其他国家社会主义基本制度的建立等作了雄辩的实践上的回答；由列宁主义、毛泽东思想的形成和发展作了最有力的理论上的回答。历史似乎走了一个轮回。在又一个世纪之交——20 世纪和 21 世纪之交，马克思主义再次遇到了关于它的历史命运的大论争。面对世界社会主义运动转入低潮的事实，面对世界资本主义发展中纷繁复杂的现象，面对纷至沓来的社会思潮，人们在对实践的回顾、对理论的反思中，从更广、更深的视界上，思考着马克思主义在它走过第二个世纪之交时的历史命运。

历史总是现实的。对马克思主义历史命运的思考，不只是要对马克思主义已经走过的历史之路有一个正确的把握，更要对马克思主义的现实命运有一个科学的认识。在由历史的经线和现实的纬线交织而成的壮观的画卷中，我们对马克思主义的历史命运、现实境遇及未来趋势的思考，也许会更为广阔、更为深刻。"理论在一个国家实现的程度，总是决定于理论满足这个国家的需要的程度。"①青年马克思的这一至理名言，同样适用于马克思主义理论本身。即便在国际共产主义运动处于低潮的今天，世界上许多马克思主义政党依然在不断地把马克思主义同本国实际情况相结合，调整自己的理论、路线和方针、政策，探索具有本国特点的社会主义道路，使得 21 世纪世界社会主义呈现出多样化发展的特点，这也就向世人昭示：马克思主义仍然具有强大的生命力，批判的武器没有失去批判力！

马克思主义的发展需要马克思主义理论教育。探讨和掌握马克思主义理论教育的规律，是坚持和发展马克思主义过程中的题中应有之义，受到各国共产党的高度重视。无论是中国化的马克思主义——毛泽东思想、邓小平理论、"三个代表"重要思想和科学发展观，还是其他国家马克思主义政党的理论探索，都应该是各国共产党人自觉地把马克思主义同本国具体实际相结合的智慧结晶，是各国马克思主义理论教育的理论指南和重要内容。由于各国的具体情况和发展水平的差异，在开展马克思主义理论教育过程中，也会在教育内容、教育方法和途径等方面表现出相同和不同之处。对这些相同和不同之处进行比较研究，探索马克思主义理论教育的基本规律，对于提高马克思主义理论教育的水平，推进马克思主义理论

---

① 《马克思恩格斯选集》第 1 卷，人民出版社 1995 年版，第 11 页。

创新，无疑具有重要意义。

　　思想政治教育是传播马克思主义、开展马克思主义理论教育的重要途径。马克思主义理论一级学科和五个二级学科的设立，本身就体现了思想政治教育二级学科与马克思主义理论一级学科之间，以及思想政治教育学科与其他二级学科之间紧密相连的关系。随着经济全球化趋势的不断加强和科学技术的迅猛发展，我国社会转型过程中的阶层分化和贫富不均等新现象、新问题不断涌现，使得思想政治教育既面临着良好的机遇，也面临着严峻的挑战。要提高思想政治教育的效果，必须研究思想理论教育的前沿问题，处理好思想政治教育的意识形态功能与非意识形态功能之间的关系，充分发挥思想政治教育的功能。与此同时，要加紧马克思主义理论整体性研究，推进马克思主义理论创新工程和学科建设，这是广大人文社会科学工作者所肩负的伟大历史使命。

　　革命优良传统和革命精神教育是马克思主义理论教育的重要内容。自近代以来，无数志士仁人为了国家独立和民族富强，寻找救国救民之策，为革命抛头颅、洒热血。正是在中国共产党的领导下，通过把马克思列宁主义创造性地运用到中国的具体实际，找到了指引中国革命的正确道路。在这个过程中，形成了许许多多优秀的革命精神，如"井冈山精神"、"长征精神"、"延安精神"、"琼崖革命精神"，等等，这些都是中国共产党人世代相传的宝贵的精神财富，也是马克思主义理论教育的重要资源，值得永久珍惜。

　　马克思主义理论教育离不开对现实的研究。改革开放以来，尤其是进入新世纪以来，中国共产党在改革开放和现代化建设新时期探索党的执政规律过程中，提出了一系列重大治党治国的新方略和执政新理念，特别是科学发展观、构建社会主义和谐社会观，以及建设社会主义新农村、社会主义荣辱观等重大理论和实践问题，并作了深入的研究，取得了卓有成效的研究成果。这些都是新世纪建设中国特色社会主义的理论指南，也是开展马克思主义理论教育的重要内容。

　　马克思主义理论教育也离不开对中国传统文化的研究，马克思主义中国化首先意味着马克思主义与中国传统文化的有机结合。中国五千年的悠久历史孕育了深厚的文化底蕴，其中儒、道、佛是中国传统文化教育的核心内容，它们对当代中国依然有着广泛而深刻的影响。不仅如此，随着全球性问题的日益凸显，以儒、道、佛思想价值为主导的中国传统文化，因其能够对现代教育起到一定程度的矫正和纠偏作用，为现代人提供一种博大而深厚的精神资源，而日益受到世界的关注和重视。深入挖掘中国传统文化的当代价值，实现中国传统文化教育与马克思主义理论教育的有机结合，是当代中国马克思主义理论教育不可忽视的重要环节。

尽管从世界范围来看，社会主义还处于低潮，但是以中国共产党为代表的马克思主义政党，努力把马克思主义与本国具体实际相结合，取得了举世瞩目的伟大成就，吸引着世界的目光。我们相信，随着对马克思主义理论研究的不断深入，以及马克思主义理论教育的不断推进和创新，特别是中国特色社会主义建设不断取得新的成就，人们会更加坚定对马克思主义的信仰，坚定走社会主义道路的信念。从这个意义上讲，海南大学推出的"马克思主义理论与思想政治教育研究丛书"无疑是具有积极意义的。该丛书从多方面、多视角对马克思主义理论教育进行研究，既有对历史和传统的追溯，又有对现实问题的关怀，内容丰富，视阈广阔，相信会带给人们新的思考和新的启迪。

在"马克思主义理论与思想政治教育研究丛书"出版之际，我的朋友、海南大学党委书记赵康太博士、教授，希望我能作为学术同仁写一些文字。我非常高兴地接受这一热情邀请，遵嘱写了以上一些文字，是以为序。

2006 年 10 月于武昌珞珈山

目　录

第二编　马克思主义基本原理教学探索

第三编　社会主义核心价值体系与高校德育研究

深化对马克思主义基本原理的认识和创造性的运用思考（代序）

梅荣政

对"马克思主义基本原理"这一概念，现在至少可以从三个角度去理解：一是指马克思主义基本原理本身；二是指马克思主义理论学科中的这个二级学科；三是指高校思想政治理论课程中的一门课程。本文侧重从马克思主义基本原理本身谈一点深化研究的认识。

一、要重视突出马克思主义基本原理及其科学体系整体性的研究

马克思主义是科学，马克思主义基本原理是这门科学的核心。研究和说明马克思主义基本原理及其科学体系，是科学论证马克思主义科学性的必要条件。这是因为任何一门科学之所以能够确立，必须有三个条件："一是明确的对象，二是一系列正确的原理，三是比较完整严密的科学体系。"① 正因为如此，邓小平在讲到毛泽东思想科学体系时指出："毛泽东思想是个体系，是发展了的马克思主义。"② 他强调："做理论工作的同志，要花相当多的工夫，从各个领域阐明毛泽东思想体系。要用毛泽东思想的体系来教育我们

---

① 黄枬森. 关于马克思主义基本原理若干理论问题的思考（上）[J]. 思想理论教育导刊，2007（2）.
② 邓小平文选 [M]. 第2卷，北京：人民出版社，1994：43.

的党，来引导我们前进。"① 2005 年 5 月 11 日，中宣部和教育部联合下发的《关于加强和改进高等学校哲学社会科学学科体系和教材体系建设的意见》，也提出要大力开展马克思主义理论体系研究。在这个方面，学界作出了一些努力，取得了一些重要成果，但是，总的看来，目前大多数研究成果还是按照马克思主义三个组成部分来进行的。应该说，从马克思主义的某一组成部分的视角进行研究，对于深化某一个部分、某一个领域具体问题的认识是必要的、有益的，对这种研究成果的价值不可低估。然而，这种分部分研究对人们完整地把握马克思主义基本立场、观点和方法是有缺陷的。按照马克思主义本性的要求，在原有研究的基础上，更应该对它进行整体性研究，以便完整把握它的科学体系。之所以如此，是因为：其一，这是马克思主义作为完整世界观的内在要求。列宁曾说过："马克思主义的全部精神，它的整个体系，要求人们对每一个原理只是（α）历史地，（β）只是同其他原理联系起来，（γ）只是同具体的历史经验联系起来加以考察。"② 马克思主义本身历史方面和逻辑方面的严整性要求加强马克思主义整体性研究。其二，只有做这方面的研究，才能够说明马克思主义三个主要组成部分内部各个原理之间的相互联系、相互贯通，说明三个主要组成部分之间的相互联系、相互贯通。总体说来，目前对这个问题的科学研究和理论说明是不够的，特别是从一个主要组成部分怎样转化为另一个组成部分；从前面的一个比较抽象的具有最大普遍性的范畴、原理出发，怎样一步一步具体地、日趋深入地形成后面一系列的范畴、原理，使这些范畴、原理前后一致而不互相矛盾，尚未得到充分的论证和深刻的说明，这影响了人们对马克思主义理论体系的完整性的认识，也影响了马克思主义功能作用的发挥，不利于人们完整地把握马克思主义的立场、观点和方法及其运用。其三，是反对肢解马克思主义的根本要求。较长时期以来，各种各样的非马克思主义、反马克思主义思潮惯于用肢解的手法来诋毁马克思主

---

① 邓小平文选 [M]．第 2 卷，北京：人民出版社，1994：44．
② 列宁选集 [M]．第 2 卷，北京：人民出版社，1995：785．

义,它们或者把马克思主义不同的部分、不同的发展阶段割裂开来,或者突出一部分、抛弃一部分,或者制造不同部分之间的对立,为维护马克思主义科学体系的严整性,必须加强马克思主义的整体性研究。其四,这也是马克思主义理论学科建设的内在要求。整体性是马克思主义理论学科的重要特征和学科规定性。这一规定性既体现在马克思主义原理上,也体现在马克思主义理论一级学科及所属二级学科之间的有机联系上。要加强马克思主义理论学科建设,就应根据其内在要求加强马克思主义原理及其科学体系整体性研究。

怎样理解马克思主义基本原理的整体性,多位专家已发表了一些富有启发意义的见解。国务院学位委员会、教育部学位（2005）第 64 号文件对此有一个明确的表述,它指出,无论是从横向上还是从纵向上说,马克思主义都是一个发展着的整体。对马克思主义基本原理进行整体性研究,"与马克思主义哲学、政治经济学和科学社会主义分门别类的研究不同,它要求把马克思主义的这三个组成部分有机结合起来,揭示它们的内在逻辑联系,从总体上研究和掌握马克思主义"。从这段明确的表述中,我们对马克思主义基本原理的整体性可以作出四个方面的解读:第一,在研究对象上,马克思主义的基本原理不是对于客观物质世界某一个发展阶段、某一个部分、某一方面的反映,而是对于包罗万象、充满矛盾和历史发展的物质世界整体的本质和发展规律的科学反映。第二,在逻辑范畴上,它不是马克思主义某一构成部分、领域的范畴,而是从马克思主义哲学、政治经济学、科学社会主义各主要组成部分中抽象出来的,同时又贯通于各主要组成部分之中,涵盖多学科的范畴。这些范畴按照马克思主义作为一个完整世界观的要求,依据一定的逻辑规则形成概念体系,概念之间的逻辑联系是严整的。第三,在根本属性上,它具有科学性与阶级性、理论与实践、绝对与相对、普遍性与特殊性辩证统一的基本性质。这些基本性质贯穿于马克思主义理论各二级学科之中,并且将各二级学科内在地联系起来,形成一个不可分割的整体,这个整体最集中的表现就是马克思主义的立场、观点和方法及其运用。第四,在学科结构上,它们是以马克思主义基本原理为核心和基础,以创造性实践为中介的原本形态、展开形态、发展形态或者运用形态的统一体。这四个方面紧密联系、一以贯之，构成马克思主义基本原理的整体性。

二、要对马克思主义若干重要原理、重要范畴作深入的科学解读

目前已出版了一些有关马克思主义理论的优秀著作，概念清晰，原理讲得深透，读后使人感到很有收获。但是，也有一些论述马克思主义理论的著作在对重要原理和重要范畴的使用上存在一些情况：一是直接使用某个原理和范畴，不作解读；二是有解读，但是不够深透；三是解读不科学、不正确，甚至有错误；四是解读不全面；五是解读的史实有误。这些情况不仅使人们难以全面准确地、深刻地把握马克思主义原理或重要范畴的精髓和实质，影响了对它的创造性运用，而且也难以有针对性地回答对马克思主义基本原理提出的有关挑战。比如说，就第一种情况而言，若对生产关系要适合生产力的发展状况这个规律只使用不作科学解读，就很难使读者明辨是非。如有人提出这个规律纯粹是一种思辨的思维活动，在人类历史实际进程中根本就不存在，找不出任何一条历史事实来支持这个规律存在。这里提出的问题是，通过思维抽象并用逻辑表述出来的规律是不是就不具有客观性，对这样的问题必须作深入的理论说明。应该指出，如果这种责难能够成立，那么一切规律都要被取消、被否定。因为任何规律作为普遍性的东西，作为事物的本质或本质的关系，都不是可以直接感知到的，而是通过思维的抽象揭示出来，并用逻辑的方式凝结和概括起来的。所以，决不能因为规律要通过思维抽象和逻辑表述出来，就否定它的客观实在。生产力决定生产关系的规律也一样，它虽然是通过思维抽象和逻辑表述出来的，但是它是客观存在于人类历史实际进程中的，其中的生产关系是作为人的本质活动的社会物质生产过程的内在要素，或说人与人的关系的基本方面而存在的。正是"生产关系"概念的提出，"社会生产"概念由抽象变得具体了，社会生产的矛盾运动过程被揭示出来，进而揭示出社会形态发展的自然历史过程性质。所以，

生产力决定生产关系，是人类改造世界也改造自身的实践活动，它绝非"纯粹是一种思辨的思维活动"。人类历史发展的实际进程，人们的物质生产过程处处都证明着这个规律的客观存在。逻辑表述只不过是历史发展规律的理论表现。

还必须指出，对这个规律的客观性，不能凭列举个别的所谓"历史事实"来否定。这是因为，生产力决定生产关系作为普遍规律，总是存在于特殊之中，并在一定历史条件下起作用的。它在不同的地区、国家、民族及其不同的历史发展阶段，其具体表现形式是不同的。要证明或否定这样的普遍规律，需要"事实"，更需要理性思维。离开了理性思维，单靠个别"事实"既不能证明它，也不能否定它。因此，仅仅用列举几件"历史事实"来证明这个规律的存在，这种做法在科学上是站不住脚的。因为这种事实，不是从整体上、从联系中去把握的，而是随意挑出来的，不能反映历史发展的主流和本质。

第二种情况，比如说"物质"这一概念，如果只讲物质是个哲学概念，它相对于思维来说，是客观存在的，而不论证社会关系也是物质的，这种解读还是远远不够的。为了增强理论的说服力，还必须对马克思关于社会物质观的科学论证作理论阐述，因为社会的发展归根结底只有物质的力量才是最后的力量，只有物质才能成为历史运动的唯物主义的基础。现在，有些否定历史唯物主义规律及其逻辑表述的观点，正是以我们对社会的物质性及其运动规律实现的机制和特点理论阐述不足为根据的。实际上，我们知道，马克思、恩格斯在《德意志意识形态》中开始奠定唯物史观的基础时，就制定了生产方式的范畴。他们认为生产方式是社会发展的决定力量，它的两个方面生产力和生产关系都是物质力量。马克思的《资本论》完成了这一科学论证。它首先论证了生产力的物质性，科学地说明了生产力包括劳动者、劳动资料和劳动对象。而劳动者是"活的有意识的物"，是自然力。劳动资料是物和物的综合体。劳动对象是无机物和有机物，从而说明了生产力是物质的生产力，进而论证了生产关系的物质性。人所共知，生产力的物质性是比较容易说明的。需要说明的是，生产关系作为人与人之间在物质生产过程中的关系，也是物质的。只有说明了生产关系的物质性，才能回答生产关系较之上层建筑对生产力的直接影响作用，作为生产关系总和的经济基础对上层建筑的决定作用。马克思从对一个特定社会——资本主义社会的分析入手，通过分析资本主义社会的经济细胞——商品——切入，说明了商品的物质性。证明商品是一个外在的对象，它作为物质，存在于人之外。他指出，商品是使用价值和价值的统一，是生产力和生产关系统一的体现。要说明商品的物质性，关键在于说明商品价值的物质性，因为使用价值并不反映任何生产关系，而且它是可感觉的物体，人们容易承认它的物质性，而价值则不同，看不见、摸不着，如果能说明它是作为"物的社会存在"，那么社会的物质规定性也就得到了论证。马克思用科学抽象的方法，通过一系列的科学论证，说明了价值是以使用价值为物质载体的，同时形成商品价值的劳动也是物质的，这样就说明了商品价值是作为人类劳动的"物的形式"存在的。它作为一定社会关系的体现，是通过具体劳动表现出来的抽象劳动的产物，是一定量的劳动时间的客体化，即价值的对象性，它所表现的一定社会历史时期的社会关系，是人和人的关系的表现形式，是物，是社会实体，而不是自然实体。价值具有物质的规定性。马克思进而以价值为基础，论证了资本主义一系列经济范畴如资本、剩余价值、利润、利息和地租等，都是价值在资本主义生产关系中发展的不同层次、梯级的形态，或者说发展的形式和转化的形式，所反映的内容也都具有物质性。表明资本、剩余价值、利润、利息和地租等都是"从生产本身的自然必然性产生的，不以意志、政策等为转移的形式，这是物质的规律"①。这样就论证了反映整个资本主义生产关系的经济范畴的物质性，从而为唯物史观关于社会存在是社会发展的基础的原理提供了一个完整的体系性的证明。正如恩格斯总结的，"这里所涉及的，不仅是纯粹的逻辑过程。而且是历史过程和对这个过程加以说明的思想反映，是对这个过程的内部联系的逻辑

---

① 马克思恩格斯全集 [M]. 第 26 卷（上），北京：人民出版社，1972：15.

研究"①，正是这样，马克思把资本主义社会的经济制度称为物质的制度或者物质制度。进而，马克思从这个基本的生产关系出发，寻找到了基本的阶级关系，再过渡到对社会上层建筑的论证，科学地论证了上层建筑和经济基础的内在联系，这样，就做到了从整体性来理解一个社会的发展，彻底确立了唯物主义一元论的历史观。所以列宁指出，《资本论》的问世，使唯物史观从假设变成了科学。

弄清了马克思关于社会物质性的科学论证，对于马克思主义关于物质概念的把握就比较全面了，从而也才能够更深刻地理解生产关系要适合于生产力的发展状况、上层建筑要适合于经济基础状况的规律，正如列宁所说，马克思"从社会生活的各个领域中划分出经济领域，从一切社会关系中划分出生产关系，即决定其余一切关系的基本的原始的关系"②。"只有把社会关系归结于生产关系，把生产关系归结于生产力的水平，才有可靠的根据，把社会形态的发展看作自然历史过程。不言而喻，没有这种观点也就没有社会科学。"③

第三种情况，如对马克思关于生产力、生产方式和生产关系三个范畴之间关系思想的解读，从有的著作看，作者对马克思关于生产力、生产方式和生产关系三个范畴之间关系的思想并不清楚，从而也影响了对马克思关于生产方式这个概念的理解。马克思在从19世纪40年代中下叶一直到70年代的著作，包括《资本论》中的有关思想，关于生产力、生产方式、生产关系三个范畴之间的关系的基本内容是：生产方式决定生产关系，生产方式以及同它相适应的生产关系具有特殊的、历史的和暂时的性质。马克思说的资本主义生产方式是指生产的资本主义的社会形式，即资本主义条件下劳动者和生产资料相结合以生产人们所需要的物质资料的特殊方式，也就是雇佣劳动和资本相结合以生产人们所需要的物质资料的

---

① 马克思恩格斯全集［M］．第 25 卷，北京：人民出版社，1974：1013.

② 列宁选集［M］．第 1 卷，北京：人民出版社，1995：6.

③ 列宁选集［M］．第 1 卷，北京：人民出版社，1995：8-9.

特殊方式。了解了这个思想，才能够更深刻更全面地把握马克思关于生产方式的概念。

第四种情况，比如财产关系和生产关系的问题，有的教科书上讲得不够全面，致使读者读后只知道生产关系，弄不清有关产权的问题。其实，马克思的产权概念是明确的，它是与财产有关的多种权利的复合体，马克思深刻揭示了产权的性质，指明了财产关系是生产关系的法律用语，财产权是生产关系的法律表现，所有权是所有制的法律形态，它是产权的基础和核心，这是上层建筑中的问题。所有制是经济基础中的问题，一定的所有制决定着一定的所有权，所有权又反作用于所有制。我国国有企业的改革就是要在不改变社会主义性质的前提下对法律上的财产关系和经济上的生产关系进行有利于发展社会主义生产力的改革和调整。

第五种情况，比如，关于马克思主义哲学是不是斗争哲学的问题。有文章根据毛泽东曾讲过的马克思主义哲学是一种斗争哲学，就肯定马克思主义哲学是斗争哲学，并主张现在建设和谐社会要用和谐哲学来代替辩证唯物论，因为辩证唯物论是斗争哲学。这种解释，立论的依据是不可靠的。如黄枬森教授所指出的，确实，毛泽东曾经讲过，马克思主义哲学是一种斗争哲学。他是在一种什么情况下讲的？当时有人说马克思主义哲学是斗争哲学，毛泽东在回答这种说法时说："是的，马克思主义哲学是斗争哲学。"其用意是肯定马克思主义主张要斗争、要战斗、要奋斗等。但毛泽东在正面讲到马克思主义哲学的时候，从来都是讲它是辩证唯物主义，当然还有历史唯物主义，《毛泽东选集》里有很多地方都是这样命名的。毛泽东讲对立统一规律的时候，就反对过斯大林不讲统一只讲斗争，而他在《矛盾论》里讲对立统一的时候，总是不仅讲斗争也讲统一，所以毛泽东正式称呼马克思主义哲学的时候，他还是承认辩证唯物论和历史唯物论的。因此，根据他在某种特殊场合使用过斗争哲学的概念，就认为马克思主义哲学是斗争哲学，这是不合适的。和谐实际上就包含在统一里面，和谐就是一种统一，这个统一怎么才能达到？要达到统一有时恐怕也离不开斗争。

黄枬森教授还指出："很多人把马克思主义哲学说成是斗争哲

学，主要是因为讲矛盾规律的时候，说斗争是绝对的，统一是相对的。很多人认为，这一原理不能成立，应该放弃。我认为要坚持这个规律，斗争是绝对的，统一是相对的。我这样理解这个原理：把斗争和统一相对起来讲的时候，斗争是绝对的、统一是相对的，这并不否认如果单独讲斗争，斗争既有绝对性也有相对性；如果单独讲统一，统一也是既有相对性也有绝对性。教科书大概都不这样讲，而只是把统一和斗争相对起来讲，所以讲一个是绝对的，一个是相对的。这一原理是列宁根据恩格斯的观点提出来的，恩格斯把运动和静止相对起来讲，说运动是绝对的，静止是相对的，这不是说运动就没有相对性，静止就没有绝对性。其实辩证法的许多范畴都是这样，比如普遍和特殊、共性和个性。我们说普遍是绝对的，特殊是相对的，但是普遍也有相对性，特殊也有绝对性。又如整体和局部，整体是绝对的，局部就是相对的，但不是说整体没有相对性，局部没有绝对性。如果说斗争和统一，不能讲一个是绝对的、一个是相对的，那么，辩证法的许多范畴就都不能讲了，所以我认为这个原理还是能够成立的。"① 我是完全赞成黄枬森教授这种观点的。有人借我们党工作中曾经出现过的某些失误，如进入社会主义初级阶段以后仍然强调"以阶级斗争为纲"，用简单粗暴的办法解决人们精神世界的问题，来反驳黄枬森教授的观点。这种反驳，初听起来似乎有理，实际上则是混淆了两个问题：一个是毛泽东关于马克思主义哲学的思想体系问题、基本理论问题；一个是实际工作中的某些具体事例、理论的具体运用问题。以个别来否定一般，抓住一点不及其余，这种反驳很难说有什么说服力。因为人们既可以举出我们党在运用马克思主义哲学时失误的例子，也可以举出我们党在这方面成功的例子。这种不区分本质和现象，理论和理论的具体运用，采取简单枚举的做法，能有多少说服力呢？

　　以上都说明，对马克思主义基本原理一些重要的原理、范畴需要作深刻的解读，才能增强理论的说服力、吸引力和感召力。因为

---

① 黄枬森. 关于马克思主义基本原理若干理论问题的思考［J］（下）. 思想理论教育导刊, 2007（11）.

理论越彻底，越能说服人。所谓彻底，就是抓住了事物的根本。

三、坚持从继承与创新的统一中丰富
马克思主义基本原理的范畴

马克思主义基本原理是马克思主义科学体系的理论表达，而其基本范畴则是理论体系、逻辑构成的要素。马克思主义基本范畴及科学体系研究是马克思主义基本原理学科中规定的一门课程。丰富马克思主义基本原理的范畴是该学科建设的基础性工作，也是深化马克思主义基本原理及科学体系研究的基础性工作。

丰富马克思主义基本原理的范畴，要坚持继承与创新的统一。

一是对马克思主义三个主要组成部分——马克思主义哲学、马克思主义政治经济学、科学社会主义的原理及其发展史中的范畴进行系统的梳理和筛选，从中提炼出一些最基本的范畴，将其提升为整个马克思主义理论学科的范畴。如在马克思主义世界观和方法论层次上，提出辩证唯物主义、历史唯物主义的基本范畴；在马克思主义的基本观点和基本结论层次上，选择马克思、恩格斯运用马克思主义基本原理分析不同历史时期的历史任务而得出的若干重大结论，比如，马克思、恩格斯运用唯物史观分析资本主义社会基本矛盾得出的资本主义必然灭亡、社会主义必然胜利的重要结论，劳动价值论和剩余价值论，未来社会必须坚持公有制、按劳分配的思想，关于阶级斗争、社会主义革命、无产阶级专政原理，人的自由而全面发展的原理等。这些基本范畴、概念、重要结论、观点经提升之后，按照从总体上揭示马克思主义科学体系的要求，运用历史和逻辑、抽象和具体、简单和复杂等规则将其排列起来，使这些范畴不再限于原有的含义，而是被赋予其新的意义，不再只是对原有研究对象的反映，而是升华为对整个世界的本质和发展过程最普遍规律的科学反映。

二是制定新的范畴。马克思主义基本原理总是在新的科技发展和哲学社会科学成果的基础上，结合时代特征和当时的社会实践不断得到丰富和发展的，与此相应，必须制定新的范畴和概念。关于这个方面，应遵循恩格斯和毛泽东讲的原则。恩格斯说：现代社会主义"同任何新的科学一样，它必须首先从已有的思想材料出发，虽然它的根子深深扎在物质的经济的事实中"。① 毛泽东说："马克思主义必须在斗争中才能发展，不但过去是这样，现在是这样，将来也必然还是这样。正确的东西总是在同错误的东西作斗争的过程中发展起来的。真的、善的、美的东西总是在同假的、恶的、丑的东西相比较而存在，相斗争而发展的。"② 制定马克思主义基本原理的新范畴应遵循这些原则，按照四种路径来进行，即：其一，对马克思主义的文本、文献做深入的挖掘，马克思主义的文本、文献中含有关于马克思主义的基本原理的丰富思想，从马克思、恩格斯的著作到当代马克思主义者的名著中对有关基本原理的思想进行深入的研究，进行理论概括和科学说明，承继这一笔丰厚的理论遗产，是深刻把握马克思主义基本原理、科学精神必不可少的；其二，从当今时代、实践和科学发展中抽象、概括出一些反映时代特征和发展规律的概念列入马克思主义基本原理的范畴；其三，从古今中外的优秀文化思想中发掘出一些富有生命力的概念，经过改造、提升，形成马克思主义的基本范畴；其四，从国内外非马克思主义思潮中吸取一些积极的营养成分，经过批判、改造、加工、制作，形成一些新的概念来补充、丰富马克思主义基本原理的范畴。这方面的工作有相当的困难，不仅工作量大，而且需要做长期的努力，正如列宁所说，谁怕用功夫谁就无法找到真理。只要坚持不懈地努力就可以逐渐形成和完善马克思主义基本原理的科学范畴体系。

四、要把马克思列宁主义的基本原理和中国特色 社会主义的基本原理联系起来加以考量

把马克思列宁主义的基本原理和中国特色社会主义的基本原理

---

① 马克思恩格斯选集 [M]. 第3卷，北京：人民出版社，1995：719.
② 毛泽东文集 [M]. 第7卷，北京：人民出版社，1999：230.

联系起来加以考量，是证明马克思主义基本原理仍然是我们正确认识和运用人类社会发展规律的锐利武器，证明中国特色社会主义是坚持和发展马克思主义的典范所不可缺少的。中国特色社会主义之所以是正确的，关键在于它既坚持了科学社会主义的基本原则，又根据时代特征和中国实际赋予其鲜明的中国特色。中国特色社会主义理论体系，从中国社会主义初级阶段的实际出发，用中国的话语系统，把科学社会主义创始人关于科学社会主义的基本原则，作了富有中国特色的理论表达，如科学社会主义关于在未来社会要发展社会生产力的原理，马克思、恩格斯在《共产党宣言》等著作中强调，无产阶级建立自己的统治，建立新的社会以后，要"尽可能快的增加生产力的总量"。① 生产力的巨大增长和高度发展是未来社会的重要特征。这一原理在中国特色社会主义理论体系中，表述为"马克思主义最注重发展生产力"，"社会主义原则第一是发展生产"，"社会主义阶段的根本任务是发展生产力"，"以经济建设为中心"；按照马克思主义原理，一个社会的性质取决于生产关系的性质，一种生产关系的性质取决于生产资料所有制的性质。因此，马克思、恩格斯把生产资料从私有制转变为公有制视为社会主义最基本的特征。他们在《共产党宣言》中指出，"共产党人可以把自己的理论概括为一句话：消灭私有制"。② 恩格斯认为，社会主义社会"同现存制度的具有决定意义的差别当然在于，在实行生产资料公有制（先是单个国家实行）的基础上组织生产"。③ 这一科学社会主义的基本原则在中国特色社会主义理论体系中，根据我国社会主义初级阶段生产力呈多层次分布的客观要求，表述为以公有制为主体，多种所有制经济共同发展的基本经济制度。马克思、恩格斯认为，根据未来社会生产力的发展状况，在分配制度上，只能实行按劳分配原则。科学社会主义这一基本原则在中国特色社会主义理论体系中，为了同我国现阶段基本经济制度相适应，

---

① 马克思恩格斯选集 [M]. 第1卷，北京：人民出版社，1995：293.
② 马克思恩格斯选集 [M]. 第1卷，北京：人民出版社，1995：286.
③ 马克思恩格斯选集 [M]. 第4卷，北京：人民出版社，1995：693.

被表述为以按劳分配为主体，多种分配方式并存的分配制度，并确立了劳动、资本、技术、管理等生产要素按贡献参与分配的原则。马克思、恩格斯认为，未来社会在经济体制和运行机制上，应实行产品经济，商品和货币将从社会上消失。在中国特色社会主义理论体系中，在经济体制和运行机制上，则确立了社会主义市场经济体制，使市场经济体制、运行机制和社会主义的公有制得到结合，这一重大创新突破了经典马克思主义的经济理论，极大地推动了中国经济的发展。马克思、恩格斯认为，未来社会在国家政权上，无产阶级专政只存在于从资本主义进入社会主义的过渡时期，进入共产主义社会第一阶段后，国家将消亡。列宁发展了马克思关于无产阶级专政的学说，认为在共产主义第一阶段国家正在消亡，但还没有完全消亡。在中国特色社会主义理论体系中，则强调无产阶级专政将存在于整个社会主义历史阶段，并且几十代人都不能掉以轻心。无产阶级专政被命名为人民民主专政，更加鲜明地凸显出人民在国家政权中当家做主的地位，表明政权具有民主和专政两个方面的职能和政权的民主性质，强调人民民主是社会主义的生命。马克思、恩格斯认为，在社会的意识形态上，"任何一个时代的统治思想始终不过是统治阶级的思想"，① 未来社会必须实行"两个彻底决裂"，在共产主义社会的第一阶段上，社会的统治思想必然是工人阶级的意识形态和科学世界观——马克思主义。在中国特色社会主义理论体系中，坚持马克思列宁主义、毛泽东思想被确定为四项基本原则之一。党的十七大报告又指出，中国特色社会主义理论体系"坚持和发展了马克思列宁主义、毛泽东思想"。"在当代中国，坚持中国特色社会主义理论体系，就是真正坚持马克思主义"，并且创造了一系列具体体现马克思主义指导地位的原则。此外，马克思主义关于共产主义社会发展阶段、社会主义的本质特征、社会主义的领导力量、党的最低纲领和最高纲领的统一、科学技术是生产力、社会成员的富裕、军事理论、党的学说等重要原理，在中国特色社会主义理论体系中，都被赋予鲜明的中国特色。这些都显示了

---

① 马克思恩格斯选集 [M]. 第 1 卷，北京：人民出版社，1995：292.

马克思主义基本原理的创造性活力和时代精神，同时也反映了中国特色社会主义理论体系具有深厚的马克思主义根基。

五、划清一些重大原则问题的理论是非界限

中央领导和有关中央文件多次提出在原则问题上要旗帜鲜明，注意分清一些基本界限。比如马克思主义同反马克思主义的界限，社会主义公有制为主体、多种经济成分共同发展同私有化的界限，社会主义民主同西方议会民主的界限，辩证唯物主义同唯心主义和形而上学的界限，社会主义思想同封建主义、资本主义腐朽思想的界限，学习西方先进东西同崇洋媚外的界限，文明健康生活方式同消极颓废生活方式的界限，等等。笔者以为，划清基本界限对深化马克思主义的研究是极为重要的，因为正确的东西总是在同错误的东西作斗争的过程中发展起来的。真的、善的东西总是在同假的恶的东西相比较而存在、相斗争而发展的。这是真理发展的规律，也是马克思主义的发展规律。划清基本界限，就是对马克思主义与非马克思主义、反马克思主义进行比较、对照、批判分析，这样必定会深化对马克思主义基本原理的认识。当前，首先要划清的是坚持中国特色社会主义道路和中国特色社会主义理论体系与企图否定、改变这条道路和这个理论体系思潮的界限。党的十七大对中国特色社会主义道路和中国特色社会主义理论体系有非常明确的科学概括和理论阐述，并且把它作为高举中国特色社会主义伟大旗帜的最根本的两个方面，我们必须毫不动摇地加以坚持。否定、改变这条道路和这个理论体系的思潮，正如有的专家指出过的，大致有两种情况：一种是向旧体制即高度集中的计划经济体制倒退；一种是向旧社会制度即资本主义制度倒退。从一段时间以来两种情况的表现来看，主张退回旧体制的人处于极少数，其影响日渐式微，其主张也不会得到广大人民的赞同，相反，主张向旧制度即资本主义制度倒退的势力和影响不容低估，特别是在世界社会主义运动处于低潮，西方敌对势力加紧实施对我西化分化战略，民主社会主义思潮、新自由主义思潮、历史虚无主义思潮泛滥的形势下，当前应特别提高

对后一种情况的警惕，注意同它们划清思想界限。

此外，还需要划清一些原则界限，比如说，我们党提出的科学发展观中的"以人为本"与西方人本主义中的"以人为本"的概念、与中国传统文化中的民本思想之间，在提出的背景上、人的具体内涵上、发展的前景上以及历史观上有原则的区别。又如，构建社会主义和谐社会的理论基础与和合思想的界限。现在有一种意见认为，传统文化中的和合思想是我们构建社会主义和谐社会的理论基础。笔者以为这种看法是不当的。我们要构建的社会主义和谐社会，是在中国特色社会主义道路上，中国共产党领导全体人民共同建设、共同享有的和谐社会。必须坚持以马克思列宁主义、毛泽东思想、邓小平理论和"三个代表"重要思想为指导，中国传统文化中的"和而不同"或者"不同而和"是包含着"不同"、"差异"、"矛盾"在内的多样性统一，我们在构建社会主义和谐社会中，当然要继承、吸取其中的合理要素，但是，不能把含义模糊的"和合"概念作为中华和谐文化的理论基础，更不能把它作为构建社会主义和谐社会的理论基础，社会主义和谐社会与古代关于社会和谐的思想有某些因素的联系，但是在经济根源、利益基础、科学基础、历史观等多个方面，特别是在本质内容上是根本不同的。又如，要注意党的十七大报告中的关注民生的概念与孙中山的"三民主义"中的"民生"概念的联系和区别。在海外，有学者讲"三民主义"就是社会主义，现在我们讲关注民生是回到了"三民主义"，应该说这是抹杀了二者之间的原则界限，我们讲关注民生是从中国共产党的根本立场上、根本宗旨上，从社会主义本质规定上提出问题的，同"三民主义"中的民生问题有某种联系，但是，在基础和前提、根本立场和历史观、在未来社会的发展目标等方面，是有原则区别的。

这里有一个很重要的问题，就是语言是思维的外壳，是表达思想的工具，一种思想总是要通过一定的话语系统表达出来。理论也是这样，任何一种理论总要通过特定的概念、范畴表达出来，如果表达一种理论的基本概念、主要范畴受到了曲解，或者绝大多数被置换，这种理论不改变是不可能的。马克思主义无疑要从中国传统

文化中、一切世界进步文化中吸取积极的要素，以不断丰富和完善自己，包括语言系统，这是没有疑问的。但是，马克思主义理论体系中一些最基本的概念、范畴、原理必须坚持，对它的取代、补充必须经过严格的科学论证，采取慎重的态度，如果在这方面有随意性，忽视科学性，必然会损害马克思主义基本原理和科学精神，这是在当前我国有多种文化相互交锋、碰撞、某种程度的交融中值得注意的问题。

（本文作者：梅荣政，武汉大学政治与公共管理学院教授、博士生导师）

第一编

马克思主义基本原理
若干重要问题研究

论科学地理解科学社会主义

李崇富

各国无产阶级及其政党为科学社会主义事业奋斗，并能逐步取得胜利的一个重要的理论前提，是必须科学地理解和掌握科学社会主义。这既是推进科学社会主义的理论研究和理论创新的内在要求，更是科学社会主义的实践探索和实践创新的本质要求。多年以来，特别是苏联、东欧剧变以来，国内外有些人把马克思的社会主义、共产主义的理论和主张，污蔑为"乌托邦"，或者把马克思的社会主义歪曲为"民主社会主义"，甚至给伯恩施坦主义的继承者——社会党国际所主张的"民主社会主义"，戴上"马克思主义的正统"的桂冠。其实，这种人是根本不懂和根本不信科学社会主义；而我们要真懂和真信科学社会主义，并自觉地为科学社会主义事业而奋斗，就必须正本清源，从科学地理解、看待科学社会主义开始。

一、必须科学地理解"科学社会主义"概念

在马克思主义的理论语言和概念体系中，"科学社会主义"与"科学共产主义"是同义和通用的，并且有广义和狭义之分。广义的"科学社会主义学说，也就是马克思主义"。① 而狭义的即严格意义上的科学社会主义，是列宁根据马克思主义体系的内在结构，特别是以恩格斯的《反杜林论》中的三分法为依据，从而在他写的《马克思主义的三个来源和三个组成部分》的论文中，明确地

---

① 列宁全集 [M]. 第 6 卷，北京：人民出版社，1986：251.

使之与马克思主义的哲学、政治经济学相并列，而成为马克思主义的三个基本的组成部分之一。

要科学地理解科学社会主义这个概念，就应当真正弄懂弄清什么是科学社会主义、它何以成为科学社会主义、社会主义的科学性与革命性能不能是统一的三个相关问题。

首先，马克思本人从其社会主义主张与空想社会主义的本质对立的意义上，高瞻远瞩地提出了"科学社会主义"的概念及其内涵。早在马克思主义创立之初，马克思就在 1847 年上半年写成的批判蒲鲁东的《贫困的哲学》的著作——《哲学的贫困》中，论述了社会主义从空想变为科学的历史条件和思想内涵。马克思在肯定当时的"社会主义者和共产主义者是无产者阶级的理论家"的前提下，指出："在无产阶级尚未发展到足以确立为一个阶级，因而无产阶级同资产阶级的斗争尚未带政治性以前，在生产力在资产阶级本身的怀抱里尚未发展到足以使人看到解放无产阶级和建立新社会必备的物质条件以前，这些理论家不过是一些空想主义者，他们为了满足被压迫阶级的需要，想出各种各样的体系并且力求探寻一种革新的科学。但是随着历史的演进以及无产阶级斗争的日益明显，他们就不再需要在自己的头脑里找寻科学了；他们只要注意眼前发生的事情，并且把这些事情表达出来就行了。当他们还在探寻科学和只是创立体系的时候，当他们的斗争才开始的时候，他们认为贫困不过是贫困，他们看不出它能够推翻旧社会的革命的破坏的一面。但是一旦看到这一面，这个由历史运动产生并且充分自觉地参与历史运动的科学就不再是空论，而是革命的科学了。"① 在这里，马克思既讲到了社会主义由空想转变为科学的阶级基础和物质条件，又讲到了实现这种转变的实践根据和理论要求。因此，他也就比较完整地为科学社会主义规定了基本的理论内涵，并且使科学社会主义这个概念呼之欲出。

我们知道，空想社会主义从 1516 年托马斯·莫尔年写出《乌托邦》，再从 1602 年托·康帕内拉写出《太阳城》，直到 18 世纪

----

① 马克思恩格斯选集［M］. 第 1 卷，北京：人民出版社，1995：155.

末和 19 世纪前期圣西门、傅立叶和欧文的空想社会主义及其示范活动的失败，其间有二三百年的时间。在他们的空想社会主义著作中，既有对资本主义剥削制度及其弊病的深刻揭露、辛辣讽刺和精彩批判，也有他们主张用以代替资本主义剥削社会的未来新社会的许多天才而具体的描绘、设想和憧憬。他们幻想依靠像自己这类天才人物的头脑，设计出尽善尽美的社会方案，通过劝说富人发善心交出财产，并通过示范群众，以建立人人劳动、财产公有、没有家庭、没有阶级、没有剥削、没有压迫、人人平等、团结互助、和谐友爱的社会。尽管这些主张具有幼稚和空想的性质，然而，它们也提供了启发工人觉悟的极为宝贵的思想材料，从而成为马克思和恩格斯创立科学社会主义学说的理论来源。

但是，批判的空想的社会主义和共产主义的意义，是同历史的发展成反比的。当马克思主义在 19 世纪 40 年代中期创立之后，特别是它在此后 20 多年间在各国工人运动中逐步得到广泛传播，并在 19 世纪 70 年代初期开始成为国际共产主义运动的指导思想的情况下，空想社会主义就开始走向反面。马克思、恩格斯认为，这时"阶级斗争越发展和越具有确定的形式，这种超乎阶级斗争的幻想，这种反对阶级斗争的幻想，就越失去任何实践意义和任何理论根据。所以，虽然这些体系的创始人在许多方面是革命的，但是他们的信徒总是组成一些反动的宗派"。[①] 因此，马克思和恩格斯从 19 世纪 70 年代开始，就正式把自己创立的社会主义的科学理论，称之为"科学社会主义"，以显示出自己与空想社会主义的原则对立和本质区别。恩格斯在 1872 年 5 月至次年 1 月写成的《再论蒲鲁东和住宅问题》一文中，提出了"德国科学社会主义"和"德国科学社会主义精神"的用语，显然这同从其中抽象出科学社会主义概念，只有一步之遥。马克思在大约过了一年时间，即在 1874 年至 1875 年初写成的《巴枯宁〈国家制度和无政府状态〉一书摘要》中，正式提出和制定了"科学社会主义"概念。他写道："'科学社会主义'，也只是为了与空想社会主义相对应时，才使用

---

① 马克思恩格斯选集 [M]. 第 1 卷，北京：人民出版社，1995：304-305.

的，因为空想社会主义力图用新的幻想欺蒙人民，而不是仅仅运用自己的科学认识去探讨人民自己进行的社会运动。"① 这里讲得很清楚，其一，"科学社会主义"这个概念，"只是为了与空想社会主义相对应时"才使用的，用以表示它们之间的区别和对立。其二，它们之间存在的是一种本质上的对立。因为一方面空想社会主义在马克思主义产生以后并没有停止活动，而且仍然在用"新的幻想欺骗人民"；另一方面科学社会主义则是"仅仅运用自己的科学认识去探讨人民自己进行的社会运动"。所以这是关于社会的"科学认识"与历史唯心论的"社会幻想"之间的本质对立。

其次，恩格斯精辟地阐明了社会主义是如何由空想发展为科学的。恩格斯先后在《反杜林论》、《社会主义从空想到科学的发展》和《在马克思墓前的讲话》等著作中，一再强调马克思的"两大发现"与科学社会主义形成的关系。他指出，由于马克思的"这两个伟大的发现——唯物主义历史观和通过剩余价值揭开资本主义生产的秘密"，从而使"社会主义变成了科学"。② 那么，我们如何理解恩格斯的这个重大论断呢？

笔者认为，这是仅就马克思主义创立和发展的内在逻辑而言的。这是因为，社会主义从空想发展为科学——从根本上说——是客观的社会历史条件之成熟所使然。只有在这个前提下，社会主义理论才可能朝着科学发展和成熟。从其理论发展的逻辑看，马克思的"两大发现"的意义极为重大：其一，马克思是由于唯物史观的发现，才揭示出社会基本矛盾运动（特别是生产力与生产关系的矛盾运动），以及由此引起的历史上阶级斗争对于社会发展和社会形态更替的决定性作用，从而发现了社会发展的客观规律，阐明了社会从低级形态向高级形态更替演进的客观必然性。因此，马克思发现了唯物史观，也就是发现了社会主义必然代替资本主义的客观规律。其二，马克思是由于在唯物史观导引下创立了剩余价值学

---

① 马克思恩格斯选集 [M]．第 3 卷，北京：人民出版社，1995：199-200、290．

② 马克思恩格斯选集 [M]．第 3 卷，北京：人民出版社，1995：366．

说，才揭开了资本家剥削工人的秘密，从而揭示出了无产阶级与资产阶级的阶级矛盾和阶级斗争的经济根源，阐明了这种阶级斗争必然导致无产阶级革命和无产阶级专政，进而在生产力高度发展的基础上逐步消灭阶级和进入无阶级社会的历史大趋势。因此，马克思发现了剩余价值规律，也就是发现了肩负着历史使命的无产阶级，找到了资本主义制度的"掘墓人"。由于无产阶级是现代大工业的产物，是最伟大、最先进和最革命的阶级，因此由这个阶级作为社会主义事业的主体力量和领导力量，社会主义和共产主义事业就有了胜利的保障。这就是说，马克思和恩格斯"为了使社会主义变为科学，就必须首先把它置于现实的基础之上"。[①] 而马克思的"两大发现"，正是基于对人类社会特别是对近现代资本主义社会的经济分析，发现了社会主义必将取代资本主义的客观规律，发现了为其彻底实现而进行斗争的社会力量。所以，社会主义才由原来那种改良主义的空想，变成为指引无产阶级谋求本阶级和人类解放的科学社会主义理论。

最后，马克思和恩格斯创立的科学社会主义，既是科学的理论，也是革命的理论，是科学性和革命性的内在的和高度的统一。从其科学性上看，马克思的科学社会主义作为"革命无产阶级的思想体系赢得了世界历史性的意义，是因为它并没有抛弃资产阶级时代最宝贵的成就，相反却吸收和改造了两千多年来人类思想和文化发展中一切有价值的东西"；[②] 而且它在被创立之后，还要继续从世界各国的实践、科学和文化的发展中不断吸取营养。科学社会主义永远是人类思想精华的结晶。从其革命性上看，马克思的科学社会主义不仅在理论上是对空想社会主义的革命性的改造和质的飞跃，即社会改良的理论质变为社会革命的理论；而且它还主张在实践上对资本主义社会进行彻底的革命和改造，即用无阶级、无剥削的社会主义社会和共产主义社会取而代之。科学社会主义是最彻底的社会革命理论。对此，列宁说："这一理论对世界各国社会主义

---

① 马克思恩格斯选集 [M]. 第3卷，北京：人民出版社，1995：366.
② 列宁选集 [M]. 第4卷，北京：人民出版社，1995：299.

者所具有的不可遏止的吸引力，就在于它把严格的和高度的科学性（它是社会科学的最新成就）同革命性结合起来，并且不仅仅是因为学说的创始人兼有学者和革命家的品质而偶然地结合起来，而是把二者内在地和不可分割地结合在这个理论本身中。"①

二、科学社会主义的科学基础在于实践

科学社会主义之所以是科学，就在于它是对近现代资本主义社会发展规律和发展趋势的正确反映，是对无产阶级和资产阶级的阶级斗争实质和发展前景的正确反映，是对无产阶级革命规律和社会主义建设规律的正确反映。总之，它就是对社会现实的正确反映和对其发展前景的科学预见。然而，社会现实只有通过社会实践才能转化为人们的认识，才能验证这种认识的真理性。所以，我们要科学地理解科学社会主义，就要求我们科学地看待它据以产生的社会实践。

第一，科学社会主义赖以立足的社会实践，首先和大量的是整个人类已有的全部实践，即大量的是间接的实践。它们表现为人类的文明成果、文化的积累、特别是它的进步思想家和理论家的理论思维能力与政治洞察能力。马克思主义及其社会主义学说的酝酿时期也是这样。用马克思的话来说，在当时"我们是从世界本身的原理中为世界阐发新原理"，即"只是希望在批判旧世界中发现新世界"。"我指的就是要对现存的一切进行无情的批判，所谓无情，意义有二，即这种批判不怕自己所作的结论，临到触犯当权者时也不退缩"，"所以，什么也阻碍不了我们把我们的批判和政治的批判结合起来，和这些人的明确的政治立场结合起来，因而也就是把我们的批判和实际斗争结合起来，并把批判和实际斗争看做同一件事情"。② 这表明科学社会主义在其产生的早期，只能在批判性地分析资本主义社会所遇到的矛盾和问题之中，来构思社会主义的思

---

① 列宁选集 [M]. 第 1 卷，北京：人民出版社，1995：83.
② 马克思恩格斯全集 [M]. 第 1 卷，北京：人民出版社，1956：416-418.

想、观点和原理。它在这时的科学性主要表现为革命的批判性。

第二,科学社会主义赖以立足的革命实践,是由它所指导的各国无产阶级的社会主义运动。这种革命实践以夺取国家政权、建立无产阶级的政治统治为其直接目的。但是无产阶级领导的社会主义运动有一个重要的前提,就是工人们开始觉醒并逐步形成一定形式的组织和联合(如组织工会和政党等),即开始从政治上组成一个阶级,以便捍卫和逐步实现本阶级的利益,因此,无产阶级需要自己的思想家、理论家和领袖。马克思和恩格斯在创立科学社会主义的时候,他们经常深入工人之中,关心、体察工人群众的生活,积极参加和指导国际工人运动,是世界无产阶级的革命导师。在他们的指导下,国际共产主义运动在 19 世纪 40 年代蓬勃兴起,迅速发展。他们把原来只是德国的政治流亡者的帮会性组织——"正义者同盟",改造成为第一个国际无产阶级政党组织即"共产主义者同盟"。他们受这个同盟的重托所起草的并于 1848 年初发表的《共产党宣言》,也就成为了马克思主义及其科学社会主义诞生的最主要的标志。科学社会主义理论与工人运动相结合的最重要的成果,是马克思和恩格斯在 1864 年创立了第一国际,随后在第一国际的帮助下,西欧一些国家纷纷建立了无产阶级政党,并形成了国际共产主义运动的第一个高潮。尽管事先马克思并不赞成巴黎工人搞武装起义,但是当巴黎公社革命爆发后,他和第一国际还是积极支持和指导公社战士的革命斗争。马克思和恩格斯对巴黎公社斗争及其失败经验的科学总结,丰富和充实了他们所创立的科学社会主义。恩格斯在马克思逝世之后,独自承担起理论创新和指导国际工人运动的重担。在恩格斯的指导下,国际共产主义运动又有所复兴。因此,恩格斯说:"社会主义现在已经不再被看作某个天才头脑的偶然发现,而被看作两个历史地产生的阶级即无产阶级和资产阶级之间斗争的必然产物。"① 这是对工人阶级社会主义运动的革命斗争经验的科学总结。

第三,科学社会主义赖以立足的直接的社会实践,是社会主义

---

① 马克思恩格斯选集 [M]. 第 3 卷,北京:人民出版社,1995:739.

建设的实践。科学社会主义的历史性任务是改造旧社会、建设新社会。如果说，社会主义革命的第一个任务是要破坏一个资本主义的旧世界的话，那么，其后更重要、更艰巨、更伟大的任务就是要建设一个社会主义的新世界。对于资产阶级革命以及一切剥削阶级的革命而言，当它们夺取了政权确立了本阶级的统治和剥削制度之时，就是它们革命到底之日。因为它们的历史任务，无非是用一种新的剥削制度去代替一种旧的剥削制度而已。而无产阶级的社会主义革命，则与此根本不同。当无产阶级夺取了政权、并确立了自己的政治统治之时，那仅仅是无产阶级革命事业的开始，更加困难、更加复杂、更加繁重的任务还在后头。这对于像中国这样的原来经济文化落后的国家而言，更是如此。我们知道，社会主义事业是前无古人的创造性的宏图伟业，其探索性和艰巨性无与伦比。因为社会主义不仅要推翻和消灭资产阶级，而且要消灭一切剥削阶级；不仅要消灭资本主义剥削，而且要消灭一切剥削；不仅要消灭资本主义生产方式，而且要创造出高于资本主义的劳动生产率；不仅要消灭贫富分化，而且要消灭"三大差别"及实现人的全面发展。所以，科学社会主义的理论，既是彻底的革命理论，又是崭新的建设理论。而这种新社会的建设没有成功的先例可以遵循，没有成功的经验可资借鉴，也没有固定的模式可以照搬，只能靠我们自己在实践中，一步一步地进行试验和探索。科学社会主义的生命力和理论源泉，只能来源于人民群众的社会主义实践。这种实践探索是从列宁开始的，他的体会很真切。他说过："对俄国来说，根据书本争论社会主义纲领的时代也已经过去了，我深信已经一去不复返了。今天只能根据经验来谈论社会主义。"① 一切社会主义建设者的经验，当然只能来自于他们投身的社会主义实践。所以，列宁又说："他们应当懂得，现在一切都在于实践，现在已经到了这样一个历史关头：理论在变为实践，理论由实践赋予活力，由实践来修正，由实践来检验。"② 因此应当说，科学社会主义的真理性和科学性

---

① 列宁全集［M］. 第34卷, 北京: 人民出版社, 1985: 466.
② 列宁选集［M］. 第3卷, 北京: 人民出版社, 1995: 381.

的真正基础，是直接建设社会主义的实践。从最直接的意义上说，科学社会主义是社会主义的社会现实的观念形态。

当然，这绝不意味着科学社会主义可以从工人运动中自发地产生；也不是说，凡是以社会主义为名义的实践，都能自发地体现社会的进步要求和工人阶级的根本利益。马克思主义者坚持历史唯物论，同时也反对机械论和自发论。列宁指出，认为"纯粹工人运动本身就能够创造出而且一定会创造出一种独立的思想体系"，这是"极大的错误"。他极为赞同"社会主义意识是一种从外面灌输到无产阶级的阶级斗争中去的东西，而不是一种从这个斗争中自发地产生出来的东西"的观点。他认为"自发的工人运动就是工联主义的"，"只能形成工联主义的意识"。"而社会主义学说是从……有教养的人即知识分子创造的哲学理论、历史理论和经济理论中发展起来的"，"是革命的社会主义知识分子的思想发展的自然和必然的结果"。① 我认为在社会主义制度下也是这样。因此，那种认为只要广大群众的收入高了、生活好了，就会自发地产生社会主义思想的说法，是过于简单的说法。人民群众的生活好了，再加上必要的思想教育，才有助于他们真正相信社会主义。这就是说，工人运动和社会主义建设的实践，只能为社会主义理论提供现实的材料和客观的逻辑。而要把客观的逻辑变为理论的逻辑，即变为社会主义的科学思想和理论，还需要在正确的世界观和方法论指导下的思维加工和理论创造。

在世界社会主义运动中，还有一种现象：就是有些政党和政府自称搞的是社会主义，但并不是无产阶级的社会主义，而是资产阶级的改良主义。在当今世界最突出的例子，就是一些社会民主党所搞的"民主社会主义"。这种所谓的社会主义，放弃了推翻资产阶级、消灭剥削制度、消灭阶级和最后实现共产主义的政治目标；他们认同资本主义制度，只图通过议会选举，使社会民主党争取上台执政，以期在资本主义法制的范围内，对资本主义制度作出某些修补、调整和改良。当然，这样有时也能使群众得到一些实惠。民主

---

① 列宁选集 ［M］. 第 1 卷，北京：人民出版社，1995：317-318、325-327.

社会主义者在表面上也在批评资本主义，但这只是小骂大帮忙。因为民主社会主义从根本上放弃了无产阶级的历史使命，背叛了无产阶级的根本利益，是从工人运动中的机会主义，滑向了资产阶级的、小资产阶级的社会主义。对此，恩格斯批评道："为了眼前暂时的利益而忘记根本大计，只图一时的成就而不顾后果，为了运动的现在而牺牲运动的未来，这种做法可能是出于'真诚的'的动机。但这是机会主义，始终是机会主义，而且'真诚的'机会主义也许比其他一切机会主义更危险。"① 应当说，民主社会主义有两种情况：一种是像戈尔巴乔夫那样在社会主义国家搞的民主社会主义，这是一种历史性的反动和倒退；另一种是在资本主义制度下搞的民主社会主义的改良，这对老百姓或多或少有些好处，但不能评价过高。因为如果不致力于无产阶级的解放，而仅仅争取工人群众在资本主义制度下，"吃得好一些，待遇高一些，特有财产多一些，不会消除奴隶的从属关系和对他们的剥削，同样，也不会消除雇佣工人的从属关系和对他们的剥削。由于资本积累而提高的劳动价格，实际上不过表明，雇佣工人为自己铸造的金锁链已经够长够重，容许把它略微放松一点"。② 民主社会主义与科学社会主义对立表明：科学社会主义离不开社会主义运动，但社会主义运动并不一定就是科学社会主义的。社会主义运动的革命性和科学性，也需要科学的理论来给予支撑和保障。在科学地进行社会主义的实践时，我们既要坚持历史唯物论，又要坚持历史辩证法。

三、科学社会主义的科学性体现为在实践运用中不断发展创新

恩格斯指出："社会主义自从成为科学以来，就要求人们把它当作科学看待，就是说，要求人们去研究它。"③ 要科学地理解和

① 马克思恩格斯全集 [M]. 第22卷，北京：人民出版社，1965：274.
② 马克思恩格斯全集 [M]. 第23卷，北京：人民出版社，1972：678.
③ 马克思恩格斯选集 [M]. 第2卷，北京：人民出版社，1995：636.

看待科学社会主义，就是要加强对它的科学研究。这当然包括对它的文本研究和学理研究，不过更重要的，是在实践运用中对它的坚持、发展和创新。科学社会主义的科学性，就在于它能指导社会主义运动和实践逐步取得进展和成功，同时它自身也会得到不断的验证、发展和创新。

科学社会主义如同整个马克思主义一样，主要是指由其基本概念、基本观点和基本原理构成的体系；而且它是关于整个世界的主义、是世界无产阶级的主义、是世界由资本主义转变到社会主义和社会主义整个历史时代的主义。因而，它具有普遍和长远的指导意义。当然，马克思主义及其科学社会主义的基本原理，只有同各国的国情和时代特征即同具体的实践相结合，才能发挥有效的和不可替代的指导作用。列宁说："一切民族都将走向社会主义，这是不可避免的，但是一切民族的走法却不会完全一样，在民主的这种或那种形式上，在无产阶级专政的这种或那种形态上，在社会生活各方面的社会主义改造的速度上，每个民族都会有自己的特点。"①所以，科学社会主义必须考虑各国各民族的特点，必须与之相结合。而它与各国国情、文化和实践相结合的过程，就是科学社会主义本土化和民族化的过程，也是坚持运用和发展创新科学社会主义的过程。无产阶级社会主义事业的长远和曲折发展，包含理论和实践的双重探索和创新。我认为在这个过程中，应当坚持科学的态度，审慎和辩证地对待和处理好以下几种关系：

其一，科学社会主义的精神实质的同一性与形态模式的多样性的关系。科学社会主义乃至整个马克思主义的精神实质，就是立足和依靠无产阶级，履行其历史使命，团结和领导广大人民，走历史必由之路，实现无产阶级解放和人类解放，达到人的自由而全面的发展。为此，无产阶级及其政党就必须领导人民，进行社会政治大革命，夺取和执掌国家政权，以社会主义的基本制度，保障实现广大人民的平等权利，保障社会主义物质文明、政治文明、精神文明、社会文明和生态文明的协调发展，从而为消灭一切阶级和阶级

① 列宁全集［M］. 第28卷，北京：人民出版社，1990：163.

差别、为社会主义事业的完全胜利，并为最后进入共产主义社会逐步创造物质的和精神的条件。显然，其中最根本的是社会物质财富的创造和共享。所以，邓小平同志说："社会主义的本质，是解放生产力，发展生产力，消灭剥削，消除两极分化，最终达到共同富裕。"①

但是，各国无产阶级和广大人民如何进行革命，如何夺取和执掌国家政权，如何建立和建设社会主义，如何选择和选择什么样的社会主义的体制模式，才能适合自己的国情，才有利于生产力的发展和社会的全面进步，才有利于社会主义本质的逐步实现，如此等等，都应当由各国无产阶级及其政党实事求是地做出自己的选择和创新。各个国家从中可以创造出切合本国国情的建设道路和发展模式，即科学社会主义的新形态。当然，其中最大的难题和科学性的要求，是既要坚持和贯彻科学社会主义的精神实质，又要寻找适合本国国情的社会主义革命、建设道路和发展模式，并使这两者达到具体和历史的统一。我认为坚持在科学社会主义实践中这种统一的集中体现，就是必须坚持运用马克思主义的立场、观点和方法，去研究和探索解决革命、改革和建设中的一切具体的矛盾与问题。

其二，科学社会主义真理的普遍性与其在各国实践的特殊性的关系。应该说，科学社会主义的基本观点、基本原则和基本原理都具有真理的普遍性，反映了各国社会主义革命和建设的共同本质和共同规律，故而对于各国的社会主义运动和实践，都具有现实的指导作用。但是，各国的国情和社会主义革命和建设的实践，都是个别的和具体的，都具有自己的特殊本质和特殊规律。从唯物辩证法的观点看，任何事物及其矛盾都是共性和个性、普遍性和特殊性的统一，而且共性寓于个性之中、普遍寓于特殊之中。因此，科学社会主义的基本原理必须与各国的具体实践相结合，才能具有现实性和科学性，才能胜利地推进社会主义事业。在我国，就是马克思主义必须实现中国化，就是科学社会主义必须以中国特色社会主义的形态来实现。这是我国社会主义实践的主要经验，是社会主义事业

① 邓小平文选［M］. 第3卷，北京：人民出版社，1993：373.

获得胜利的基本保证。

在这种理论和实践的历史性的探索中，无论中外社会主义国家，都应当警惕和防止两种情况：一种是片面地强调社会主义的普遍真理，照搬它的普遍原则，而不考虑自己国情和实践的特殊性，这容易使思想僵化，容易犯"左"的教条主义的错误。这是我们党在改革开放之前一个时期的主要教训。另一种是片面地把国情的特殊性强调到不适当的程度，从而忽视和否认科学社会主义的基本原理和基本原则，这容易犯经验主义或右的机会主义的错误。邓小平同志提出坚持"四项基本原则"，坚决反对资产阶级自由化，就是防止和反对这种情况。在经济改革中，邓小平同志一方面主张"从根本上改变束缚生产力发展的经济体制，建立起充满生机和活力的社会主义经济体制，促进生产力的发展"，包括要调整经济结构，发展多种所有制经济；另一方面，他又强调"在改革中，我们始终坚持两条根本原则，一是以社会主义公有制经济为主体；一是共同富裕"。① 这是为了坚持改革的社会主义方向所必须遵循的两条"根本原则"。

其三，科学社会主义原理体系的相对稳定性和理论内容的变动性的关系。科学社会主义的科学性和生命力，就是向实践和时间开放。理论是现实的反映。随着时代、实践和各门科学的发展，科学社会主义必须与时俱进，必须放弃那些已经过时的个别判断、个别结论和个别估计，必须在总结实践经验中不断得到充实、丰富和发展，使之适应变化了的历史条件，以保持理论的活力和获得时代气息。科学社会主义理论内容的这种变动、发展和进步是一种常态，它往往还表现为阶段性的发展。但是，只要它还是马克思主义、还是科学社会主义，那它就必须保持自己在"质"② 上的规定性，还必须有相对不变的、一脉相承的东西。这就是马克思主义及其科学

① 邓小平文选［M］. 第3卷，北京：人民出版社，1993：370、142.
② 黑格尔说："质是与存在同一的直接的规定性"，"某物之所以是某物，乃由于其质，如失掉其质，便会停止其为某物。"（黑格尔. 小逻辑［M］. 北京：商务印书馆，1980：202）

社会主义基本原理体系的相对稳定性。这种情况，是由认识对象的客观原因决定的。也就是说，只要由资本主义生产方式的基本矛盾运动所规定的资本主义社会还在继续，只要无产阶级还在受资产阶级的剥削，只要资本主义社会的这种社会形态不是人类的末日，那么科学社会主义对于资本主义必将转变为社会主义的历史总趋势，工人阶级和一切劳动阶级必然获得解放的历史潮流的科学分析与正确预见，就依然是颠扑不破的科学真理。所以，科学社会主义在实践中发展的"变"中，也有相对"不变"的一面。尽管它的基本原理在实践运用中必须与实际相结合，并且也会不断地深化，但它的基本原理的体系必须是相对稳定的。

其四，上述几个方面的关系归结到一点，就是科学社会主义的坚持和发展的关系。在我们党和我国理论界早已达成了共识，就是为了使科学社会主义和整个马克思主义焕发生机和活力，必须使它切合中国实际，必须实现中国化，必须使之在指导我国社会主义改革和现代化建设中不断得到发展和创新。改革开放以来，我们党的指导思想不断与时俱进，先后创立了邓小平理论、"三个代表"重要思想和科学发展观，这些都是对马克思列宁主义、对毛泽东思想的创造性的运用、发展和创新，是指引中国特色社会主义事业发展的伟大的思想旗帜。

我们党的这种成功经验表明，对科学社会主义的坚持和发展是辩证统一的。其中，首先是坚持，坚持它的基本原理，这种坚持是前提，不坚持就谈不上发展，甚至会走上邪路。但是，这种坚持只能在实践运用和发展创新中坚持，不发展创新就无法坚持。因为如果不在实践运用中发展和丰富科学社会主义，就会导致理论脱离实际，就会思想僵化，就会用理论来剪裁现实，就会犯教条主义的错误，就会导致社会主义事业的停滞和失败。对于马克思主义及其科学社会主义的坚持和发展的辩证统一关系，江泽民同志曾经作出过精辟的概括。这就是他所强调的两个"坚定不移、不能含糊"："一是必须坚持马克思主义的立场、观点、方法，坚持马克思主义的基本原理。这一点，要坚定不移，不能含糊。二是一定要贯彻解放思想、实事求是的思想路线，坚持追求真理和探索真理的革命精神。这一点，也要坚定不移，不能含糊。"他认为，这两个"坚定不移、不能含糊"，是"检验我们是不是真正的马克思主义者的试金石。"① 据此，笔者认为，在实践中对马克思主义、科学社会主义做到坚持与发展的辩证统一，也就是马克思主义所必经的发展道路。可以说，马克思和恩格斯只是为一种科学奠定了基础，社会主义者如果不愿意落后于实际生活，就应当在各方面把这门科学向前推进。在这个过程中，"沿着马克思的理论的道路前进，我们将愈来愈接近客观真理（但决不会穷尽它）；而沿着任何其他的道路前进，除了混乱和谬误之外，我们什么也得不到"。②

（本文作者：李崇富，中国社会科学院学部委员、博士生导师，
中国历史唯物主义学会会长）

① 江泽民文选［M］．第3卷，北京：人民出版社，2006：335．
② 列宁选集［M］．第2卷，北京：人民出版社，1995：103-104．

关于马克思主义整体性的一些思考

黄皖毅

21 世纪以来，尤其是近两年来，马克思主义整体性问题逐渐引起了学术界的关注。应该说，和马克思主义整体性相关的问题以前有过很多探讨，如马克思主义哲学的体系性问题、马克思主义的三个组成部分等，在谈到马克思主义的理论特征时，整体性也常常被作为重要特点或者固有特征。新世纪以来，把马克思主义整体性当作一个重要的理论问题来探讨，尤其是结合马克思主义基本原理概论课程改革和建设来探讨，无疑带有鲜明的时代特征，有其重要的理论意义和价值。

一

为什么马克思主义整体性问题会引起关注？原因主要在于：这是中国马克思主义研究者对马克思主义进行总体反思的结果。

世纪之交，人们喜欢反思和总结，以期给将来的发展确立更具合理性的方向。实际上，对马克思主义的反思还要提早十年，即 20 世纪 90 年代初期。前苏联解体、东欧社会主义国家剧变，使得世界社会主义运动走向低潮。我国和其他社会主义国家的改革面临着严重挑战，马克思主义处于重要的历史转折关头。对此，我国学术界承担坚持和发展马克思主义的历史使命，采取不同的方式来应对变革。因此，有的学者提出了"回到马克思"、"重读马克思"、"走近马克思"、"马克思是我们的同时代人"等口号，有的学者致力于创建"中国的马克思学"，都是对马克思主义受到挑战的应战，是学者理论自觉的表现。

马克思主义整体性问题是把握"马克思主义是什么"最重要的问题。近年来，学术界对于"马克思主义是什么"一直十分重视，这是中国马克思主义者反思的主题。"马克思主义"一词的内涵在日益丰富的同时，各种"马克思主义者"之间不仅观点分歧、立场差异越来越大，甚至相互否定和攻击。因此，马克思主义从产生到现在，已经呈现出不同的面目，马克思主义甚至被肢解，形成形形色色的马克思主义，以至于马克思主义的本来面目模糊了。这不利于马克思主义的传播和发展，不利于我们以马克思主义为指导进行社会主义建设。如何看待形形色色的马克思主义，如何坚持和发展马克思主义，首先就是要认识和理解"马克思主义是什么"，把握马克思主义的整体性。

为什么要结合马克思主义原理概论课程来研讨马克思主义整体性？

原因主要在于：这是培养青年马克思主义者的需要。马克思主义在中国的传播一开始在很大程度上是在青年中的传播，马克思主义在中国有其青年基础。在历史发展的新阶段，我们国家启动了青年马克思主义者的培育工程。我国学者也指出，中国青年是社会主义现代化建设的中流砥柱，是马克思主义的传播者和继承者。在构建和谐社会的实践中，我们要坚持马克思主义的指导地位，确保马克思主义在意识形态领域的主导权和影响力，引导广大青年在马克思主义指引下树立中国特色社会主义的共同理想，弘扬民族精神和时代精神。[1] 当今中国的社会主义实践是马克思主义指导下的实践，马克思主义是主流价值观，这是事实。身处改革开放中的青年对中国特色社会主义是有某种直接的体认的，但很难说他们对马克思主义有整体的理解。青年时期是一个人确立信仰的时期，要让青年理解和接受马克思主义，不能只让他们把握马克思主义的枝节或局部，首先得让他们从整体上了解马克思主义。我国在较长的时期内给大学生开设马克思主义哲学和马克思主义政治经济学两门课，

---

① 韦建桦. 不断提高当代青年的马克思主义素养 [J]. 中国青年政治学院学报，2007（1）.

给硕士研究生开设科学社会主义的理论与实践课程，缺乏明晰的整体性思路。马克思主义原理概论课程的改革不是为改革而改革，它是用马克思主义的整体性来统领新课程，也通过新课程来帮助青年从整体上掌握马克思主义。

二

到底马克思主义是什么？理论界曾有很多提法，如从哲学的角度出发，认为"马克思主义是一个科学世界观体系"；① 从主要内容和特征出发，认为马克思主义是"关于人类社会发展规律的学说"；② 从理论指导出发，认为马克思主义是"无产阶级革命的学说"；③ 从抽象的人道主义出发，认为马克思主义是"人的解放学"；④ 从西方马克思主义者的角度出发，认为马克思主义是"关于资本主义的科学"。此外，还有马克思主义是"关于社会发展的学说"等观点。这些论断有的很明显带有片面性。如"马克思主义是一个科学世界观体系"这个理解当然是不全面的，把马克思主义政治经济学和科学社会主义的基本原理摒弃在外。但是以上观点有的涉及马克思主义的组成部分，有的涉及马克思主义的性质，具有其合理的方面。

前文提到，马克思主义整体性是理解"马克思主义是什么"最重要的问题。那么，怎样来理解马克思主义的整体性？笔者有以下一些看法：

首先，从组成部分来看马克思主义的整体性。马克思主义有哪些组成部分呢？恩格斯在1878年写成的《反杜林论》分哲学、政

---

① 梁树发. 马克思主义整体性与马克思主义定义问题 [J]. 党政干部学刊，2005 (3).

② 梁树发. 马克思主义整体性与马克思主义定义问题 [J]. 党政干部学刊，2005 (3).

③ 梁树发. 马克思主义整体性与马克思主义定义问题 [J]. 党政干部学刊，2005 (3).

④ 王贵明. 马克思主义整体性的几个基本问题 [J]. 探索，2001 (3).

治经济学和社会主义三编。1913年，列宁写了《马克思主义的三个来源和三个组成部分》，明确指出马克思主义的三个组成部分是马克思主义哲学、政治经济学和科学社会主义，这种提法后来被沿用，如今的马克思主义教材体系、辞典等大多持这种看法。20世纪90年代，有人开始对这种提法献疑。主要有以下观点：俞吾金认为，马克思主义还有第四个来源和组成部分——人类学思想；①郭大俊认为，马克思主义有三个组成部分是对马克思主义的误解，马克思主义就是科学社会主义，但不同于"三个组成部分说"的科学社会主义部分，而是关于社会主义革命和社会主义建设的思想体系。②还有的学者认为，马克思主义不能说只有三个组成部分，因为还有马克思主义的政治学、法学、军事学、美学、伦理学、历史学等内容。这些观点引起了学术争鸣。笔者认为，从马克思、恩格斯思想的基本内容来看，马克思主义确实有三个组成部分，同时也包括政治学、法学、军事学、社会学、伦理学、历史学、文化学、教育学、人类学等丰富内容，但是，这些内容没有三个组成部分那么系统、深入，因此，三个组成部分是马克思主义的基本内容。不能用"三个组成部分"涵盖马克思主义的所有内容，同样也不能否认三个组成部分是马克思主义最重要的内容。当然，我们更要注意到三个组成部分的融合性，因为在马克思、恩格斯的很多著作中，政治经济学、哲学、科学社会主义互相渗透、互相支撑，融为一个整体，很难把它们剥离开来。

其次，从历史继承性来看马克思主义的整体性。这是从动态发展的角度，从历史阶段和理论形态更新来看马克思主义。在这个意义上，马克思主义的整体性也可以被称为开放的整体性。整体性并不意味着封闭性，应该基于实践的原则来理解马克思主义开放的整体性。马克思主义诞生一个半世纪以来，经历了不同的历史时期，出现了新的理论形态。目前，学术界较为公认的马克思主义包括列

---

① 俞吾金. 马克思主义的第四个来源和第四个组成部分 [J]. 学术月刊, 1993 (8).

② 郭大俊. 马克思主义三个组成部分说献疑 [J]. 江汉论坛, 2001 (2).

宁主义、毛泽东思想、中国特色社会主义理论，中国特色社会主义理论包括邓小平理论、"三个代表"重要思想、科学发展观和构建社会主义和谐社会理论等。当然我们要注意马克思主义"原生性"和"次生性"、"一元性"和"多样性"的关系。马克思、恩格斯阶段的马克思主义在时间顺序上是第一形态，具有原生性，其基本思想是"一以贯之"的一元性；马克思主义在与各国实际相结合的过程中形成的具体形态、阶段形态，则是次生或再生的，是多样性的体现。

最后，从精神实质来看马克思主义的整体性。精神实质，也就是"灵魂"。有结构，有"过程性"，犹如一个人有了骨骼、血肉以及生长性，但是作为一个整体的人，还需要有"灵魂"。作为整体的马克思主义也是如此。从精神实质的角度出发，笔者倾向于认为马克思主义是关于"人的自由和解放的学说"，是"关于人的自由而全面发展的学说"①。马克思主义究竟主要是要解决什么问题的呢？就是要实现全世界每个人的自由和解放，这是马克思主义的核心。马克思主义是要解决无产阶级或工人阶级的自由和解放问题的，但又不仅限于此，它还着眼于全人类的解放这个具有终极关怀的大问题，这也是马克思主义学说的价值意义所在。马克思主义的三个主要组成部分所总结出来的规律：人类社会发展的规律、资本主义社会发展的规律、社会主义变革和建设的规律、社会主义执政党建设和执政的规律，都是为着这个精神内核服务的。马克思主义发展的不同历史阶段、不同的理论形态实际上也是这一精神内核统领的。

三

如何更好地理解和把握马克思主义的整体性呢？笔者认为，今后在关于马克思主义整体性的探讨中，在马克思主义原理概论教学

① 高放. 马克思主义没有三个组成部分吗——兼谈马克思主义教研体系改革问题 [J]. 江汉论坛，2005 (5).

和研究中，还有很多工作需要去开展和完成。以下是一些初步的看法：

第一，进一步理解和认识马克思主义整体性的重要性。马克思曾把唯物史观看做一个艺术的整体，这也表明马克思本人也非常重视自己思想内在的整体性。如果我们仅仅从某一文本、某一观点、某一组成部分去理解马克思主义理论，就会违背马克思、恩格斯的初衷，也可能会歪曲马克思主义的本来面目，难以发挥马克思主义从整体上对于现实的解释能力和对于实践的指导能力。因此，应该在整体、全局和宏观的高度上，用联系的观点、发展的观点去全面认识马克思主义。这样我们才能领会马克思、恩格斯在各个历史时期理论活动和实践活动的一致性，领会马克思主义的次生形态和原生形态之间并不是矛盾对立的，领会马克思主义一元性包容多样性，并不表明其间没有内在的逻辑联系。

第二，用文本研究夯实马克思主义整体性研究的基础。实事求是是马克思主义的精髓，也是它的基本要求。坚持用实事求是的原则来认识马克思主义的科学体系，就要找出反映或者标志马克思主义整体意义和精神实质的内容，作为马克思主义的"根本点"、"基本点"的理论内容。要找到这些内容，就要进行文本研究。我们对马克思主义的任何理解，在原则上都应与马克思、恩格斯以及后继者的有关论述密切相关，都应该有切切实实的文本根据。近年来学者们对马克思主义的组成部分的争鸣，是由对文本的理解和掌握不同造成的，归根结底也需要回到文本才能加以解决。目前，马克思主义整体性问题不能说尘埃落定，还需要继续推进，推进的前提和基础还是马克思主义的文本研究。

第三，从系统论的角度深入理解马克思主义整体性。在系统论中，系统和部分之间具有结构性、层次性。通过系统论来把握马克思主义，要看到哲学、政治经济学和科学社会主义等各个组成部分之间具有有机的统一性，也要看到三个部分各自又是一个系统，有各自的整体性，还要看到三个组成部分和马克思主义其他内容的关系。高放指出，马克思主义应该是"一个核心（社会主义学）、两个基础（哲学、政治经济学）、十几个周围部分（政治学、法学、军事学等)"。① 张耀灿、肖应连指出，马克思主义从层次结构看，可以分为根本方法、基本原理、具体论断三个层次。② 这些都是从系统论的角度来看问题，很有启发意义。

最后，要注意用马克思主义整体性指导马克思主义原理概论的教学和研究。马克思主义基本原理概论是高校思想政治理论课新课程方案中规定的一门必修课。马克思主义基本原理概论课教师必须从马克思主义整体性的高度去理解"原理"课的设置及其定位和基本任务，把马克思主义的这三个组成部分有机结合起来，从总体上研究和掌握马克思主义，给学生以马克思主义的完整概念，揭示它们的内在逻辑联系；在授课过程中不要纠结于哪个部分更重要、哪个部分分量更重等问题，要注意立足于三个组成部分，又不局限于三个组成部分来理解马克思主义；此外，还要注意引导学生运用马克思主义立场、观点和方法来分析现实社会问题、认识问题和科学发展中的问题。

（本文作者：黄皖毅，中国青年政治学院副教授）

① 高放. 马克思主义没有三个组成部分吗——兼谈马克思主义教研体系改革问题 [J]. 江汉论坛，2005（5）.
② 张耀灿、肖应连. 马克思主义整体性对思想政治理论课改革的启示 [J]. 学校党建与思想教育，2006（10）.

马克思主义理论系统整体性核心问题探讨

唐恒青

马克思主义理论从形成到发展，经历了一百多年的历练，引领了世界历史舞台翻天覆地的变化，至今长盛不衰，其本身的魅力是不言而喻的。问题在于后人在运用其理论指导实践的过程中由于实践者的主体性作用和时代的局限性，又导致各种"马克思主义者"观点立场的差异。若各行其是，各取所需，真理就会变成谬误，历史喜剧就会变成历史悲剧。因此，如何客观全面地把握马克思主义理论系统的内涵，尤其是如何从马克思主义理论系统的整体性核心，即人的解放和社会的进步这个角度来把握马克思主义理论，既是理论研究的需要，更是社会主义实践的需要。

我国马克思主义理论工作者对马克思主义理论系统进行整体性研究最早的反思始于"文化大革命"结束后。国际上社会主义模式不同，各自都自称是马克思主义的。"文革"中谁上台谁就拉大旗作虎皮，在马克思主义理论体系中断章取义，抓几句经典装潢门面，肢解马克思主义，枉论社会主义。在那"一句顶一万句，句句是真理"的年代里，马克思主义理论的真理性受到严重破坏，信仰危机是必然的。在"实践是检验真理的唯一标准"的大讨论热潮中，人们迫切要求"重新认识资本主义，重新认识社会主义，重新认识马克思主义"。从那时起，北京大学、南京大学等高校的理论工作者率先从马克思主义哲学史的角度着手，开始了整体研究马克思主义理论体系的艰难跋涉。

马克思、恩格斯本人并无意构筑一个完美无缺的理论体系，不想因此而影响其开放性和创新性。但实际上任何一个事物一旦形成便自成系统，只是其本身的内在要素以及与外在要素联系的紧密程度、序列关系、结构层次等有差别而已。马克思主义理论作为一个系统其贯穿始终的核心思想正是马克思主义理论工作者研究其整体性问题的着眼点。

马克思主义理论体系整体性关系的轴心是马克思对人类解放和社会进步的追求，这是贯穿于马克思理论研究始终的奋斗目标，也是贯穿于马克思主义理论系统各个组成部分的红线，体现了马克思主义理论历时性和共时性的统一。无论是马克思主义理论的哪个阶段、哪个层次，还是哪个组成部分都是围绕这个整体目标推进的。在马克思主义理论研究和实践活动的后继者中不论是东方还是西方，不论是正面阐述还是逆向思维，不论采取什么模式和手段，不论实践效果如何，这个追求的整体目标大致是相同的。若没有这个引人向往的整体目标，就不会引无数英雄竞折腰，就不会引起长达半个多世纪的轰轰烈烈的"民族要独立，人民要解放"的社会主义革命热潮。如果没有这个整体目标及其所产生的巨大社会影响，马克思也就不会在人类迈入 21 世纪之时，由英国广播公司（BBC）在全球范围评选"千年思想家"时位列榜首。

从马克思主义经典作家思想发展的历程来看，这个整体性目标是一以贯之的。马克思主义理论体系整体目标的确立从马克思关于《青年在选择职业时的考虑》一文中就已萌芽，他认为"在选择职业时，我们应该遵循的主要指针是人类的幸福和我们自身的完美……人类的本性就是这样的：人们只有为同时代人的完美、为他们的幸福而工作，才能使自己也达到完美"。①

当马克思从理想主义转向现实本身去寻求思想时这个整体性目标就更明确了。马克思在《莱茵报》时作为一个革命民主主义者就积极参加政治活动，"无论是论述莱茵省议会关于出版自由、林木盗窃法和地产析分的辩论、摩塞尔农民的贫困状况，或者是论述宗教与共产主义问题，都不是从一般的、抽象的概念和范畴出发，

---

① 马克思恩格斯全集［M］．第 40 卷，北京：人民出版社，1982：7.

而是从生活中的现实的情况，即从'事物的本来面目'出发"，①
追求言论出版自由、追求法律的、伦理的、政治的自由，追求法律
面前人人平等，维护人民的生存权利，主张"法律成为人民意志
的自觉表现，也就是说，它应该同人民的意志一起产生并由人民的
意志所创立"，② 他把法律看做是人民的圣经。然而马克思在实践
中所接触的事实却同这一"思想逻辑"处于尖锐的矛盾中，法律
只是统治者意志的表现，法律上的公平正义也只是一种政治解放，
而非现实解放。理论和实践的矛盾推动马克思进一步进行哲学的探
索和经济学的研究。这里理论研究领域的拓展和推进自然而然地体
现了马克思主义理论系统的整体性思想从实践到理论深化、发展的
内在逻辑。

马克思在 1843 年 10 月写成的《论犹太人问题》一文中针对布
鲁诺·鲍威尔把犹太人的解放同国家从宗教中的解放等同起来的观
点，指出这只是实现了政治解放，然而"任何一种解放都是把人
的世界和人的关系还给人自己"。③ 但是为此所需的决定性的前提
是消灭私有制。毋庸置疑，在这里人的解放已成为马克思理论研究
的中心。但他此时还没有找到什么社会力量可能完成人类解放的问
题。

1843 年底，马克思来到巴黎，开始与战斗的现代无产阶级建
立了直接的联系，新的政治环境和社会环境对马克思的思想产生了
深刻和持续的影响，使他看到了理论的事业，即批判发展为革命实
践的行动是不可避免的和必要的，使他看到了使批判的武器变为武
器的批判和实现人类解放的前提和可能性："就在于形成一个被无
情的锁链束缚着的阶级。"④ 马克思在《〈黑格尔法哲学批判〉导
言》中明确表述了无产阶级世界历史作用的思想，发现了能够解

---

① ［东德］马·克莱恩. 马克思主义哲学史 ［M］. 北京：人民出版社，
1983：119.
② 马克思恩格斯全集 ［M］. 第 1 卷，北京：人民出版社，1956：184.
③ 马克思恩格斯全集 ［M］. 第 1 卷，北京：人民出版社，1956：443.
④ 马克思恩格斯全集 ［M］. 第 1 卷，北京：人民出版社，1956：466.

放自己并同时解放人类的社会力量，这就是现代无产阶级。哲学只有同无产阶级结合才能从理论上论证工人阶级的实际的解放斗争。

1844年西里西亚纺织工人起义后，马克思在研究这一事件的真正性质时将自己关于人类解放的观点更加具体化了：无产阶级的社会解放以政治革命作为前提，因为"推翻现政权和消灭旧关系"① 只有通过政治行动才能成功。为了实现现实的人类解放，马克思开始具体地、历史地论证无产阶级阶级斗争提出的政治任务与政治目的，更加自觉地把科学论证共产主义作为自己所有哲学的、经济学的、历史的等理论创作的任务。

马克思在《1844年经济学—哲学手稿》中开始从历史和经济的角度更具体地分析无产阶级实现人类解放必然面临的历史条件和社会条件，即论述了劳动异化的思想。马克思以资本主义制度中客观存在的劳动创造财富，而从事劳动的人却一无所有这个尖锐矛盾为分析中心，批判资本主义强制性劳动是对劳动者的奴役和摧残，严重阻碍人的身心自由的发展，因而是不人道的。马克思通过对异化劳动起源的分析，不仅看到了人与物的关系，更重要的是看到了人与人之间剥削与被剥削、压迫与被压迫的经济关系，并且"把私有财产的起源问题变为异化劳动同人类发展的关系问题"。② 尽管马克思写作《手稿》的直接目的是批判黑格尔的唯心主义哲学，但更为根本的目的是要弄清资本主义社会的发展规律，弄清人类社会发展的规律，从而找到消灭异化劳动、实现人类解放的实际道路。异化的消灭就是摆脱了私有制的没有人对人的剥削与压迫的共产主义社会，消灭私有制的活动必然表现为"工人解放的政治形式"，③ "只有在消灭私有财产之后——随着共产主义社会的建立——才能消灭人对人的剥削与压迫，并且产生人能够无限制地自由实现与发展他的社会本质的社会前提。他的禀赋、才能、情感、

---

① 马克思恩格斯全集 [M]. 第1卷，北京：人民出版社，1956：484.
② 马克思恩格斯全集 [M]. 第42卷，北京：人民出版社，1979：120.
③ 1844年经济学—哲学手稿 [M]. 北京：人民出版社，2000：55.

智慧才获得全面发展的可能性"①。

为了实现人类的现实解放就必须批判鲍威尔等人宣扬的关于"纯粹"理论、"纯粹"批判和夸大"伟人"历史作用的庸俗的主观唯心主义观点,从哲学上理解社会现实和促进其变化。马克思、恩格斯共同写作了《神圣家族》一书,他们以英国工业史、法国革命史与工人运动史的大量事实材料为基础反对脱离生活的"批判的批判者",具体地、历史地分析了无产阶级的目的和历史任务是"由它自己的生活状况以及现代资产阶级社会的整个结构最明显地无可辩驳地预示出来了"。②"这些**群众**的共产主义的工人,例如在曼彻斯特和里昂的工场中做工的人,并不认为用'纯粹的思维'即单靠一些议论就可以摆脱自己的主人和自己实际上所处的屈辱地位。他们非常痛苦地感觉到存在和思维、意识和生活之间的差别。他们知道,财产、资本、金钱、雇佣劳动以及诸如此类的东西远不是想象中的幻影,而是工人自我异化的十分实际、十分具体的产物,因此也必须用实际的和具体的方式来消灭它们,以便使人不仅能在思维中、意识中,而且也能在群众的存在中、生活中真正成其为人。"③

随着马克思对市民社会研究的深入和科学实践观的确立,马克思主义理论系统进入了崭新的境界,其标志就是1845年前后完成的《关于费尔巴哈的提纲》以及《德意志意识形态》一书。众所周知,此阶段马克思同费尔巴哈的唯物主义,即非历史的、人本主义的、形而上学的唯物主义划清了界限,创立了历史唯物主义,把自然史和社会史理解为一个统一的过程,科学分析了社会各结构层次的内在联系,系统阐明了人与自然的关系、人与人的社会关系以及人自身与精神的关系,奠定了科学实践观在其理论体系中的基础地位,对社会的本质和人的本质作出了科学的规定,发现了人类社

---

① [东德]马·克莱恩. 马克思主义哲学史 [M]. 北京:人民出版社,1983:221-222.

② 马克思恩格斯全集 [M]. 第2卷,北京:人民出版社,1957:45.

③ 马克思恩格斯全集 [M]. 第2卷,北京:人民出版社,1957:66.

会最普遍的运动规律,证明了共产主义是历史发展的必然趋势……总之,以上各方面都是从其普遍联系、相互制约关系的整体性上实现了对现实世界的把握,不仅从理论上形成了其独特的唯物辩证的理论体系,更重要的是站在哲学的高度上为论证无产阶级的解放斗争提供了科学理论依据。

为了实现哲学理论不仅"是用不同的方式解释世界,而问题在于改变世界"① 的功能,马克思主义理论必然要与工人运动相结合,并在同形形色色的空想社会主义、社会改良主义、政治自由主义、"真正的"社会主义等思潮的斗争中逐步深入人心。《共产党宣言》的问世宣告马克思主义理论与现代工人运动的结合,从此,为实现人的自由而全面发展的共产主义而奋斗的无产阶级解放运动走上了科学实践的轨道,反之,无产阶级解放斗争的实践又推动着马克思主义理论的发展和完善。

现在大家公认的马克思主义理论的三大组成部分是马克思主义理论体系整体性的支架,它们共同支撑着整体性的核心目标。马克思主义理论拓展的其他领域,例如马克思主义政治学、法学、社会学、伦理学、艺术学、美学、历史学、宗教学等则是从不同的具体角度对马克思主义理论体系整体性目标的丰富和完善。当代马克思主义理论研究和实践模式呈现多元化趋势,若从马克思主义理论体系的整体性目标出发,就可以抱着比较宽容的态度,允许精神之花的多种色彩。这就像条条道路通罗马一样,攀登人类社会珠穆朗玛峰的道路不是一条,可以进行多种探索,只要围绕马克思主义理论体系的整体性目标就行。

(本文作者:唐恒青,南京艺术学院人文学院教授)

---

① 马克思恩格斯选集 [M]. 第1卷,北京:人民出版社,1956:19.

在全球化背景下解读马克思的
"世界历史"理论

汤玉红

早在马克思之前，黑格尔在其《历史哲学》中曾提出"世界历史"这个概念。黑格尔认为，历史的演进存在着某种内在的规律性，而冲破狭隘的地域范围，由"民族历史"汇成"世界历史"，就是历史演进的规律之一。他认为"世界历史"是"世界精神"的运动表现，并且通过一系列的"世界历史民族"的依次取代来实现，"世界历史"虽然开始于世界东方，但东方的中国和印度还不是"世界历史民族"，波斯人是第一个"世界历史民族"，然后是希腊人和罗马人，"世界历史"最后终结于世界西方的日耳曼民族。

马克思认为，在人类历史的发展进程中，确实存在着一条世界化的洪流，这就是人类由"地域性"存在向"世界历史性"存在的发展，"民族历史"向"世界历史"的转变。但马克思不同意黑格尔把驱动这股历史洪流的动力归结为精神和观念。马克思从历史唯物主义的高度，在批判继承黑格尔的"世界历史"思想的基础上，形成了科学、系统的"世界历史"理论。

生产力是最活跃、最革命的因素，是推动社会发展的最终决定力量。"世界历史"的形成和发展也不例外。马克思指出：由于机器和蒸汽的应用，使分工的规模已脱离了本国基地的大工业，完全依赖于世界市场、国际交换和国际分工。大工业和世界市场首先开创了"世界历史"，因为它消灭了以往自然形成的各国的孤立状态。而"各个相互影响的活动范围在这个发展过程中越是扩大，各民族的原始封闭状态由于日益完善的生产方式、交往以及因交往而自然形成的不同民族之间的分工消灭得越是彻底，历史也就成为世界历史"。①

马克思还举例论证这一思想，他指出，"如果在英国发明了一种机器，它夺走了中国和印度的无数劳动者的饭碗，并引起这些国家整个自上而下形式的改变，那么，这个发明便成为一个世界历史性的事实"。② 所以，当交往只限于部落内部时，人们几乎每天都有新发明，当交往只限于两个毗邻地区的时候，每一种发明在每一个地域都必须单另进行，而一些偶然事件例如蛮族入侵，就足以使一个具有发达生产力、各种发明的国家处于一切都必须从头开始的境地。只有当交往扩展至全世界，科学发明与发现才不仅会迅速传播，而且能够保障不再有失传之虞。由此，马克思得出结论："历史向世界历史的转变，不是自我意识、宇宙精神或者某个形而上学怪影的某种纯粹的抽象行动，而是完全物质的、可以通过经验证明的行动，每一个过着实际生活的、需要吃、喝、穿的个人都可以证明这种行动。"③ 当近代工业革命遍及全球时，马克思曾惊呼："资产阶级在它不到一百年的阶级统治中所创造的生产力，比过去一切时代创造的全部生产力还要多、还要大。"④ 资本主义的商品生产和市场经济是人们由"地域性"存在向"世界历史性"存在的转变的催化剂，它使乡村屈从于城市的统治，使未开化和半开化的国家从属于文明国家，使东方从属于西方，使一切国家的生产和消费都成为世界性的……一句话，正是生产力的发展，普遍交往的形成，各民族之间的分工和竞争的展开，才促成了人们由"地域性"存在向"世界历史性"存在的转变。

马克思在揭示人类世界的总体化、一体化过程中，又非常重视人类的个体化、多样化，把各个人的"世界历史性"的存在，看做是与"世界历史"直接联系的各个人的存在。他认为："每一个

---

① 马克思恩格斯选集 [M]. 第 2 卷，北京：人民出版社，1972：88.
② 马克思、恩格斯. 费尔巴哈 [M]. 北京：人民出版社，1988：30.
③ 马克思恩格斯选集 [M]. 第 2 卷，北京：人民出版社，1972：89.
④ 马克思恩格斯选集 [M]. 第 1 卷，北京：人民出版社，1972：277.

单个人的解放程度是与历史完全转变为世界历史的程度一致的，至于单个人的真正的财富完全取决于他的现实关系的财富。""仅仅因为这个缘故，单个人才能摆脱种种民族局限和地域局限而同整个世界的生产发生实际联系，才能获得利用全球的这种全面生产（人们所创造的一切）的能力。"① 可见，在马克思那里，作为"世界历史性"存在的人，既是高度社会化的人，又是高度个体化的人。人们的共同体一旦扩大到全世界，人们也就有了在全世界范围内获得全面发展其才能的手段的可能，有了达到最普遍最全面的个人自由的可能。而只有在这种情况下，人类的理想状态——共产主义才能在现实中应运而生。如果没有地域性的个人为世界历史性的个人所代替，共产主义就只能作为某种地域性的东西而存在，而所谓的"地域的共产主义"只能是空想的、粗陋的、褊狭的东西。共产主义只能以生产力的普遍发展和与此相联系的世界交往为前提，换言之，共产主义只有作为"世界历史性"的存在才有可能实现。可以说，共产主义作为人类历史的伟大目标，也就是在世界历史意义上实现人的充分的社会化和人的充分的个体化。正如《共产党宣言》所说："代替那存在着阶级和阶级对立的资产阶级旧社会的，将是这样一个联合体，在那里，每个人的自由发展是一切人的自由发展的条件。"② 资本主义虽然促成了人们由"地域性存在"向"世界历史性"存在的转变，却远远没有完成这一转变。因为，资本主义商品生产和市场经济是通过把各个人、各个阶级、各个民族分化为有着固定活动范围的特殊生产者和消费者，而又迫使这些生产者和消费者通过商品交换而彼此联系在一起的。人们要摆脱直接的人的依附关系、地域性的相互隔绝和自我封闭状态，就必须以商品为纽带实现人的独立性和人的普遍联系。然而，如果人的独立性成了一种片面的固定性，人只有物化为商品才能交往，那么，人就不可能真正实现自己自由自觉的本性，就不会结束人与人之间相异化的关系。正如马克思所说："由于分工使他们有了一种

---

① 马克思、恩格斯. 费尔巴哈 [M]. 北京：人民出版社，1988：34.
② 马克思恩格斯选集 [M]. 第1卷，北京：人民出版社，1972：294.

必然的联合，而这种联合又因为他们的分散而成了一种对他们来说是异化的关系。"① 要克服这种异化现象，使世界真正成为所有人的自由自在地生活的家园，就必须扬弃这种自发形成的固定分工，由联合起来的劳动者自觉地调节和支配他们的共同活动及其产物，变商品关系为人的自由联系。而这一前景的实现有待于共产主义革命，只有实现共产主义才能克服阶级社会中人的发展的根本缺陷，每一个人才能得到充分、自由、全面的发展。可见，共产主义是人作为"世界历史性"存在的真正的社会形式。

今天，全球化已成为描述我们生存环境的最重要的术语。各国家、各民族都不可避免地卷进"全球化"的历史潮流之中。然而，一个国家、一个民族能否尽可能利用"全球化"来发展自己的经济、文化，又尽可能有效地减少其负面影响，在很大程度上取决于该民族的文化修养、理性思维和心理素质的状况。一百多年来，尤其是近二三十年，以科技革命和市场经济驱动的"全球化"的发展，把人类的生存和发展问题以十分尖锐的形式提了出来。"全球化"极大地增强了人改造自然的能力，但同时又带来了对自然资源的过度开发，自然环境的日益恶化正在威胁着人类自身的生存；"全球化"迅速传播了先进的科学技术，但高科技的发展和应用并不自然而然地促进人类生活的幸福与和谐，反而造成人际关系的冷漠，导致人的安全感、满足感的失落；"全球化"带来了财富的涌现和流动，但又造成物的关系对人的压抑；"全球化"促进了各国、各民族的经济、政治合作，但又带来新的障碍和矛盾，甚至发展为军事冲突。因此，"全球化"是一把利弊并存的双刃剑，关键是看哪个国家、民族能够利用"全球化"提供的契机，更好地发展壮大自己。毫无疑问，"全球化"必将对任何国家、任何民族产生重大影响。在"全球化"浪潮下，社会主义国家面临着一系列的挑战，同时，"全球化"也为社会主义国家提供了新的机遇。因此，我国在"全球化"的浪潮下，既要勇于迎接挑战，又要适时抓住机遇，只有实行对外开放政策，加强与世界各国的相互交流，

---

① 马克思、恩格斯. 费尔巴哈 [M]. 北京：人民出版社，1988：69.

才能使社会主义制度得以不断巩固和完善。

其实，如果追根溯源的话，马克思在 150 多年前揭示的"世界历史"理论就是对全球化所做的较为系统的探讨。如今，全球化已显示出马克思对社会发展方向的洞察与揭示的预见性和科学性，在这种背景下，仔细解读马克思的"世界历史"理论，对于我国为积极参与全球化进程所做的各种努力，无疑具有深刻的启迪意义和重大的指导意义。

（本文作者：汤玉红，郧阳医学院公共管理学院副教授）

论中国马克思主义大众化

周晓阳　黄秋生

马克思主义大众化就是以广大人民群众通俗易懂的语言文字、喜闻乐见的形式揭示出马克思主义深刻的哲理，其目的是把马克思主义理论转化为广大群众的锐利思想武器，使他们能够用马克思主义理论思考问题、分析问题和解决问题，从而使精神力量转变为巨大的物质力量。胡锦涛在中国共产党第十七次全国代表大会上的报告第七部分"推动社会主义文化大发展大繁荣"中明确指出：要巩固马克思主义的指导地位，坚持不懈地用马克思主义中国化最新成果武装全党、教育人民，用中国特色社会主义共同理想凝聚力量，用以爱国主义为核心的民族精神和以改革创新为核心的时代精神鼓舞斗志，用社会主义荣辱观引领风尚，巩固全党全国各族人民团结奋斗的共同思想基础。在不断赋予当代中国马克思主义鲜明的实践特色、民族特色、时代特色的同时，开展中国特色社会主义理论体系宣传普及活动，推动当代中国马克思主义大众化。毋庸置疑，报告中提到的"推动当代中国马克思主义大众化"，对于学习和宣传当代中国马克思主义具有重大的指导意义。事实上，大众化是马克思主义的内在要求，而且马克思主义中国化的历程也就是马克思主义大众化的过程。因此，以中国的风格、专业的人才、通俗的语言、多样的形式推进当代中国马克思主义大众化是马克思主义中国化的必然要求。

一、大众化是马克思主义的内在要求

马克思和恩格斯在《神圣家族》中指出："历史活动是群众的

事业，随着历史活动的深入，必将是群众队伍的扩大。在批判的历史中，一切事情自然都完全不是这样报道的，批判的历史认为，在历史活动中重要的不是行动着的群众，不是经验的活动，也不是这一活动的经验的利益，而仅仅是寓于'这些东西里面'的'观念'。"① 显然，马克思主义创始人反对把自己的理论学说当成"书斋里的学问"和"纯粹思辨的观念"，而是将其视为人民群众实践活动的总结，视为认识和改造世界的思想武器。他们认为，群众是实践的主体，历史活动是广大人民群众的事业，理论只有为广大人民群众所掌握，转化为他们的自觉行动，才能变为改造自然和改造社会的物质力量；如果不被广大人民群众所掌握，不能转化为群众的自觉行动，再好的理论也不能实现向现实的转化。也正因如此，马克思强调："批判的武器当然不能代替武器的批判，物质力量只能用物质力量来摧毁，但是理论一经掌握群众，也会变成物质力量。"② 在这里，马克思和恩格斯既强调了人民群众的历史主体地位，又揭示了理论转变为物质力量的关键——掌握群众，即理论的大众化。

作为马克思主义继承者，列宁同样认为："具有优秀精神品质的是少数人，而决定历史结局的却是广大群众。"③ 人民群众只有真正掌握了马克思主义的基本观点和基本方法，并且把它转化成自己的世界观、人生观和价值观以及科学的思维方式，才能在实践中发挥出有效的作用。但由于广大人民群众科学文化知识水平有限，他们阅读马克思主义专著还有一定的困难。因此，编写一批简明扼要、深入浅出的通俗读物，是广大人民群众的需要，也是革命事业的需要。列宁反对把"新的科学成就"马克思主义写成厚厚的书，"只向学术界吐露"，他主张把深奥的哲学道理变成明白易懂的知识，做到既准确，又通俗。他说："最高限度的马克思主义＝最高

---

① 马克思恩格斯全集［M］. 第2卷，北京：人民出版社，1957：635.
② 马克思恩格斯选集［M］. 第1卷，北京：人民出版社，1972：9.
③ 列宁选集［M］. 第4卷，北京：人民出版社，1972：635.

限度的通俗化和简单明了。"① 正是在这种思想支配下，列宁不仅把为人民大众创作革命理论看做是自己的"最大希望"，而且撰写过许多通俗讲解马克思主义的文章。这些文章加速了俄国马克思主义大众化进程，让广大的人民群众掌握了强大的理论武器，从而在俄国革命过程中起了极其重要的作用。

由此可见，马克思主义大众化，不仅是马克思主义创始人的要求，也是马克思主义继承者的主张；不仅是马克思主义的内在要求，也是唯物史观关于人民群众创造历史的基本原理的具体丰富和运用。马克思主义"不仅从内部即就其内容来说，而且从外部即就其表现来说，都要和自己时代的现实世界接触并相互作用"。②

二、中国马克思主义大众化的历程

20 世纪初，俄国十月革命改变了中国革命的时代背景和国际环境，为中国送来了马克思主义。从此，以李大钊、陈独秀、艾思奇、毛泽东等为代表的马克思主义理论家们，在中国这片古老的大地上掀起了马克思主义通俗化、大众化的热潮。经过同各种非马克思主义学说的比较和论战，宣传者们使马克思主义逐渐为无产阶级和广大人民群众所掌握，并最终成为他们改造旧中国的强大精神武器。

作为宣传马克思主义的先驱和中国最早的马克思主义者，李大钊早在1920 年3 月就秘密创立了北京大学马克思学说研究会。该会不仅以多种形式学习和研究马克思主义，而且其成员如邓中夏、黄日葵、高君宇等还深入工人群众进行实地宣传和实际组织。同年年底，李大钊又在北京大学创办"社会主义研究会"，编译社会主义丛书并举办各种演讲活动，宣传马克思主义。在上海，陈独秀也于1929 年5 月发起组织了马克思主义研究会，其主要成员李达、李汉俊、陈望道等从日文翻译和介绍了马克思主义。通过早期的马

---

① 列宁全集 [M]. 第36 卷，北京：人民出版社，1959：467.
② 马克思恩格斯全集 [M]. 第1 卷，北京：人民出版社，1956：121.

克思主义通俗化、大众化运动，扩大了马克思主义在中国的影响，壮大了中国马克思主义者的队伍。

艾思奇是把马克思主义哲学通俗化、大众化的杰出代表。在上海《申报》工作期间，艾思奇在阅读和回答读者来信中，探索了如何使深奥的哲学通俗化问题。在《读书生活》杂志创刊后的1934年11月至1935年10月这一年时间里，艾思奇为《读书生活》杂志每期写一篇通俗的哲学文章，共24篇。1935年年底，艾思奇将它们汇编成册，以《哲学讲话》为书名出版，1936年出第四版时更名为《大众哲学》。《大众哲学》推动了哲学大众化运动，在传播马克思主义上起了重大作用，而它成功之处，就在于用通俗生动的语言、群众熟知的事例和当时最为关心的问题，深入浅出地阐述马克思主义的基本原理，引导人们用马克思主义哲学的世界观方法论去分析解决实际问题。

毛泽东同志则在把马克思列宁主义的普遍真理与中国实际相结合的过程中，实现了马克思主义的大众化。之所以能使马克思主义哲学大众化、通俗化，在于他在用马列主义的科学道理研究解决中国实际问题时，善于采用百姓所喜闻乐见的语言，善于大量引用中国格言、警句、寓言、成语、谚语、典故、神话等来阐发马克思主义思想，把深刻的道理融入生动的故事，从而把马克思主义基本原理和哲学方法论有效地转化为广大干部和普通群众都能够掌握和运用的科学思想方法与工作方法。邓小平在南方谈话中也指出："学马列要精，要管用的。长篇的东西是少数搞专业的人读的，群众怎么读？要求都读大本子，那是形式主义的，办不到。"① 他认为群众的语言最能说服、感染群众，因此他经常使用简洁明了的语言来阐释深奥的理论，如"两手抓，两手都要硬"；"不管白猫黑猫，能抓老鼠的就是好猫"；"摸着石头过河"；"人民拥护不拥护、赞成不赞成、高兴不高兴、答应不答应"；"走群众路线，同群众商量"；"紧紧地依靠群众，密切地联系群众"等。

21世纪以来，我国对马克思主义理论著作如何争取大众读者

---

① 邓小平文选 [M]. 第3卷，北京：人民出版社，1993：382.

进一步进行了有益的探索和尝试。从原来的《画说资本论》、《画说哲学》等到由广东人民出版社推出的《画说毛泽东思想》、《画说邓小平理论》和《画说江泽民"三个代表"》等读物,以图文结合的形式,实现了哲理性与通俗性的密切结合,为当代马克思主义理论大众化、通俗化作出了榜样。而在 2003—2005 年,中宣部理论局连续组织编写的《干部群众关心的 25 个理论问题》、《理论热点 18 题》、《2005:理论热点面对面》三本通俗理论读物,在全国各大城市新华书店的畅销书排行榜上名列前茅,同样也体现了理论通俗化、宣传多样化的突破,从而为普及马克思主义宣传教育开拓了新途径。

所谓中国化,就是指马克思主义普遍原理与中国具体实际相结合并提出具有中国特色新理论的过程;所谓大众化,就是指马克思主义基本原理由抽象到具体、由深奥到通俗、由被少数人理解掌握到被多数的人民群众理解掌握运用的过程。

由此可见,中国马克思主义大众化过程就是在马克思主义中国化过程之中完成的,马克思主义大众化既是坚持和发展马克思主义的必然,也是马克思主义中国化的根本目的。甚至也可以说,马克思主义中国化其实就是国际马克思主义的大众化。

三、推动当代中国马克思主义大众化的客观要求

党的十七大报告明确提出要"推动当代中国马克思主义大众化"。对于这一问题的解决,客观上要求:大力推进理论创新,不断赋予当代中国马克思主义鲜明的实践特色、民族特色、时代特色;培养造就一批马克思主义理论家特别是中青年理论家,为推动当代马克思主义大众化提供组织保证和人才支持;采用普通百姓所喜闻乐见的语言和多样化的形式说明深刻的道理,从而使精神力量转变为巨大的物质力量。推动当代中国马克思主义大众化,对于发展中国特色社会主义伟大事业,推进党的理论创新具有重大的现实意义和实践价值。

1. 风格中国化

推进当代中国马克思主义大众化，关键是要不断赋予当代中国马克思主义以鲜明的实践特色、民族特色、时代特色。早在 1938 年 10 月中国共产党六届六中全会上，毛泽东就强调了马克思主义的民族性问题，明确提出了"马克思主义中国化"的要求："马克思主义必须和我国的具体特点相结合并通过一定的民族形式才能实现……使马克思主义在中国具体化，使之在其每一表现中带着必须有的中国的特性，即是说，按照中国的特点去应用它，成为全党亟待了解并亟须解决的问题。洋八股必须废止，空洞抽象的调头必须少唱，教条主义必须休息，而代之以新鲜活泼的、为中国老百姓所喜闻乐见的中国作风和中国气派。"① 按毛泽东的理解，马克思主义中国化的过程其实就是中国马克思主义大众化的过程，因为马克思主义中国化就是要让马克思主义具有中国风格、中国气派，能够为人民群众所喜闻乐见。而只有具有中国风格、中国气派的马克思主义才能真正为人民群众所掌握，才能成为改造世界的物质力量。从这个意义上说，风格中国化是当代中国马克思主义大众化的第一要求。

2. 人才专业化

列宁指出："庸俗化和浅薄同通俗化相差很远。通俗作家应该引导读者去了解深刻的思想、深刻的学说，他们从最简单的、众所周知的材料出发，用简单易懂的推论或恰当的例子来说明从这些材料得出的主要结论，启发肯动脑筋的读者不断地去思考更深一层的问题。""在庸俗作家的眼里读者都是一些不动脑筋，也不会动脑筋的人，他不是启发读者了解严整的科学的初步原理，而是通过畸形的简单化的充满庸俗玩笑的形式，把某一学说的全部结论'现成地'奉献给读者，读者连咀嚼也用不着，只要囫囵吞枣就行了。"② 因此，为了防止大众化、通俗化沦落为庸俗化，在马克思主义大众化过程之中，首先要完整地、准确地理解马克思主义的理论体系。而马克思主义的理论体系完整地、准确地理解，则依赖于

---

① 毛泽东选集 [M]. 第 2 卷，北京：人民出版社，1991：20-21.
② 列宁全集 [M]. 第 5 卷，北京：人民出版社，1959：278-279.

高素质优秀专家学者。这就意味着必须培养锻炼青年马克思主义理论工作者，为推动当代马克思主义大众化提供组织保证和人才支持。正因如此，党的十七大报告指出，要推进马克思主义理论研究和建设工程，深入回答重大理论和实际问题，必须培养造就一批马克思主义理论家特别是中青年理论家。

3. 语言通俗化

大众化既然是面对广大人民群众，那么，开展中国特色社会主义理论体系宣传普及活动，推动当代中国马克思主义大众化，就必须像毛泽东那样用通俗的文字、群众性的语言和新鲜生动的材料来说明深刻的道理。毛泽东一生始终不渝地实践着马克思主义大众化，他的文章和讲话可以说都是通俗化语言的典范。在他的著作中，"放下包袱"说明不要居功自傲；"开动机器"说明应该多动脑子思考问题；"洗脸"和"扫地"比喻自我批评；"眼睛向下"说明深入群众，向人民群众学习；"花岗岩"形容那些思想僵化的头脑；"自力更生"说明靠自己的力量变革现状；"两条腿走路"指一种全面兼顾的工作方法；"精兵简政"概括一项极其重要的政策；"一穷二白"说明一无所有的状况；"虎气"代表原则性，"猴气"代表灵活性；"破"指批判，"立"指创建等。此外，还有"搅得稀烂"、"害怕得要命"、"闹得乌烟瘴气"、"忙得不可开交"、"把手伸得老长老长"、"上阵打几个回合"、"挟起皮包走路"、"钝刀子割肉"、"两个拳头打人"，等等。只有运用生动、通俗的语言，马克思主义才会受到群众欢迎，才能得到迅速而广泛的传播。

4. 形式多样化

马克思主义大众化不仅要求语言文字上得到人民的喜爱，而且必须做到形式上也受到大众的欢迎，即通过宣传形式的多样化来增强马克思主义的吸引力、战斗力、感染力。早在 20 世纪 70 年代，英国广播公司（BBC）就曾成功地推出过一档电视系列节目，麦基和 14 位当代思想大师把当代各哲学派别的思想观点以简洁凝练的方式介绍给了观众；挪威作家乔斯坦·贾德撰写的哲学读物《苏菲的世界》，自 1991 年出版发行之后，长期雄踞德、法、意、英、美、韩国等十余个国家畅销书排行榜第一名，现已被 35 个国家翻译出版；而国内出版的《画说资本论》、《画说哲学》、《画说毛泽东思想》、《画说邓小平理论》和《画说江泽民"三个代表"》等读物，以图文结合的形式，实现了哲理性与通俗性的密切结合。马克思主义大众化，理应从上述哲学和马克思主义宣传形式的成功经验中得到启发：通过充分利用电影、电视、广播、书刊、网络等大众传媒，利用多样化的宣传形式推进当代中国马克思主义大众化。

总之，中国化是大众化的前提，大众化是中国化的目的。在当代中国，发展中国特色社会主义，就要发挥当代马克思主义对实践的巨大的指导作用，这就必须推进当代中国马克思主义大众化。大众化是马克思主义的本质属性和本质要求，马克思主义只有被广大人民群众所接受、所理解、所掌握，才能真正转化为强大的物质力量，在中国特色社会主义的伟大实践中，发挥应有的巨大作用。

（本文作者：周晓阳，南华大学教授；黄秋生，南华大学讲师）

马克思主义中国化及其现代化:可能与需要

王孝哲

马克思主义作为一个由欧洲理论家、革命家马克思和恩格斯在 19 世纪所创立的思想理论体系,能够实现中国化并在中国实现现代化,这已是不争的事实。中国人民今天仍在"坚持用发展着的马克思主义指导客观世界和主观世界的改造"。① 然而,马克思主义为什么能够实现中国化和现代化? 对此问题仍有深入探究的必要,这有助于我们更加自觉、坚定地在中国特色社会主义建设过程中巩固马克思主义指导地位,坚持不懈地用马克思主义中国化的最新成果武装全党、教育人民。笔者认为,马克思主义之所以必然会实现中国化及其现代化,在于两个基本原因:一是马克思主义在本质上具有实现中国化的可能性;二是中国人民需要运用马克思主义来指导自己的实践活动以谋取国家和人民的利益。具体来说,表现在以下三个方面。

一、马克思主义具有真理性,而追求真理的中国共产党人也需要运用马克思主义来指导中国的革命和建设实践

众所周知,马克思主义是一个庞大的思想理论体系,包括辩证唯物主义哲学、政治经济学和科学社会主义。马克思主义是具有真

---

① 胡锦涛. 高举中国特色社会主义伟大旗帜,为夺取全面建设小康社会新胜利而奋斗——在中国共产党第十七次代表大会上的报告 [J]. 人民日报,2007-10-15.

理性的思想理论体系。马克思主义的真理性，不是马克思、恩格斯当初自我标榜的，也不是马克思、恩格斯强行要求人们相信的，更不是人民群众盲目信奉吹捧的，而是逻辑证明和实践检验所显示的。马克思主义乃是马克思和恩格斯经过长期的艰苦的研究史料、考察现实和缜密思考才创立的。马克思和恩格斯在创立马克思主义的过程中，注意接受社会实践的检验，不断对自己的思想理论进行纠正、丰富和深化，从而使自己的思想理论越来越完善、越来越符合实际。同时，马克思主义在发展的过程中，也不断地接受现代科学实验、生产实践以及社会主义运动的检验，才日益充分地显示出其真理性。

比如，马克思主义思想理论体系的理论基础——辩证唯物主义哲学（其中包括辩证唯物主义的社会历史观），就是具有真理性的现代哲学理论。辩证唯物主义哲学深刻地揭示了世界的客观物质性，全面地论述了物质对于意识的决定作用和意识对于物质的能动反作用，充分地阐明了物质世界的普遍联系、永恒发展状况，正确地说明了人的认识之能动反映客观事物的本质，实践对于认识的决定作用以及真理的客观性、绝对性、相对性。马克思、恩格斯创立的历史唯物论深刻揭示了人类社会的客观实在性，指出人类社会之延续是有规律的不断发展进步的过程。当代世界人民的各种实践活动和自然科学研究、社会科学研究的新成果，已经证明并正继续证明马克思主义哲学的基本观点、基本原理是完全正确的，是当之无愧的真理。

又如，马克思主义思想理论体系中的政治经济学，也是具有真理性的经济学理论。马克思、恩格斯雄辩地指出生产关系是一切社会关系中最基础的、最根本的关系；全面揭示了劳动的二重性——具体劳动与抽象劳动，建立了科学的劳动价值论；深入分析了商品的二因素——使用价值与价值，说明了商品是使用价值与价值的统一；正确阐明了商品交易中的价值规律和资本主义经济运动的规律。马克思主义政治经济学既是一门理论科学又是一门实证科学。它既接受逻辑的审视又接受实践的经验，也已经被证明并正继续被当代社会的经济活动证明其基本观点、基本原理是完全正确的，是当之无愧的真理。

再如，马克思主义思想理论体系中的科学社会主义，也是具有真理性的社会主义理论。马克思、恩格斯运用历史唯物论和剩余价值学说深刻分析了资本主义社会的矛盾，揭露了资产阶级剥削的秘密和工人受剥削的根源，指出资本主义必然灭亡，必然被社会主义所取代。自马克思、恩格斯创立科学社会主义以来，世界共产主义运动的胜利发展，已经证明并将继续证明马克思主义的科学社会主义理论是符合实际的真理。虽然共产主义社会距离我们今天还很遥远，但是，作为共产主义社会初级阶段的社会主义社会已经成为现实。并且，世界范围内社会生产力的迅速发展，社会主义国家内物质文明、政治文明、精神文明的不断进步，表明了当今社会的发展正是趋向于共产主义社会，我们距离共产主义社会正愈来愈近。

任何真理的主体都不是个别人，而是所有人，是全人类。马克思主义的真理性是被一切真诚和求实的人们所承认的。所以，马克思主义才能被人们发自内心地相信为真理，它才能不胫而走，广泛传播。马克思主义对于中国人当然也具有真理性，于是它就有着实现中国化的可能性。

中华民族是文化底蕴深厚的民族。中国的广大工农群众是真诚朴实的人民。中国先进的知识分子是追求真理的勇士。俄国十月革命一声炮响，震醒了深受压迫剥削、急欲翻身解放的中国工农群众，启发了正在上下求索的中国先进知识分子，使中国人民看到了马克思主义真理的光芒，找到了在黑暗中指路的明灯。中国无产阶级的先进分子引进并认真学习马克思主义，以马克思主义为指导思想组建中国共产党。中国共产党人迎合广大工农群众急切寻求能够指引翻身解放、强国富民之路的科学真理的迫切需要，积极吸纳消化马克思主义，并坚持用马克思主义理论指导中国的新民主主义革命、社会主义革命和社会主义建设实践，取得了伟大的胜利。这些胜利成果进一步证明了马克思主义具有无可辩驳的真理性。

二、马克思主义具有价值性，而中国人民也
　　需要引进马克思主义来为自己改造客观
　　世界和建设中国特色社会主义服务

　　价值是什么？价值"是指客体能够满足主体需要的效用……假若某个客体以自己的属性能够满足主体的一定需要，它对于主体而言就是有效用有价值的"。① 一般说来，任何真理作为客体，对于人们都是具有价值性的。"所有的真理，对于愿意正视现实的人们，都是有用的，能够帮助人们正确地把握客体和有效地改造客体。"②

　　马克思主义是真理，当然也具有价值性。马克思主义真理的价值性在于它能够被一切相信马克思主义的人们所理解、掌握、运用，指导人们正确地认识世界和有效地改造世界。当然，马克思主义真理对于中国人民也具有价值性，也能够被中国人民引进、吸纳并实现中国化，用来指导自己正确地、有效地改造世界和建设中国特色社会主义。而中国人民也非常需要这样的真理，用来为自己谋取国家和人民的利益服务。

　　首先，马克思主义的辩证唯物主义哲学，能够帮助人们树立正确的世界观和方法论。人们的社会生活和实践经验表明，要想如实地认识世界和有效地改造世界，就必须确立正确的世界观和方法论，这是根本前提。如果陷入某种错误的世界观和方法论，人们的认识就会发生错误，实践就会遭到失败。马克思主义的辩证唯物主义哲学的价值性在于它能够帮助人们树立科学的世界观，转化为正确的方法论，从而可以自觉地做到在社会生活中一切从实际出发、实事求是，并在实践活动中自觉坚持实践——认识——实践的认识路线，在实际工作中自觉坚持一切为了群众、一切依靠群众的工作路线。中国共产党为了成功地领导中国的革命和建设事业，当然需

---

① 王孝哲.哲学原理新论 [M].合肥：安徽大学出版社，2006：160.
② 王孝哲.哲学原理新论 [M].合肥：安徽大学出版社，2006：140-141.

要这样的科学理论。中国共产党正是依据马克思主义哲学基本原理，正确认识各个历史时期的形势和任务，制定出了切实可行的路线、方针、政策，指导中国的国内革命战争、抗日战争、解放战争和社会主义改革、社会主义建设，取得了辉煌的胜利。今天，中国已经成为世界上举足轻重的大国。这一切表明，马克思主义哲学为中国人民提供的世界观和方法论，确实管用，有着高度的价值性。

其次，马克思主义的政治经济学，能够帮助人们深刻认识社会经济现象的本质和经济活动的规律，正确进行经济制度的变革和经济体制的改革，构建科学的经济运行机制，促进生产力的发展和社会经济的繁荣。马克思主义政治经济学告诉人们，社会经济发展的水平受生产力的性质和水平所决定，社会经济现象的背后隐藏着人们的利益关系，社会经济活动的状况和趋向受到政治、文化的巨大影响……这就使人们能够深刻地、全面地认识社会经济现象，从而避免认识上的肤浅与片面。马克思主义政治经济学所揭示的社会经济活动的内在联系和经济运动的客观规律（如生产关系一定要适合生产力状况的规律、资本主义经济的剩余价值规律、商品的价值规律等），能够指导人们正确分析与解决社会经济制度、经济体制和经济运行机制内部的缺陷和问题，使社会生产力得到解放，社会经济活动得以顺利发展。中国人民为了搞好经济建设，当然需要这样的经济理论的指导。中国人民就是依据马克思主义政治经济学的基本观点、基本原理，遵照马克思主义政治经济学所揭示的经济规律，在中华人民共和国建立社会主义的生产资料公有制和按劳分配制度，使广大普通劳动群众得到了实际利益；自 1978 年以来，又遵照马克思主义政治经济学所揭示的经济规律，成功进行了经济体制的改革，实现由计划经济体制向市场经济体制转型，使得中国经济迅速发展，国家实力大大增强，人民生活水平大幅度提高。这些事实表明，马克思主义政治经济学也很管用，有着很高的价值。

再次，马克思主义的科学社会主义，能够帮助人们正确认识资本主义的本质及其一定会灭亡（而不是如资产阶级所说的将永恒存在）、一定会被社会主义所取代的必然性；正确认识什么是真正的社会主义、社会主义怎样向着共产主义前进；指导人们采取恰当的手段建立社会主义制度、促进社会主义建设。生活于三座大山压迫下的旧中国劳动群众，就是出于翻身解放和民富国强的迫切需要，在马克思主义的科学社会主义理论的引导下，走上了革命道路。在中华人民共和国建立以来，中国共产党及广大人民群众，也是在马克思主义的科学社会主义理论的指导下，逐渐深化对中国特色社会主义的认识，逐渐完善社会发展观，取得了丰硕的成果。这些事实表明，马克思主义的科学社会主义也有着很高的价值。

三、马克思主义具有普遍性和开放性，而中国人民也需要马克思主义在中国土地上扎下根来并与时俱进

马克思主义是具有普遍性的思想理论体系。马克思主义不是马克思、恩格斯一时思考的论断，而是长期研究的理论成果；不是马克思、恩格斯关于一国之兴衰、一社会之走向的议论，而是关于整个世界的本质和规律、人类社会的本质和规律的系统阐述以及关于资本主义社会的本质和规律、社会主义社会的本质和规律的理论揭示。所以，马克思主义具有高度的普遍性，能够被不同国家、不同民族、不同时代的人们加以具体化，其中包括既能够被不同国家、不同民族的人们加以本土化、民族化，又能够被不同时代的人们加以时代化。

马克思主义又是具有开放性的思想理论体系。马克思主义并不自我满足和自我封闭，而是愿意吸取一切合乎实际、有价值的理论成果。马克思主义并没有结束真理，而只是开辟了探索真理的道路。所以，马克思主义在马克思之后必会继续不断发展，与时俱进。

中国共产党人毛泽东、邓小平、江泽民、胡锦涛等理论家、政治家，忠实地把马克思主义应用于中国。但他们都清楚，对马克思、恩格斯乃至于列宁的具体观点、论断，决不能教条主义地简单搬用，否则就会违背马克思主义的基本原则，而且在中国革命史上也有惨痛的教训。对于马克思主义的科学态度，应当是既牢固掌

握、永远坚持其基本原理和基本观点，同时也要结合中国的实际情况灵活应用，并且应当重视随着中国社会实践的发展而不断推进马克思主义具体内容的发展创新。所以，马克思主义的中国化，也包含着马克思主义在中国土地上的时代化。马克思主义中国化及其时代化的具体形态，已先后有毛泽东思想、邓小平理论、"三个代表"重要思想和科学发展观等，它们对马克思主义都是既一脉相承，又结合新的形势、任务有所创新，"不断赋予当代中国马克思主义鲜明的实践特色、民族特色、时代特色"。① 事实证明，马克思主义中国化及其时代化的这些新成果，也都具有其真理性和价值性，受到了中国人民的肯定和欢迎。中国共产党人用马克思主义中国化及其时代化的新成果指导中国特色社会主义现代化建设，取得了许多丰硕成果。这些充分地证明了马克思主义的确具有普遍性和开放性，能够在中国扎根，不断地与时俱进。我们认为，也正是在运用和发展马克思主义的过程中，才能使马克思主义永远保持旺盛的生命力，并愈来愈充分地体现和发挥它的真理性和价值性。

（本文作者：王孝哲，安徽大学哲学系教授）

① 胡锦涛．高举中国特色社会主义伟大旗帜，为夺取全面建设小康社会新胜利而奋斗——在中国共产党第十七次全国代表大会上的报告［J］．人民日报，2007-10-15.

对我国社会主义及其改革的理论反思

刘 强

如何辩证地看待我国改革开放以来出现的诸多问题，从而客观公正地评价我国的改革开放？本文通过对我国社会主义及其改革中三个方面问题的理论反思，试图回答这一问题。

一、对中华人民共和国成立后前 29 年我们为什么屡犯"左"的错误的理论反思

中华人民共和国成立后 50 多年的历史，总起来说有前后两个时期：前一个时期是十一届三中全会以前的 29 年；后一个时期是改革开放以后的 28 年。在前 29 年中，除开始 7 年比较顺利以外，之后所走过的道路都十分坎坷。我们党甚至犯过两次大的错误：一次发生在以"大跃进"为标志的 1958 年到 1960 年，另一次发生在以"文化大革命"为标志的 1966 年到 1976 年。这两次大错误、大挫折都是在"左"的错误思想指导下造成的。为什么我们屡犯"左"的错误？胡绳在他主编的《中国共产党七十年》一书中明确作出了回答："是在错误理论指导下的错误实践。"[①] "错误的理论"？到底错在哪里？这是我们要不断深入反思的问题。笔者认为，最根本的是对社会主义的认识问题，即关于社会主义观的问题。

到底什么是社会主义？邓小平曾反复提出了这个问题，他说："什么叫社会主义，什么叫马克思主义？我们过去对这个问题的认

---

① 胡绳. 中国共产党七十年 [M]. 北京：中共党史出版社，1991：479.

识不是完全清醒的。"（1984 年）① "现在的方针政策，就是对'文化大革命'进行总结的结果。最根本的一条经验教训，就是要弄清什么叫社会主义和共产主义，怎样搞社会主义。"（1987 年）② "问题是什么是社会主义，如何建设社会主义。我们的经验有许多条，最重要的一条，就是要搞清楚这个问题。"（1985 年）③ ……从邓小平的这些论述中我们完全可以看出，中华人民共和国成立后的几十年时间里，我们是在轰轰烈烈地大搞社会主义，然而我们却没有弄清楚什么叫社会主义。这正是我们屡犯"左"的错误的理论根源。

反思中华人民共和国成立后前 29 年我国社会主义建设的实践过程，在理论上一个明显的错误就在于忽视了马克思关于社会主义理论的前提条件，把我们在推翻半殖民地半封建社会基础上建立的社会主义制度同马克思分析的在发达资本主义基础上建立的社会主义完全等同起来。就是说，我国的社会主义制度是在推翻半殖民地半封建社会基础上建立的，虽然也有资本主义的萌芽，但是没有经过资本主义这个独立的发展阶段，所以，社会主义的生产关系是建立在生产力水平十分落后的基础之上的。简言之，马克思所设想的社会主义是"资本主义后"的社会主义，而我国的社会主义则是"封建主义后"的社会主义。在条件完全不同的前提下，却要用完全相同的标准和方法去实现完全一致的目标，这显然是不符合逻辑的，也是不符合生产力发展内在规律的。错误的理论必定导致错误的实践：建立了社会主义制度后，我们自以为已经是社会主义了，所以就严格按照马克思关于社会主义的设计去做，这就是高度的公有制、高度的计划经济体制、不断地"割资本主义的尾巴"、搞阶级斗争等。其结果是越搞越贫穷，越搞离既定的目标越远；而如果不按马克思关于社会主义的基本特征去做，又是走资本主义道路。所以，在这 29 年中，我们就是在"左"和右这两极的矛盾中徘

① 邓小平文选［M］.第 3 卷，北京：人民出版社，1993：63.
② 邓小平文选［M］.第 3 卷，北京：人民出版社，1993：223.
③ 邓小平文选［M］.第 3 卷，北京：人民出版社，1993：116.

徊，错误在所难免。

改革开放以后，我们党在认真总结历史经验的基础上，明确提出了"把马克思主义的普遍真理同我国的具体实际结合起来，走自己的道路，建设有中国特色的社会主义"。① 这是我们共产党人对社会主义认识上的重大进步与飞跃，是对马克思社会主义理论的最大的丰富与发展。正是基于这一理论，我们的改革才取得了巨大的成功和举世瞩目的成果。

二、对改革开放29年来我们为什么出现了这么多问题的理论反思

近年来，社会上滋生了某些值得关注的否定改革的思潮。有些人借我国社会发展和改革中出现的问题，传播怀念传统计划经济体制的言论和情绪，甚至想重建高度集权的经济体制。在他们的观点中，确实也有一些具体意见是值得重视的，其中某些合理成分也值得吸取，但是，他们以"反思改革"为名，贬斥社会主义市场经济体制改革的基本方向，力求重建高度集权的经济体制，这种思路是不能认同的。

改革开放29年来，我国社会发生了巨大的变迁，改革的成果及给人民生活所带来的巨大进步举世瞩目。然而，也出现了诸多的社会问题，概括起来有以下一些方面：（1）"三农"问题及产业结构问题；（2）失业和就业问题；（3）区域差距、个人收入差距和公平问题；（4）国有企业的改革及下岗职工问题；（5）教育、医疗、保障等社会问题；（6）腐败现象、政府威信、政府工作效率等问题；（7）环境及以能源为核心的资源问题；（8）企业的社会责任感和市场竞争力问题；（9）国民信仰、公共道德及社会风气问题；（10）科技创新和学术治理问题；等等。如何看待这些问题？我们从以下几个层面上加以具体分析：

第一，并非所有问题都是改革所带来的问题，许多问题是社会

---

① 邓小平文选［M］. 第3卷，北京：人民出版社，1993：3.

发展中必然要出现的问题。就是说，搞社会主义市场经济它会出现，继续搞高度的计划经济，它仍然会出现。如养老与社会保障问题，中华人民共和国成立前及中华人民共和国成立初期参加工作的强壮劳动力，到20世纪80年代，就处于离退休的高峰期，而我们根本就没有建立社会保障体系，这一问题改革也罢不改革也罢，他们到了年龄就必然要退休；还有"三农"问题、产业结构等问题也很现实。还有一些问题则是社会经济发展中必然要出现的问题，如资源问题、环境问题、人口与就业问题等。

第二，历史地看待这些问题。所谓历史地看，就是说我们今天面对的诸多问题，许多都有历史的渊源。对此，我们可以分类加以分析：（1）一些问题是封建残余所带来的问题。如以官本位为本源的官僚主义、等级制、家长制、人治大于法制，以及买官、卖官等腐败问题。（2）一些问题是小农经济所带来的问题。如农民问题，像小富即安、好出门不如赖在家、富裕后的"斗富"、"挥霍"等现象。还有存在于整个社会的"均贫富"思想等问题。（3）一些问题是共产国际所带来的问题。如教条主义、流传甚广且根深蒂固的"左"的思想观念等问题。（4）一些问题是计划经济体制所带来的问题。如国有企业的一系列问题、由"大锅饭"而形成的片面的公平观的问题、干部能上不能下的问题以及"等、靠、要"等问题。（5）一些问题则是西方思潮所带来的问题。如庸俗的、有害的价值观念和腐朽的生活方式、网络问题以及黄、赌、毒等问题。

第三，改革必然带来的问题。为什么要改革？改革要改什么？改革就是针对社会发展中所存在的问题而来的。现在世界上许多国家特别是大多数发展中国家都在进行改革，目的就是破除旧的、落后的观念和体制，革除上层建筑中不符合经济基础状况、生产关系中不符合生产力状况的部分或环节，从而解放生产力，发展生产力。对我国而言，由于多种历史原因，特别是指导思想上的"左"的错误，我们逐步形成了一种同生产力发展要求不相适应的僵化的经济体制，政治体制也存在着一些重大缺陷，这些方面严重影响了生产力的发展和人民群众的积极性、主动性、创造性的发挥，所以，改革更具迫切性。为此，邓小平同志指出，如果现在再不实行改革，我们的现代化事业和社会主义事业就会被葬送，而改革必然是要付出代价的，正如世界银行的一位官员曾经说过的：改革必然带来"阵痛"，其他国家的改革伴随的是一个"阵痛"，即由农业国向工业国的转变；而中国的改革伴随的是两个"阵痛"，就是说，它不仅要经历由农业国向工业国的转变，还要经历由传统的计划经济向社会主义的市场经济的转变。由此可以看出，中国的改革要比其他国家的改革付出更大的代价，且随着改革的不断深化，各种利益关系的调整必定带来更广泛、更深刻、更复杂的社会问题。如差距问题、公平问题、竞争问题、政治体制改革的问题、官员的腐败问题、与人们生活密切相关的住房与医疗改革问题等。所以，要改革，这些问题就难以避免。试想，如果我们既要发展生产力，又不愿意打破"铁饭碗"和平均主义；既要搞社会主义市场经济，又不愿意实行真正意义上的市场竞争和实实在在地拉开个人收入差距，能行吗？所以说，改革必然伴随着问题的出现。当然，我们并不是说对出现的这些问题就不去管，不加限制地任其发展，我们的政府和执政党就是每时每刻在关注着这些问题，并不断地从宏观政策、法律法规等方面加以调节和限制。如现行的科学发展观、和谐社会、社会主义新农村建设等治国方略，就是完全针对改革中的问题而提出来的。

第四，辩证地看待目前出现的这些社会问题。首先，我们从问题性质的角度可以把这些问题分为三类：一类是涉及人民群众切身利益的问题，如就业、医疗、子女教育、社会保障等；第二类是人民群众强烈不满的问题，如腐败、政府工作效率、社会分配不公、社会风气问题等；第三类是属于社会发展中一些基本性的问题，如产业结构、"三农"问题、市场竞争力、致富途径、国企的改制问题、政治体制改革的问题等。其次，从问题的来源分析我们又可以把它归纳为三个方面：一是因历史的原因而产生的问题；二是社会发展过程中必然产生的基本问题；三是改革开放带来的问题。再次，从问题产生的根本原因分析，我们认为，产生这些问题的最根本的原因仍然来自于由社会基本矛盾所决定的我国社会发展中的主要社会矛盾，即人民日益增长的物质文化的需要与落后的生产之间的矛盾。最后，从解决矛盾（问题）的途径来说，我们可以从现实途径和根本途径两个方面辩证思考。如通过统筹兼顾、合理安排，解决就业、医疗、教育、社会保障等现实问题；通过加强法制建设解决腐败、政府工作效率等人民群众强烈不满的问题等。而根本的途径则是深化改革，发展社会生产力。

三、对我国社会发展阶段历史定位的理论反思

1. 马克思关于社会主义发展阶段的一般逻辑结论

马克思在《哥达纲领批判》中对资产阶级的统治被推翻以后的社会发展作了明确的划分，具体表述为三个阶段：第一阶段叫做"长久的阵痛时期"，即由资本主义到社会主义的"过渡时期"；第二个阶段叫做"共产主义社会第一阶段"，即社会主义社会；第三阶段叫做"共产主义社会高级阶段"①。在马克思看来，"过渡时期"的国家，面对资产阶级的拼死反抗，只能实行"无产阶级的革命专政"②；而共产主义社会的两个阶段其主要区别则在于成熟程度的不同，至于社会主义社会是否还要划分若干阶段，马克思没有论及。

列宁领导十月社会主义革命取得了胜利，有了马克思、恩格斯所没有的亲身实践。他对无产阶级夺取政权以后社会发展阶段的划分在马克思、恩格斯的基础上有了新的认识，他不但明确指出了共产主义的第一阶段就是社会主义，而且第一次预言社会主义社会将是一个多极的发展过程或阶段，他把无产阶级夺取政权后的社会发展分为四个阶段，即最初阶段、低级阶段、中级阶段、高级阶段。这里的最初阶段相当于过渡时期；低级和中级阶段属于社会主义社会的两个发展阶段；最高阶段指的是共产主义社会。列宁在对社会主义社会发展阶段的探索中还明确地使用了"初级形式的社会主

① 马克思恩格斯选集 [M]. 第3卷，北京：人民出版社，1972：12.
② 马克思恩格斯选集 [M]. 第3卷，北京：人民出版社，1972：21.

义"、"完全的社会主义"、"发达的社会主义"等概念。由于列宁逝世太早，当时十月革命胜利才7年，没有来得及对社会主义社会发展阶段从理论上深入系统的阐述。但是列宁对十月革命胜利后的俄国是不是就是一个社会主义的国家这个问题的认识是清醒的。他在1918年就明确指出："我们已经创立了新型的国家政权，建立了苏维埃社会主义共和国。"但是"我知道我们才开始进入向社会主义过渡的时期，我们还没有达到社会主义"①。并在1920年《论粮食税》一文中明确把当时的俄国定为一个"小农国家"，定位于向社会主义的过渡时期，即马克思所说的"从资本主义社会到共产主义社会的革命转变时期"。所不同的是，马克思说的转变，其一端是充分成熟的发达资本主义社会，另一端是作为共产主义社会第一阶段的社会主义社会。而列宁面临的转变，其一端则是一个小农国家。

2. 邓小平关于我国社会主义初级阶段的历史定位

1978年以来，邓小平关于我国社会主义初级阶段的理论有大量的论述。对此我国理论界已经有了深入的研究，基本观点是：邓小平通过对马克思关于社会主义理论的研究后认为，我国社会主义初级阶段实际上还是不够格的社会主义；邓小平实际上是把我国社会主义初级阶段放在与资本主义处于同一时代的现代社会，而按马克思的理论，够格的社会主义只能在后现代社会才能产生。具体可以用以下图式来说明。

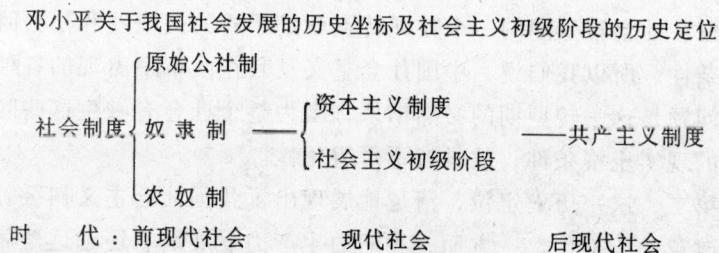

邓小平关于我国社会发展的历史坐标及社会主义初级阶段的历史定位

```
                ┌原始公社制
                │            ┌资本主义制度
社会制度 ┤奴 隶 制 ──┤                    ──共产主义制度
                │            └社会主义初级阶段
                └农 奴 制

时   代：前现代社会        现代社会        后现代社会
```

---

① 列宁选集［M］．第3卷，北京：人民出版社，1972：427．

从这一定位，我们可以得出以下三个结论：①我国社会主义初级阶段是现代社会中与资本主义制度平行并存的一种社会制度；②我国社会主义初级阶段不是泛指任何国家进入社会主义都会经历的起始阶段，而是特指我国在社会主义条件下实现工业化和现代化的特殊阶段；③这一历史定位使我们找到了认识中国社会主义现代化建设客观规律的思路，解决了当代社会主义者面临的时代难题。在此之前，无论马克思、恩格斯、列宁、斯大林，还是毛泽东，基本上都是把社会主义社会放在资本主义时代以后的后现代社会。正是基于这一点，人们总是在两个极端中选择：或者基本上按马克思设想的社会主义模式搞计划经济，坚持认为搞市场经济就是搞资本主义复辟；或者认为生产力落后的国家就不能搞社会主义，只能搞资本主义，甚至认为已经搞了社会主义的国家只能退回到资本主义。所以，邓小平关于我国社会主义初级阶段历史坐标的定位理论，解决了这一难题，并且丰富和发展了马克思主义的社会主义理论，为我国的社会主义改革奠定了坚实的理论基础。

3．这一历史定位必然推演出的两大理论问题

第一，我国社会主义初级阶段是中国社会发展中的一个大的历史转型期。这种转型在人类社会的发展史中，是能够找到它的影子的，如我国的春秋战国时期就是中国社会由奴隶社会向封建社会发展的转型时期；西方的文艺复兴时期就是欧洲社会由封建社会向资本主义社会发展的转型时期。我国社会主义初级阶段可以说就是中国社会由半封建半殖民地社会向完全的社会主义社会转型的一个历史阶段。社会转型期的一个共同特点就是矛盾的交织性和社会问题的复杂性。所以我们说，中国社会主义及其在改革中出现的各种矛盾和问题是这一转型期的必然结果，因为整个社会有滋生这些问题出现的现实土壤条件，故具有不可避免性。

第二，这一历史定位，清楚地展现出了我国社会主义初级阶段及其改革的长期性。一方面，我们的生产力发展水平还远远落后于发达资本主义国家，根据生产力发展不可逾越的规律，这就要求我们在社会主义初级阶段必须去实现发达资本主义国家经过三四百年的时间已经实现了的工业化和现代化，这是一个不可逾越的历史阶

段，不可能在较短的历史时期就能实现；另一方面，从人类社会"文化运动"的历史看它也是需要一个较长的历史时期。即每当一种社会形态或社会发展阶段向另一种更高的社会形态或阶段发展的过渡时期，必定要经历一个文化的思考，或称"文化运动"或"文化革命"等。我国社会从奴隶制向封建制过渡时经历了春秋战国时代，这一过渡时期整整持续了550多年，从而形成了我国社会发展史上第一个比较完整的文化运动圈，它为我国封建社会的建立、发展和繁荣奠定了坚实的思想基础。再看欧洲从封建社会向资本主义社会的过渡，经历了约300年时间的文艺复兴运动，从而形成了一个完整的文化运动圈，为西方资本主义社会的形成、发展和繁荣奠定了坚实的思想基础。从辛亥革命后，我国封建主义统治宣告终结，中国社会究竟向何处去，许多仁人志士前仆后继进行了不懈的探索和奋斗：从孙中山的"三民主义"到陈独秀、李大钊的"德先生"和"赛先生"，从毛泽东的新民主主义革命论再到邓小平的建设有中国特色的社会主义理论。笔者认为，这是我们中国社会正在进行的第二个大的"文化运动"，它的起点是辛亥革命，它的中心主题是中国社会向何处走，怎样走。从五四运动的科学和民主，到我们今天的"特色理论"，无不渗透着这一主题。从时间上考察，从1911年至今，充其量不足90年。应该说，我国的这一次文化运动到现在至多只是完成了少一半，即画了小半个文化圈，剩下的大半个圈，还有待我们一代又一代的人去完成。所以邓小平和我们党的文件中多次强调：党的基本路线一百年不变；我国社会主义初级阶段的历史进程，至少需要一百年或更长的时间。现在我们再来仔细品味"至少一百年"这句话就不难理解了。

所以我们说，要彻底解决我们社会主义及其改革中出现的根本问题，需要时间、需要耐心，要尊重社会发展的规律，决不可操之过急，否则，就要犯"左"或右的错误，这样的历史教训，我们不能不吸取。

（本文作者：刘强，长安大学人文社会科学学院教授）

马克思主义基本原理的发展观阐释

刘家俊

在元典马克思主义①中，是否存在着一个基本的、整体的、大体上相对成形的"马克思的发展观"，马克思的关于发展的世界观形态，即马克思关于发展的总体看法和根本观念形态？由于这涉

---

① 据历史学家冯天瑜考察，"元典"有始典、首典、原典、正典、大典、善典、美典、上典、宝典、基本之典、长幼之长的长典等之蕴涵，他由此将中国先秦时期具有开创性意义、影响深远的典籍，如《诗经》、《易经》、《尚书》、《论语》、《墨子》、《孟子》、《老子》、《庄子》、《荀子》等，称之为中华元典。现予借用之，将马克思主义的理论宝库中，那些最具源发性、初始性、开创性、深邃性、超越性的著作和论述，称为马克思主义的元典或元典理论。这比将其称为马克思主义的原著、原典、经典等，似乎既更能够表达出潜行在其中的历史底蕴，又更能够显示出弥漫在其上的现代之大气。

同时，将马克思、恩格斯所创立的最具源发性、初始性、开创性、深邃性、超越性的马克思主义，称为元典马克思主义也可能比较好。一是在于逻辑分类层次上能显得更清晰、更顺畅。在总括的马克思主义下，首当其冲的是元典马克思主义，紧接着的是中国化的马克思主义、国外马克思主义，国外马克思主义又分为俄国的马克思主义、越南的马克思主义、古巴的马克思主义……即使西方马克思主义也可以作为元典马克思主义的一个分支，虽然它在许多方面已经背离了元典马克思主义，但它毕竟与元典马克思主义有着千丝万缕的联系。二是以示与原有的"经典马克思主义"的语词表达有区别。因为"经典马克思主义"的语词表达，不如"元典马克思主义"的语词表达更接近马克思、恩格斯所创立的马克思主义的历史意义，不如它更能全面地凸显其源发性、初始性、开创性、深邃性、超越性的至深意义。特别是，由于历史的种种原因，"经典马克思主义"的语词表达，已经被作了各种各样的诠释、解读、引申、解构，甚至其还在一定条件下被赋予了贬义的蕴涵。所以，本文作者认为，采用"元典马克思主义"的语词表达，用以代替"经典马克思主义"的语词表达，可能比较好。

及全面、系统、整体性地学习、领会、认识、研究元典马克思主义的基本原理、内容及其意义的重大问题，所以有必要再次引用、重温、解读以下几段稍长一点的元典阐释。

1883年，在以德文发表，名为《社会主义从空想到科学的发展》的单行本中，（在此之前的三年中，曾以法文、波兰文、意大利文发表单行本，当时名为《空想共产主义和科学社会主义》）从客观地归纳元典马克思主义历史观的角度，恩格斯阐释道：

> 黑格尔把历史观从形而上学中解放了出来，使它成为辩证的，可是他的历史观本质上是唯心主义的。现在，唯心主义从它的最后的避难所即历史观中被驱逐出去了，一种唯物主义的历史观被提出来了，用人们的存在说明他们的意识，而不是像以往那样用人们的意识说明他们的存在这样一条道路已经找到了。

> 因此，社会主义现在已经不再被看做某个天才头脑的偶然发现，而被看做两个历史地产生的阶级即无产阶级和资产阶级之间斗争的必然产物。它的任务不再是构想出一个尽可能完善的社会体系，而是研究必然产生这两个阶级及其相互斗争的那种历史的经济的过程；并在由此造成的经济状况中找出解决冲突的手段……以往的社会主义固然批判了现存的资本主义生产方式及其果，但是，它不能说明这个生产方式，因而也就制服不了这个生产方式；它只能简单地把它当作坏东西抛弃掉。它越是激烈地反对同这种生产方式密不可分的对工人阶级的剥削，就越是不能明白指出，这种剥削是怎么回事，它是怎样产生的。但是，问题在于：一方面应当说明资本主义生产方式的历史联系和它在一定历史时期存在的必然性，从而说明它灭亡的必然性，另一方面应当揭露这种生产方式的一直还隐蔽着的内在性质。这已经由于剩余价值的发现而完成了……

> 这两个伟大的发现——唯物主义历史观和通过剩余价值揭开资本主义生产的秘密，都应当归功于马克思。由于这些发

现，社会主义变成了科学。①

1888 年 3 月 7 日，是马克思去世的第三天，在英国伦敦海特格公墓举行马克思的葬礼时，恩格斯用英语发表了一段对马克思一生元典性创造有总结性质的讲话。其中又阐释道：

> 正像达尔文发现有机界的发展规律一样，马克思发现了人类历史的发展规律，即历来为繁芜丛杂的意识形态所掩盖着的一个简单事实：人们首先必须吃、喝、住、穿，然后才能从事政治、科学、艺术、宗教等；所以，直接的物质的生活资料的生产，从而一个民族或一个时代的一定的经济发展阶段，便构成基础，人们的国家设施、法的观点、艺术以至宗教观念，就是从这个基础上发展起来的，因而，也必须由这个基础来解释，而不是像过去那样做得相反。
>
> 不仅如此，马克思还发现了现代资本主义生产方式和它所产生的资产阶级社会的特殊的运动规律。由于剩余价值的发现，这里就豁然开朗了，而先前无论资产阶级经济学家或者社会主义批评家所做的一切研究都只是在黑暗中摸索。
>
> 一生中能有这样两个发现，该是很够了。即使只能作出一个这样的发现，也已经是幸福的了。但是马克思在他所研究的每一个领域，甚至在数学领域，都有独到的发现，这样的领域是很多的，而且其中任何一个领域他都不是浅尝辄止。
>
> 他作为科学家就是这样。……在马克思看来，科学是一种在历史上起推动作用的、革命的力量。任何一门理论科学中的每一个新发现——它的实际应用也许还根本无法预见——都使马克思感到衷心喜悦，而当他看到那种对工业、对一般历史发展立即产生革命性影响的发现的时候，他的喜悦就非同寻常了。例如，他曾经密切注视电学方面各种发现的进展情况，不

---

① 马克思恩格斯选集 [M]. 第 3 卷，北京：人民出版社，1995：738-739.

久以前，他还密切注视马赛尔·德普勒的发现。①

1894 年 1 月 3 日，恩格斯逝世前的一年多，一位叫做卡内帕的意大利社会党人致信恩格斯，请求恩格斯为将于当年 3 月起在日内瓦出版的《新纪元》周刊寻找一段题词，并要求这段简短题词能概括未来社会主义新纪元的基本思想，以区别于旧纪元的基本特征，即佛罗伦萨诗人但丁所吟唱的 "一些人统治，一些人受苦难" 这样的基本特征。恩格斯 1 月 9 日于伦敦在卡内帕的来信页边上写了这封回信的草稿：

> 我打算从马克思的著作中给您找出一则您所期望的题词。我认为，马克思是当代唯一能够和伟大的佛罗伦萨人相提并论的社会主义者。但是，除了《共产党宣言》中的下面这句话（意大利文刊物《社会评论》第 35 页），我再也找不出合适的了："代替那存在着阶级和阶级对立的资产阶级旧社会的，将是这样一个联合体，在那里，每个人的自由发展是一切人自由发展的条件。" 要用几句话来概括未来新时代的精神，而又不堕入空想共产主义或者不流于空泛辞藻，几乎是不可能的。因此，如果我向您提供的这段文字不能满足您所希望的一切条件，那就请您原谅……②

1913 年 3 月，为纪念马克思逝世 30 周年，在名为《马克思主义的三个来源和三个组成部分》的文章中，对元典马克思主义学说，列宁作出了进一步阐释：

> 哲学史和社会科学史都十分清楚地表明：马克思主义同 "宗派主义" 毫无相似之处，它绝不是离开世界文明发展大道而产生的一种故步自封、僵化不变的学说。恰恰相反，马克思

---

① 马克思恩格斯选集 [M]. 第 3 卷，北京：人民出版社，1995：776-777.
② 马克思恩格斯选集 [M]. 第 4 卷，北京：人民出版社，1995：730-731.

的全部天才正是在于他回答了人类先进思想已经提出的种种问题。他的学说的产生正是哲学、政治经济学和社会主义极伟大的代表人物的学说的直接继续。

马克思学说具有无限力量，就是因为它正确。它完备而严密，它给人们提供了决不同任何迷信、任何反动势力、任何为资产阶级压迫所作的辩护相妥协的完整的世界观。马克思学说是人类在 19 世纪所创造的优秀成果——德国的哲学、英国的政治经济学和法国的社会主义的当然继承者。①

1914 年 11 月，在为当时俄国颇有名气的《格拉纳特百科词典》所撰写的词条——《卡尔·马克思（传略和马克思主义概述）》一文中，列宁更明确地阐释道：

马克思主义是马克思的观点和学说的体系。马克思是 19 世纪人类三个最先进国家中的三种主要思潮——德国古典哲学、英国古典政治经济学以及同法国所有革命学说相联系的法国社会主义——的继承者和天才的完成者。马克思的观点极其彻底而严整，这是马克思的对手也承认的，这些观点总起来就构成作为世界各文明国家工人运动的理论和纲领的现代唯物主义和现代科学社会主义。②

根据这些元典阐释，可以最清晰地将元典马克思主义最简略地概括为"两、三、三、一"。"两"是唯物史观和剩余价值理论的"两个伟大的发现"；前一个"三"是德国古典哲学、英国古典政治经济学、法国空想社会主义的"三个来源"；后一个"三"是马克思主义哲学、马克思主义政治经济学、科学社会主义的"三个组成部分"；最后一个"一"是归结到"每个人的自由发展是一切人的自由发展的条件"的"一个联合体"。

---

① 列宁选集 [M]. 第 2 卷，北京：人民出版社，1995：309-310.
② 列宁选集 [M]. 第 2 卷，北京：人民出版社，1995：418.

这些都被公认为是对元典马克思主义的最准确、最精辟的解读，是直到目前为止更主流、更权威的解读。那么，若在当今时代特别是科学发展观的统领和关照下，再回到对元典马克思主义的再学习、再领会、再认识、再研究，可以提出前后相继的两个问题。第一个问题：这些解读"是对的么"，即这些解读"符合马克思元典的本意、且有利于其意义的张扬么"？第二个问题：这些解读"是足够的么"，即这些解读"是已经囊括了马克思元典的本意、再不太可能有更大解读的空间了么"？

回答第一个问题：应该说，这些解读是"对"的。

一是就马克思本人而言，这些解读中处于核心内容地位的"两个伟大发现"的概括和"三个组成部分"的雏形，在恩格斯的《空想共产主义和科学社会主义》中已经基本具备，而马克思本人就为这本小册子的 1880 年法文版写了前言，这本身就表示了其对这些解读的认可，认为这些解读符合自己元典的本意。想必是出于学者的谦虚，马克思在前言中并没有直接赞扬这些观点，但马克思肯定了"弗里德里希·恩格斯是当代社会主义最杰出的代表人物之一"，并推崇恩格斯所撰写的批判所谓社会主义新理论的书，"在德国社会主义者中间获得了巨大的成功。在这本小册子中我们摘录了这本书的理论部分中最重要的部分；这一部分可以说是科学社会主义的入门"。①

二是就恩格斯、列宁而言，他们本来就是元典马克思主义作家，他们离马克思"更近"，这就使得他们更能在集中地发挥各自解读体悟的基础上，更加准确地再现马克思的原意。一百多年来，面对各种社会思潮及其流派的冲击，这些解读已经成为后辈马克思主义者们手中锐利的武器，为他们捍卫、坚持、宣传马克思主义，确实起到了不可估量的作用。这些解读，还以其巨大的张力，使得它能继续融会世界各国马克思主义者们实践和理性的智慧，使其不断得到证实、丰富、发展，这些都显示出它当然的历史合理性和逻辑自洽性。

① 马克思恩格斯选集［M］. 第3卷，北京：人民出版社，1995：687-689.

三是就毛泽东、邓小平、江泽民、胡锦涛而言，中国化马克思主义正是在坚持这些解读成果及其解读思路的前提下，结合中国国情实际条件运用其中各项基本原理，不断发展着往前走的。元典马克思主义的"两、三、三、一"，早已经成为中国化马克思主义理论中不可缺少的基础部分，成为中国特色社会主义实践中极具生命力的坚强指导。而中国化的马克思主义理论和中国特色的社会主义实践，又对前者进行了创造性的坚持、运用和发展。

例如，胡锦涛对于元典马克思主义的唯物史观，对于其与中国化马克思主义的标志性成果之一，即"三个代表"重要思想之间所具有的坚持、运用、发展关系的阐释，就是对这一点的生动、贴切、有力的证实。

首先，胡锦涛从坚持的角度阐释道："辩证唯物主义和历史唯物主义的世界观和方法论，是马克思主义最根本的理论特征。马克思主义坚持从社会物质生产特别是生产力和生产关系的矛盾运动来解释世界，把生产力作为推动社会前进最活跃、最革命的力量，认为生产力的总和决定着社会状况。"显然，这里是充分地肯定了对元典马克思主义的最主流、最权威的解读，并将马克思在辩证唯物主义基础上创立的唯物史观，特别是将关于"生产力"是社会前进的根源性力量的观点，提高到前所未有的高度。其既是世界观，又是方法论，还是整个马克思主义最根本的理论特征，也是一切真正马克思主义者解释世界、改变世界、建设世界的逻辑起点。

接着，胡锦涛从运用的角度阐释道："始终代表中国先进生产力的发展要求，是对马克思主义关于生产力和生产关系、经济基础和上层建筑的辩证关系这一基本原理的运用和阐发；始终代表中国先进文化的前进方向，是对马克思主义关于物质生活和精神生活、社会存在和社会意识的辩证关系这一基本原理的运用和阐发；始终代表中国最广大人民的根本利益，是对马克思主义关于人民群众是推动历史前进的动力这一基本原理的运用和阐发。"① 作为"三个

---

① 胡锦涛. 在"三个代表"重要思想理论研讨会上的讲话［G］. 十六大以来重要文献选编（上）［M］. 北京：中央文献出版社，2005：362.

代表"重要思想的主体形态即内核形态,其具有三个"子形态"——三个"基本点":始终代表中国先进生产力的发展要求,始终代表中国先进文化的前进方向,始终代表中国最广大人民的根本利益,都是对元典马克思主义唯物史观基本原理的运用,而且是对其核心基本原理的运用,如人类社会发展两大基本矛盾原理、社会历史观基本问题原理、推动历史前进动力原理等。

最后,胡锦涛从发展的角度阐释道:"'三个代表'重要思想所具有的基本点,马克思主义经典作家都有论述,但把发展先进生产力和先进文化、实现最广大人民的根本利益同坚持党的先进性联系在一起,上升到党的性质和宗旨的高度,上升到党的指导思想的高度,构成一个完整的体系,这是当代中国共产党人对辩证唯物主义和历史唯物主义的创造性运用和发展。'三个代表'重要思想既坚定不移地坚持了马克思主义的世界观和方法论,又赋予它们鲜明的时代精神和实践要求。"发展元典马克思主义的唯物史观,有多种路向,包括提出新的概念、范畴,发掘新的文献、资料,使用新的方法、工具等。而"三个代表"重要思想则是采取新的上升、整合的路向,将三个"基本点"上升到一个新的高度,整合为一个新的体系,并且来自于实践,又经受得住实践的检验,就一定可以称得上是发展了。

至此,可以转而回答第二个问题:参照以上有关"三个代表"重要思想对元典马克思主义唯物史观坚持、运用、发展的实例,可以看到,只要稍微转换一下思路,立刻就会发现,原来对元典马克思主义的解读也并非是"再不太可能有更大解读的空间了"。

在这样的思路转换下,再以科学发展观为统领和关照,也立刻就会发现一个更大解读的空间:在元典马克思主义中,存在着一个"好宏大"的"马克思的发展观",马克思的关于发展的世界观形态,即马克思关于发展的总体看法和根本观念形态。甚至再向前推进一点,可能还会发现,整个元典马克思主义,即使就在"两、三、三、一"体系的主构框架内,其原本的元典话语表达,就处处直接展示着"马克思的发展观",探讨的都是关于发展的普遍规律问题。

例如，在"两个伟大的发现"具体指向中，如同前面已经引用过的恩格斯的阐释："唯物史观"发现的是"人类历史的发展规律"，"剩余价值理论"发现的是"现代资本主义生产方式和它所产生的资产阶级社会的特殊的运动规律"。这"两个伟大发现"直接探讨的都是发展的普遍规律问题，只不过前者直接探讨的是整个人类历史发展的普遍规律问题，后者直接探讨的是资本主义社会发展的普遍规律问题，当然它相对整个人类历史发展的普遍规律问题而言，又可称之为发展的特殊规律问题。

又例如，在"三个来源"和"三个组成部分"之间的前后相继关系问题上，仍如同前面已经引用过的列宁的阐释："马克思主义同'宗派主义'毫无相似之处，它决不是离开世界文明发展大道而产生的一种故步自封、僵化不变的学说。"元典马克思主义的"三个来源"和"三个组成部分"，它们都是世界文明发展中的一部分，既是相对当时的过去世界文明发展的产物，又是相对当时的将来世界文明发展的起点。在这里，摆到突出探讨地位的，除了理论本身发展的普遍规律问题，还有世界文明发展的普遍规律问题。在"三个组成部分"的自身内容中，仅就元典的马克思主义哲学而言，列宁曾阐释道："马克思并没有停止在 18 世纪的唯物主义上，而是把哲学向前推进了。他用德国古典哲学的成果，特别是用黑格尔体系（它又导致了费尔巴哈唯物主义）的成果丰富了哲学。这些成果中主要的就是辩证法，即最完备最深刻最无片面性的关于发展的学说……马克思加深和发展了哲学唯物主义，而且把它贯彻到底，把它对自然界的认识推广到对人类社会的认识。马克思的历史唯物主义是科学思想中的最大成果。"[①] 显然，从一定意义上讲，马克思主义哲学——辩证唯物主义和历史唯物主义，就是"最完备最深刻最无片面性的关于发展的学说"，其探讨的则包括什么是发展、什么是世界的发展、世界如何发展等，是整个世界发展的普遍规律问题。

再例如，在"一个联合体"的阐释话语中，其表述虽然只有

---

① 列宁选集 [M]. 第 2 卷，北京：人民出版社 1995：310-311.

再简略不过的 57 个字，却是再直接不过地提出了三个问题。一是之所以要将人的发展提到如此重要的地位，是因为代替阶级和阶级对立的旧社会的，当然是消除了阶级和阶级对立的新社会，但这个新社会又不仅仅只是削除了阶级和阶级对立的社会，它更要建设性地成为"一个联合体"，这"一个联合体"最基本的逻辑前提，就是全力关注人的发展，如果忽视了的人的发展，所谓的新旧社会的"代替"，只能是一句空话。二是自由发展是人的发展的核心内涵，就是说人的发展，不是那种由神统治的发展、由物统治的发展、由另一些人统治的发展、由旧式分工统治的发展，一句话，不是由盲目的必然性驱使，在必然王国状态下所统治的发展，而是自觉地认识和利用必然性规律，在相对自由的状态下所激活的发展，是相对更多地具备自择、自在、自主、自立状态的发展。三是人的发展道路是漫长的，它是一个永远地、不断地由人自身的必然王国走向自由王国的发展道路，在这一发展道路上行进的并受其成果惠及的，应该是愈来愈多的人，直至普及一切人，而不应该是愈来愈少的小部分人，特别是不能再走那种以牺牲一部分人的发展为代价，用以换取另外一部分人的发展的道路。所有这些，探讨的正是为什么要关注人的发展、什么是人的发展、走什么样的人的发展的道路等，是人的发展的普遍规律问题。

由此看来，在元典马克思主义中，一个基本的、整体的、大体相对成形的"马克思的发展观"，马克思的关于发展的世界观形态，即马克思关于发展的总体看法和根本观念形态，确实是一个真实的存在，是一个真问题，并不是虚构的杜撰，也不是牵强的附会。

从"马克思的发展观"自身"开山祖"的特点和"宏大叙事"的内容看，可被称之为"普遍规律发展观"。它研究的是发展的最一般、共同、共有、同一的规律，其包括四个方面：一是世界发展的普遍规律，二是社会发展的普遍规律，三是资本主义发展的普遍规律，四是人的发展的普遍规律。

（本文作者：刘家俊，华中科技大学马克思主义学院教授）

科学实践观的革命变革与当代承扬

王 平

在马克思主义哲学中，实践观具有世界观的意义，它以理解自然、社会和人类思维的全新视野实现了哲学实践观的革命变革。马克思主义实践观作为人类实践活动的科学理论概括，既是批判地继承以往实践观的结果，同时它本身又呈现为一个动态的发展过程。马克思主义哲学是建立在实践基础上的唯物主义，它不是把世界理解为人们纯粹直观的对象，而是首先理解为人类实践活动的对象，实践关系是人与世界的根本关系。人自身与自然界的分化就是在实践活动中实现的，人在实践中不仅创造出自身的肉体，而且创造出自身的精神和自我。因此，思维与存在、精神与物质的关系问题完全是从人的实践活动中衍生出来的，同时它又成为人类实践活动中的基本问题。

对实践问题的哲学探索经历了漫长的过程。在中国古代哲学中，实践观主要是围绕知行关系问题展开的，并且表现为两种对立的倾向：一种强调知高于行；一种强调行高于知。孔子承认有"生而知之者"，老子宣扬"不行而知"，朱熹主张"知先行后"，王守仁提倡"知行合一"，并将行归结为知。这些无疑是唯心主义的知行观。与此相反，荀况强调行高于知；王夫之提出了"行先知后"、"行可兼知"和"知行并进而有功"的知行统一学说，把唯物主义的知行观提升到了一个新的境界。但无论是唯物主义知行观，还是唯心主义知行观，都没有科学地解决知与行的关系问题，因为二者都把"行"理解为个人的伦理行为，而不是处于一定社会关系中的人所进行的现实的实践活动。

在马克思之前的西方哲学家中，也曾经有许多人对实践问题进行过不同程度的探讨，但对科学实践观的创立具有直接借鉴价值的，当推德国古典哲学的实践观，特别是黑格尔和费尔巴哈的实践观。

黑格尔是德国古典哲学的集大成者，其实践观包含着丰富而深刻的内容。首先，实践是人的合目的性的活动。目的性是人类活动区别于动物活动的根本特征，实践活动就是人的目的得以实现的过程。其次，实践具有创造和使用手段的属性，它是通过创造和使用手段以使目的现实化的中介活动。再次，人是自身劳动的结果，人的本质在劳动过程中又得到了进一步的确证。最后，实践优于理论，是因为它具有理论所没有的现实性的优点。黑格尔的实践观尽管包含着许多合理因素，但却是建立在唯心主义基础之上的：实践实质上是绝对精神的逻辑运动过程。

费尔巴哈坚持唯物主义的基本原则，主张实践并非抽象的逻辑理念活动，而是人的现实的感性活动。费尔巴哈把实践归结为生活、行为、现实和事实等，并将其视为与理论、思维、书本和学问等相对立的范畴。但由于费尔巴哈所理解的人仅仅是生物学意义上的人，他所谓的实践就只能是作为自然存在物的个人的生活实践，所以他有时贬低实践的意义，把它视为一种卑污的利己主义活动。正如马克思指出的，费尔巴哈"仅仅把理论的活动看作是真正人的活动，而对于实践则只是从它的卑污的犹太人活动的表现形式去理解和确定"。①

黑格尔和费尔巴哈虽然对实践进行了有益的探索，但都没有对实践的本质作出科学的规定。马克思和恩格斯批判地继承了黑格尔和费尔巴哈实践观中的积极因素，摒弃了其中的唯心主义和形而上学的糟粕，把实践归结为人有目的地改造世界的感性物质活动，真正地揭示了实践的本质，从而创立了科学的实践观，实现了实践观发展史上的革命变革。马克思和恩格斯阐述的科学实践观的基本内容包括以下几个方面。

第一，实践是人能动地改造世界的感性物质活动。马克思指

---

① 马克思恩格斯选集［M］．第1卷，北京：人民出版社，1995：54.

出，包括费尔巴哈哲学在内的一切旧唯物主义的主要缺点，就是"对对象、现实、感性，只是从客体的或者直观的形式去理解，而不是把它们当作感性的人的活动，当作实践去理解"。① 因此，费尔巴哈不了解革命的实践批判活动的意义：他不是把客观世界首先理解为人的实践活动的对象，而仅仅理解为感性直观的对象。在马克思看来，实践是环境的改变和人的活动的统一，人所面对的世界并非是与人的活动无关的东西，而是人类活动的对象，同时也是人类活动的结果。因为客体的生成是在社会活动中实现的，社会关系既是主体活动的对象，又是主体改造客体的条件，客体作为社会活动的对象，必然呈现为一个动态的历史过程，其存在状态是随社会关系的历史变迁而变化的。费尔巴哈"没有看到，他周围的感性世界决不是某种开天辟地以来就直接存在的、始终如一的东西，而是工业和社会状况的产物，是历史的产物，是世世代代活动的结果，其中每一代都立足于前一代所达到的基础上，继续发展前一代的工业和交往，并随着需要的改变而改变它的社会制度。甚至连最简单的'感性确定性'的对象也只是由于社会发展、由于工业和商业往来才提供给他的。大家知道，樱桃树和几乎所有的果树一样，只是在数世纪以前由于商业才移植到我们这个地区。由此可见，樱桃树只是由于一定的社会在一定时期的这种活动才为费尔巴哈的'确定性感性'所感知"。② 与旧唯物主义相反，唯心主义发展了实践的主观能动的方面，但这种发展却是抽象的和唯心主义的，因为它把实践归结为纯粹精神的活动，而不是真正现实的、感性的活动本身。而实践是人的现实的感性物质活动，是现实的人运用一定的物质媒介作用于客观对象的物质的动态过程。人在自己的实践活动中不仅使自然物发生形态的变化，他还能在自然物中实现自己的目的，实践活动就是人的目的对象化的过程。客体既是主体活动的对象，又是主体对象化活动的结果。主体在活动中把自己的目的、意志和力量对象化到客体之中，在客体上留下人的主体性印

---

① 马克思恩格斯选集 [M]. 第1卷，北京：人民出版社，1995：54.
② 马克思恩格斯选集 [M]. 第1卷，北京：人民出版社，1995：76.

记，使之成为合目的的对象性存在。这个对象化了的现实世界，既是人的对象化的确证，又是对象的主体化的确证。

第二，实践是社会生活的本质。马克思在《关于费尔巴哈的提纲》中指出："全部社会生活在本质上是实践的。"① 社会历史归根到底是人的有目的的实践活动的历史，实践是理解整个人类社会历史的钥匙。物质资料的生产实践是整个社会历史的前提和基础，只有通过生产实践，才能科学地揭示出社会生活的本质和规律。马克思主义以前的一切历史观在本质上都是唯心主义，因为它把社会历史视为抽象精神或人的理性和意志作用的结果，否定社会历史过程的客观必然性。黑格尔虽然承认社会历史的必然性，但却把它归结为逻辑和精神的必然。马克思将实践活动视为社会活动的基础，揭示了社会生活在本质上是实践的，其中最重要的是物质资料的生产实践：它是实现社会与自然分化的前提，是维系社会存在的根本手段，是全部社会生活的源泉和基础，是一切社会历史过程的基本条件。

第三，实践的主体是处于一定社会关系中的现实的人。费尔巴哈批判了黑格尔对人所作的抽象的唯心主义规定，从而把人规定为感性的存在，但这种感性的人仍然是一种抽象，因为他完全是自然的生物学意义上的人。马克思和恩格斯认为，有生命的个人的存在是人类历史的第一个前提，但人是现实的历史的人，是从事生产活动的人，人既是社会实践的主体，同时又是社会实践特别是生产实践的产物。作为实践主体的人，既不是黑格尔所说的抽象的观念形态的人，也不是费尔巴哈所说的脱离现实的纯粹生物学意义上的人，而是在一定社会关系中从事实际活动的现实的人，他的精神属性是社会生活所赋予的，他的自然属性也不再只具有纯粹的生物学意义，同时也包含着社会历史的内涵。马克思指出："人的本质不是单个人所固有的抽象物，在其现实性上，它是一切社会关系的总和。"② 现实的人是社会关系和社会活动的产物，脱离社会的人只

---

① 马克思恩格斯选集 [M]. 第 1 卷，北京：人民出版社，1995：56.
② 马克思恩格斯选集 [M]. 第 1 卷，北京：人民出版社，1995：56.

能是理论上的一种抽象，因为人的活动所需的材料以及人本身的存在就是社会的活动。不仅作为实践主体的人是社会的产物，主体的观念以及赋予实践的目的本身也是社会的产物，使实践主体和实践客体发生交互作用的实践的媒介甚至实践的客体，也同样是社会的产物。

在马克思和恩格斯之后，列宁和毛泽东在他们各自的革命实践中，继承了科学实践观的基本思想，同时又赋予它以新的内容，从而丰富和发展了马克思主义实践观。列宁从马克思主义哲学的基本原则出发，强调实践的观点是认识论的首要的基本的观点；理论仅仅具有普遍性的品格，而实践不仅具有普遍性的品格，而且具有直接现实性的品格；实践是主客观统一的基础，是检验认识真理性的标准，实践标准是确定性与不确定性的统一。

毛泽东把马克思主义的普遍原理同中国革命的具体实践相结合，进一步丰富和发展了马克思主义的科学实践观。毛泽东把实践归结为人的能动的自觉的活动，它是主观见之于客观的东西，是主观与客观的具体的历史的统一；生产斗争、阶段斗争和科学实验是实践的基本形式，其中生产斗争是一切社会实践活动的基础；认识是在实践中产生的，认识依赖于实践；实践不仅是认识的基础，而且是认识的归宿和目的。

邓小平把马克思主义的普遍原理同中国的当代实践相结合，创立了马克思主义的当代形态——邓小平理论，从而把科学实践观发展到了一个新的历史阶段。首先，邓小平强调实践标准，重新树立了实践的权威。他以彻底的唯物主义精神，批判了"两个凡是"的错误方针，旗帜鲜明地支持关于实践是检验真理标准问题的讨论。邓小平以实践为标准总结我国社会主义建设的经验教训，开创了建设有中国特色社会主义的道路，而建设有中国特色社会主义的途径是在实践中不断地探索，在实践中发现真理，在实践中检验和发展真理。邓小平指出："我们改革开放的成功，不是靠本本，而是靠实践。"① 其次，邓小平强调物质生产实践的根本意义，恢复

① 邓小平文选 ［M］. 第 3 卷，北京：人民出版社，1993：382.

了生产力标准的权威。他批判了"以阶段斗争为纲"的错误，指出社会主义的根本任务就是发展生产力，提高人民的物质文化生活水平，要做到这一点，就必须以经济建设为中心，坚持改革开放。社会主义的优越性要体现在生产力的高度发展和人民生活水平的改善上，因此，衡量我们一切工作的标准就是看它"是否有利于发展社会主义社会的生产力，是否有利于增强社会主义国家的综合国力，是否有利于提高人民的生活水平"。① 再次，邓小平强调科学探索实践重要性，提出"科学技术是第一生产力"。② 邓小平根据现代科技对物质生产实践的巨大影响，指出实现四个现代化的关键是科技现代化。要加速科技发展，就必须抓好教育，充分发挥知识分子的作用。知识分子是工人阶级的一部分，他们的科学研究工作也是劳动，而且是非常重要的劳动。邓小平的实践观是对中国当代实践的科学概括，因此具有极强的时代感和现实感。

（本文作者：王平，上海交通大学人文学院教授）

① 邓小平文选［M］．第3卷，北京：人民出版社，1993：372.
② 邓小平文选［M］．第3卷，北京：人民出版社，1993：377.

科学发展观的实践性解读

黄崇利

中国共产党第十七次全国代表大会的胜利召开，对新时期中国特色社会主义建设进行了重要的理论总结和实践指引，发展了马克思主义，深化了我党对社会发展规律、中国特色社会主义建设规律和中国共产党的执政规律等方面规律的科学认识。党的十七大的核心主题是：坚持科学发展，共建社会主义和谐社会。科学发展观作为指导社会持续快速健康的有效理念，要变成社会组织和个体的自觉的思维方式和实践行动，需要对其中的以人为本的核心进行实践解读，注重机制创新，将理念目标转化为可以操作实施的技术。

一、科学发展观的提出与科学含义

党的十六大以来，党中央继承和发展党的三代中央领导集体关于发展的重要思想，提出了科学发展观。坚持以人为本，全面、协调、可持续的发展观，即科学发展观，是中国共产党以邓小平理论和"三个代表"重要思想为指导，从新世纪新阶段党和国家事业发展全局出发提出的重大战略思想。

科学发展观，第一要义是发展，核心是以人为本，基本要求是全面协调可持续发展，根本方法是统筹兼顾。它之所以为科学发展观，是因为它科学地回答了发展的动力目的和发展方式，能够推进社会更加持续健康地发展。

以人为本，就是要把人民的利益作为一切工作的出发点和落脚点，不断满足人们的多方面需求和促进人的全面发展；全面，就是要在不断完善社会主义市场经济体制，保持经济持续快速协调健康

发展的同时,加快政治文明、精神文明的建设,形成物质文明、政治文明、精神文明相互促进、共同发展的格局;协调,就是要统筹城乡协调发展、区域协调发展、经济社会协调发展、国内发展和对外开放;可持续,就是要统筹人与自然和谐发展,处理好经济建设、人口增长与资源利用、生态环境保护的关系,推动整个社会走上生产发展、生活富裕、生态良好的文明发展道路。

二、以人为本的实践性解读

作为科学发展观的核心,以人为本,就是要把人民的利益作为一切工作的出发点和落脚点,不断满足人们的多方面需求和促进人的全面发展。问题是我们还必须搞清楚:是什么主体来坚持以人为本,如何以人为本。下面从实践层面来重点解读以人为本。

以人为本,应该是社会的各种组织和个体自觉的思维方式和实践行为,坚持以全体的人、具体的人为本,这必然包括需要特别关注的弱势群体,让人的个性得到充分张扬和尊重,让人的创造性和才能得到充分发挥和应用,让人全面自由地充分发展,并让人的全面发展与社会的发展进步内在地统一于人类的社会实践中,实现人的发展与社会进步的良性互动。

社会由政府、组织和个人三个基本层次的主体构成。坚持以人为本,就必须将这样一种理念具体化为可操作的机制、制度和法律,通过创建一个由以人为本指导下的包括理念文化、法律制度和机制体制的有机配套的系统运作,来自觉指导和规范各个层次主体的思想和行为,将这种理念真正转化为社会科学发展的强大动力。

政府作为社会的公共管理和服务机构,它必须坚持公共利益导向原则,首先必须坚持以公众为本,在公共决策和行政行为中应该始终立足于公众利益,想公众之所想、急公众之所急、做公众期盼之事;制定法规制度和行政程序,始终应该是以服务公众、便利公众、尊重公众、保护公众为准则,为公众和组织和谐公正、高效有序地开展生产、创造等社会实践保驾护航。其次,政府也要以政府公务员为本,因为政府的公共管理和服务职能需要由政府公务员来

完成，公务员的行政能力和工作态度，公务员素质技能的培养开发和激励应用程度，公务员被尊重和关爱状况，等等，会直接影响公共管理和服务的效率和质量。因此，政府行政机关的管理制度、行政程序、分配激励等也应该公平合理，表现出充分的人性关怀。总之，坚持以人为本，对政府来说要做到坚持以公众为本和以公务员为本有机结合起来，这样政府才能真正行使好公共管理和服务职能，成为名副其实的"社会守夜人"。

组织，包括赢利性组织和非赢利性组织，是提供各种社会服务职能和经济功能的基本单位，特别是作为社会的基本经济细胞的企业，对社会的发展进步具有根本性的推动作用。要让组织更好地发挥社会经济职能，尤其是要坚持以人为本。组织的以人为本，一方面要以客户为本，为客户高效便利地提供各种质优价廉的产品和服务，从客户消费产品和服务的支付中获得源源不断的发展动力。这就需要从产品（服务）研究设计开发、生产制造、行销配送和售后服务等每一个环节，都要坚持以客户为本，始终立足于客户的需求和感觉，以方便客户服务客户、让客户在消费组织提供的产品和服务中感觉到幸福开心，也需要不断潜心研究发现和满足客户朦胧的和潜伏的需求。另一方面，组织提供社会经济职能也需要组织成员来完成，这就要求在组织管理和运营中，也必须坚持以员工为本，制定人性化的制度规则和工作管理程序，做到尊重员工、关爱员工、开发员工、重用员工、激励员工，努力实现员工的全面发展，并通过促进员工发展来推动组织健康发展，实现员工发展和组织发展的良性互动。

个人的交互作用形成社会，社会的和谐美好最终要由个人社会实践活动来实现。坚持以人为本，在个人层次上，应该强调尊重他人、相信他人、理解他人、宽容他人，同时也要强调尊重自己、相信自己、开拓创新、严于律己。还有必须注重换位思考，真诚友善，合作互助，这样才能将以人为本真正落到实处。

总而言之，如果整个社会在政府、组织、个人等基本层面上都真正坚持做到了以人为本，并将这种人本理念具体技术化到法律制度管理操作中去，建立了包括人本理念、法律制度和机制体制构成

的社会机制，这时的以人为本就不再是口号而是社会科学发展的真正强大动力了。

三、转向全面协调可持续发展的必然性

接下来从社会发展方式的历史过程，来深入理解科学发展观中的发展方式问题，探讨发展方式转变的历史必然性，从而指引我们顺应社会发展的必然规律，积极主动地转向全面协调可持续发展。

要推动社会健康地科学发展，必须坚持全面协调可持续发展，这也是我们总结过去由于对社会发展的错误理解而采取的片面非均衡掠夺式粗放型发展方式的一种系统反省和纠正。按传统方式发展的资本主义社会，由于资本家逐利的强烈冲动和近视眼光，使得资本家唯利是图，进行粗暴血腥的原始资本积累，拼命地掠夺利用一切资源，采用"血汗工资制"式的"科学管理"贪婪残酷地压榨工人，运用一切科技手段和工具想方设法地剥削尽量多的"剩余价值"……这是一条典型的片面非均衡掠夺式粗放型发展道路，这条发展道路造成了资本主义社会严重的环境破坏、资源枯竭和生态失衡，也造成了许多严重的社会问题，如大量失业、工人成为机器的附庸而为资本所"异化"、严重的劳资对抗，等等，这造成了不可避免的资本主义经济危机和社会危机，也严重阻碍了社会的可持续发展。起初，资本主义国家通过宏观调控干预经济运行和解决社会问题，结果也只能是暂时缓和经济危机和社会矛盾，使社会经济呈现"危机——萧条——发展——繁荣——危机……"周期性大幅波动发展运行的态势，但是始终不能根本实行社会持续发展。众多国家在反思了这种传统发展模式后形成了一种共识，提出了可持续发展的理念。传统社会主义社会的发展也呈现出类似的情况，新兴的社会主义社会建立之初，面临着国民经济迅速恢复和工业化的艰巨使命，不得不集中力量办大事，大量投入资源促进经济快速优先发展，加上片面理解和实践经典马列主义教科书中的生产资料优先增长规律，采取了重重轻轻和经济先行的发展战略，走的是一条以经济建设为中心、非均衡粗放型发展道路，也出现了传统资本

主义社会发展中类似的问题，影响了社会主义社会的持续发展。我们党和政府开始辩证地理解和运用马克思主义，注重将马克思主义与中国实际相结合，推动理论发展和实践创新，深刻反思我国社会传统发展之路，总结改革开放的成功经验和失败教训，借鉴可持续发展理念，提出了科学发展观，强调以人为本，坚持全面协调可持续发展，这是社会发展理念的一次革命性飞跃，也是在新的历史条件下共建和谐社会的根本道路和发展方式。

四、加强机制创新促进科学发展

科学发展观强调的发展方式是坚持全面协调可持续发展。要按照中国特色社会主义事业"四位一体"的总体布局，全面推进经济建设、政治建设、文化建设、社会建设，促进现代化建设各个环节、各个方面相协调，促进生产关系与生产力、上层建筑与经济基础相协调。坚持走生产发展、生活富裕、生态良好的文明发展道路，建设资源节约型、环境友好型社会，实现速度和结构质量效益相统一、经济发展与人口资源环境相协调，使人民在良好的生态环境中生产生活，实现经济社会永续发展。

按照科学发展观，坚持以人为本全面协调可持续发展，在中国特色社会主义建设中创造性地理解和运用这种发展理论，需要建立一个与以人为本和谐发展相配套的包括理念文化、法律制度和机制体制组成的有机运作系统，才能够更好地做到科学发展和推进社会主义和谐社会建设。也可以这样理解：坚持科学发展是共建和谐的必由之路。

参 考 文 献

［1］胡锦涛．在党的十七大上的报告（全文）［N］．http：//www.sina.com.cn.2007.10.24.新华网．

［2］中国共产党章程（中国共产党第十七次全国代表大会部分修改，2007年10月21日通过）［N］．http：//www.sina.com.cn

2007 年 10 月 25 日新华网．新华社北京 2007 年 10 月 25 日电．

［3］胡锦涛．科学发展观是我党提出的新重大战略思想［N］．新华网北京 2004 年 4 月 4 日电．

［4］胡锦涛．在中央党校发表重要讲话［N］．2007 年 6 月 25 日新华网．新华网北京 2007 年 6 月 25 日电．

［5］温家宝．牢固树立和认真落实科学发展观［N］．新华网北京 2004 年 2 月 29 日电．

（本文作者：黄崇利，海南大学政治与行政学院副教授）

科学发展观的五个特征

——学习党的十七大报告的体会

祝朝平

胡锦涛总书记在党的十七大报告中指出:"深入贯彻落实科学发展观。"他从全局和战略的高度,不但总结29年来正反两个方面的经验与教训,而且指明了中国历史的走向,具有前瞻性和时代性。要深入贯彻落实科学发展观,其中很重要的一点,就是要正确地认识和把握科学发展观的五个特征:客观性、科学性、时代性、系统性、实践性,这对于全面建设小康社会具有极其重要的意义。

一、客 观 性

客观性是科学发展观的基本特征。所谓客观性,是指自然界、人类社会自身所固有的不以人的主观意志为转移的本来面貌。客观性是我们党和政府制定路线、方针和政策的现实依据,也是一切经济工作的出发点。从人与自然这一方面来讲,人是自然界的一部分,自然环境好坏直接影响社会经济的发展和人的生存。人们在利用自然资源的同时,要保护自然资源。否则,人类社会就要遭到自然规律的惩罚。从人与社会这一方面来讲,各省、市、地区、县、乡镇要从人的实际出发,以人为本,把握人性的内在联系与要求,遵循人类社会发展的客观规律。否则,社会也不可能发展。我国著名的农学家贾思勰《齐民要术》序中指出:"顺天时,量地利,则用力少而成功多。任情返道,劳而无获。"这段名言,对今天仍然具有重要价值。邓小平也曾指出:"过去搞革命,靠实事求是,今天搞建设,也靠实事求是。"胡锦涛同志在党的十七大报告中指出："深入贯彻落实科学发展观。"这对于全面建设小康和构建和谐社会具有重要现实意义和深远的历史意义。纵观社会主义文明发展历程，什么时候坚持客观性，一切从实际出发，实事求是，以人为本，科学发展，社会就少走一些弯路，少受一些挫折。

二、科　学　性

科学性是科学发展观的本质特征。所谓科学性，是指人们正确认识和把握社会发展规律与自然规律的内在的有机地统一。在全面建设小康社会的实践中，必须正确认识和处理好人与自然协调与可持续发展的辩证关系。过去，人们曾一度把自然资源当成是取之不尽、用之不竭的粮仓，人与自然不但没有达到协调与发展，而且造成资源浪费，生态遭到破坏，不但严重制约着经济发展，也危及人的生存。历史正反两个方面的经验与教训证明，发展并不是简单地等于经济增长，而是经济、社会、人的全面发展与自然环境协调与可持续发展。因此，我们既要吸收过去片面追求经济的增长而没有保护自然环境的教训，又要吸收西方曾经依靠大量耗费资源获得财富增长的教训。坚持科学发展观，真正做到主体客体化和客体主体化，依靠科学技术进步，走新型工业化的道路，使人的自觉活动与自然规律和社会客观规律具体的、历史的、有机的统一，才能实现从"必然王国"走向"自由王国"。

三、时　代　性

时代性是科学发展观的显著特征。所谓时代性，是指随着时间和空间的变化而不断更新的理念。伴随着市场经济建设和改革开放，我国国民经济持续、快速、健康发展，综合国力增强；经济增长正在由粗放型向集约型转变，人民生活质量不断提高。在社会方面，坚持走经济建设、政治建设、文化建设、社会建设"四位一体"的发展模式。在自然方面，在利用自然资源的同时保护自然，环保意识明显增强。但是，我们必须清醒看到，我国人口多，自然资源基础薄弱，我国的可持续发展面临着很多矛盾和问题，如资源问题、淡水不足等，这些问题不但是我国面临的棘手问题，而且也是全世界人们共同面临的重大问题。以胡锦涛总书记为核心的新的领导集体，正是站在 21 世纪的高度，剖析国内外政治、经济、社会发展与自然资源的发展之间内在联系，在党的十七大报告中提出的"以人为本，全面协调可持续科学发展观"，具有前瞻性与时代性。它不仅对中国如何处理人与社会的和谐与可持续发展具有指导意义，乃至对世界如何处理人与自然和谐与可持续发展都具有重要的价值。

四、系 统 性

系统性是科学发展观的结构特征。所谓系统，是指相互联系的若干要素按一定方式组成内在的统一整体。社会的发展，它不是某一领域的、局部的，而是全面协调可持续的。全面发展，就是坚持"一个中心，两个基本点"，全面推进政治、经济、文化、科技、教育以及人与自然和谐发展，实现经济发展和社会全面进步。协调发展，就是要统筹城乡发展、经济与社会发展、区域发展、人与自然和谐发展、国内发展和对外开放的辩证关系，促进生产力和生产关系、经济基础和上层建筑相协调。可持续发展，就是促进人与自然的和谐，不以牺牲子孙后代的利益来获得眼前的利益，使人与自然协调与可持续发展。忆往昔，以毛泽东为核心的第一代领导集体，通过内地发展，带动其他地区的协调与发展。以邓小平为核心的第二代领导集体，通过沿海开发，带动其他地区的开发协调与发展。以江泽民为核心的第三代领导集体，通过西北的开发，带动周边地区的协调与发展。以胡锦涛总书记为核心的新的领导集体，承前启后，继往开来，在改革开放的同时，全面建设小康社会，构建社会主义和谐社会。

五、实 践 性

实践性是科学发展观的具体特征。所谓实践性，则是指主体有意识、有目的改造和探索客体的社会性的物质活动。它具有直接现实性、可操作性。社会全面协调与可持续发展，必须运用科学发展观进行指导。历史和现实正反两方面的经验与教训反复告诫人们，不论是国内，还是国际，经济发展了，环境下降了，那么经济不可能持续发展。恩格斯早就谈到关于自然环境与人类社会关系，他特别指出："我们不要过分陶醉于我们对自然界的胜利。对于每一次这样的胜利，自然界都报复了我们。每一次胜利，在第一步都确实取得了我们预期的结果，但是在第二步和第三步却有了完全不同的、出乎预料的影响，常常把第一个结果又取消了。"今天重温恩格斯这段话，对于如何正确认识和处理人与自然协调与可持续发展，全面建设小康社会仍然具有极其重要的指导意义。从中央到地方，从农村到城市，各地区、各部门只有认真学习，深刻领会胡锦涛同志在党的十七大报告中指出的"深入贯彻科学发展观"，把科学发展观贯彻落实到日常生活和实际工作中去，才能使人与自然和谐与可持续发展，最终到达"共同富裕"的彼岸。

参 考 文 献

[1] 马克思恩格斯选集［M］．第 3 卷，北京：人民出版社，1972．

[2] 陈先达．马克思主义哲学原理［M］．北京：中国人民大学出版社，2003．

[3] 人民时报，2007-10-25．

（本文作者：祝朝平，华中农业大学文法学院副教授）

论科学发展观对中国特色
社会主义建设的指导作用

李　锋

当人类社会跨入 21 世纪的时候，我国进入全面建设小康社会、加快推进社会主义现代化的新的发展阶段。所谓现代化，是指传统社会向现代社会的转变过程，它是多层面同步转变的过程，涉及人类生活所有方面的深刻变化。我国正在进行的社会主义现代化建设，是具有中国特色的社会主义建设，囊括了经济建设、政治建设、文化建设、社会建设等诸多方面。在这方方面面的建设中，应当贯穿一根主线、一个指导思想——科学发展观，其基本内涵是：坚持以人为本，树立全面、协调、可持续的发展观，促进经济社会和人的全面发展。

一、以科学发展观指导经济建设

经济建设必须坚持以人为本。我国正处于并将长期处于社会主义初级阶段，现阶段最主要的矛盾始终是人民日益增长的物质文化需要同落后的生产力之间的矛盾，由此决定当前的首要任务是解放和发展生产力，不断提高人民的生活水平。经济建设的目的就是为了满足人民的物质需要，经济建设的成果应当由人民共享。人民是经济建设的生力军，如果人民的需要得不到满足，享受不到经济发展的好处，那么，进行进一步经济建设就会失去动力和支持，社会主义事业就会遭受难以避免的失败。因此，必须从人民的根本利益出发，把满足最广大人民的根本利益和实现人的全面发展作为经济建设的着眼点和落脚点，只有这样，经济建设才能保证正确的发展方向，才有最后成功的可能。

经济建设必须是全面的。我国是世界上最大的发展中国家，有着巨大的经济发展潜力和市场容量，应当而且能够在自力更生的基础上建立比较全面的国民经济体系，促进经济全面发展。在经济建设中，既要有第一、第二产业，又要有第三产业；既要有物质生产部门，又要有流通和服务部门；既要有传统的产业，也要有反映科技进步水平的高精尖产业；既要有劳动密集型产业，又要有资金、技术密集型产业。全面进行经济建设，一方面可以尽量满足人民多种多样的需求；另一方面也有利于确保非常时期我国的经济安全。

经济建设必须是协调的。当前，我国面临着经济增长方式转变的艰巨任务，要促进经济又好又快地发展，结构合理、比例协调是基本前提。努力做到速度、质量和效益的统一。只有速度，没有质量和效益，经济发展就成了空中楼阁，注定不会持久。从宏观上看，要综合考虑不同行业、不同部门、不同地区的经济发展情况，合理安排生产布局，使城乡经济、东西部地区经济发展保持在一个可以承受的范围内。从微观上看，个别企业、个别地区同样要重视比例协调，根据自身实际调整结构、合理安排，努力实现经济效益与社会效益的统一。

经济建设必须是可持续的。所谓可持续，是指既要满足当代人的需求，又不损害子孙后代的需求。经济建设，实质上是人与自然的物质、能量、信息交换过程，是人们改造世界的主要实践形式。尽管我国经济发展水平还不高，但人与自然、经济建设与环境保护的矛盾已经非常突出，因此，强调经济建设的可持续性，实现人与自然的"和解"具有极为重要的意义。进行经济建设必须既要为当前的生存和发展着想，同时也要为子孙后代的生存和发展着想，充分考虑环境、资源和生态的承受力，努力保持人与自然的和谐关系，实现自然资源的持续利用。

二、以科学发展观指导政治建设

政治建设必须坚持以人为本。加强政治建设，建设政治文明，其根本目的是为了维护人民当家做主、依法治国的权利。一项政治建设的措施，只要是符合人民利益的，就能得到人民的拥护；反之，凡是违背人民利益的，都注定不会成功。人民是政治建设的主体，是政治发展的原动力，只有多方采取措施，确保人民能够享受到政治建设的成果，才能不断调动人民参与政治建设的积极性和主动性。在现阶段，尤其要加强民主和法制建设，不断扩大民主的范围，完善程序，加快法治化进程，使人民的政治权利得到充分保障。

政治建设必须是全面的。政治建设内容丰富，涉及方方面面的内容：既要一手抓民主，又要一手抓法制；既要完善和改进党的领导体制，又要完善和改进国家的管理体制；既要处理好人大与"一府两院"的关系，又要处理好人大与中国共产党的关系；既要解决权力的行使问题，又要考虑权力的监督问题；还有立法、执法和司法的关系问题、执政党与参政党在新时期的合作问题、基层民主实践出现的新问题，等等。因此，建设政治文明，必须全面推进政治建设，着眼全局，统筹兼顾，切实保障人民当家做主的权利。

政治建设必须是和谐的。政治建设的各个方面不是齐头并进的，各个步骤也不是整齐划一的，而应保持整体发展的动态均衡。比如，推行民主的时候一定要加强法制建设，努力保持两者的和谐，以民主促进法制，以法制保障民主。在条件成熟的情况下，某些方面的政治改革可以快一些、步伐大一些，但以不超过人民的承受程度和其他方面的配套建设能力为宜。加强政治建设客观上要求保持一个合适的"度"，这个"度"的实质就是协调。比如，在全国农村普遍实行的基层民主制度，是在推行民主的基本条件已经成熟的情况下建立的，符合农村的实际，因此在实践中得到了很好的贯彻执行。

政治建设必须是可持续的。政治建设是一项长期而艰巨的任务。在每个不同的时期或阶段，都会有不同的政治建设任务，它们的着眼点、侧重点不一样，不可能一蹴而就。不能期望一下子解决所有的政治建设问题，也不能期望有一揽子解决所有政治建设问题的方案，而应着眼长远，循序渐进，根据具体的时间、条件与可能，不断与时俱进，开拓创新，推动政治建设的可持续发展。

三、以科学发展观指导文化建设

文化建设必须坚持以人为本。当前，人民的精神文化生活还不丰富，人民的精神文化需求同落后的精神文化生产之间出现了脱节，必须大力加强文化建设，建设社会主义精神文明。人民是文化建设的主体，既对文化建设提出了新的更高的要求，也为文化建设提供了必要的条件。必须创新文化建设思路，理顺文化建设体制，努力营造"百家争鸣、百花齐放"的文化建设氛围，在研究人民文化需求的基础上不断满足人民日益增长的文化需求。满足人民的文化需求，既是文化建设的出发点，也是文化建设的落脚点。

文化建设必须是全面的。文化建设内容丰富，涵盖了道德、教育、学术等多方面的内容，必须全面发展，广泛推进。要加强公民的道德建设，大力弘扬职业道德、社会公德、家庭美德；要加强文化教育事业的发展，努力培养"有理想、有道德、有文化、有纪律"的社会主义建设者和接班人；要改革和完善文化体制，多出成果，出好成果，创造文化精品；要加强文化人才队伍建设，为文化发展提供人力保障；要广泛开启民智，调动各方面力量共同参与到文化建设和创新中去；要保护和发掘传统文化，借鉴和改造外来文化，为我所用，等等。只有全面建设先进文化，才能为社会主义建设提供强大的精神动力和智力支持。

文化建设必须是协调的。文化建设是个系统工程，客观上要求各组成部分和各子系统协调有序发展。比如，网吧的出现带来了两个方面的影响，既给人们获取信息、查询资料提供了方便快捷的通道，同时也带来了一些不良信息的干扰。对此，不能简单地"一刀切"，完全放任和完全禁止都是不现实的，需要一手抓管理，一手抓引导；"管理"和"引导"相互协调，相辅相成。鉴于文化建设范围的广泛性和层次性，"协调"尤显必要和重要，如果把握不好，文化事业就可能遭到挫折或失败。

文化建设必须是可持续的。在不同的时期有不同的文化，正确的态度是既不能抱残守缺，使文化建设落后于时代的发展，也不能脱离时代发展而过分"超前"。落后时代，文化必然脱离人民的需求，"超前"时代，文化就以另一种方式脱离人民。文化建设必须紧跟时代，与经济社会发展的步伐保持一致，不断服务于人民日益增长的多样化的不同需求。因此，文化建设要在创新中发展，在发展中创新，保持发展的可持续性。

四、以科学发展观指导社会建设

社会建设必须坚持以人为本。当前我国仍然存在诸多影响社会和谐的矛盾和问题，必须大力加强社会建设，努力构建和谐社会。社会关系的主体是人，社会不和谐的关键是人与人的利益不和谐。必须把实现好、维护好、发展好最广大人民的根本利益作为一切工作的出发点和落脚点，做到发展为了人民、发展依靠人民、发展成果由人民共享，促进人的全面发展。只有这样，才能获取人民的拥护和支持，才能把现代化建设不断推向深入。

社会建设必须是全面的。社会建设包含的范围非常广泛，必须全面推进。在当前，要扎实推进社会主义新农村建设，实施积极的就业政策，坚持教育优先发展，加强医疗卫生服务，完善社会保障制度，强化政府的社会管理和公共服务职能，推进社区建设，健全社会组织，完善应急管理体制和机制，加强社会治安综合治理，等等。只有全面进行社会建设，才能真正构建和谐社会。

社会建设必须是协调的。社会建设的核心是协调，包括城乡发展协调，区域发展协调，构建和谐劳动关系，教育、医疗、住房改革中的利益协调，经济利益和社会效益协调，经济发展和社会发展协调，道德与法律协调，财政收入与公共支出协调，按劳分配与按生产要素分配协调，公平与效率协调，收入分配与社会保障协调，管理与服务协调，利益关系协调和矛盾关系协调，等等。没有各个方面的协调发展，社会建设就无从谈起，和谐社会将成为美丽的泡影。

社会建设必须是可持续的。马克思在《1844年哲学—经济学手稿》中指出："社会是人同自然界的完成了的本质的统一，是自然界的真正复活。"既然自然的发展是一个可持续的过程，那么，社会的发展、社会建设也必然是一个可持续的过程。可以加强和改进社会建设，可以加快和推迟社会建设，但不能停止、不能终结社会建设，归根到底，必须按照可持续的原则进行社会建设，努力构建和谐社会。

五、以科学发展观指导中国特色社会主义建设

中国特色社会主义建设的总体布局是社会主义经济建设、政治建设、文化建设、社会建设"四位一体"。科学发展观不但能具体用于指导各个建设领域，而且是整个中国特色社会主义建设事业的指导思想和基本原则。

中国特色社会主义建设必须坚持以人为本。以人为本，就要求考虑建设和发展问题时，首先的和最重要的是要了解和明确人的现实需要和长远需要，建设和发展的目的就是为了最大限度地满足这种需要。在社会主义建设中，凡是同人的生存和发展关系最为密切的领域和方面都要先行发展，凡是不利于人的生存和发展的领域和方面就不能发展。以人为本，说到底，就是以人民为本，就是以最广大人民的根本利益为本。

中国特色社会主义建设必须是全面的。既要搞经济建设，又要搞政治建设；既要搞文化建设，又要搞社会建设。经济建设为中国现代化提供物质基础，政治建设为中国现代化提供政治保障，文化建设为中国现代化提供精神动力和智力支持，社会建设为中国现代化提供和谐的社会环境。就社会主义建设的宏伟大厦而言，各个方面的建设都是非常重要、不可或缺的。

中国特色社会主义建设必须是协调的。如果把社会主义建设看成一个整体，那么，构成整体的各个组成部分，包括经济建设、政治建设、文化建设、社会建设等，要在动态的发展过程中保持协调和有序。各方面的建设应该做到基本同步，有的条件和时机好一些，可以适当快一些；有的条件和时机不成熟，可以适当放慢一

些，但不管怎样，各方面建设的速度、力度和程度不能相差过大，甚至出现"跛脚"现象。如果出现个别建设拖后腿的情况，影响的不仅是局部，甚至整个社会主义建设的步伐都要放缓，建设全局要重新调整。协调发展是中国特色社会主义建设的根本要求。

中国特色社会主义建设必须是可持续的。社会在发展，人类在进步，"可持续"成为当今人们的共识。我国人口众多，人口素质普遍不高，资源相对不足，社会关系复杂，社会矛盾比较突出，人民的思想观念还有许多需要改进的地方，在这些不利条件下建设社会主义，必须更加注意控制人口增长，提高人口质量；合理利用资源，坚持开发与节约并重；加强污染治理，保护生态环境；调整社会关系，协调人民利益，解决人民内部矛盾。只有这样，才能建设可持续的现代化，实现社会主义建设的永续发展。

中国特色社会主义建设，根本目的是为了促进经济社会和人的全面发展。缺失了科学发展观的"思想武器"，社会主义建设就成为盲目的行动；缺失了社会主义建设的"物质武器"，科学发展观就成为空洞的理论。只有把科学发展观与社会主义建设实践紧密结合起来，以科学发展观指导社会主义建设实践，才能最终建成中国特色社会主义大厦。

（本文作者：李锋，海南大学党委宣传部）

马克思和谐社会思想孕育的可持续发展生态价值及其现实意义

陈建锋

党的十六届四中全会指出："形成全体人民各尽其能、各得其所而又和谐相处的社会，是巩固党执政的社会基础，实现党执政的历史任务的必然要求。"① 社会主义和谐社会必然要体现在生态和谐方面，面对全球性的生态危机，人们很自然地寻求马克思主义的理论，"马克思的思想……始终保持着通向几乎所有重大问题的出场路径"。② 仔细研究马克思主义和谐社会思想中蕴涵的生态价值取向，不仅体现了时代对马克思和谐社会思想的需要，更为今天的人们应对生态危机提供学理支持。

一、马克思和谐社会思想的理论源析：吸收与批判

吸收、批判和发展的统一是马克思的和谐社会思想的理论起点。马克思的和谐社会思想是在吸收空想社会主义关于社会和谐思想，结合当时资本主义社会现实，有针对性地加以批判的基础上形成的社会发展思想。

空想社会主义者对理想社会提出了较多的设想，其中以傅立叶、欧文最为典型。傅立叶早在 1803 年的著作《全世界和谐》一文中就提出了"和谐社会"的设想，将自己设计的理想社会制度叫做"和谐制度"。其核心构想在于"和谐"，即必须彻底消除资

---

① 保持共产党先进性教育读本 [M]. 北京：党建读物出版社，2004.
② [德] 汉斯·萨克赛. 生态哲学 [M]. 北京：东方出版社，1991：283.

本主义的残酷剥削和不公正性。1824年，欧文在美国印第安纳州进行了"新和谐公社"的实验，在那里，没有剥削和压迫，人人平等和实行公有制，公社人人各尽所能，各取所需；各公社间加强交换，互通有无。尽管4年之后的1828年公社试验失败，但欧文并未失去信心，并于1839—1845年间，又在英国的汉普郡进行建立和谐公社的尝试，仍以失败告终。

傅立叶、欧文等空想社会主义者都对资本主义进行了深刻揭露，对和谐社会给予美好描绘，这在马克思看来，他们是"同无产阶级对社会普遍改造的最初的本能的渴望相适应的"。① 但其理论本质是唯心的，看不到资本主义灭亡的客观必然性，更找不到变革资本主义的现实力量。马克思主义通过对空想社会主义的批判，不仅发现和谐社会的客观必然，而且指出无产阶级是资本主义的掘墓人和未来和谐社会的主导者。

另外，马克思主义对资产阶级的古典政治经济学也进行了无情的批判，创立了剩余价值学说以揭示资本主义必然灭亡、共产主义和谐社会必然实现的逻辑。这种批判不仅是马克思和谐社会思想的直接理论来源，而且使马克思构造和谐社会思想的方法走向科学。

二、马克思和谐社会的精要思想

1. 和谐的历史趋势

"马克思、恩格斯在继承前人思想成果的基础上，创立了科学社会主义理论，勾画了美好社会蓝图，指明了实现美好社会理想的正确途径。"② 这样一个美好、和谐的社会是"人和自然界之间、人和人之间矛盾的真正解决"，③ 这就是共产主义社会。

马克思从社会存在决定社会意识这一历史唯物主义最基本的原

---

① 马克思恩格斯选集 [M]. 第1卷，北京：人民出版社，1995：304.
② 胡锦涛. 在省部级主要领导干部提高构建社会主义和谐社会能力专题研讨班上的讲话. 人民日报，2005-06-27.
③ 马克思恩格斯全集 [M]. 第42卷，北京：人民出版社，1979：120.

理出发指出推动人类社会由低级形态发展到高级形态的两大矛盾：生产力和生产关系、经济基础和上层建筑的矛盾。尽管资本主义文明创造的生产力比过去一切时代创造的全部生产力还要大。但是资本主义文明却存在种种不和谐矛盾，其根源在于社会化大生产与生产资料私人占有的不可调和性，必然导致其最终消亡。只有用和谐的共产主义代替资本主义，才能从根本上消除资本主义的不和谐现象，才能实现真正意义上的社会和谐。

2. 和谐的物质根基

"生产力的这种发展……之所以是绝对必需的实际前提，还因为如果没有这种发展，那就只会有贫穷、极端贫困的普遍化，而在极端贫困的情况下，必须重新开始争夺必需品的斗争，全部陈腐污浊的东西又要死灰复燃。"① 因此，在马克思看来，实现和谐社会的前提是生产力的高度发展、社会财富的极大丰富。唯有如此，才能消灭阶级和阶级差别，才能实现人的全面发展，到达"各尽所能，按需分配"的和谐共产主义社会。

3. 和谐的切入维度

马克思十分强调人的能动性，其和谐社会思想是以人的全面发展为终极目标和价值取向的。所以，马克思从对人的本质探讨以及怎样解放人类这一问题切入，认为和谐社会应该是人与人、人与社会、人与自然的多维和谐。

"人是最名副其实的社会动物，不仅是一种合群的动物，而且是只有在社会中才能独立的动物。"② "人的本质并不是单个人所固有的抽象物。在其现实性上，它是一切社会关系的总和。"③ 因此，不管从人的本质属性来看，还是从社会的本质属性来看，都需要人与人、人与社会的和谐相处。和谐之路径源于人的解放，在马克思看来，人的解放有两个层次：一是每个人人性的丰富和完善；二是人与人之间关系的善良、平等，即个人和社会的双重指向。

---

① 马克思恩格斯选集 [M]. 第1卷，北京：人民出版社，1995：861.
② 马克思恩格斯全集 [M]. 第3卷，北京：人民出版社，1960：841.
③ 马克思恩格斯全集 [M]. 第3卷，北京：人民出版社，1960：33.

马克思和谐社会思想里十分注重自然对于人类社会存在的重要性。人类社会离不开自然，是以自然的存在为前提的，人类社会不可能离开形成劳动资料和劳动对象的自然界。人与自然的关系不是征服与被征服的关系，人类如果对自然改造利用不当也会反过来受到自然界的惩罚和报复。近些年来频发的自然灾害便是自然界对人类发出的警告。对此，马克思和恩格斯早就给我们提出过类似的告诫：人类不要过分陶醉于对自然界的胜利，对于每一次这样的胜利，自然界都报复了我们。所以，人与自然和谐十分重要。

三、马克思和谐社会思想孕育的可持续发展生态价值

在《1844 年经济学—哲学手稿》中，马克思建议应该考虑可长远发展的生产，从而反对离开甚至无条件征服自然环境进行生产劳动。尽管在马克思那个时代，未有可持续发展的概念，但是，马克思在对环境污染与人类生产劳动的分析中孕含着可持续发展的生态价值抉择，可以认为马克思是可持续发展的理论先行探索者。

1. 可持续发展的提出

人类社会生存的环境面临着严重的污染，大致经历了几次大的历程：一是从原始社会末到 19 世纪以前，人类社会从原始文明进入农业文明，伴随开荒种地、砍伐森林、破坏植被、狩猎动物，导致水土流失、土质沙化、物种破坏，失去生态平衡。二是 19 世纪以来，人类文明进入了工业文明阶段，环境问题成为威胁人类社会与经济发展的首要问题：环境污染和资源枯竭。

经过较长时间的研究与讨论，联合国世界环境与发展委员会于 1987 年的世界环境与发展大会上发表了《我们共同的未来》报告，正式提出可持续发展概念：在不牺牲未来几代人需要的情况下，满足我们这代人的需要的发展。

在我国，中共中央在《关于制定国民经济和社会发展"九五"计划和 2010 年远景目标的建议》中，把可持续发展战略放到了突出的地位。党的十六届三中全会明确提出了"坚持以人为本，全面、协调、可持续的发展观，促进经济、社会和人的全面发展"，

这样形成的"以人为本、可持续发展"的科学发展观推动着我国政治、经济、文化、社会四位一体建设,走出一条符合国情的可持续发展道路。

2. 可持续发展的生态价值本质:人与自然的和谐

可持续发展的生态价值的现实基点是走出生态恶化的困境,寻求克服传统发展方式对自然生态和环境的负面影响的有效途径,其核心思想是经济健康发展和人类良好繁衍都必须依靠生态环境的健康持续支撑。但是透过理论的表层可以看出,它谋求的是人与自然、人与人、人与社会协调互动的和谐社会。

如同马克思所认为的,"劳动本身,不仅在目前的条件下,而且一般只要它的目的仅仅在于增加财富,它就是有害的、造孽的"。① 人类的生产劳动应该和环境保护有机结合起来,"甚至整个社会,一个民族,以至一切同时存在的社会加在一起,都不是土地的所有者,他们只是土地的占有者,土地的利用者,并且他们必须像好家长那样,把土地改良后传给后代"。② 可见,马克思已较早认识到自然界的持续发展和后代的生存发展攸关。

3. 可持续发展的生态价值观特征

与传统的发展观念对环境不太重视甚至肆意破坏相比,可持续发展的生态价值观有几个比较明显的特征:

(1) 统一性:可持续发展的生态价值观注重空间的整体与局部统一、时间的现在和未来统一、文化理念的理性与价值统一,所以关注的是人与自然良性互动、人与人代际互动的和谐。

(2) 限制性:环境法学家菲利普·桑兹认为可持续发展包含代际公平、代内公平、可持续利用和环境与发展一体化 4 个基本要素。③ 前两个方面强调人与人和谐发展,后两个方面强调生态价值观:以可持续的方式利用资源,将保护环境与经济和其他方面的发

---

① 马克思恩格斯全集 [M]. 第 42 卷,北京:人民出版社,1979:55.

② 资本论 [M]. 第 3 卷,北京:人民出版社,1975:875.

③ 邵沙平,余敏友. 国际法问题专论 [M]. 武汉:武汉大学出版社,2002:314.

展和谐统一,不能以保护环境否定发展,也不能以发展牺牲环境。

(3) 发展性:可持续发展的生态价值观的基本目标和最终理想在于人的全面发展,发展经济只不过是实现这一目标的手段。《里约环境与发展宣言》指出:"人类处于普遍关注的可持续发展问题的中心,他们享有以与自然相和谐的方式过健康而富有生产成果的生活的权力。"①

四、马克思和谐社会思想生态价值的现实意义

如前所述,马克思从 19 世纪 40 年代开始对人与自然的关系和环境污染问题关注,并提出很多真知灼见的看法,孕育出和谐社会的可持续发展理念,科学地揭示了人与自然的生态关联。今天我们解读并运用和谐社会思想里关于生态价值的理念极具现实意义。

1. 调节生态的支撑点:科学技术

面对环境不断恶化,马克思认为人类最好的生态选择还在于发展科学技术来应对。马克思在《资本论》第 3 卷中曾专门讨论"生产排泄物利用"问题来阐述"生产生态化"的理念。"生产排泄物,即所谓的生产废料再转化为同一产业部门或另一个产业部门的新的生产要素;这是这样一个过程,通过这个过程,这种所谓的排泄物就再回到生产从而消费(生产消费或个人消费)的循环中。"②

科学技术揭示自然界的客观现律,大大提高了人类改造自然界的能力。然而,科学技术是把"双刃剑",在给人类带来改造自然积极成果的同时,又有全球性的环境污染、能源危机、资源短缺。发挥科学技术的生态调节功能,就是在掌握自然规律、正确认识人类对自然干预不当所引起后果的基础上,有计划、有目的地调节和控制人类改造自然的活动,应用科学技术防止和消除有害后果,有

---

① 世界环境与发展委员会,王之佳等译. 我们共同的未来 [M]. 北京:世界知识出版社,1989.

② 资本论 [M]. 第 3 卷,北京:人民出版社,1975:95.

效地、经济地利用自然资源，维持生态平衡，创造一个适合人类生存和可持续发展的自然环境。

2. 选择生态的发展点：良性循环的新型发展模式

"不以伟大的自然规律为依据的人类计划，只会带来灾难。"①。由于自然资源具有稀缺性和不可再生性，经济的发展就不能以耗竭自然资源和损害环境为代价，而应谋求与自然环境和谐平衡的发展。生态化是人类构筑经济社会与自然界和谐发展、实现良性循环的新型发展模式。

传统的经济发展模式是把资源持续不断地变成废弃物，从而忽视了经济发展和自然生态系统间的物质、能源和再生的循环规律，致使资源枯竭和生态恶化。人类要应对这一难题，实现可持续生存和繁衍，在发展经济的同时必须做出生态的选择：经济发展的可持续性需要建立人与自然和谐发展的生态型循环经济模式。

循环经济是美国经济学家 K. 波尔丁在 20 世纪 60 年代提出的，是指在人、自然资源和科学技术的大系统内，在资源投入、企业生产、产品消费及其废弃的全过程中，把传统的依赖资源消耗的线形增长的经济，转变为依靠生态型资源循环来发展的经济。注重对资源的高效利用和循环利用，以"减量化、再利用、资源化"为原则，以物质闭路循环和能量梯次使用为特征，按照自然生态系统物质循环和能量流动方式运行的经济模式。它要求运用生态学规律可持续发展来指导经济活动，实现污染的低排放甚至零排放，保护环境，实现社会、经济与环境的可持续发展，其本质是一种生态经济。

发展生态型循环经济，应该从几方面入手：从宏观方面，国家应该加强经济发展战略选择和经济立法的科学性；中观方面，区域经济发展和产业布局应该切合环境实际；微观层面，企业的科技创新和生态伦理应贯穿始终。

3. 诉求生态的着力点：伦理、法制与和谐社会

在生态价值选择上，人类的伦理关系已突破人际关系，把动

---

① 马克思恩格斯全集 ［M］. 第 31 卷，北京：人民出版社，1972：251.

物、植物及自然环境列入伦理范围。较早的人类中心主义认为人是自然的主人和所有人、大自然对人类只具有工具性价值、人类与其他生物无伦理关系。历史学者怀特在《生态危机的历史根源》一书中认为，人类超越自然并任意利用自然的信念是今日生态危机的根源。随着天赋权利的伦理在欧美的兴起，人们开始对非人类的生物及环境赋予道德地位及法律权利。至 20 世纪，生命中心伦理更进一步倡导尊重生命个体、对自然界给予道德考量。在全球化的今天形成的环境伦理倾向保证每个生物获得人类的尊重，不论它对人类有何价值，人类的发展不应威胁自然的完整，或其他物种的生存。

在生态诉求方面，法律总是不甘落伍，世界各国都不断通过法律制度去协调经济发展与环境资源的关系。早在 1982 年我国宪法就对自然资源保护做出相应的规定："国家保障自然资源的合理利用，保护珍贵的动物和植物。禁止任何组织或者个人用任何手段侵占或者破坏自然资源。""一切使用土地的组织和个人必须合理地利用土地。"宪法关于环境与资源保护的规定，是和谐社会生态价值的法律基础。随后，《中华人民共和国民法通则》相关法律条文也对我国生态环境作出规制。1994 年，我国政府批准在全国实施《21 世纪议程》，并将"开展对现行政策和法律的全面评价，制定可持续发展的法律、政策体系，突出经济、社会和环境之间的联系与协调。通过法规约束、政策引导和调控，推进经济、社会与环境的协调发展"。意味着可持续发展的法制建设步伐加快。1997 年修改的新刑法，以刑事立法的方式加强生态环境的保护。可见，环境法律制度建设是确保我国走可持续发展的有效手段。

可持续发展的生态价值已经成为社会发展问题，马克思认为，只有从解决社会问题入手，才能克服人与自然的异化。马克思提出生态问题的社会化解决方案：社会变革与生态革命相结合，实现"红"与"绿"结合，建立和谐社会的共产主义，从根本上转变以往的生态价值观。

（本文作者：陈建锋，海南大学政治与行政学院讲师）

浅谈马克思主义和谐社会思想及现实意义

杨智平

构建社会主义和谐社会是中国特色社会主义的本质要求，和谐已经成为我国思想文化领域的核心价值追求。追溯和谐社会思想的历史渊源，可以看到，中国历史上曾产生过许多有关社会和谐的思想；西方社会进入近代以来，不少学者提出过一些加强社会建设和社会管理方面的理论，蕴涵着许多有关社会和谐的思想；西方的空想社会主义者也曾提出建立和谐社会的构想，并付之于实验。这些美好的社会理想，反映了人类对于和谐社会的向往和追求，但在阶级压迫和阶级矛盾尖锐的社会制度下不可能建立。马克思、恩格斯在继承、发展前人思想成果的基础上，创立了科学社会主义理论，设计了未来和谐社会的美好蓝图，并指明了实现的途径。和谐社会思想成为马克思、恩格斯对于未来理想社会构想的一个基本价值取向。在马克思和恩格斯的著作中，如《1844年经济学—哲学手稿》、《关于费尔巴哈的提纲》、《德意志意识形态》、《共产党宣言》、《资本论》、《政治经济学批判序言》、《自然辩证法》等非常广泛地包含着和谐社会的的思想。研究这些著作，认真领会其社会和谐思想，对于当前构建社会主义和谐社会具有重要的现实意义。

一、理想指引：和谐社会是人类历史发展的必然趋势

随着资本主义社会弊端日益暴露，反对资本主义、向往理想社会的空想社会主义应运而生，空想社会主义者对建立和谐的社会孜孜不倦地作了很多构想，有的论证建立和谐社会的重要性，有的精心设计和谐社会的具体方案，还有的进行建立和谐社会的实验。如

117

法国的傅立叶发表《全世界的和谐》一文，指出了现存不合理的资本主义制度必然为"和谐制度"所取代；英国的欧文在美国印地安纳州对"和谐制度"进行了长期的实验；德国的魏特林在著作中预言社会主义是"和谐与自由"的社会，并指出新社会的和谐是"全体和谐"。空想社会主义者没有抓住资本主义社会的本质，虽有美好的蓝图勾画，却未能真正找到社会变革的途径，但其社会和谐的构想为马克思主义和谐社会思想提供了丰富的理论营养。马克思认为，"提倡社会和谐"是空想社会主义者"关于未来社会的积极的主张"。①

马克思、恩格斯充分肯定了资本主义在发展生产力方面的成就，指出资本主义社会创造的文明成果超过了以往的一切社会，但是资本主义社会同以往的阶级社会一样，其社会的根本矛盾是对抗性的，社会和谐的局面也只是局部的、暂时的，其中充斥着压迫和剥削，不可能建立真正的和谐社会。马克思、恩格斯在批判资本主义不和谐的同时，分析了资本主义生产方式的内在矛盾、运行机制和发展规律，揭示了资本主义剥削的秘密，进而提出"资产主义的灭亡和无产阶级的胜利是同样不可避免的"② 重要论断。他们指出，无产阶级要改变受压迫、受奴役的命运就要推翻资产阶级的统治，"坚决地打破过去传下来的所有制关系"，③ "把资本变为属于社会全体成员的集体财产"。④ 那么，实现社会和谐必须消灭资本主义私有制，建立公有制，建立新型的生产关系，才能为实现根本上的社会和谐提供可能；在新的社会制度条件下还应继续大力发展生产力，为建设和谐社会奠定强大的物质基础，用社会主义、共产主义代替资本主义，最终实现真正的社会和谐，从而明确指出了人类实现社会和谐的必由之路。

马克思主义关于和谐社会实现的历史必然性思想的论述，表明

---

① 马克思恩格斯选集 [M]. 第1卷，北京：人民出版社，1995：304.
② 马克思恩格斯选集 [M]. 第1卷，北京：人民出版社，1995：284.
③ 马克思恩格斯全集 [M]. 第4卷，北京：人民出版社，1958：489.
④ 马克思恩格斯全集 [M]. 第4卷，北京：人民出版社，1958：481.

和谐作为一种社会价值，始终是社会主义社会、共产主义社会本质的体现，也是历史发展的必然。中国共产党提出构建社会主义和谐社会的重大战略，符合马克思主义关于社会主义、共产主义的科学构想，体现了社会主义的本质要求。因此，必须坚定中国特色社会主义信念，努力构建社会主义和谐社会，向着更加和谐的社会前进。

二、本质要求：实现人的自由而全面的发展

实现人的自由全面的发展是马克思主义追求的根本价值目标。在马克思、恩格斯看来，社会和谐与人的自由全面发展是联系在一起的。马克思在《德意志意识形态》中表述了"自由人联合体"思想，提出了人的自由全面发展的和谐社会前景，指出唯有在这个社会里，物质财富极大丰富，精神文明极大提高，人才能得以自由而全面发展。在《共产党宣言》中，马克思、恩格斯明确指出，只有在未来的共产主义社会里，人的全面发展才会在真正意义上实现，根据共产主义原则组织起来的社会，将使自己的成员能够全面地发挥他们各方面的才能，"代替那存在着阶级和阶级对立的资产阶级旧社会的，将是这样一个联合体，在那里，每个人的自由发展是一切人的自由发展的条件"。①指出共产主义社会是自由人的"联合体"，每个人的发展是全面的发展，体力、智力得到充分发挥，才能和能力得到充分展示，社会联系和社会交往日益丰富，人与自然和谐共生，人与人之间形成事实上的平等，社会发展与个人发展实现了真正的统一，整个社会是和谐的。可以看到，未来和谐社会的核心就是实现人自由而全面的发展，人的全面发展与人的自由发展实现了和谐统一，也就实现了人自身的和谐发展。但是，人的和谐发展是人发展的一种最理想的状态，应当"把生产发展到能够满足所有人的需要的规模；结束牺牲一些人的利益来满足另一些人的需要的状况；彻底消灭阶级和阶级对立；通过消除旧的分工，通

---

① 马克思恩格斯选集 [M]. 第 4 卷，北京：人民出版社，1995：730-731.

过产业教育、变换工种、所有人共同享受大家创造出来的福利，通过城乡的融合，使社会全体成员的才能得到全面发展"。① 这就需要经过一个不断提高、不断完善的渐进过程，只有建立社会主义，不断发展社会主义，实现共产主义，为人的发展创造充分必要的条件，才能真正实现人的自由全面发展。

可以看到，马克思主义的最终价值和最高价值就是为了人的发展，实现人的自由而全面的发展，也就是人自身的和谐发展。自然环境的不断改善、生产力的不断发展、社会的不断进步就是着眼于个人和人类的更好的生存。所以说，马克思主义的和谐社会的本质要求就体现在"以人为本"的思想上。当前，构建社会主义和谐社会，要坚持落实科学发展观，抓住以人为本的本质和核心，实现好、维护好、发展好广大人民最根本的利益，真正把人民群众的需要、利益和幸福满意度作为评价标准，在实现社会经济、政治、文化、社会和生态协调发展基础上，实现全体人民各尽其能、各得其所而又和谐相处的局面，促进人的自由而全面的发展。

三、特征体现：人与自然、人与人的和谐

马克思在《1844 年经济学—哲学手稿》中指出，未来是共产主义，是"人和自然之间、人和人之间的矛盾的真正解决，是存在和本质、对象化和自我确证、自由和必然、个体和类之间的斗争的真正解决。"人与自然、人与人的和谐统一是未来社会的重要标志之一，是和谐社会的特征体现。马克思主义认为，人与自然的关系是辩证的。一方面，人是自然的产物，是自然界的一部分，人要依靠自然界生活，自然界满足了人的生存和生活需要，自然界是"我们人类赖以生长的基础"，②"没有自然界，没有感情的外部世界，工人就什么也不能创造"；③ 另一方面，人在人与自然的关系

---

① 马克思恩格斯选集［M］. 第 1 卷，北京：人民出版社，1995：243.
② 马克思恩格斯选集［M］. 第 4 卷，北京：人民出版社，1995：222.
③ 马克思恩格斯选集［M］. 第 1 卷，北京：人民出版社，1995：92.

中占主体地位，人类在不断地与自然界进行物质、能量、信息交换的过程中，不断地改造自然，也创造了自然。从人与自然的关系来看，人是通过对自然界所做出的改变来使自然界为人的目的服务，但是人的行动是以自然的存在为前提的，人的活动不能超越自然所能接受的限度，不能违反自然规律。马克思通过对资本主义的考察，敏锐地发现了资本主义生产方式带给人类巨大物质财富的同时，也对自然造成了严重危害，使人类与自然的对立趋势不断发展。因此，恩格斯在《自然辩证法》中还告诫人类，"我们每走一步都要记住：我们统治自然界，决不像征服者统治异族人那样，决不是像站在自然界之外的人似的，——相反地，我们连同我们的肉、血和头脑都是属于自然界和存在于自然之中的；我们对自然界的整个统治，是在于我们比其他生物强，能够认识和正确地运用自然规律"。所以要实现人与自然的和谐相处，必须改变资本主义的生产方式，必须尊重自然规律。

马克思主义认为，作为社会历史活动的主体的人，是现实的、活动的，与自然界有着密切关系的社会的人。人们在从事物质生产的活动中必须以一定的方式结合起来，必然要与他人发生一定的联系和关系，形成了这样或那样的社会群体，进而形成不同的社会关系形式，而且这些社会关系和社会关系形式总是处于不断的发展变化之中。所以在马克思主义看来，人生来就必然要组成一定的社会，必然要生活在一定的社会群体之中，人天生就是社会的动物。正如马克思在《关于费尔巴哈的提纲》中明确指出的那样，"人的本质并不是单个人所固有的抽象物。在其现实性上，它是一切社会关系的总和"。① 这个论断告诉我们，人是社会的人，社会是人的社会，社会是由人组成的，是人们相互作用的产物，人和社会是不可分的，人与人的和谐也就体现为社会关系发展的和谐程度。但人类社会的发展本身就是一个充满矛盾运动的历史过程，这是人类社会发展的动力和规律，这些矛盾的解决取决于人们社会关系的发展变化。由此，马克思提出了人与人之间的矛盾的真正解决的未来社

---

① 马克思恩格斯选集 [M]. 第 1 卷，北京：人民出版社，1995：293.

会应该是共产主义，是"私有财产即人的自我异化的积极的扬弃，因而是通过人并且为了人而对人的本质的真正占有；因此，它是人向自身、向社会的（即人的）人的复归，这种复归是完全的、自觉的而且保存了以往发展的全部财富的……它是人和自然界之间、人和人之间的矛盾的真正解决，是存在和本质、对象化和自我确证、自由和必然、个体和类之间的斗争的真正解决。"

马克思主义关于人与自然、人与人关系的基本观点，有着重要的现实指导意义。可以看到，人与自然、人与人的和谐相处是人与自然、人与人关系的主要内容和理想目标，也是社会主义的发展目标和主要特征之一。我国社会主义制度的建立，为人与自然的和谐创造了必要的条件，但实现这种和谐，还需要我们对自然规律有深入的探索和把握，把尊重自然和坚持科学发展的思想牢固树立起来。社会主义制度的建立，使人民群众在根本利益上是一致的，但人民内部矛盾依然存在，还需要在社会主义建设中正确处理人与人的关系，建立公平合理的社会制度，促进民主法治、公平正义，缓解利益矛盾，逐步缩小差距、共同富裕，实现人与人的和谐发展。因此，构建社会主义和谐社会，要重视人与自然的和谐，人与人的和谐，重视环境和生态建设，增强可持续发展能力；重视社会公正和公平，加强社会主义精神文明建设，增强社会发展的和谐度。

四、实现路径：大力发展社会主义生产力

马克思主义认为，生产力是最革命、最活跃的因素。生产力是人类社会发展的最终决定力量，生产力的高度发展是实现和谐社会的前提，未来社会建立在物质财富极大丰富的基础上，才能保证全体社会成员的体力和智力获得充分的自由的发展。马克思指出，实现共产主义必须"以生产力的巨大增长和高度发展为前提"，"如果没有这种发展，那就只会有贫穷的普遍化；而在极端贫困的情况下，就必须重新开始争取必需品的斗争，也就是说全部陈腐污浊的东西又要死灰复燃"。因此，生产力的发展也就成为实现未来社会全面和谐的"绝对必须的物质前提"。可见，生产力的发展是实现

社会发展目标的根本条件，是社会发展的集中体现和客观标志。

马克思主义认为，生产力与生产关系的矛盾是人类社会的基本矛盾，生产力的发展必然要求生产关系不断地进行调整，生产力发展是一个逐渐的发展过程。《共产党宣言》中指出，无产阶级在夺取政权，使自己上升为统治阶级后，要"一步一步地夺取资产阶级的全部资本，把一切生产工具集中在国家即组织成为统治阶级的无产阶级手里，并且尽可能快地增加生产力的总量"。① 显然，无产阶级建立社会主义制度后仍然要将发展生产力作为首要任务，和谐社会的构建就是要通过人的实践活动，发展生产力，不断地创造出来。所以，构建和谐社会的最根本的条件，是生产力发展创造出来的现实前提。那么，当前我们构建社会主义和谐社会，必须坚持以经济建设为中心，应紧紧抓住发展这个党执政兴国的第一要务，聚精会神搞建设，一心一意谋发展，集中力量把经济搞上去，不断增强和谐社会的物质基础，才能为社会全面进步、人的自由而全面的发展，实现社会主义和谐社会，提供更加雄厚的物质基础。

总的来说，马克思主义和谐社会思想为人类社会发展指引了前进的方向，要坚定社会主义、共产主义理想信念；抓住了构建和谐社会的实质，要坚持以人为本，促进人的自由而全面发展；指出了构建和谐社会的内容，要坚持人与自然、人与人、人与社会之间的和谐统一协调发展；指明了实现社会主义和谐社会的实现路径，应继续以经济建设为中心，大力发展社会主义生产力。这些思想对于我们当前构建社会主义和谐社会有着重要的指导意义。

（本文作者：杨智平，海南大学党委组织部）

---

① 马克思恩格斯选集［M］. 第1卷，北京：人民出版社，1995：293.

什么是"共产主义"

——对"共产主义"的多维视角解读①

李辽宁

共产主义能够实现吗？这个问题常常困扰着一些人们，并引发各种各样的探讨和争论。在这些争论中，蕴含着一个"什么是共产主义"的元问题。不对"共产主义"这个核心词汇进行探讨，就难以把握共产主义的本质。实际上，100多年来马克思主义经过了曲折的发展历程，其中出现或"左"或右的失误，都或多或少与对"共产主义"本质的理解存在偏差有关。我们认为，对于"共产主义"需要从多个视角进行多维立体的解读。

一、共产主义：一种社会制度

马克思、恩格斯进行理论探索和实践的宗旨可以说是为实现共产主义而奋斗。但是即使是马克思本人，对于"共产主义"的认识也不是固定不变的，而是不断发展的。在《德意志意识形态中》，马克思、恩格斯分析了人类社会伴随着分工发展而出现的所有制形式，即"部落所有制"，"古典古代的公社所有制和国家所有制"，"封建的或等级的所有制"等。② 在马克思、恩格斯看来，人类社会是不断向前发展的过程，从原始社会、奴隶社会、封建社会、资本主义社会向社会主义社会和共产主义社会迈进。在这里，共产主义就是一种关于未来的社会制度或社会状态。作为一种社会

---

① 这里所说的"共产主义"是指马克思、恩格斯的共产主义。
② 马克思恩格斯选集［M］．第1卷，北京：人民出版社，1995：68-70.

制度或社会形态的共产主义是什么样子的？马克思、恩格斯没有进行非常具体的描述，只是粗略地勾勒了，其核心是废除私有制。

恩格斯在《共产主义原理》中指出："由社会全体成员组成的共同联合体来共同地和有计划地利用生产力；把生产发展到能够满足所有人的需要的规模；结束牺牲一些人的利益来满足另一些人的需要的状况；彻底消灭阶级和阶级对立；通过消除旧的分工，通过产业教育、变换工种、所有人共同享受大家创造出来的福利，通过城乡的融合，使社会全体成员的才能得到全面发展；——这就是废除私有制的主要结果。"① 在《共产党宣言》中马克思恩格斯指出："代替那存在着阶级和阶级对立的资产阶级旧社会的，将是这样一个联合体，在那里，每个人的自由发展是一切人的自由发展的条件。"②

在《哥达纲领批判》中，马克思区分了共产主义的不同发展阶段，即"共产主义社会第一阶段"和"共产主义高级阶段"。"共产主义第一阶段"是"在经过长久阵痛刚刚从资本主义社会产生出来的"，因而不可避免地存在着一些弊病；"在共产主义社会高级阶段，在迫使个人奴隶般地服从分工的情形已经消失，从而脑力劳动和体力劳动的对立也随之消失之后；在劳动已经不仅仅是谋生的手段，而且本身成了生活的第一需要之后；在随着个人的全面发展，他们的生产力也增长起来，而集体财富的一切源泉都充分涌流之后，——只有在那个时候，才能完全超出资产阶级权利的狭隘眼界，社会才能在自己的旗帜上写上：各尽所能，按需分配！"③

把共产主义理解为一种社会制度（或社会形态）具有重要的理论和实践意义。作为一种社会制度的共产主义是人们奋斗的目标。正是在这个意义上，我们称之为共产主义理想信念。这一理想信念激励着无数的仁人志士为实现未来美好的社会而奋斗。这是我们开展革命理想教育的重要思想资源。

---

① 马克思恩格斯选集 [M]．第1卷，北京：人民出版社，1995：243.
② 马克思恩格斯选集 [M]．第1卷，北京：人民出版社，1995：294.
③ 马克思恩格斯选集 [M]．第3卷，北京：人民出版社，1995：305-306.

二、共产主义：一种理论学说

早在 1847 年，恩格斯在《共产主义原理》中明确指出："共产主义是关于无产阶级解放的条件的学说。"① 应该说，共产主义作为一种学说，并不是马克思、恩格斯的首创，他们对共产主义学说的贡献，在于将其从空想转变到科学的平台上。作为一种理论学说的共产主义主要有以下特征：

第一，科学性。按照恩格斯的观点，共产主义作为一种学说具有科学性，其主要根据是唯物史观和剩余价值学说。恩格斯指出："这两个伟大的发现——唯物主义历史观和通过剩余价值揭开资本主义生产的秘密，都应当归功于马克思。由于这些发现，社会主义变成了科学，现在首先要做的是对这门科学的一切细节和联系作进一步的探讨。"② 这里所说的社会主义显然属于马克思、恩格斯关于共产主义学说的一部分。

第二，现实性。以往的共产主义理论更多的是离开社会现实而闭门造车，把共产主义幻想成为各种各样的理想状态，因而找不到实现共产主义的有效路径；而马克思的共产主义学说具有鲜明的现实性，它立足于马克思、恩格斯一生的科学研究，立足于马克思、恩格斯对于资本主义的发展现实和客观规律的把握，立足于对人类历史发展的必然趋势以及现代资本主义的发展趋势，尤其是劳动社会化、交往普遍化和世界历史思想这三大时代主题的科学认识，因而具有鲜明的时代性。

第三，实践性。共产主义不是凭空幻想，而是来源于实践，来源于对资本主义及其以前的社会生活的深入研究和批判，是对资本主义社会剥削现象的深刻揭露。同时，共产主义的目标不是为了摆在书房之中的孤芳自赏，而是为了服务于无产阶级革命实践。共产主义学说自身的科学性与真理性，也只有在实践中才能得到检验。

---

① 马克思恩格斯选集 [M]. 第 1 卷，北京：人民出版社，1995：230.
② 马克思恩格斯选集 [M]. 第 3 卷，北京：人民出版社，1995：740.

正如马克思所说:"人应该在实践中证明自己思维的真理性,即自己思维的现实性和力量,自己思维的此岸性。"① 正因为这样,共产主义学说需要在实践中根据现实情况的变化,不断发展和完善。

第四,完整性。马克思、恩格斯关于共产主义的学说不是一个单一的理论,而是一个逻辑严密的完整的理论体系。要完整理解马克思、恩格斯的共产主义理论,就必须全面把握马克思主义理论体系。孤立地理解共产主义,或者把共产主义与马克思主义割裂开来的做法,都将导致对共产主义的片面理解。正因如此,在学习关于共产主义学说的过程中,需要我们把握好马克思主义理论的整体性,把马克思主义所涉及的各个组成部分有机联系起来,从政治、经济、文化、社会等多个维度对共产主义进行综合理解和整体把握。

三、共产主义:一种生存状态

人是以什么样的方式存在和发展的?在人发展的不同阶段,答案是不一样的。在《德意志意识形态》中有一段话:"原来,当分工一出现之后,任何人都有自己一定的特殊的活动范围,这个范围是强加于他的,他不能超出这个范围:他是一个猎人、渔夫或牧人,或者是一个批判的批判者,只要他不想失去生活资料,他就始终应该是这样的人。而在共产主义社会里,任何人都没有特殊的活动范围,而是都可以在任何部门内发展,社会调节着整个生产,因而使我有可能随自己的兴趣今天干这事,明天干那事,上午打猎,下午捕鱼,傍晚从事畜牧,晚饭后从事批判,这样就不会使我老是一个猎人、渔夫、牧人或批判者。"② 对于这段话,国内外学者有不同的意见。③ 我们认为,这段话至少表明了马克思、恩格斯对于

① 马克思恩格斯选集 [M]. 第1卷,北京:人民出版社,1995:55.
② 马克思恩格斯选集 [M]. 第1卷,北京:人民出版社,1995:85.
③ 鲁克俭:国外学者关于马克思共产主义思想的新观点 [J]. 科学社会主义,2006 (4).

人的存在与发展方式的思考，在共产主义社会里，人的生存发展具有与以往社会完全不同的状态。

马克思、恩格斯把人的历史发展分为三个阶段，即"人的依赖关系"阶段、"以物的依赖性为基础的人的独立性"阶段和"个性自由"阶段，进而也可分为两大阶段，前两个阶段即马克思所说的"必然王国"，后一个阶段即马克思所说的"自由王国"。这里的"自由王国"，指的就是共产主义。只有到了共产主义，人的社会行动、人的劳动才能变成人的自我实现、自我解放、自我塑造和发展的手段。实际上，人的全面发展是马克思关于共产主义学说的出发点，也是其归宿点。"自由王国"是拓展人的精神世界、发展人的本质力量的王国，共产主义是通过人并且为了人而对人的本质的真正占有。

四、共产主义：一种现实运动

马克思、恩格斯不仅是理论巨人，也是实践模范。在理论纲领与实际行动之间，马克思早就作出了评价："一步实际行动比一打纲领更重要。"① 对于过去那些缺乏实践观点的哲学家们，马克思批判道，"哲学家们只是用不同的方式解释世界，问题在于改变世界"。② 这些都反映了马克思对于实际行动的重视。与此相适应，马克思、恩格斯的"共产主义"不仅是一种理想和学说，更是一种现实的运动。在《德意志意识形态》中，马克思、恩格斯指出："共产主义对我们来说不是应当确立的状况，不是现实应当与之相适应的理想。我们所称为共产主义的是那种消灭现存状况的现实的运动。这个运动的条件是由现有的前提产生的。"③

作为一种改造现实的共产主义运动，其性质与以往的一个阶级推翻另一个阶级的斗争具有根本的不同。"共产主义和所有过去的

① 马克思恩格斯选集 [M]. 第3卷，北京：人民出版社，1995：296.
② 马克思恩格斯选集 [M]. 第1卷，北京：人民出版社，1995：57.
③ 马克思恩格斯选集 [M]. 第1卷，北京：人民出版社，1995：87.

运动不同的地方在于：它推翻一切旧的生产关系和交往关系的基础，而且第一次自觉地把一切自发形成的前提看作是前人的创造，消除这些前提的自发性，使它们受联合起来的个人的支配。因此，建立共产主义实质上具有经济的性质，这就是为这种联合创造各种物质条件，把现存的条件变成联合的条件。共产主义所造成的存在状况，正是这样一种现实基础，它使一切不依赖于个人而存在的状况不可能发生，因为这种存在状况只不过是各个人之间迄今为止的交往的产物。"① 在《共产党宣言》中，马克思恩格斯把这种性质简明地归纳为"两个决裂"："共产主义革命就是同传统的所有制关系实行最彻底的决裂；毫不奇怪，它在自己的发展进程中要同传统的观念实行最彻底的决裂。"② 为了更好地推进这场运动，需要"全世界无产者，联合起来！"③

毋庸置疑，以上几个维度之间是相互联系的。共产主义不仅是一种社会制度和理想目标，也是一种关于这一理想目标的科学理论，它反映着人生存发展的理想状态，并且体现为向着实现这一理想目标的历史进程与现实运动。有的人对共产主义失去耐心和信心，或者对共产主义存在种种怀疑与猜测，往往与对共产主义的认识存在偏差有关。只有把以上几个方面结合起来，从整体上认识到共产主义的本质及其优越性，我们才能在内心深处树立起共产主义的崇高信念，才会勇于面对重重困难，并通过扎扎实实的行动为实现这一远大理想而不懈奋斗。

（本文作者：李辽宁，海南大学政治与行政学院副教授）

---

① 马克思恩格斯选集 [M]. 第 1 卷，北京：人民出版社，1995：122.
② 马克思恩格斯选集 [M]. 第 1 卷，北京：人民出版社，1995：293.
③ 马克思恩格斯选集 [M]. 第 1 卷，北京：人民出版社，1995：307.

对列宁过渡学说的再认识

李德芳

马克思根据对资本主义社会基本矛盾运行规律的深刻剖析，科学地揭示了资本主义社会必然被共产主义社会代替的规律。他认为，在资本主义社会和共产主义社会之间，有一个从前者到后者的过渡时期，即共产主义第一阶段或初级阶段。对于共产主义第一阶段，列宁在《国家与革命》中称之为社会主义社会，指出其基本特征是在政治上实行无产阶级专政，在经济上实行生产资料的公有制和"各尽所能，按劳分配"的消费原则。他强调，这些特征是马克思依据资本主义社会化大生产不断发展的现实和无产阶级武装夺取政权的伟大尝试——巴黎公社的实际材料所作的科学判断。但列宁的《国家与革命》尚未全部写完，俄国十月革命即爆发并迅即取得胜利，社会主义由理想变成了必须认真对待的现实。列宁于是及时提出了社会主义过渡学说，为俄国进入社会主义提供了理论指南。

首先，列宁提出了从资本主义到社会主义的过渡时期概念。十月革命前夕，列宁曾提出从资本主义直接过渡到社会主义的观点，他说："人类从资本主义只能直接过渡到社会主义，即过渡到生产资料公有和按每个人的劳动量分配产品。"① 他打算在无产阶级夺取政权后，运用国家政权的强制手段，按照共产主义的原则来调整社会生产关系和产品分配。但超越生产力的发展水平而单纯追求生产关系的变革，必然招致生产力的自觉反抗。因而十月革命后不久，列宁即放弃了直接过渡论。他说："我们计划（说我们计划欠

---

① 列宁选集［M］. 第3卷，北京：人民出版社，1995：64.

周地设想也许较确切）用无产阶级国家直接下命令的办法在一个
小农国家里按共产主义原则来调整国家的产品生产与分配。现实生
活说明我们错了。为了作好向共产主义过渡的准备（通过多年的
工作来准备），需要经过国家资本主义和社会主义这些过渡阶
段。"① 在他看来，生产资料的公有制是社会主义的核心原则，是
不可动摇的过渡目标。但过渡的具体条件和形式，由于各地开始建
立社会主义时所处的条件不同，应该而且必然是多种多样的。这就
是说，从资本主义过渡到社会主义根本没有什么具体模式可言，只
能因地制宜、因时制宜，采取灵活多样的形式和方法。

其次，列宁肯定了过渡的长期性、艰巨性。他明确指出："没
有一个社会主义者会不承认这样一个明显的真理：在社会主义和资
本主义之间，有一个无产阶级专政的漫长的、比较困难的过渡时
期。"② 既然从资本主义过渡到社会主义是长期的过程，那么从资
本主义到共产主义更是一个长期过程了。这个论断是对恩格斯关于
过渡"短暂"③ 观点的原则性纠正。

再次，列宁认为，过渡时期以多种经济成分并存的社会经济结
构为基本特征。他说："过渡这个词到底是什么意思呢？它用在经
济上是不是说，在这个制度内既有资本主义的也有社会主义的成
分、部分和因素呢？谁都承认是这样的。"④ 当时俄国就存在着宗
法式的农民经济、小商品生产、私人资本主义、国家资本主义、社
会主义等5种经济成分。列宁认为，过渡时期的目标就是逐步消除
那些非社会主义的经济成分，最终建立起社会主义所有制。

列宁的上述过渡学说代表了那个时代马克思主义者对社会主义
的最高认识水平，它不仅被斯大林，而且后来也被中国共产党奉为
走向社会主义的圭臬。自然，过渡的结果是相似的，即建立起单
一所有制的社会主义经济制度，同时也留下了严重的后遗症。国家

① 列宁选集 [M]. 第4卷，北京：人民出版社，1995：570.
② 列宁选集 [M]. 第3卷，北京：人民出版社，1995：402.
③ 马克思恩格斯选集 [M]. 第1卷，北京：人民出版社，1995：330.
④ 列宁选集 [M]. 第3卷，北京：人民出版社，1995：521.

经济缺乏活力，先进的社会生产关系与落后的社会生产力形成鲜明的反差。造成此种状况的原因，人们习惯于说是工作中的问题，即所谓工作过粗，所有制改变过快，等等。实际上，在很大程度上，是列宁过渡学说存在的问题使然。

问题一：过渡目标定位过高。列宁的过渡学说是以无产阶级夺取全国政权建立无产阶级专政为过渡时期的起点，以实现全部生产资料的公有为终点的。这个终点恰恰是马克思所论述的共产主义社会低级阶段的根本特征。乍一看，列宁的过渡学说与马克思的过渡学说联结得天衣无缝，但是不应忘记，马克思和列宁所立足的国家生产力水平相差很大。前者是工业发达的资本主义国家，后者却是工业落后、自然经济所占比重很大的资本主义国家。因此，若要在俄国实现马克思所推断的社会主义社会基本特征，即实现列宁所说的从资本主义到社会主义的过渡，无疑需要相当长期的艰苦努力。列宁对此有着清醒的认识，在向社会主义过渡的征程中不时地向全党敲响警钟，防止急于求成。但是，过渡一词毕竟容易使人联想起时间的短暂，在实践中将列宁的告诫忘得一干二净。斯大林上台后，很快抛弃了列宁的求实精神，为实现过渡目标而显得急不可耐，寄希望以政权的强制力早日完成过渡。他说："我们争得了无产阶级专政，从而建立了走向社会主义的政治基础。我们能不能用本身的力量建立社会主义的经济基础，建成社会主义所必须的经济基础呢？"① 斯大林对此充满自信。在他的亲自领导下，苏联加快了向社会主义过渡的步伐。1929 年，苏联掀起农业集体化高潮，1934 年完成全国农业集体化，建立了社会主义集体所有制。到1936 年 11 月，斯大林在苏联非常第八次苏维埃代表大会上宣布：苏联基本上"实现了社会主义，建立了社会主义制度，即实现了马克思主义者又称为共产主义第一阶段或低级阶段的制度。这就是说，我们已经基本上实现了共产主义第一阶段，即社会主义"②。

问题二：理论逻辑上存在矛盾现象。按照列宁的过渡学说，十

---

① 斯大林全集［M］. 第 9 卷，北京：人民出版社，1954：21.

② 斯大林文选［M］. 北京：人民出版社，1962：90.

月革命胜利后俄国便进入过渡时期，社会主义要经过一个比较长的过渡阶段才会到来。那么，如何看待过渡时期俄国的社会性质？列宁这样说："我并不抱幻想，我知道我们才开始进入向社会主义过渡的时期，我们还没有达到社会主义。但如果你们说我们的国家是社会主义的苏维埃共和国，你们是正确的，正如人们把西欧许多资产阶级共和国称为民主共和国是正确的一样，尽管谁都知道，没有一个最民主的共和国是完全民主的。它们只提供一点点民主制，在小事情上削减剥削者一些权利，可是那里的劳动群众仍然和各处一样受到压迫。虽然如此，但我们还是说，资产阶级的制度既有旧的君主制，也有立宪共和制。""我们现在的情况也是这样。我们甚至远没有结束从资本主义到社会主义的过渡时期。……我们知道，从资本主义到社会主义的这条道路，是多么艰难，但是我们必须说，我们的苏维埃共和国是社会主义的共和国，因为我们已经走上了这条道路，而这些话决不是空话。"① 列宁在此说得很清楚，俄国在十月革命后已经是社会主义性质的国家了，因为它坚持社会主义的发展方向。然而列宁同时又认为，俄国还没有到达社会主义，即实现生产资料公有。于是过渡时期的俄国就成了一个没有社会主义经济基础的社会主义国家！列宁将社会主义的政治基础和经济基础分割开来，这种理论逻辑上的矛盾在实践上易于导致革命急性病的滋长。因为，既然已经建立了社会主义性质的共和国，那么何时真正实现社会主义目标，建立起名副其实的理想社会主义？这个问题不能不时刻萦绕在许多人，特别是党的领袖头脑中。人们以急切的心情渴望着社会主义早日到来。不容否认，急于求成的社会心理是社会主义的过渡目标本需长时期才能达到，结果却在短时间内"实现"的重要原因。

列宁过渡学说所存在的问题，归根结底是对社会主义的理解问题。列宁心目中的社会主义，是具有马克思所描述的共产主义低级阶段特征的社会主义。这是一个建立在生产力高度发展基础上的相当完善的社会主义。它与共产主义高级阶段的区别在于：还要坚持

---

① 列宁选集［M］. 第3卷，北京：人民出版社，1995：409.

无产阶级专政，还要保留国家，还要保留消费品分配上的"资产阶级权利"。列宁的过渡学说中，过渡的终点实际上既是社会主义的起点，同时在一定意义上又是社会主义的终点。由此我们就不难理解：苏联以及后来根据列宁过渡学说提出过渡时期总路线的中国，为何在实现了向社会主义的过渡之后很快便着手向共产主义过渡了。

（本文作者：李德芳，海南大学政治与行政学院教授）

交易价值视角下的劳动价值论
与效用论之比较

金新宝

一、劳动价值论与效用论的历史纠葛

关于劳动价值论与效用论的是是非非，争议颇多，一种认为劳动价值论是正确的，它是马克思在亚当·斯密研究基础上的重大发现，揭示了商品交换背后的共同基础，即人类劳动，并通过分析资本主义社会的生产关系，揭露了资本家剥削工人的秘密，即剩余价值理论。在我们国家，劳动价值论一直占据主流地位，这固然与我国实行的社会主义基本制度有关，但有些学者也指出该理论也存在一些缺陷，诸如劳动价值论没有回答交换价值是什么、等量劳动交换与剩余价值理论上的矛盾、不同部门的等量资本大致获得等量利润的普遍情况相矛盾、使用价值和其特质形态相混淆、社会必要劳动时间概念模糊等。另一种认为效用论是正确的，效用和边际效用理论是西方经济学的微观基础，其效用概念、效用的相对数量关系、边际效用递减规律，为取得最大效用每件商品的边际效用和价格必须保持一致的比例的均衡状态的规律等，较好地从质和量两方面诠释了人类经济行为的因果关系。但效用论也存在一些致命伤，譬如，效用的主观性和不确定性、劳动的效用问题、边际效用递减规律的推理缺陷、对商品生产过程的回避，对资本的社会属性及所有权、产权本质的淡化等，使它的客观性和可信性备受置疑。笔者写这篇文章的目的，是想从人类交换行为的动因和对交换价值的分析这一逻辑思维的原点出发，去发现一些被忽视的东西，或者整理一些已被发现的东西，从而更好地剖析生活中的一些经济现象，并从中管窥劳动价值论与效用论的利弊与得失。

二、人类交换行为的一般动机与制度异化

人类交换行为的原因是多方面的，归纳起来，有这样几个方面。首先是个人自身的局限性。单个人在时间、精力、资源受限的情况下，无法提供自身需求的所有商品或服务，必须减损其相对应的资源去换取其必需而暂时缺失的其他资源。其次是社会分工的必然产物。国际贸易理论中有"资源禀赋说"，现实社会中的每个人在资源禀赋的占有上不尽相同，使得每个人只能专事某个或某些领域的工作，从而使交易成为必要，当然也使社会更有效率；再次就是人的欲望是多方面的、动态的、发展的，每个人都会从他人或社会上去猎取满足其效用多样化与最大化的物品或服务，从而诱发交换的动机。这3种交易动机或行为都建立在交易主体平等自愿、等价有偿、公开公正的基础上，也是效用所唯一关注的交换行为。诚然，基于以上3种原因的交易行为在现代社会生活中大量发生，可以用数量或技术的手段精确地解释很多问题，也更能说明市场经济模式选择的必然性和合理性，但它对人们先天占有的不平等、制度的不合理、程序的不公正等制度性问题视而不见，这也是西方学者很少触及的人们交易行为的第四个原因，即制度陷阱与产权屏障。在资本主义社会，劳动是工人大量出卖的一种商品，劳动的价值在效用论里根本找不到半个字眼，当然剩余价值一说也就顺理成章地被利润驱逐了，而劳动价值论则揭露了资本家压低劳动对价，榨取工人剩余价值这一关键问题。马克思说："最初，在我们看来，所有权似乎是以自己的劳动为基础的。……现在，所有权对于资本家来说，表现为占有别人无酬劳动或产品的权利，而对于工人来说，则表现为不能占有自己的产品。"[①] 这一切皆因生产资料的资本主义私人占有制所决定。所谓产权屏障，是指有些交易是运用政治权

---

① 马克思恩格斯全集 [M]．第23卷，北京：人民出版社，1972：640．

利强制扭曲人们的交易愿望或加重其交易成本。譬如，垄断、管制、限制所有权、征收、征用等。这些东西在社会主义国家也有，但由于在资本主义国家，掌握国家权力从而制定法律或政策的是别有用心的资产阶级，当然不会如社会主义国家一样，依照人民的意愿去执政为民了。

三、交换价值的评价标准——主观效用抑或客观劳动

这里我们撇开制度与产权造成的不公平交易不谈，单以我们论及的现代民法上平等主体交易行为作为讨论对象，这在资本主义国家与社会主义国家都是普遍存在的，对于我们看待效用论与劳动价值论上的一些得失应该有一定的代表性。

人们以某一对价交换某种商品的动机是什么，这恐怕应该成为我们考虑交易行为的思维起点。应该说，效用论找准了问题的入口，即效用。效用被界定为对欲望的满足，其实这个定义有值得商榷的地方。笔者认为，效用论讲的效用其实就是劳动价值论讲的价值。什么是价值？亚当·斯密说："应当注意，价值一词有两个不同的意义。它有时表示特定物品的效用，有时又表示占有某物而取得的对他种货物的购买力。"① 这与目前公认的定义，即客体满足主体需要的能力以及在此基础上主体对客体所持的一种积极评价比较一致。效用的定义偏重于主体的感受而漠视直接决定并影响主体心理感受性的客体及其所拥有的属性，效用论的倡导者萨伊说："物品效用就是物品价值的基础"，"人们估计的价值十分准确，这要看估计者的判断力，知识习惯和成见以为定"。② 这无疑颠倒了主客观的关系。交易的对象不是主体的感受，而是客体及其使用价值；并且主体的感受属于情感，非理性的成分多一些，难道交易主体在交易时从无审慎考虑客体拥有的不依赖不同主体感受差别而始

① 亚当·斯密. 国民财富的性质及原因的研究 [M]. （上），北京：商务印书馆，1972：25.

② 萨伊. 政治经济学概论 [M]. 北京：商务印书馆，1982：59.

终存在且不变的固有交换价值方面的理性吗？就好比一位偏远落后地区的农民捡到一台 IBM 的手提电脑，因无法满足其什么欲望而轻易丢弃或无视吗？显然不是。而价值的概念指出了这种主观感受性，即所谓对欲望的满足，离不开物体自身的使用价值或某种其他影响交易价值的物质属性或特定能力，并顾及了交易主体通常都存在的理性方面，即对客体的积极评价。

抛开定义故且不论，效用论至少认为效用是人们现实交易行为的指标或筹码，这种观点应该没什么问题，倒是劳动价值论在这一问题上的切入点存在一些问题，因为即使是资本家雇佣工人生产，也是看中其劳动的效用，而非劳动这种商品本身，马克思自己也说："物的有用性使物成为使用价值。"① 各类交易主体在确定交易对象的价值时，也是从其效用或固有交换价值考虑，而不会去追求其内含的劳动的多少，所以在这个问题上，效用论选择效用这个概念去构建整个西方微观经济学是有一定说服力的，因而能较好解释人类与交换行为乃至更多的经济行为，而劳动价值论脱离交易主体的心理动因，单纯从客体凝聚的价值出发去说明交易的对价，显然有点唐突。当然，在现代社会，绝大多数的交易物品都是人类劳动创造的，物品的交易对价肯定包含了对凝聚在其中的劳动的评价，比如简单劳动或复杂劳动，劳动量的大小等，在同类商品乃至更大范围的商品中，这种劳动价值决定论的观点也很可能是成立的，但不要忘了交易毕竟是交易主体的行为选择，行为是由心理决定的，人类的一切行为都发端于人的心灵，不论这种心机是诸如经济人假说的理性人还是唯意志主义或存在主义讲的非理性人，还是兼而有之的马斯洛讲的五个需要层次的人，终归离不开主体的主观选择。现实生活中，有些交易物品凝聚的人类劳动很小，但交易的对价很高，譬如煤、原油、天然气等被垄断的自然资源，知识产权、经营权、肖像权等法律化的特定权利，还有像珍稀动植物、古董、人体器官等，这些恐怕都不能简单地用劳动价值论来解释，但如果用效用论来解释这些问题，似乎都还说得过去。但是否效用论就如某些

---

① 马克思恩格斯全集第 23 卷 [M]. 北京：人民出版社，1972：48.

学者所言就是一种发展很完善很精致的理论呢？也不尽然。首先，正如前文论述，尽管劳动价值论在切入点的选择上不如效用论的选取更有说服力，但也不能说其理论基础有什么错误，只不过是从客体与卖方主体出发分析问题，视角选取不同，而效用论也只不过安全地从主观欲望与买方主体出发去说明问题，把活生生的生产劳动的实践过程粗暴切除，完全无视市场上绝大多数商品的定价权掌握在卖方，即劳动者这一方的事实；完全无视商品的物质属性或使用价值，好像一切物品只不过是用来满足主观欲望的一些符合而已，这样的理论显然缺乏充足的说服力。其次，除了物品效用，影响交易对价的还有它的稀缺性，也即供求关系。西文经济学也谈到供求关系对价格的影响，但把它置于边际效用递减规律的支配下来说明，其实这是不准确的。供求关系对价格的影响很多情况下是决定性的，就像如今的房价不受成本控制而受心理预期支配一样，其背后都有深刻的缘起。现实生活中很多物品的价格远高或远低于其成本价值，这其中供求关系就起着决定性的影响。常言道"物以稀为贵"，不无道理。供求关系理论甚至可以帮助劳动价值论来说明其理论的内在合理性。刚才谈到劳动价值的切入点无法帮助人们理解交换的动机，如果借助供求关系原理，这一问题可以这样理解：当一种物品的内含劳动价值与人们的主观效用保持一致，这种物品会持续在市场上供应；当一种物品的内含劳动价值低于人们的效用评价，必然会减少生产的积极性，从而引起市场供不应求，最终抬高人们的效用评价，从而重新激发生产者的积极性，引致该商品市场恢复平衡；当然如果存在一种替代品能满足同等欲望，那就是产品更新换代的问题了。

最让效用论者津津乐道的边际效用论是否存在问题呢？回答是肯定的。边际效用递减规律述及的消费场景是一个虚拟的连续消费过程，即依次消费第一个、第二个、第三个乃至第 n 个，每消费一个，再评价下一个的效用，其实这非常荒唐。现实情况是：消费者既不是依次按所谓的实际效用加总计算对价，也不是效用论者论及的在以第一个物品的效用为单价计总价用付对价基础上，再端出个消费者剩余理论来掩盖利润的来源和本质，而是通过买卖双方的讨价还价，最终以物品的平均效用成交。此外，把单个消费者消费曲线简单推广到整个市场所有消费者的消费行为，从逻辑层面也不能苟同，更何况这种曲线反映的情况根本不是事实。

四、关于剩余价值理论的一些补充意见

建立在劳动价值论基础上的剩余价值论到底是否绝对正确呢？这恐怕是一个斯芬克斯之迷，不敢妄下定论。言其正确、合理，有这样几个理由：首先，在马克思劳动价值论的逻辑论证体系里，剩余价值论总体还是令人信服的，尽管该理论也还不够完整与精致；其次，从资本主义社会普遍存在且不断扩大的贫富差距来看，资本家源源不断增加的财富里肯定有工人的剩余价值；最后，随着社会的发展，劳动，尤其是凝聚更多科技与知识之类的复杂劳动，所创造的物品的附加值越来越高，劳动创造的剩余价值越来越多，如果工人的收入没有得到相应程度的提高，就意味着更多的剩余价值落入了资本家的腰包。但剩余价值理论也面临着一些棘手的挑战，例如，社会主义市场经济也存在雇佣劳动为基础的私营企业和"三资"企业，这些企业是否存在剩余价值问题？现在的看法是：认为私营企业主的所得不是劳动所得，而是按生产要素分配所得。但问题是，私营企业的过高收入离开工人的生产劳动，单靠生产要素是无法创造出来的。此外，即使是公有制企业，又该如何界定利润的所有权呢？它究竟应该属于工人，还是属于国家？凡此种种，使得我们必须从新的视角去理解剩余价值理论乃至劳动价值论。在此，笔者提出以下几个观点，仅供商榷：

一是把企业创造的利润简单等同于单个工人的劳动的加总，事实并非如此。按照系统论的观点，整体不等于部分之和而是大于部分之和，这样就不能把企业整体功能优化带来的那部分利润归入剩余价值范畴。二是企业产品或服务的实际价格受垄断、供求、品牌等因素的影响很大，有可能获得来自于市场，也即流通领域的超额回报，而这应与剩余价值划清界限。三是要正确理解资本的作用。按照传统的看法，似乎资本与劳动无关，其实资本本身也可以理解

为凝聚了投资者的劳动。四是如何看待资本家的利润。问题存在于价值分配领域,可以在广义上把资本家与工人都理解为投资方,资本家投入资本,而工人投入的是劳动,但在最终的价值也即利润分配上,资本家多占了一些本应属于工人的份额,从而造成了分配不均。这样理解,绝非否定资本主义的剩余价值问题,而是换个角度看问题,可以更好诠释社会主义市场经济条件下存在的一些类似问题。有学者同论:"劳动创造价值的事实无论在什么样的社会经济制度下,在什么样的经济制度下,都是不变的,但分配制度却会随着社会经济制度、基本经济制度的变化而变化,不会因为商品价值是由劳动创造的,而形成或改变一个社会的分配制度。"① 其实最终起决定作用的还是在分配领域,我国是社会主义国家,在价值建设目标上是公平、公正与和谐,我们在价值分配领域大有可为,从而体现社会主义与资本主义的根本不同。

本文所述观点囿于特定视角,很多问题未及充分展开,论述未免不够周延,观点未必成熟,希望通过抛砖引玉,引发更多同仁的真知灼见。

(本文作者:金新宝,安徽医科大学人文学院讲师)

---

① 张雷声. 论价值创造的意义 [J]. 中国人民大学学报,2003 (1).

《德意志意识形态》中人的异化理论

刘建新

在《德意志意识形态》中，马克思、恩格斯深入到现实的人的活动的内在结构，探寻人的异化的根源和人的发展。他们把"现实的个人"作为自己研究历史的前提和出发点，认为现实的人正是通过"感性活动"来确证和发展自己，人的异化是在生产力与交往形式之间相互作用过程中出现的，具有客观必然性。立足于文本，本文对"现实的人"的异化问题作一些探究。

一

在《德意志意识形态》中，马克思、恩格斯首先考察了人类社会历史的前提问题，他们指出："这是一些现实的个人，是他们的活动和他们的物质生活条件，包括他们已有的和由他们自己的活动创造出来的物质生活条件。"① 从这一论述中，我们可以看出，历史观的前提包括三个方面：现实的个人、他们的活动和物质生活条件。这三者是相互联系、相互规定、不可分割的统一整体。现实的个人离不开其实践活动和他们所处的物质生活条件，否则，他们就不是现实的人，而只能是想象中的人；而实践活动的主体只能是现实的个人，否则，实践活动只能变成无主体的抽象的精神活动；至于物质生活条件，它们既是现实个人的生存和发展的前提和基础，同时又是他们从事实践活动的结果。因此，"任何历史记载都应当从这些自然基础以及它们在历史进程中由于人们的活动而发生

① 马克思恩格斯选集 [M]. 第 1 卷，北京：人民出版社，1995：67.

的变更出发"①。所以，"历史不过是追求着自己目的人的活动而已"，"历史什么事情也没做……创造这一切，拥有这一切并为这一切而斗争的，不是'历史'，而正是人，现实的，活生生的人"。② 马克思、恩格斯还进一步指出，唯物史观的考察方法不是没有前提的，"它从现实的前提出发，它一刻也离不开这种前提。它的前提是人，但不是处在某种虚幻的离群索居和固定不变状态中的人，而是处在现实的、可以通过经验观察到的、在一定条件下进行的发展过程中的人"。③

既然唯物史观的前提和出发点是"现实的人"，那么什么是"现实的人"或者说"现实的人"的内涵是什么？对此，马克思、恩格斯主要从"感性的活动"这一层面来规定"现实的人"。他们在批判费尔巴哈时说："他把人只看作是'感性对象'，而不是'感性活动'。"④ 从"感性活动"来理解"现实的人"，人类社会历史只能是"现实的人"的"感性活动"的展开过程。现实的人通过感性活动来确证和发展自身主要体现在以下两个方面：

第一，现实的人通过感性活动来满足自己的需要，从而确证和发展自身。由于"全部人类历史的第一个前提无疑是有生命的个人的存在。因此，第一个需要确认的事实就是这些个人的肉体组织以及由此产生的个人对其他自然的关系"⑤。这说明现实的人对自身的肉体组织和外部自然界存在着依赖关系，而这种依赖关系是通过需要—满足关系的不断展开而表现出来的。质言之，人是通过现实的感性活动来满足自己的需要，而"已经得到满足的第一个需要本身、满足需要的活动和已经获得的为满足需要而用的工具又引起新的需要"⑥。可见，现实的人正是通过感性活动，循着需要—满足关系的不断展开而确证和发展自身的。

① 马克思恩格斯选集 [M]. 第 1 卷，北京：人民出版社，1995：67.
② 马克思恩格斯全集 [M]. 第 2 卷，北京：人民出版社，1957：118.
③ 马克思恩格斯选集 [M]. 第 1 卷，北京：人民出版社，1995：75.
④ 马克思恩格斯选集 [M]. 第 1 卷，北京：人民出版社，1995：77-78.
⑤ 马克思恩格斯选集 [M]. 第 1 卷，北京：人民出版社，1995：67.
⑥ 马克思恩格斯选集 [M]. 第 1 卷，北京：人民出版社，1995：79.

第二，现实的人通过感性活动实现其自然性、社会性和意识性的统一，从而确证和发展自身。人的现实感性活动既是一种自然生命的发动和作用，又是一种自觉的有意识的创造活动，同时还是一种社会性的交往和互动，它体现了人的内在本性。人作为有意识、从事实践活动的存在物，其生命活动不仅具有自然适应性或受动性的一面，而且并主要具有自觉能动性的一面，是能动性和受动性的统一。交往既源于现实个人的感性活动，又是其感性活动的必要前提。人要使得活动的结果达到预期的目的，就必须借助于广泛的社会交往。同时，感性活动本身又决定了交往的形式。正是在社会交往的过程中，人与人之间相互作用、彼此沟通、互相协作，从而实现其活动、能力和产品的互换，使自身的本质力量得以实现，使自己得以确证和发展。

二

异化理论是马克思主义哲学的一个重要组成部分，它贯穿于整个马克思主义哲学的创立和发展过程之中。作为唯物史观创立的标志性著作，《德意志意识形态》包含着丰富的人的异化思想。众所周知，马克思早期的异化思想主要是立足于人本主义或人道主义方面的分析和批判，而在《德意志意识形态》中，马克思、恩格斯则深入到"现实的人"，从"现实的人"的"感性活动"出发去考察人的异化，从而揭示出人的异化的根源。

针对施蒂纳的异化观的唯心主义实质，马克思批判道："桑乔只是把一切现实的关系和现实的个人都预先宣布为异化的（如果暂时还用一下这个哲学术语），把这些关系和个人都变成关于异化的完全抽象的词句。这就是说，他的任务不是从现实个人的现实异化和这种异化的经验条件中来描绘现实的个人，他的做法又是：用关于异化、异物、圣物的空洞思想来代替一切纯经验关系的发展。"① 有人正是依据此话中的"如果暂时还用一下这个哲学术

---

① 马克思恩格斯全集 [M]. 第 3 卷，北京：人民出版社，1960：316-317.

语"，而认为马克思是放弃异化这一概念的。但从上下文来看，这种推论显然是站不着脚的。马克思在这里主要是批判施蒂纳只谈"自我意识的异化"，只是搬弄"异化"这个抽象术语，而不谈"现实个人的现实异化"的错误倾向，强调应该从"现实个人的现实异化"出发，重视对现实个人的"异化的经验条件"的研究。事实上，马克思在以后的著作中也从未停止过对异化这一概念的使用，只不过是赋予其新的内涵。因为在马克思看来，异化是人类社会历史发展过程中既必然会出现又具有进步意义的一种社会历史现象。在《1857—1858 年经济学手稿》中，马克思在谈到个人的发展时指出："要使这种个性成为可能，能力的发展就要达到一定的程度和全面性，这正是以建立在交换价值基础上的生产为前提的，这种生产才在产生出个人同自己和同别人的普遍异化的同时，也产生出个人关系和个人能力的普遍性和全面性。"① 这充分说明，普遍异化和个人能力的全面发展是人类历史同一进程中的两个不同方面。

在《德意志意识形态》中，马克思从分工的角度，考察了异化的表现。在此，我们将其大体上划分为两大类，即物质交往中的异化和精神交往中的异化。

（1）物质交往中的异化。分工造成占有上的不平等，导致了劳动及其产品在分配上的不平等，同时制约着人们在生产过程中的支配和被支配的关系。这样，包括过去劳动者创造出来、积累下来的劳动资料和劳动对象在内的整个生产资料就同它的生产者相异化。正如马克思所指出的，"分工从最初起就包含着劳动条件、劳动工具和材料的分配，因而也包含着积累起来的资本在各个私有者之间的劈分，从而也包含着资本和劳动之间的分裂以及所有制本身的各种不同的形式。"② 他还指出："一方面是生产力的总和，这种生产力好象具有一种物的形式，并且对个人本身说来它们已经不是

---

① 马克思恩格斯全集［M］第 46 卷（上）. 北京：人民出版社，1979：108-109.

② 马克思恩格斯全集［M］. 第 3 卷，北京：人民出版社，1960：74-75.

个人的力量，而是私有制的力量……另一方面是和这些生产力相对立的大多数个人，这些生产力是和他们分离的，因此这些个人丧失了一切现实生活内容，成了抽象的个人。"①此外，由于强制性的社会分工使人的活动范围固定化而导致异化。分工一出现，就使得每个人有一个特定的活动范围。这个范围是强加给他的，他不能超出这个范围，他只能在社会给予他的特定的生活条件下，从事特定的活动，从而导致其片面的、畸形的发展。同时由于物质生产和精神生产的分工，使得体力劳动和脑力劳动、劳动和享受、生产和消费由不同的人来承担，这样就使广大的劳动群众被固定在物质生产领域，终身主要从事物质生产劳动（体力劳动），从而丧失了发展自己精神方面能力的机会和条件，结果劳动对于他们来说就成为痛苦的、折磨人的活动。

（2）精神交往中的异化。随着分工和私有制的发展，利益的分化和冲突日益明显。剥削阶级为了维护自己的阶级利益，为了把各种社会矛盾控制在一定的秩序和范围内，就建立起国家政权，赋予自己的阶级利益以普遍利益的形式，结果公共利益就以国家的姿态而采取一种和实际利益相脱离的独立形式，即"采取一种虚幻的共同体的形式"。② 马克思据此揭露了国家对个人的异己性、疏远性和异化性。因此，对个人而言，国家就在一定程度上成为同个人相脱离、凌驾于个人之上的力量。支配着物质生产资料的阶级同样也支配着精神生产资料，思想上的生产决定思想上的分配。为了维护自己的统治，"统治阶级的思想家或多或少有意识地从理论上把它们（统治阶级的思想）变成某种独立自在的东西……统治阶级为了反对被压迫阶级的个人，把它们提出来作为生活准则，一则是作为对自己统治的粉饰或意识，一则是作为这种统治的道德手段"③。这就使人们之间的精神交往具有了异化的性质。

---

① 马克思恩格斯全集［M］. 第3卷，北京：人民出版社，1960：75.
② 马克思恩格斯全集［M］. 第3卷，北京：人民出版社，1960：58.
③ 马克思恩格斯全集［M］. 第3卷，北京：人民出版社，1960：492.

三

马克思着眼于"现实的、有生命的个人"及其自由的实现程度，把历史中的个人区分为"有个性的个人"和"偶然的个人"。他认为："有个性的个人与偶然的个人之间的差别，不仅是逻辑的差别，而且是历史的事实。"① 通过对文本的解读，我们认为，马克思对二者的区分是基于人的生存境况是展现着还是压抑着"个人的自主活动"这一标准的。在他看来，当某种交往形式与生产力的发展水平相适应并成为个人的自主活动的条件时，在这种交往形式中人们的活动便是自主的活动，从事活动的人就表现为"有个性的个人"；反之，就表现为"偶然的个人"。

马克思认为，必须结合现实的生产方式，才能对现实的个人做出科学的说明。他指出："个人怎样表现自己的生活，他们自己也就怎样。因此，他们是什么样的，这同他们的生产是一致的——既和他们生产什么一致，又和他们怎样生产一致。因而，个人是什么样的，这取决于他们进行生产的物质条件。"② 正是由于一定的物质生产方式所产生和制约的一定社会关系的总和，形成和规定着现实的人的本质。现实的个人既是一定社会关系的产物，同时又是一定社会关系的生产者。所以，人只有通过现实的物质生产方式才能得到真正的说明，因为"人们每次都不是在他们关于人的理想所决定和所容许的范围之内，而是在现有的生产力所决定和所容许的范围之内取得自由的。""作为过去取得的一切自由的基础的是有限的生产力；受这种生产力所制约的、不能满足整个社会的生产，使得人们的发展只能具有这样的形式：一些人靠另一些人来满足自己的需要，因而一些人（少数）得到了发展的垄断权；而另一些人（多数）经常地为满足最迫切的需要而进行斗争，因而暂时

① 马克思恩格斯全集［M］. 第3卷，北京：人民出版社，1960：79-80.
② 马克思恩格斯全集［M］. 第3卷，北京：人民出版社，1960：24.

（即在新的革命的生产力产生以前）失去了任何发展的可能性。"①
因此，要消除现实的人的异化状态必须有生产力的发展。对于整个
人类社会来说，唯有借助于生产力的发展，才有可能去实现这样一
种社会制度，即在这种社会制度下，不再存在着任何阶级差别，不
再有任何个人对生活资料的忧虑，从而使得每个人获得真正的自
由。只有到这时，人的异化状态才能最终得到消除，人的"自由
个性"才能完全建立起来。所以马克思说，"自由个性"是建立在
个人全面发展和他们共同的社会生产能力成为他们的社会财富这一
基础之上的。

（本文作者：刘建新，江汉大学政法学院副教授）

---

① 马克思恩格斯全集［M］. 第3卷，北京：人民出版社，1960：507.

走出纯粹抽象的思想实验

吴朝阳

青年马克思所处的时代，"英国工业革命和法国大革命已成为资产阶级在经济上和政治上所赢得的伟大的世界历史性胜利"①。而马克思所处的德国，资产阶级由于自身的软弱，"他们对于法国大革命只剩下对它的理论原则——理性，人性，自由等的向往了，他们只能通过知识界，在文化上理论上，在纯思维的王国里去表达他们的革命理想和愿望"②。从康德、费希特、谢林，到黑格尔，思想家们都热衷于在思想的领地里进行纯粹抽象的思想实验，正如马克思所说的，"德国只是用抽象的思维活动伴随了现代各国的发展，而没有积极参加这种发展的实际斗争"③。"它的思维的抽象和自大总是同它的现实的片面性和低下并列"④。在这样的背景下，德国向何处去，世界历史向何处去，就成为马克思这一时代的先进知识分子需要深入思考的问题。

一、黑格尔：一场纯粹抽象的思想试验

作为德国古典哲学的集大成者，黑格尔哲学体系以其庞大复杂深刻彰显了德国哲学的辉煌，为后来的德国的思想运动筑造了一个

---

① 杨适. 马克思《经济学—哲学手稿》述评 [M]. 北京：人民出版社，1982：12.
② 杨适. 马克思《经济学—哲学手稿》述评 [M]. 北京：人民出版社，1982：13.
③ 马克思恩格斯全集 [M]. 第1卷，北京：人民出版社，1956：462.
④ 马克思恩格斯全集 [M]. 第1卷，北京：人民出版社，1956：460.

厚实坚固的思想地基,同时也以其伟大和荒谬并存的品质为后世留下了一个难以摆脱的思想阴影,一个真正的世纪幽灵。

黑格尔以绝对精神作为世界的本体,其实质不过是把人类的理性客观化、绝对化;这种绝对化的客观精神具有自我否定的发展能力,经过自身逻辑阶段的否定性发展,异化为自然界和人类社会,最后经过人的意识的否定性发展达到自我意识。在自我意识的否定和异化发展中,黑格尔借助于对国民经济学的研究吸取了作为其精髓的"劳动"概念,并将其改造为抽象的精神性劳动,以之作为自我意识发展的内在动力机制。这里还有一点需要指出的是,黑格尔也许是德国古典哲学家中唯一真正深入研究过国民经济学的人;马克思在《1844 年经济学—哲学手稿》(以下简称《手稿》)中也指出:"黑格尔站在现代国民经济学家的立场上,他把劳动看作人的本质,看作人的自我确证的本质。"① 他抓住了劳动来理解对象化、异化和它的扬弃,理解人的自我生长;同时黑格尔又把劳动从根本上理解为只是理性的思维活动、精神活动。这样一来,在国民经济学那里,作为财富主体本质的劳动,到了黑格尔这里,就变成了精神自我发展的一个否定性环节。

黑格尔把劳动理解为对象化的精神活动,而对象化在黑格尔哲学中即是异化,是意识为了认识和实现自身的一种手段,是自我意识的外化物(其实质只是物性);是自我意识发展中,一个被产生而且必定又会被扬弃而消逝的环节,并不具有独立自存的性质。"意识的对象无非是自我意识,或者说,对象不过是对象化的自我意识,作为对象的自我意识。……人的本质,人在黑格尔看来=自我意识。因此人的本质的全部异化不过是自我意识的异化。"② 这样在国民经济学那里具有现实性的"劳动"概念,被转化为黑格尔的"对象化的自我意识,"从而成为黑格尔思想试验中一个顺便使用一下然后又被随手扔掉(扬弃)的材料。自我意识经过一番劳动的外化及其扬弃,逐渐认识到自然、社会和精神现象的本质都

---

① 1844 年经济学—哲学手稿 [M]. 北京:人民出版社,2000:101.
② 1844 年经济学—哲学手稿 [M]. 北京:人民出版社,2000:102.

不过是精神自身的种种异化和扬弃异化的种种形式，从而达到对绝对精神的认识和实现，完成了客观精神自我发展的全过程。

在黑格尔的哲学中，虽然以隐蔽的精神发展的形式揭示了客观物质世界的辩证发展过程；但从其理论的本质来看，仍然不过是在精神的空间中进行的一场抽象的思想试验，作为思想试验的原料的纯粹思辨的抽象概念，马克思称之为"精神的货币"，它是一种绝对的抽象，不沾染一点现实的细菌，因而同自然和人完全脱离，成为纯思想。正像黑格尔自己所说："逻辑的体系是阴影的王国，是单纯本质性的世界，摆脱了一切感性的具体性。"①而真实的历史和现实在黑格尔纯粹抽象的思想试验中倒是不纯粹的、不完善的、不真实的、非本质的，只是精神的不完善的副本，是精神的丧失和异化；因而只要在纯粹抽象的思想试验中，去除了现实的细菌和杂质，克服了精神的异化，现实的异化也就自然得到了解决。既然"人的本质的全部异化不过是自我意识的异化"，那么只要在思想试验中克服了"自我意识的异化"，则"人的本质的全部异化"不也就迎刃而解了吗？这其实就是黑格尔哲学必然蕴含的内在逻辑。

黑格尔的纯粹抽象的思想试验在其去世后，仍一直深深影响着德国思想界，马克思最初所参加的青年黑格尔派便是黑格尔思想试验的积极参加者。"他们深受黑格尔的影响，毫不怀疑精神具有决定世界进程的全能，并且认识只要揭露潜伏在具体现实中的不合理因素，即经济、政治和社会制度中的不合理的东西，就足以使经济、政治和社会发展具有合理性。"②他们在理性的名义下寻求现实与理性的统一，建立起一种适应德国资产阶级需要的行动哲学，但这种行动哲学其实不过是"把黑格尔哲学与费希特体系融合起来，使现实的发展从属于理性意志，并把确定未来当作哲学的基本

① 黑格尔. 逻辑学（上）[M]. 北京：商务印书馆，1974：42.
② 奥古斯特·科尔纽. 马克思的思想起源 [M]. 北京：中国人民大学出版社，1987：50.

任务"①。鲍威尔认为："只有意识，即获得对自身认识的精神，才是有意义的，而实体是没有意义的，它是意识在其发展过程中所采取的形式，像费希特的'非我'，不过是精神用来实现自己的辩证发展的手段。"② 青年马克思在其博士论文中，也通过伊壁鸠鲁的原子偏斜理论强调了自我意识和自由。

青年黑格尔派把黑格尔的客观精神的辩证法推向费希特的主体哲学的"自我"。"辩证的发展不再取决于事物本身的性质，即取决于被认为是精神的存在物，而是决定于思维的主体，即'自我'，在黑格尔那里，由于反映现实的一个方面而具有肯定意义的对立，现在则变成了纯否定，即成了自身的终点，因而辩证法就成了一种纯粹的智力游戏。"③ 在思想试验中作为原料的黑格尔的抽象的客观精神被换成了青年黑格尔派的同样抽象的自我意识。这种自我意识作为一场思想试验运动的最终结果，正如有些学者所指出的"黑格尔以后的青年黑格尔运动是从批判宗教开始的，批判的结果是否定了神的观念而恢复了人的观念，但是这种批判始终是在一定的意识形态即哲学的范围内进行的"④。青年黑格尔派这种"批判的批判"不久就在现实的斗争中接受了检验，但无论是向基督教的宣战还是反对威廉四世专制主义的斗争，都很快以失败而告终；马克思自己也被迫离开了他曾经战斗的阵地——《莱茵报》，不过马克思这一时期的工作对他后来的思想转变具有重要意义，成为马克思开始走出黑格尔式的思想试验的一个重要的现实契机。马克思自己后来在《〈政治经济学批判〉序言》中谈到了这一问题："1842—1843 年间，我作为《莱茵报》的主编，第一次遇到要对所谓物质利益发表意见的难事。莱茵省议会关于林木盗窃和地产析分

① 奥古斯特·科尔纽. 马克思的思想起源 [M]. 北京：中国人民大学出版社，1987：51.

② 奥古斯特·科尔纽. 马克思的思想起源 [M]. 北京：中国人民大学出版社，1987：51-52.

③ 奥古斯特·科尔纽. 马克思的思想起源 [M]. 北京：中国人民大学出版社，1987：53.

④ 孙伯鍨. 探索者道路的探索 [M]. 南京：南京大学出版社，2002：9.

的讨论……最后，关于自由贸易和保护关税的辩论，是促使我去研究经济问题的最初动因。"①马克思本人的这段陈述真实地透露出触发马克思从思想试验走向研究现实的社会、政治、经济问题的现实动因；但仅仅有现实的动因显然是远远不够的；面向现实的理论探索才是真正走出纯粹抽象的思想试验的唯一出路；马克思也正是在这个方向上开始了艰苦的探索，而《手稿》可以视为这一探索的一个阶段性成果。

从《手稿》的序言中，我们可以看到，这一时期对马克思的思想有直接影响的除黑格尔外，还有国民经济学家、费尔巴哈、英法的社会主义者、赫斯和恩格斯等。《手稿》一方面充分借鉴了这些理论资源；另一方面又对这种思想源流进行了一种创造性转换，从而形成了一种多源同流，交错生成的复杂的文本逻辑。孙伯鍨先生曾指出："《手稿》中确实存在着两种截然相反的逻辑，以抽象的人的本质为出发点的思辨逻辑和以现实的经济事实为出发点的科学逻辑。"②张一兵先生也指出，在《手稿》中，"两种完全异质的理论逻辑和话语并行在同一文本中，呈现了一种奇特的复调语境"。③他还进一步指出，在《手稿》的语境中"实际展现为三种不同的话语；一是处于被告席上的资产阶级社会制度及国民经济学（直接被反驳的对象）；二是蒲鲁东—青年恩格斯的审判与指认；三是马克思超越这种在国民经济学范围内指控资产阶级社会的哲学人本主义批判（里面又暗含自然唯物主义前提）"④。《手稿》文本逻辑的复杂性，一方面反映了《手稿》中确实蕴涵着丰富深刻的思想内涵；但另一方面也反映了《手稿》作为青年马克思思想探索的一个阶段性成果，还只是一个不成熟的过渡性文本；其理论逻辑的内在冲突以及大量不经意中流露出的黑格尔和费尔巴哈的话语

---

① 马克思恩格斯全集 [M]. 第13卷，北京：人民出版社，1962：7-8.

② 孙伯鍨. 探索者道路的探索 [M]. 南京：南京大学出版社，2002：177.

③ 张一兵. 回到马克思 [M]. 南京：江苏人民出版社，1999：218-219.

④ 张一兵. 回到马克思 [M]. 南京：江苏人民出版社，1999：222-223.

残留，使《手稿》成为多种歧义的发源地；这也是《手稿》问世以来，引起广泛争议的内在原因。不过，透过《手稿》文本的复杂语境，我们还是能看出，青年马克思在走出黑格尔的思想试验室时，经过了费尔巴哈—赫斯和国民经济学家—恩格斯两个台阶。

二、费尔巴哈–赫斯：走出思想试验的第一个台阶

应该说，针对当时受黑格尔思辨哲学统治的德国思想界的沉闷状况，正是费尔巴哈发挥了非常关键的作用，是他掷出了打破湖面平静的第一粒石子，为马克思后来走出黑格尔的思想试验浇筑了第一个台阶。他首先提出了哲学变革的必要性问题，在《改革哲学的必要性》和《关于哲学改造的临时纲要》中，费尔巴哈指出："是否有变革、改革、革新哲学的需要呢？同时，如果改革是需要的，那么怎样才可能呢，应当怎样进行这种改革呢？"① 此外，他进一步指出了哲学改革的标准："只有那种适应时代的要求，符合人类的利益的哲学变革才可能是不可避免的、真正的变革。"② 因而代替旧哲学的新哲学就应该研究人，"新哲学将人连同作为人的基础的自然当作惟一的、普遍的、最高的对象"③。费尔巴哈向当时沉闷的德国哲学界大声疾呼："观察自然吧！观察人吧！在这里你们可以看到哲学的秘密。"④ 因此可以说，在黑格尔的绝对精神统治德国思想界的时候，费尔巴哈的自然的感性的人的出现，在黑格尔密闭的思想实验室里打开了一扇面向自然的窗口，给思想界带来了一股清新的自然之风，受到思想界的热烈欢迎；以至于后来恩格斯回忆说："我们一下子都成了费尔巴哈派了。"⑤

马克思在《手稿》中也肯定了费尔巴哈对黑格尔进行批判的

---

① 费尔巴哈哲学著作选集 [M].（下），北京：商务印书馆，1984：46.
② 费尔巴哈哲学著作选集 [M].（下），北京：商务印书馆，1984：12.
③ 费尔巴哈哲学著作选集 [M].（下），北京：商务印书馆，1984：227.
④ 费尔巴哈哲学著作选集 [M].（下），北京：商务印书馆，1984：84.
⑤ 路德维希·费尔巴哈和德国古典哲学的终结 [M]. 北京：人民出版社，1960：11.

"伟大功绩",并认为:"费尔巴哈是惟一对黑格尔辩证法采取严肃的批判的态度的人,只有他在这个领域内作出了真正的发现,总之,他真正克服了旧哲学。"① 他"证明了(黑格尔)哲学不过是变成思想的并且通过思维加以阐明的宗教……创立了真正的唯物主义和实在的科学……"②虽然马克思对费尔巴哈的贡献作出了很高的评价,但我们并不能因此而对费尔巴哈的影响给予过高的估计。前苏联学者巴加图利亚指出:"从 1841 年起,费尔巴哈的著作对马克思产生了重大的影响。但是,这不是马克思从唯心主义转向唯物主义的决定性原因,更不是唯一的原因。"③ 学者唐正东也指出:"马克思在《手稿》中所使用的方法上在很大程度上是来自黑格尔的。……只是因为黑格尔的抽象国家理性不能满足马克思批判现实的理论需要,所以费尔巴哈的观点填补了马克思思想中的空缺。"④马克思在 1843 年 2 月写给鲁格的信中也曾经表达过对费尔巴哈的看法:"费尔巴哈的警句只有一点不能使我满意,这就是:他过多地强调自然而过少地强调政治。"⑤这句话实际上表明费尔巴哈的自然主义的人本主义哲学已不能满足马克思此时的思想发展的需要了。费尔巴哈感性的自然的人只能成为马克思走出黑格尔思想试验的第一个台阶。因为他对人的本质的理解仍然是抽象的,仅仅抓住了人的"类"的自然属性,并不具有任何具体的社会内容,因而他并不能真正理解人的本性,也不可能找到解决宗教异化和社会生活中各种异化的现实道路,只能幻想用建立空洞的爱的宗教作为解决现实异化问题的药方。

与马克思有良好交往的赫斯也直接接受了费尔巴哈的思想,认为人的活动决定人的思维,只有凭借具体的自由的活动,人才获得

---

① 1844 年经济学—哲学手稿 [M]. 北京:人民出版社,2000:96.

② 1844 年经济学—哲学手稿 [M]. 北京:人民出版社,2000:96.

③ 沈真编. 马克思恩格斯早期哲学思想研究 [M]. 北京:中国社会科学出版社,1982:282.

④ 唐正东. 斯密到马克思 [M]. 南京:南京大学出版社,2002:277.

⑤ 马克思恩格斯全集 [M]. 第 27 卷,南京:人民出版社,1972:442-443.

自我意识并成为人。在资本主义社会里人不可能有自由活动，结果必然是人的非人化。他还进一步从费尔巴哈关于人的宗教异化的学说中引申出关于社会异化、经济异化的思想；赫斯的这一引申同马克思这一时期的思想发展有某种程度的契合；但他的思想却未能进一步超越费尔巴哈而仅仅停留于费尔巴哈的人本主义层次上，把私有制当作某种抽象的人的本质的异化形式加以批判，并像费尔巴哈一样，也把"爱"作为解决一切问题的药方。

费尔巴哈和赫斯思想的这种状况，显然是不能令马克思满意的，在随后的理论研究中，马克思对黑格尔和费尔巴哈的思想进行了一种创造性转换。具体表现为：马克思借助费尔巴哈的自然主义批判黑格尔辩证法的纯粹思辨性，同时借助黑格尔的否定性辩证法和从国民经济学那里改造过来的精神性劳动概念提升了费尔巴哈人本主义的理论基础；把费尔巴哈从感性的自然的角度理解的人的本质转化为从能动的感性的活动角度理解的人的本质，同时把黑格尔所理解的精神性劳动转化为具有感性的客观性的劳动实践活动。正是通过这种转换马克思迅速跨过了费尔巴哈－赫斯这道台阶，跨上了以国民经济学和恩格斯为基础的第二道台阶。

三、国民经济学家—恩格斯：走出 思想试验的第二个台阶

1843 年 10 月，马克思来到巴黎。这年年底，他开始了经济学的研究，从深受黑格尔思辨哲学影响的德国到政治经济生活远比德国先进的"新世界的首府"巴黎，马克思得以直接观察资本主义的现实，他在同工人的接触中获得了许多可贵的亲身体验，对国民经济学所描述的经济现实和工人的苦难现实有了更为直观的认识。《莱茵报》时期所接触的物质利益的冲突，在巴黎的社会生活中以更为普遍而常见的形式表现出来。黑格尔在其纯粹抽象的思想试验中所描述的作为理性的普遍形式的国家，遇到了更多的挑战。

马克思借助国民经济学家的著作加深了对资本主义经济现实的理解。国民经济学提出了劳动价值论，肯定了劳动是一切财富创造

的源泉；但他们所采用的经验实证主义的分析方法却把经济学变成了一门"资本家发财致富的学问"。"国民经济学虽然从劳动是生产的真正灵魂这一点出发，但是它没有给劳动提供任何东西，而是给私有财产提供了一切。"①而且国民经济学在研究经济现实时，把私有财产视为不言而喻的前提，"国民经济学从私有财产的事实出发，它没有给我们说明这个事实"。② 对于国民经济学的这种状况，马克思也是极不满意的，但此时的马克思显然并不具备真正批判国民经济学的能力。正如有学者所指出的："资产阶级政治经济学所站立的是市民社会的经验层面……此时的马克思站在市民社会的经验层面上，所能发现的只是社会主体之间的交换关系。"③因此马克思此时并不能对经济学进行真正的批判。"因此，为了使自己的政治经济学分析符合政治经济学批判理论的要求，他便不得不求助于抽象人本主义的思路。"④这一抽象人本主义思路表面上看似乎是费尔巴哈的；但其深层的内在逻辑则是属于黑格尔的。马克思在这里实际上承袭了黑格尔思想试验的一个重大成果，那就是他在《手稿》中所指出的："黑格尔的《现象学》及其最后成果——辩证法，作为推动原则的否定性——的伟大之处首先在于，黑格尔把人的自我产生看作一个过程，把对象化看作非对象化，看作外化和外化的扬弃；可见，他抓住了劳动的本质，把对象性的人，现实的因而是真正的人理解为他自己的劳动的结果。"⑤在这里，马克思抓住了黑格尔哲学的真正秘密，即精神现象学中的否定性辩证法及作为其根据的抽象化的精神劳动，马克思正是借助于黑格尔的这一思想成果对国民经济学进行批判的。但在这一批判进行之前，马克思也对黑格尔的这一思想成果进行了清理。

首先这一清理受到了费尔巴哈的启发。"费尔巴哈把否定的否

---

① 1844 年经济学—哲学手稿 [M]. 北京：人民出版社，2000：62.

② 1844 年经济学—哲学手稿 [M]. 北京：人民出版社，2000：50.

③ 唐正东. 斯密到马克思 [M]. 南京：南京大学出版社，2002：275-276.

④ 唐正东. 斯密到马克思 [M]. 南京：南京大学出版社，2002：276.

⑤ 1844 年经济学哲学手稿 [M]. 北京：人民出版社，2000：101.

定仅仅看作哲学同自身的矛盾，看作在否定神学之后又肯定神学的哲学，即同自身相对立而肯定神学的哲学。"①因而，马克思顺着费尔巴哈的思路认为黑格尔"只是为历史的运动找到抽象的、逻辑的、思辨的表达，这种历史还不是作为一个当作前提的人的现实的历史"②。进而马克思把"黑格尔惟一知道并承认的……抽象的精神劳动"，③ 改造成为"现实的、肉体的、站在坚实的呈圆形的地球上呼出和吸入一切自然力的人，通过自己的外化把自己的现实的对象性的本质力量设定为异己的对象时"所从事的"对象性活动"。④

　　其次，马克思对黑格尔的异化和对象化思想进行了剥离。在黑格尔那里，对象化和异化是同一个东西，劳动作为精神的对象化就是精神的异化，因此，异化的扬弃，不过是自我意识扬弃对象化而向自身的复归。"全部外化的历史和外化的全部消除，不过是抽象的绝对思维的生产史。"⑤所以"这种扬弃是思想上的本质的扬弃；……这种思想上的扬弃，在现实中没有触动自己的对象，却以为实际上克服了自己的对象。"⑥ 在指出黑格尔异化及其扬弃的消极幻想性质后，马克思也挖掘了黑格尔思想试验的积极成果，那就是虽然劳动作为意识的对象化，"对自我意识来说是一种障碍和异化。因此对象是一种否定的东西，自我扬弃的东西，是一种虚无性。对象的这种虚无性对意识来说不仅有否定的意义，而且有肯定的意义，因为对象的这种虚无性正是它自身的非对象性的即抽象的自我确证。"⑦从这里可以看出，黑格尔虽然把对象化与异化混同在一起 。但由于他指出了对象化－异化所具有的肯定意义和否定意义，这就为剥离对象化与异化提供了契机，马克思也正是从这里

① 1844 年经济学—哲学手稿 [M]. 北京：人民出版社，2000：96.
② 1844 年经济学—哲学手稿 [M]. 北京：人民出版社，2000：97.
③ 1844 年经济学—哲学手稿 [M]. 北京：人民出版社，2000：101.
④ 1844 年经济学—哲学手稿 [M]. 北京：人民出版社，2000：105.
⑤ 1844 年经济学—哲学手稿 [M]. 北京：人民出版社，2000：99.
⑥ 1844 年经济学—哲学手稿 [M]. 北京：人民出版社，2000：111.
⑦ 1844 年经济学—哲学手稿 [M]. 北京：人民出版社，2000：108.

找到了突破口。在马克思看来，对象化是一种客观必然的进程，不等于异化。人本身及其本质力量都是客观的对象性的物质存在。人的存在与活动须依对象而存在，人通过能动的对象化的劳动，才可能不断实现真正的人的本质；因而要扬弃的不是一般的人的本质力量的对象化，而是那种同人的本质相违逆的劳动的异化，即那种由人创造出来却反过来奴役创造它的人的那种对象化活动及其产物，这其实就是国民经济学所描述的劳动及作为其结果的私有财产。

因此，当马克思走出黑格尔的思想试验室走进国民经济学的经济领地时，他看到了与国民经济学家不一样的景观，在国民经济学家熟视无睹、并视之为理所当然的经济事实中，马克思却看到了事实本身所存在的问题。国民经济学把私有财产作为不言而喻的前提，由此演绎出私有财产的运动规律；马克思则认为私有财产不是原因和前提，而只是异化劳动的结果和表现，它本身同样需要得到进一步的解释和说明；国民经济学从私有财产出发，把劳动视为财富创造的唯一源泉，但同时他们又把工人及其劳动降低为商品，因而"人是微不足道的，而产品则是一切。"① "工人完全像每一匹马一样，只应得到维持劳动所必需的东西。"② 马克思则认为，被国民经济学视为当然的劳动创造财富，其实质是异化劳动创造私有财产；由于劳动活动本身的异化，导致作为结果的劳动产品与劳动者相异化，并进而导致人与自己的类本质的异化以及人与人的异化。这种异化劳动是与作为人的本质的自由自觉的劳动相背离的，而未来的共产主义则正是对作为私有财产的普遍本质的异化劳动的积极扬弃。"因而是通过人并且为了人而对人的本质的真正占有……"③

至此，马克思借助于黑格尔的思想试验的成果，对国民经济学进行了初步批判；同时通过批判国民经济学，提出了现实异化及其扬弃的道路，为后来真正走出黑格尔的思想试验提供了面向现实的

---

① 1844 年经济学哲学手稿 [M]. 北京：人民出版社，2000：32.
② 1844 年经济学哲学手稿 [M]. 北京：人民出版社，2000：14.
③ 1844 年经济学哲学手稿 [M]. 北京：人民出版社，2000：81.

理论生长点。

在马克思走出抽象的思想试验的过程中，恩格斯的影响也不应被忽视。恩格斯发表于《德法年鉴》上的《国民经济学批判大纲》无疑也对马克思产生了直接而重要的影响。在这篇被马克思后来称为"天才的大纲"的文章中，恩格斯已初步摆脱了青年黑格尔派的影响，从关于人类本质的一般议论转向了对资本主义社会的经济基础进行严肃的批判，虽然"恩格斯关于亚当·斯密和李嘉图的经济理论的议论还发挥得很不透彻，甚至也不完全正确……但是，试图从资产阶级经济矛盾的真正根源—私有财产—来引申出一切矛盾的做法，却是真正天才的"①。而且，恩格斯还认为，与国民经济学不同，不应该把社会经济关系看成某种永恒的东西，而应该看成历史的产物，现存的经济关系是历史过程中必然产生发展并要被扬弃的，这些思路无疑也对马克思产生了一定的影响。戴维·麦克莱伦认为："正是在某种程度上受了恩格斯的影响，马克思开始了专心致志地从事经济学研究。"② 梅林甚至认为："实际上，在他们年轻的时候，在应该进行并且确实进行了决战的领域内，恩格斯是给予者，而马克思是承受者。"③ 这种说法也许不一定妥当，马克思本人的叙述也许更可信一些："自从弗里德里希·恩格斯批判经济学范畴的天才的大纲（在'德法年鉴'上）发表以后，我同他不断通讯交换意见，他从另一条道路……得出同我一样的结果……"④

四、走 出 与 返 回

《手稿》中的马克思，一方面克服了黑格尔把异化与对象化相

---

① 梅林. 马克思传 [M]. （上），北京：人民出版社，1965：127.

② 戴维·麦克莱伦. 马克思主义以前的马克思 [M]. 北京：中国社会科学文献出版社，1992：167.

③ 梅林. 马克思传 [M]. （上），北京：人民出版社，1965：128.

④ 马克思恩格斯全集 [M]. 第13卷，北京：人民出版社，1962：9.

混同的纯粹思辨性；另一方面把费尔巴哈对异化的抽象人本主义理解进行了新的提升；费尔巴哈把异化看作人的存在和本质之间的对立，马克思则借助于黑格尔和国民经济学把异化视为一个在经济基础上发展和扬弃的过程，这是马克思在《手稿》中所取得的成就。当然，《手稿》中的马克思的思想只是其真正思想形成的开始，因而说他完全走出了纯粹抽象的思想试验尚为时过早，准确地说，他只是刚刚开始了这一过程。而且在走出的过程中，他还常常会重新返回黑格尔的思想试验。《手稿》中就交织着这种走出与返回。

正像学者孙伯鍨等人所指出的，《手稿》中存在着经验实证主义和抽象人本主义两条理论逻辑。这主要是马克思思想的多源同流性质所导致的，而且这种多源尚未在青年马克思的思想中有机的融为一体，而仅仅是一种思维模式的叠加，缺乏一种真正科学的理论抽象。学者唐正东也认为："从本质上说，马克思此时的这种思路与法国这一时期的著名历史学家基佐的把哲学与历史外在结合在一起的思路是很相近的。"①《手稿》中的两条线索：一条是马克思在国民经济学的影响下的经验实证的历史主义思路，表现为对私有财产及其运动规律的经验主义表述；另一条是导源于黑格尔和费尔巴哈的哲学人本学思路，表现为对异化劳动的人本主义批判和扬弃。因此，我们可以看出《手稿》中，历史的线索和逻辑的线索，经验的分析与伦理的批判，存在与本质，现实与超越仍然是泾渭分明、相互脱离的。这表明此时的马克思并未真正走出黑格尔的思想试验，他有着强烈的现实批判愿望，却缺乏真正强大的现实批判能力。一方面，当他试图走出黑格尔的纯粹抽象的思想试验而走进真实的现实中时，他就进入了国民经济学的经验实证主义思路，从而丧失其批判性视角；另一方面，一旦他找寻到某种批判性的视角，则这种批判总会远离真实的历史，而重新陷入黑格尔的抽象的思想试验之中。这种理论内部的逻辑冲突反映了马克思此时思想的不成熟性。学者张一兵指出："马克思这种人本主义逻辑——理想化的悬设的劳动类本质恰恰是隐性唯心史观的！马克思不得不为了革命

---

① 唐正东. 斯密到马克思 [M]. 南京：南京大学出版社，2002：281.

结论而伦理的批判现实。"① 前苏联学者 T. 奥伊则尔曼也指出："在《手稿》中，异化概念主要不是用于经济意义，而是用于道德意义，即作为对资本主义社会道德沦丧的一种描述。"②

这些论述实质上指出了《手稿》中的经济学的实证分析的思路最终湮没在被马克思改造过的黑格尔－费尔巴哈的抽象人本主义思路之中，从而在理论的内在逻辑结构上又重新回到了黑格尔的思想试验之中，但这种返回已不同于青年黑格尔派，也不同于费尔巴哈；现实的劳动实践的因素已在马克思思想中日渐清晰地成长起来。这正如唐正东所指出的："在第三笔记本中，马克思通过把经济学的观点提升到哲学的话语层面，实际上又得出了这样的思想；人恰恰是在对象化劳动即实践的过程中不断经历并扬弃异化从而达到自己的类本质的。"③而这意味着马克思在返回黑格尔的同时又获得了新的走出黑格尔思想试验的力量；然而最后的真正突破只有到了马克思的思想成熟以后才能实现，这时对资本主义的批判，已经融化在对资本主义社会内在矛盾的具体分析之中，这才标志着马克思真正走出了纯粹抽象的思想试验。

（本文作者：吴朝阳，海南大学政治与行政学院讲师）

①　张一兵. 回到马克思 [M]. 南京：江苏人民出版社，1999：225.
②　沈真. 马克思恩格斯早期哲学思想研究 [M]. 北京：中国社会科学出版社，1982：345-346.
③　唐正东. 斯密到马克思 [M]. 南京：南京大学出版社，2002：292.

还原花木兰："平等"的哲学含义与社会性别平等的公共政策

陈丽琴　张可辉

一、"平等"的哲学含义

作为和自由同样杰出而富有争议的理想，平等"体现了并刺激着人对宿命和命运、偶然的差异、具体的特权和不公正的权力的反抗"①。正是在这个意义上，法国大革命打出了"自由、平等、博爱"的旗帜；正是在这个意义上，卢梭将平等作为社会正义的基本原则和目标，建构了其全部的政治哲学；正是在这个意义上，随后的法国著名哲学家皮埃尔·勒鲁对平等情有独钟，高度肯定了卢梭对平等这一理想满怀激情的讴歌和理论上的建树，并运用人类传统和基督教义本身去证实平等，宣称"现在的社会，无论从哪一方面看，除了平等的信条外，再没有别的基础"②；然而，平等不仅仅是充满激情的抗议，如果那样，事情就相对简单得多了。事实上，将平等作为理想付诸实践的过程中，平等总会与现实世界或多或少地发生摩擦乃至冲突，以致一再引起人们关于什么是真正的平等的思考。

最早，亚里士多德对平等的基本含义进行了阐述，即平等包括

---

① ［美］乔·萨托利. 民主新论（中译本）［M］. 北京：东方出版社 1993：339.

② ［法］皮埃尔·勒鲁. 论平等（中译本）［M］. 北京：商务印书馆 1988：5.

无差别和按比例，也称完全平等与比例平等。他说："平等有两种：数目上的平等与以价值或才能而定的平等。我所说的数目上的平等是指在数量和大小方面与人相同或相等；依据价值或才德的平等则指在比例上的平等。……既应该在某些方面实行数目上的平等，又应该在另一些方面实行依据价值和才德的平等。"① 亚里士多德对平等基本含义的确定无疑对认识平等有重大意义，它揭示了平等总原则的两个层次：一方面是绝对的、完全的平等；另一方面是相对的、比例的平等。但是，哪些方面应该是绝对的完全的平等，哪些方面应该是相对的按比例的平等。而按比例平等时，所依据的标准又是什么？身份、地位、财富、贡献、品德、优点、能力、需要？单一的或多元的？配置的内容又是什么，是分散的还是全面涉及的，这都会关系到对平等的定位。正是因为平等不是一个简单的问题，萨托利才有对平等理论的进一步追问而引发的问题深表困惑："最难对付的问题是：为什么正是这些差别而不是其他差别应被认为是可以接受的差别。"② 随后，许多的哲学家对平等的阐述或多或少都是基于此对平等含义作了进一步的追问、解答和论证。比较有影响的有：

罗尔斯的公平机会平等观和在此之后的自由主义平等观。罗尔斯对机会平等提供了两种解释：一种是"机会的形式平等"（formal equality of opportunity），亦即"唯才是举"的"前途的平等"（careers are open to talents），即"任才能驰骋"；另一种是"公平机会的平等"（equality of fair opportunity）。所谓的"机会的形式平等"，就如同道格拉斯·雷的"前途考虑的平等"，也如同萨托利的"作为平等利用的机会平等"。罗尔斯认为如果社会与经济一定要不平等，就必须合乎下列两个条件：第一，使社会中处境最不利的成员获得最大的利益；第二，社会的各项职位与地位必须在公平

---

① 亚里士多德全集 [M]．第 9 卷，北京：中国人民大学出版社，1994：163.

② [美] 乔·萨托利．民主新论（中译本）[M]．北京：东方出版社，1993：354.

的机会平等情况之下，对所有人开放，无论他们的社会地位、阶级出身、种族和能力。罗尔斯基于公平的机会平等原则，将平等的诉求指向自然的不平等要透过社会建制的功能来加以调整，这在近代以来自由主义追求平等的过程中，可谓一项重大的理念突破。哈耶克亦强调做为一个事实陈述而言，"人生而平等"绝非事实。人性的变化可以说无边无际，个人能力和潜能在广泛范围的不同，乃是有关人类显著的事实之一。由此而形成个人与个人之间的差异性，如果忽视人与人之间差异性的重要性，则自由与个人价值亦就无从显示其重要性。① 所以，在自由主义的传统中，基本上默认自然不平等的事实，但可以通过社会来调整以修正自然的不平等来达到社会的平等。

丹尼尔·贝尔的三个层次平等观。丹尼尔·贝尔说："从逻辑上讲，平等有三个层次：条件的平等、手段的平等和后果的平等。""大体说来，条件的平等指的是公共权力的平等，包括在法律面前的平等、在公共场合中的平等、一人一张选票的原则——我们所称之为政治权利和公民权的一组特许权。无可置疑，这里的指导方针就是按照共同标准进行的平等对待。在这些情况中，如果个人由于公众歧视而不平等，我们就试图使他们平等，从而使他们得到平等的对待。我们之所以这样做，是为了使每一个人都能充分行使他作为政体的一个公民的权利。""不论是在自由的传统还是在社会主义的传统中，手段的平等都意味着机会的平等——获得导致不平等后果的手段的平等。从历史上讲，这意味着消除某些作为特权基础而保留的公共职位；规定自由进出经济市场；并在教育是获得高一级职位所必须的手段时，平等获得教育机会。"②

可见，无论是罗尔斯的公平机会平等观还是丹尼尔·贝尔的三个层次平等观，都基本默认自然不平等的事实，但都同样认为可以

---

① 何信全. 哈耶克自由理论研究 [M]. 北京：北京大学出版社，2004：235.

② 以上均引自 [美] 丹尼尔·贝尔. 资本主义文化矛盾 [M]. 北京：三联书店，1989：324.

通过社会来调整以修正自然的不平等，如通过政策保护来使条件、机会平等从而达到社会的最终平等。

二、性别平等与性别差异

在西方社会对女性社会位置的辩论中，占主导地位的主题是男女平等的理想与明显的性别差异之间的矛盾。众所周知，性别平等是个可以有多种多样解释的有争议的理想，之所以有这么多的争议，其中一个重要原因是在性别平等是否应该承认性别差异这个问题上存在分歧。在理论上，关于性别平等与性别差异，曾经有两种极端的观点：一是生物决定论的推崇者们，大肆渲染男女两性先天差异的存在，他们披着科学的外衣，把妇女受压迫的根源归结为女性的生理构成；另一种是激进的革命者，抹杀两性差异，提出要达到男女平等，就要消除社会性别差异，这种极端主张的后果是在争取女性人权平等的同时也抹杀了女性的性别特征，造成了事实上的男女不平等，于是带来了"女强人"的悲哀，以及女性两难困境的出现。当然，随着时代的发展和人类文明的进步，这两种极端的观点都逐渐在被抛弃。但关键是，先是男人后是女人一直对两性差异的性质、程度，甚至两性差异是否存在进行争论，即使现在承认性别差异，但哪些性别差异应该被考虑到男女平等的法律或政策中，以及在法律或政策的实践中应该怎样体现这些差异，仍然还存在困惑和争议。

从17世纪开始，西方的女性主义者一直为男女平等而奋斗，经过漫长的努力，现在终于争取到了男女在法律面前人人平等。但是，在女性进入所谓主流社会的最后有形障碍被铲除后，她们清楚地看到，起码从当前来说，法律面前的绝对平等并非总是对女性有利。一些女权主义者和非女权主义者看到两性差异在事实上并不平等，才恍然回想起亚里士多德平等名言的第二句：公正在于同类同等对待之，不同类不同等对待之。于是，女权主义者又拿起武器，要求法律和政策在实施中要充分考虑男女存在的性别差异。但是，女权主义者在高喊性别平等要考虑性别差异时，她们却面临这样尴尬：承认男女差异是不是就承认女性是弱者？"这些差异总隐含着一个观念，即女人至少在某些方面比男人低劣。"① 尤其是当考虑性别差异而用"保护"或"补偿"这些词来保障男女平等时，又会把女性推到一个两难境地。因为这些词意味着同男人相比，女人是被损坏了的、丧失能力的。女人的丧失能力有时被认为是由社会原因造成的，但有时被看成是先于社会存在，好像是女性与生俱来的缺陷。可是，当女权主义者试图避免这种尴尬，企图回避男女性别差异时，又会落入另一窠臼——"男女都一样"。而"男女都一样"的表述，有时意味着男女平等，有时却意味着对男性、女性间的差异的抹杀与取消。这样一来，当女性不再辗转、缄默于男权文化的女性规范的时候，当女性完成精神性别解放和消除肉体奴役的时候，也是"女性"变成一种子虚乌有的性别的时候，即女性在挣脱了历史枷锁的同时，也失去了自己的精神性别。于是，"花木兰式境遇"是女性不得不面临的性别、自我的困境。"花木兰"——一个化装成男人、以男性身份成为英雄的女人，则成为主流意识形态中女性的最为重要的镜像。新的法律和体制的确使妇女免遭"秦香莲"的悲剧，但未能解脱、甚至强化了"花木兰"的困境：一个分裂的空间，双重的、同样沉重而虚假的性别角色。

于是，面对男女平等的理想与社会性别差异之间的矛盾，何去何从？这不仅是女权主义者面临的问题，更是国家公共政策必须面对的问题。

三、辩证理解性别差异以达到性别平等

平等的核心是相同这个概念，即人们在某些方面是相似的，所以他（她）应该享受相同的待遇。但是在强调人类的相同之处时，平等的要求可以被认为是掩盖了人类的差异。可以说，"'平等'有时故意不理会历史上和日常经历中个人及群体的特殊性和独特

①　王政、杜芳琴主编. 社会性别研究选择 [M]. 北京：生活·读书·新知三联书店，1998：201.

性。因为'平等'不是对人们即刻感觉到的需要作出直接反应，而是对处于具体情景中的具体的人作了抽象。它试图以一个抽象的规则解决利益冲突"①。马克思在《哥达纲领批判》中也曾对平等的绝对性提出了质疑，他说在那样的无阶级社会里，正是因为人们是各不相同的，所以强调权利的平等会导致不平等。在那样的社会里，平等权利变成了"实质的不平等权利，像所有权利一样"。由于无视个人之间的差别，平等权利创造了不平等。"为了避免这一切弊端，权利不应是平等的而必须是不平等的。"② 当然，马克思并没有否认平等，而是强调应该摸索出一种更精细、更恰当的平等概念，这种平等概念不以无视所有的或部分差别的公正为先决条件。所以在性别平等上，只有把蒙在公正头上的布全部揭掉，允许看到男女的差异性，并采取必要的区别对待，以同等对待真正相同的事例，区别对待真正不同的事例，才能使公正达到完全的平等。③ 所以，真正的男女平等应该是在承认男女差异基础之上的给予男女平等的机会和权利。对男女性别差异进行辩证理解，以发展的眼光来审视男女不平等和妇女从属的历史是怎样在女性的认知和感情能力上，甚至在她们身体体能上留下痕迹并因此影响男女差异的。因为这个痕迹不仅强加在女性个人发展上，而且还强加在人类的整个进化过程上。所以，今天我们所见的男女差异可能既是男女不平等的原因，又是男女不平等的结果。只有这样认识，才能全面认识性别差异，才能真正在男女平等的实践中融入男女差异。辩证理解性别差异以达到性别平等需要澄清的两个误区是：

第一，"人生而平等"与"人人生而不同"并不矛盾。作为精确意义上的自然的社会的事实，人的确是生而不同的。而且，其中许多不同也是无法选择的，如性别、出身、智力等。纵使环境对人

① 王政、杜芳琴主编. 社会性别研究选择 [M]. 北京：生活·读书·新知三联书店，1998：209.

② Karl Marx, Critique of the Gotha Programme, in Selected Works of Karl Marx and Frederick Engels (New York: International, 1968: 328.

③ 王政、杜芳琴主编. 社会性别研究选择 [M]. 北京：生活·读书·新知三联书店，1998：209.

的差异有极其重要的影响，但即使所有的人都在极为相似的环境中长大，个人间差异的重要性也还是存在的。同时我们也要意识到这种"生而不同"也不是无限扩大的，这种自在的差别有一个客观的度。正是由于这个必要的、客观的度的存在，因而男女在智力、能力等方面并无天生的差别，而是在认知、行为、性格方面体现出一定的性别差异，这个差异无所谓好坏之分。因此，承认性别差异，不管这个差异是先天的还是后天社会造成的，都并不意味着女性比男性强或男性比女性强。

第二，"人人平等"与"差别对待"并不矛盾。公平，作为平等原则的一个核心内容，并不仅仅局限于抽象的法律上的人格的平等，而是有其从对形式上的偏爱到对实质平等的历史性地关注和原则内容本身的拓展。所以，法律和政策在形式上予以受各种原因影响而在起点就不平等的女性更多的保护和照顾是必需的，这与"人人平等"并不矛盾。因为"平等"与"差异"并不是两个对立的概念，因为"平等"不等于"等同"，真正的性别平等应该是在考虑性别差异基础上使男女两性在人格上、地位上、参与机会上以及社会价值上的平等，是在尊重差异上的平等。

总之，辩证理解性别差异，并通过社会建制的功能来有意识地加以调整，使男女在起点、机会、结果上都享有平等的权利，这才是真正的性别平等。

四、还原花木兰：性别平等的公共政策分析

当我们辩证理解性别差异，进而将性别平等理念引入到公共政策分析中时，就会以一种新的眼光来重新审视公共政策，就会发现目前各国政府在公共决策和实践中对社会性别问题分别采取了5种态度：（1）性别歧视。持这种态度的政府决策层，往往以现有社会中的性别分工为依据，巩固和强化男女不平等的社会性别制度，并通过强制措施进一步剥夺女性权益。（2）性别平等。每个人，无论男女，都拥有人的基本权利，政府的基本职责是确保每个人得到平等对待的政策保障。这种态度很容易抹杀男女两性之间存在的

差异，政府往往以男性的标准来要求女性，从而加重女性的社会负担。（3）积极差别对待。政府正视男女在实际生活中存在的生理和社会差别，对妇女所处的不利环境采取积极的纠正和保护措施。但是基于这种态度的行动只是一种治标不治本的补救措施。（4）性别中性。政府没有意识到整体社会利益格局中男女两性的差异，将其视为无差别的利益群体，政府政策可以无差别地对待，既不需要采取任何保障妇女权益的措施，也不需要有意识地强化性别政策。性别中性是世界许多公共政策中的普遍问题。（5）社会性别意识。政府意识到男女性别的差异，认识到这些差异与社会的性别制度密切相关，政府的职责不仅仅是帮助妇女解决具体的权益受损问题，而是要积极改变根深蒂固的社会性别结构，从而改变社会性别秩序，以积极态度将性别差异考虑到公共政策中，强调男女两性在充分发挥自己性别优势的基础上，共同参与社会管理，共同发展，这是性别平等的最高境界。

纵观他山之石，可以借此来反思我国的公共政策。目前，我国政府在贯彻男女平等的基本国策上取得了重大进步，但要将性别平等体现在社会政策的各个方面，还需在宏观上做到两点：

首先，要将社会性别意识真正纳入公共决策主流，体现在政策规划、制定、执行的各个环节，把正义、平等、公正的价值观纳入到性别构成的现实实践之中，以此来达到实践中男女真正的平等。将性别意识纳入决策主流，关键是决策者应具有性别意识。决策者是政府对社会资源进行公正、有效再分配的代表，是决策的主体。因此，他们的认识和认同度将直接影响性别意识在决策中的位置和作用。所以，决策者在制定决策时，要充分考虑政策对两性造成的影响，使男女平等共享资源。

其次，要破除"没有性别歧视就是性别平等"的决策观念，将男女性别差异考虑到公共政策中。虽然男女生理差异是天生的、不可改变的客观事实，但由于历史和文化的原因，却造成了男女后天的社会性别鸿沟。性别差别的存在，使得因对男女同等对待而造成的对女性事实的不平等，我们可以在现实生活中举出无数的例子。社会存在的性别鸿沟，使得男女在很多方面起点就不平等，因此,需要公共政策进行有意识的保护才能使两性站在同一起跑线上。否则,当这些差异在两性形式上的平等的名义下被忽略时,男女之间持续的、实际存在的不平等便会被掩盖、被合理化。因此,决策者需要将性别差异考虑其中而重新进行政策设计,不仅要树立男女形式平等的观念,更要考虑男女生理和社会性别差异,并且将之渗透到政策的规划、制定和实施中,在保障两性平等时,还能还原"花木兰",让其女性性别风采傲然展示,这样才能体现男女真正的、实质的平等。

(本文作者:陈丽琴,海南大学政治与行政学院讲师;
　　　　　　张可辉,海南大学政治与行政学院教师)

"财产性收入"的理论依据和现实意义

雷国本

胡锦涛同志在党的十七大报告中提出，要"坚持和完善按劳分配为主体、多种分配方式并存的分配制度，健全劳动、资本、技术、管理等生产要素按贡献参与分配的制度"，并首次提出要"创造条件让更多群众拥有财产性收入"。这是我们党以人为本，关注民生，以发展为第一要务，在收入分配问题上的新举措，具有重大的理论意义和现实意义。

一、"财产性收入"的提出

"财产性收入"是指家庭拥有的动产（如银行存款、有价证券等）、不动产（如房屋、车辆、土地、收藏品等）所获得的收入。它包括出让财产使用权所获得的利息、租金、专利收入等；财产营运所获得的红利收入、财产增值收益等，通俗地说，财产性收入就是通过投资所获得的收益。我国统计中常用的"人均可支配收入"，由四部分构成，按照占比大小分别是：工资性收入、转移性收入、经营性收入和财产性收入。当前我国的"人均可支配收入"以工资性收入为主，大约占到70%，财产性收入仅占2%左右。这一比例，既体现了"按劳分配为主体"，也说明提高财产性收入还有很大的空间。

创造条件让更多群众拥有财产性收入，是我国经济社会发展的必然选择。在改革开放初期，我们实行的是非均衡发展战略，"让一部分人、一部分地区先富起来"，其实，在"先富政策"里面就隐含"首先让一部分群众拥有财产性收入"的意义。1987年，党的十三大指出:"我们的分配政策,既要有利于善于经营的企业和诚实劳动的个人先富起来,合理拉开收入差距,又要防止贫富悬殊,坚持共同富裕的方向,在促进效率提高的前提下体现社会公平。"针对长期以来在分配问题上的平均主义倾向,我国在收入分配问题上的主要做法是:认真贯彻按劳分配原则,继续鼓励一部分地区、一部分企业和一部分人先富起来,着重克服平均主义,激励人们发展经济,引领大家奔向富裕生活。

1992 年,党的十四大报告指出:"贫穷不是社会主义,同步富裕又是不可能的,必须允许和鼓励一部分地区一部分人先富起来,以带动越来越多的地区和人们逐步达到共同富裕。""在分配制度上,以按劳分配为主体,其他分配方式为补充,兼顾效率与公平。"这是第一次把"其他分配方式"写进社会主义初级阶段的分配制度,"其他分配方式"就包括了各种财产要素参与分配,其所有者获得相应财产性收入的含义。

1997 年,党的十五大提出:"把按劳分配和按生产要素分配结合起来,坚持效率优先、兼顾公平,有利于优化资源配置,促进经济发展,保持社会稳定。依法保护合法收入,允许和鼓励一部分人通过诚实劳动和合法经营先富起来,允许和鼓励资本、技术等生产要素参与收益分配。"十五大以后,我国在收入分配上的主要做法是:规范和完善其他分配方式,让土地、资本、知识产权等生产要素,按有关规定公平参与收益分配。

2002 年,党的十六大提出:"初次分配注重效率,发挥市场的作用,鼓励一部分人通过诚实劳动、合法经营先富起来。""以共同富裕为目标,扩大中等收入者比重,提高低收入者收入水平。"这说明我们党开始更加关注公平问题。党的十七大报告强调,"初次分配和再分配都要处理好效率和公平的关系,再分配更加注重公平",并首次提出"创造条件让更多群众拥有财产性收入"。这是我党在分配问题上的重大突破:让拥有财产性收入变成多数群众的事情,而不再是少数人的事情;并且,党和政府要创造条件使之变成现实,而不是由其自发的发展。这是解放思想、实事求是,发展社会主义收入分配理论的新成果,是对中国特色社会主义理论体系的新贡献。

二、"财产性收入"的理论依据

从我国现阶段仍然处于社会主义初级阶段，必须坚持以公有制为主体、多种所有制经济共同发展的基本经济制度等实际情况出发，要求"实行按劳分配为主体、多种分配形式并存的分配制度，把按劳分配与按要素分配结合起来"。按生产要素分配是"财产性收入"的基本理论依据。

按生产要素分配，是指社会根据各种生产要素在商品和劳务生产过程中的投入比例和贡献大小所给予报酬，即劳动力、土地、资本、技术、信息、管理等要素共同参与收益分配。在社会主义初级阶段，由于生产力发展的不平衡，存在着不同的所有制关系，不同所有者的各种生产要素在生产过程中发挥了不同的作用。作为要素的所有者把生产要素投入生产，当然要从中得到相应的利益。而作为各种生产要素所有权在经济上借以实现的各种分配形式，也就必然要以各种生产要素在财富创造中所做出的贡献为客观依据。

按生产要素分配，从质的规定性上看，是生产要素所有者凭借对生产要素的所有权而参与收益分配的一种分配方式，是生产要素所有权在经济上的一种实现形式；从量的规定性看，是依据各生产要素参与生产过程的数量、质量以及对生产贡献的大小而进行收益分配。把按生产要素分配确立为社会主义初级阶段的一种分配制度，是因为马克思提出的按劳分配原则，必须具备两大基本前提条件：一是一切生产要素都归社会所有，每个人出了自己的劳动外，不能向社会提供其他任何东西；二是一切劳动都表现为直接的社会劳动，商品交换与市场机制不复存在。而我国目前还不具备这样的条件。我国的生产资料所有制结构中公有制经济与非公有制经济将长期并存，现实的国情决定了我国必将长期处于发展市场经济的阶段，这就决定了要把按劳分配与按要素分配结合起来。因此，按生产要素分配是社会主义市场经济的分配规律，是社会主义初级阶段有中国特色的分配制度。

生产要素按贡献参与分配是社会主义市场经济条件下内在的、合理的分配方式。生产要素按贡献参与分配能够极大地促进生产力的发展，提高经济效率；生产要素按贡献参与分配导致的收入差距，构成社会主义经济发展的动力机制；社会主义国家根据共同富裕的原则，加强政府对收入分配的调节职能，调节差距过大的收入，以消除两极分化，最终达到共同富裕。社会主义市场经济是我们所找到的社会主义经济建设的新道路，生产要素参与分配必将成为社会主义市场经济条件下实现共同富裕的桥梁和手段。

三、"财产性收入"的现实意义

十七大报告关于财产性收入的论述，进一步加深了对生产要素参与分配以及"贫穷不是社会主义"的认识，对于实现科学发展、和谐发展，全面建设小康社会，具有重要的现实意义。

第一，有利于扩大内需，实现科学发展。我国是一个发展中的人口众多的大国，经济发展主要应当依靠国内需求（包括投资需求和消费需求）来拉动。当前的状况是内需不足，特别是国内消费需求不足。这对国民经济的健康发展是很不利的。要扩大内需特别是扩大国内消费需求，就要提高城乡居民的收入水平，尤其是要提高中低收入者收入水平。因为高收入者的边际消费倾向比较低，而中低收入者的边际消费倾向则比较高。创造条件让更多群众获得财产性收入，势必促进城乡居民特别是中低收入者收入水平的提高，进而促进国内消费需求的扩大。而且，更多群众为了获得更多的财产性收入，又会将部分收入用于投资，这将直接拉动投资需求的增长。随着国内消费需求和投资需求的扩大，必将逐步形成消费、投资、出口协调拉动的增长格局，促进整个国民经济又好又快地发展，使科学发展观得到进一步贯彻落实。相反，如果贫富差距过大，国家人均 GDP 的增长主要反映在高收入者收入的增加上，就很难拉动消费和投资，进而通过消费和投资拉动整个经济的发展。此外，让更多群众拥有"财产性收入"，是我国深化收入分配制度改革、增加城乡居民收入的一个有机组成部分。这一思路，与十七大报告提出的"合理有序的收入分配格局基本形成，中等收入者占多数，绝对贫困现象基本消除"的小康社会的奋斗目标是一脉相承的。因此，十七大报告提出"创造条件让更多群众拥有财产性收入"，对扩大内需，实现科学发展具有重要意义。

第二，有利于缩小收入分配差距，促进社会和谐。在追求社会和谐的过程中，贫富分化是一只拦路虎。如果贫富分化严重到一定程度，贫穷的群体改变生活状况的能力会变得越来越弱；如果他们只是通过劳动获得收入，而不能参与社会财富分配的其他方式，那么他们可能会一直处于不利的地位。而且，如果通过劳动所得的收入不能转化为资本并升值，那么他们与投资人相比，财富的差距会越拉越大。国家的责任之一就是要使国民在物质生活上逐步接近理想的状态，从而让他们在物质享受上得到更多的幸福感，这不仅需要促进国家社会总财富的增加，更要促使百姓在相互的对比中获得幸福感和满足感。因此，国家注重居民投资事务，创造条件让百姓更多地参与到经济发展当中，让百姓成为各项经济活动的主体之一，让他们除了劳动报酬以外，还能通过财产性收入得到分享经济发展成果的机会，无疑是遏制贫富分化的途径之一。我国当前经济社会发展中面临的一个现实情况是，城乡居民收入有较大增加，特别是城镇职工工资增长较快。与此同时，收入分配上差距过大，又已成为社会广泛关注的热点问题。大力提高城乡居民收入水平，逐步缩小收入分配差距，已成为摆在我们面前的一项重要而又急迫的任务。根据世界一些经济发达国家的经验，居民收入分配要改变两头（高收入者和低收入者）大、中间（中等收入者）小的哑铃型结构，使之变成中间大、两头小的橄榄型结构，即中等收入人群占主体地位的结构。橄榄型结构是比较理想的收入分配结构。我国现阶段要构建这种较为理想的收入分配结构，就要在"逐步提高居民收入在国民收入分配中的比重"、"初次分配和再分配中都要处理好效率和公平的关系，再分配更加注重公平"和"着力提高低收入者收入"等的同时，还要拓宽收入渠道，让更多群众不仅可以获得工资性收入，还可以获得财产性收入。据国家统计局测算，2006 年，全国城镇居民人均财产性收入为 240 多元。虽然基数小，但是发展潜力很大。相比上一年度，2005 年增幅为 19.7%，2006 年增幅为 26.5%，预计 2007 年的增速会更快。如果更多群众可获得财产性收入，而人均财产性收入又快速增长，就能逐步缩小收入分配差距，促进社会和谐，加快我国全面建设小康社会的进程。

（本文作者：雷国本，西南交通大学人文学院教授）

乡镇自治的可行性探析

张礼祥

关于乡镇体制改革当前学术界主要有三种看法：一是维持目前的"乡政村治"体制，并逐渐完善之。二是乡撤县派，建立乡公所。其看法是撤销乡镇政府，改为县级政府的派出机构。三是实行乡镇自治，弱化"乡政村治"体制，强化地方自治权，改革现行的县乡行政隶属关系，使乡村之间成为平等的主体。第一种看法的立意是对现有体制的修补和完善；后两种看法却有着体制创新立意，因而引起了人们的普遍关注。尤其实行乡镇自治，近来已经成为学界和理论界讨论的热点问题之一。

自治，辞海的解释有"自己处理自己事务"的意思，乡镇自治就是在宪法和法律规定的范围内，在国家监督之下，在一定的区域内的全体居民组成法人团体，利用本地区、上级或社会的财力，实行自我管理、自我教育、自我服务的一种地方政治制度。本文正是从历史与现实的角度，阐释乡镇自治及其可行性，希望能对农村经济社会改革发展有所帮助。

一、乡镇自治的历史基础

在中国的历史上，乡（镇）几乎和县一样古老。但在大多数时期，乡（镇）并不是像县一样作为一级政权的形式存在，中国自古就有皇权不下县的传统，乡（镇）更多的是作为"家族，乡绅的活动区域"①，官治体制从乡镇一级完全撤出。

在我国 2000 多年的封建专制下，地方治理是以宗族为纽带，以伦理观念为法则的自治体系。在秦朝，县以下机构设有乡亭，亭有亭长，办理亭内百姓的争讼、盗贼抓扑惩治；乡设官，有三老，掌教化、职听讼与税收、禁盗贼；汉代沿袭乡亭之制，但在亭下增设里、什、伍。隋唐以后，随着经济的发展和人口的增加，封建统治者对地方控制加强，唐代有"百户为里，五里为乡，两京及州县之郭内分为坊，郊外为村。里及坊、村皆有正，以司督察。四家为邻，五邻为保。保有长，以相禁约"的地方治理制度；宋朝有保甲制度，明朝有里甲之法。其治理理念皆以地方自治为主，以伦理宗法为管理法则。光绪三十四年（1908 年），清政府颁布《城镇乡自治章程》，乡镇自治夹杂着西方民选和乡绅管理的成分。②

民国初期，1914 年 12 月，袁世凯为加强统治颁布《自治条例》，1919 年 9 月北洋政府又颁布《地方自治条例》，1928 年 9 月国民政府颁布《县组织法》，其基本思想既夹杂着宗法性质的保甲制又具有"民权"色彩。

直到 1932 年 8 月，为了有利于"剿共"，蒋介石政府在县下设乡公所，保长由乡长任命，并由原来的无供给制变为半供给制，筹粮和征兵等"国家事务"成了乡镇的主要职责。由此，乡镇才完全纳入国家体系。

在新民主主义革命时期，中国共产党在农村建立了"乡苏维埃"基层政权组织，抗日战争时期，改称为乡政府委员会，解放战争时期，为区人民政府。中华人民共和国建立后普遍建立了乡政权。1958 年以人民公社取代乡，直到 1982 年宪法规定县以下基层政权为乡、民族乡、镇，乡镇体制一直延续到现在。

从以上我们可以看出，当前庞大的乡镇政府机构事实上只有短短的几十年时间，而乡镇自治在我国历史上则是主流。

---

① 祝彭华. 乡镇探源 [J]. 湖北财经高等专科学校学报，2002 (12).
② 虞崇胜. 中国行政史. 高等教育出版社 2001.

二、乡镇自治的横向基础

从横向上来看，当今世界，不管是发达国家还是发展中国家，像中国这样政府权力对社会覆盖如此之广、深，是少见的。特别是西方发达国家，乡镇自治体制已经很完备，值得我们借鉴。

美国的国土面积与我们相当，但自治的理念已深入人心，国家权力远离广大的乡村。美国的州以下设县（市）、镇（集）和村三级，也有二级的；美国的镇（集）享有广泛的自治权，以新英格兰镇为例，其采用直接民主政治，每年召开镇民大会一至数次，选举镇公职人员和决定镇重大事务，镇民大会结束后有镇委员会作为执行机关处理日常事务，一般而言，美国的集镇的统治权趋向于向县级转移，日常事务镇自己管理，县行使监督权。[1]"地方自治制度使地方人民有足够的参与权和控制权来影响地方政府"[2]。

西方有着悠久的自治传统，在乡镇实行自治是自然的选择。在东方，虽然没有自治传统，但在现代化的进程中，有许多国家也选择了地方自治。日本和韩国就是例证。日本是单一制国家，面积狭小，日本于1947年4月制定《地方自治法》，根据法律规定，日本实行地方自治，自治机关包括地方行政机关和地方议会，地方行政机关的首长和地方议会的议员分别由地方选民直接选举产生，日本的现行行政建制是县（都、道、府）和市、町、村两级制。韩国政府2003年通过系列法案，确认了地方自治。

除上述国家外，还有英国、加拿大、俄罗斯等，现在都实行了地方自治，就连一向具有集权传统的法国，1982年也通过了地方分权法案，开始向地方放权。推动地方自治似乎成为西方改革的一股潮流。中国与外国相比较，社会制度不同，国情也不一样，无法

---

① 田穗生，罗斌. 地方政府知识大全 [M]. 北京：中国档案出版社，1994：101-262.
② 杜钢建，刘杰. 美国地方政府与地方自治基层政权建设 [M].，2000：67.

照搬西方的模式，但是西方的这种乡镇自治的治理模式和经验还是值得我们借鉴的。

三、乡镇自治的现实可行性分析

（一） 邓小平理论为乡镇自治改革提供了强大的理论支撑

1978 年 12 月 13 日，邓小平同志讲："干革命、搞建设，都要有一批勇于思考、勇于探索、勇于创新的闯将。没有这样一大批闯将，我们就无法摆脱贫穷落后的状况，就无法赶上更谈不到超过国际先进水平。"① 1992 年 1 月，邓小平同志又讲："改革开放胆子要大一些，敢于实验，不能像小脚女人一样。看准了的，就大胆地试，大胆地闯。……没有一点闯的精神，没有一点'冒'的精神，没有一股气呀、劲呀，就走不出一条好路，走不出一条新路，就干不出新的事业。"② 邓小平的这些观点，为我们制度创新提供了强大的理论支撑。尤其是当前改革已进入深水区，好改的、容易改的，我们都已经改了。如果我们不打破常规，不勇于创新，改革就会停止不前。乡镇自治是否可行，说到底是我们的思想能不能解放的问题，有没有勇气改革的问题。有学者认为"此种改革涉及面广，波动过大，无异于一次农村社会革命，不利'稳定压倒一切'的政治要求"。"农民文化程度及自治意识不高，尚且缺乏完全自治的土壤，不太现实"。③ 这些都是改革的细节问题，可以在改革中逐步完善。

（二） 乡镇政府的管理职能已削弱

乡镇政府具备的职能是乡镇作为一级政府存在的主要依据。根

---

① 邓小平文选 [M]. 第 2 卷，北京：人民出版社，1994：143.
② 邓小平文选 [M]. 第 3 卷，北京：人民出版社，1993：372.
③ 郑超峰. 论乡镇有限自治（2）[OL]. 中国政法大学法学院，中国选举与治理网.

据地方组织法的规定，乡镇人民政府主要职能是四个方面：一是执行本级人大的决议和命令；二是执行本行政区的经济和社会发展计划、预算，管理本行政区的经济、教育、科学、文化、卫生、体育事业和财政、民政、公安、司法行政、计划生育等；三是保护社会主义全民所有的财产和劳动人民集体所有的财产，保护公民和私人所有合法财产，维护社会秩序，保障公民的人身权利和其他权利，保障农村经济应有的自主权，保障少数民族的权利，保障宪法和法律赋予妇女的男女平等、同工同酬和婚姻自由等；四是办理上级人民政府交办的其他事项。从现实来看，乡镇政府的这些职能，大部分已虚化，乡镇政府发挥的作用很小；还有一部分职能已上移，主要由县级政府执行，比如教育、财政、公安等；随着形势发展，原来属于乡镇最主要的职能也有新变化，比如计划生育，人们的生育观点已发生了变化，已不再是天下第一难的工作了；农业税已全面取消，乡镇政府催粮收款已成为历史。现在乡镇政府主要是履行上传下达的职能。乡镇自治是属于法制—遵守模式，在法律的框架下实行自我管理、自我教育、自我完善，服务将成为自治组织的主要职责。相对于职能已经弱化的乡镇政府，乡镇自治组织将会更经济和富有效率。

（三）村民自治的成功为乡镇自治奠定了基础

1998 年开始，我国全面推行村民自治。村民自治的成功实践已经证明，只要有适合国情和明确的规则体系，乡村社会是可以通过民主选举的方式形成有利于社区发展的"公共意志"并处理好"地方公共事务"的。当然，乡镇自治相对于村民自治来说要复杂得多，乡镇管理的范围更大、人口更多、涉及的事务更复杂，但村民通过村民自治已经提高了民主意识，得到民主熏陶，具有民主基础。乡镇自治既可以采取直接选举的形式，也可以采取代议制的形式，不管是哪一种形式，都必将大大推进中国民主化的进程。

从上面的分析来看，不管是纵向的、横向的，还是现实的，在我国推行乡镇自治都是可行的。当然，推行乡镇自治关系到国家的宪政体制，是十分复杂的工程。特别是我国幅员辽阔、人口众多、经济发展不平衡，推行乡镇自治必将是一个长期的、渐进的过程，需要协调好方方面面的关系。

参 考 文 献

［1］张新光. 20 世纪以来中国乡镇体制的变革与启示 ［J］. 公共行政，2007（3）.

［2］陈剩勇，孟军. 20 世纪以来中国乡镇体制的变革与启示 ［J］. 浙江社会科学，2006（4）.

［3］徐勇. 县政、乡派、村治：乡村治理的结构性转换 ［J］. 江苏社会科学，2002（2）.

［4］于建嵘. 岳村政治：转型期中国乡村政治结构的变迁 ［M］. 北京：商务印书馆，2001.

［5］于建嵘. 乡镇自治：根据和路径. 战略与管理，2002（6）.

［6］周良才. 取消农业税后乡镇政府的职能定位问题. 理论探索，2006（3）.

［7］郑超峰. 论乡镇有限自治（2）［OL］. 中国选举与治理网.

［8］杜钢建，刘杰. 美国地方政府与地方自治 ［J］. 基层政权建设，2000（3）.

［9］李发森. 乡镇自治的根据深析 ［J］.《甘肃农业》，2006（10）.

［10］虞崇胜. 中国行政史 ［M］. 北京：高等教育出版社，2001.

［11］马啸原. 西方政治思想史纲 ［M］. 北京：高等教育出版社，1997.

（本文作者：张礼祥，海南大学政治与行政学院讲师）

和谐社会要注重中央与地方的关系

胡 光 杨慧民

构建社会主义和谐社会是我们党在未来一个时期的奋斗目标，而中国特色社会主义建设的长治久安关键在于中央的统一领导与地方省市自身发展的和谐关系。中央政府与地方政府的关系构成了国家政府内部的纵向权力结构，妥善处理二者的关系是一个国家政治稳定和社会协调发展的保证，特别是对我国这样一个人口众多、地域广阔、情况复杂的国家来说，更是"直接关系着国家的统一、民族的团结、经济的发展和社会的稳定"。早在 40 年前，毛泽东在《论十大关系》中，就把正确处理中央和地方的关系作为一项重要任务提上党和国家的议事日程。今天，在建立社会主义市场经济条件下，江泽民同志在《正确处理社会主义现代化建设中的若干重大关系》中，再次重申和强调正确处理中央和地方的关系的重要性和必要性。本文就中央统一领导与地方省市自身发展的关系问题作进一步探讨。

一、中央政府与地方政府关系的现状

中国是具有中央集权传统的国家，自古以来，中央对地方实行严格的监控和管制。新中国成立以后，在计划经济体制中，中央对地方的政治控制和经济管制更为严格、更加直接。改革开放以来，内生于经济自由的强大力量不仅在冲击着无所不管的政府权力，也在冲击着传统的中央集权体制，推动着中央与地方关系的不断调适。改革开放以来，中央与地方关系经历的一系列的调整，它一方面表现为在财政上中央对地方普遍性的"分权让利"；另一方面表现为中央与地方关系分殊化。关于财政上中央对地方普遍性的"放权让利"的研究已经很多，关于中央与地方关系的分殊化，在改革开放前就已经存在，即存在着中央政府与省政府、自治区政府、直辖市政府的三种不同关系模式。改革开放以后，由于经济管理和经济发展的客观需要，先后出现了中央政府对沿海经济特区、计划单列市、沿海开放城市、经济开放区的特殊放权，使得中央与地方关系出现了一系列的分殊化。1997年香港回归祖国，设立香港特别行政区；1999年澳门回归，设立澳门特别行政区，中央与地方关系又出现了更大的分殊化。可以预料，随着台湾问题的最终解决，中央与地方关系将会继续出现分殊化。迄今为止，地方政府的权限有所扩大，如在财政分配上，地方财政收支占总财政收支的比重在迅速扩大，但中央集权过度的状况尚没有得到根本改善。尤其是在事权（包括干部人事权、行政领导权、立法和司法权等划分上，中央政府仍然包揽太多，地方政府处于十分软弱的地位。

二、中央政府与地方政府关系产生的问题及分析

中央政府与地方政府关系的核心问题是权力结构的设置。从这个意义上来讲，它属于上层建筑。马克思政治经济学认为，经济基础决定上层建筑，上层建筑反过来为经济基础服务。新中国成立以后，我国建立起与计划经济体制相适应的以民主集中制为基础的中央集权制。改革开放后，中央政府和地方政府面临的一个重要挑战就是发展社会主义市场经济，建立市场经济体制。我国在计划经济体制下建立的高度集权制越来越显现出与社会和经济发展的不适应。

1. 就中央政府方面而言，最主要的问题是中央政府宏观调控能力的减弱，由于实行市场经济，中央政府的计划手段减弱；中央政府直接掌握的物质分配权，可下放给地方政府，或交给企业和市场；中央财政收入占全国财政收入比重逐年下降；金融调控手段与机制尚未完全建立起来，中央政府直接掌握的资源难以左右市场的发展，中央可利用的经济杠杆手段比较薄弱。这些都与中央政府的

权力下放有直接和间接的联系。中央政府方面的问题往往是由于中央政府在权力下放过程中未能科学周密规划造成的。

2. 就地方政府方面而言，最主要的问题是在中央向地方政府放权过程中，由于中央政府未能适时建立起宏观调控体系和实施有效的监督，未能有效地规范地方政府行为，由于地方利益乃至小集团利益驱动的误导，而引致了某些地方政府的变异行为。地方在这种"放权让利"的改革中过分膨胀了权力，在利益驱动下主动扩权争利的现象越来越严重，而中央政府对地方政府的控制力减弱，权威大量流失，形成了"弱中央，强地方"的局面。这种局面容易造成"诸葛经济"现象，区域割据、地方封锁、自成体系，中国的地方经济呈产业结构趋同化的趋势，使全国产业结构严重失调，这不仅阻碍了全国统一产业格局和全国统一大市场的形成，而且不断陷中国经济于冷热交替的恶性循环之中，不利于全国统一市场的建立，从而影响国家政治、经济的稳定和健康发展。

三、解决中央政府与地方政府的有效措施

1. 用权力制约权力。权力制约是指各个国家机关之间权力的分立与制衡。从空间结构上进行静态的横向划分，权力制约是指立法、司法、行政诸权之间分立与制约。现行宪法关于人大监督一府两院的规定，关于法院、检察院和公安机关办理刑事案件应当分工负责、互相配合、互相制约的规定等都是这一原则的体现。从空间结构上进行静态的纵向划分，权力制约是指中央权力与地方权力之间的分立与制衡。

2. 从历史与国内外现实因素考虑，我国现在实行适当的中央集权是必要的。这是因为我国幅员辽阔，人口众多，为了保证改革和建设有计划、有步骤、有组织、有秩序地进行，避免出现混乱现象，中央依法集中必要的权力是非常必要的。我国改革开放的经验反复证明："一个有权威的、能对社会发展进程实施有效领导的中央政府，是社会变革时期能以较小代价赢得快速平稳发展的重要保证。"中央所集之权只能是依法应属于中央的那部分权力，而不应

是所有的国家权力；中央不应侵犯依法应属于地方的那部分权力。毛泽东曾指出，"应当在巩固中央统一领导的前提下，扩大一点地方的权力，给地方更多的独立性"。邓小平所提出的中国特色的社会主义理论的一项重要内容就是：要维护中央权威，中央讲话要算数，全国乱哄哄的搞不成现代化建设；同时，应发挥地方的积极性，权力要下放，要吸取集权制带给我们的经验教训。从这个意义上说，改革开放之所以成功，是因为邓小平在中央与地方的关系问题上找准了突破口。

3. 完善中央与地方的管理体制。一是进一步完善中央与地方分税制的财政管理体制。在划分中央与地方事权基础上，根据责权利一致的原则，进一步理顺中央与地方的分配关系，完善分税制的财政管理体制。二是进一步完善中央与地方的金融管理体制。就中央与地方金融管理权限来说，主要是实行两个分开，即地区性银行和全国性银行分开，中央银行与地方政府分开。三是完善中央与地方的投资管理体制。完善中央与地方的投资管理体制；中央下放投融资权，加重地方政府的投资责任；建立有效的投资宏观调控体系。

4. 中央政府与地方政府应依法相互监督。中央在依法维护地方权力的前提下应对地方权力进行有效的监督。一是立法监督。中央有权撤销地方国家权力机关制定的同宪法、法律相抵触的地方性法规和决议。二是行政监督。中央有权改变和撤销地方各级国家行政机关的不适当的决定和命令，并可依法任免、奖惩地方行政长官。与此同时，地方在依法维护中央权力的前提下应对中央权力进行有效的监督。地方有权要求中央尊重地方的合法权利；地方国家权力机关有权依法讨论、决定本行政区域内各方面工作的重大事项，地方国家行政机关有权依法管理本行政区域内的行政工作，中央对此不得加以干涉。在相互监督方面，下列办法是中央与地方所共有的：一是司法监督。在中央与地方之间、省与省之间发生争议事件时，中央可提请有关司法机关予以裁决；如地方认为中央侵犯了地方的法定权限，也可投诉有关司法机关加以裁决。二是财政监督。中央可用减少或中止财政援助的方法推动地方改进工作，也可用增加财政援助的方法推动地方开展工作，地方在开辟新税种等方面应接受中央的严格监督。三是其他监督。

5. 提供制度化的政策安排。经济关系和利益格局的调整，是制度化的必要前提，而制度化，则是经济关系合理化，目的是达到社会的稳定和发展。在制度化安排的过程中，必须要保证中央的权威，在此基础上，通过中央权威为中央与地方关系提供秩序安排，这是中央与地方关系制度化政策安排的两个方面。首先是权威保证。我国市场化改革是在地方分权化的经济环境中进行的。如果没有中央权威，就不可能有效地消除地方主义的封锁，也难以形成全国统一的市场体系。改革的深入，市场作用的扩大，使得原有的利益关系和利益格局的调整幅度越来越大，程度也越来越深，特别是不同地区、行业、经济形式发展上的不平衡，造成差距扩大、收入悬殊问题，面对经济和社会转型导致社会的资本结构重组，必须依靠国家的权威。如果没有中央的权威，不断强化地方的利益就可能损害国家经济的统一性。同时，通过权威来激励社会各种力量参与政治，又是使发展中国家顺利进入现代化的必经之路。由此，制度化过程中必须有中央的权威。其次是秩序供给。国家必须在现代化的快速变革的过程中，提供社会有序发展的秩序结构。在中央与地方经济利益制度安排不断规范的情况下，有必要通过法律化来规范中央与地方关系，制定《中华人民共和国中央与地方关系法》或完善《地方各级人民代表大会或地方各级人民政府组织法》，用法律形式来具体规范中央与地方的职责权限，并运用法律的程序来处理中央与地方关系的争执，可以设立行政法院或宪法法院进行法律管辖。

总之，一个国家的中央政府如果没有统辖集权及足够的权威，便难以保持国家统一和社会稳定；其地方政府如果缺少自主权则很可能阻碍各地及人民的主动性和社会及经济的发展。一个富有凝聚力和活力的国家必定有着这二者的最佳结合。我国处于社会主义市场经济发展大潮中，为了适应经济体制改革，正确处理中央政府和地方政府的关系是非常紧迫和重要的问题。我们认为，在市场经济体制下建立中央主导下的中央政府有限集权与地方政府有限分权的关系模式，符合我国现阶段的经济、政治和社会环境，有利于缓解中央政府与地方政府间的紧张关系，也有利于二者相互依存良性互动关系的形成。

参 考 文 献

[1] 董辅．集权与分权——中央与地方关系的构建 [M]．北京：经济科学出版社，1996．

[2] 朱启才．权利、制度与经济发展 [M]．北京：经济科学出版社，2004．

[3] 洪银兴．一制度和秩序驾驭市场经济 [M]．北京：人民出版社，2005．

(本文作者：胡　光，大连理工大学人文社会科学学院教师
杨慧民，大连理工大学人文社会科学学院副教授）

利益、利益协调机制与个体积极性

张　洁　张志伟

一、利益及利益的分化

利益属于价值范畴，它与我们每个人息息相关，作为生命体，一个人活在这个世界上，需要吃、穿、住、用、行等各方面的生活资料。在这些维持生命活动的基本需要得到满足之后，又会产生新的更高层次的精神上的需求。人类社会也就是在追逐这种需求矛盾和得到满足的不断循环中持续发展的。人类的这种需求，是生命活动的体现，同时反映了利益的内涵，即是主体对于客体的价值的肯定，反映在某种客体（物质的、精神的）能满足主体的某种需要。由此可见，需要形成了利益。利益的内容是客观的，而形式上表现的是人们的某种主观追求。这个追求过程中，形成了人与他人、与社会的利益关系。因此，可以说，利益是主体在一定的社会关系的基础上，通过社会实践活动，克服主体与需要对象之间的矛盾，使需要得到满足。

利益涉及的范围很广，包括经济利益、政治利益、文化利益和其他方面的利益，其中最主要最根本的是经济利益。利益的范围也是有层次的，一般分为个体利益、团体利益和国家利益三个层次。人是社会的人，个体利益只有放在特定的社会环境中，才有价值和意义，因而这三个层次的利益都是社会利益。我们研究利益及利益关系必须以一定历史时期、一定社会环境为前提。

利益关系是人们在社会活动中形成的，是社会关系中最基本的表现形式。社会成员之间的利益关系构成了一定的社会阶层与利益结构。利益也是有差异的,大体上分为特殊利益与共同利益。特殊利益是处在不同社会阶层,有着不同分工与所属群体的人们所形成的不同价值观和价值追求;共同利益则是人们在特定社会环境中在长期的共同生活中逐渐形成的相互依存关系,表现为共同的价值理念与理想追求等。

利益从来就是个敏感的话题。由于资源是有限的,而人的需求是无限的,不仅社会发展与人们的需要之间有着矛盾,人们在资源争夺的竞争中也会产生矛盾。列宁曾经说过:"生活中最敏感的神经就是利益。"①马克思也说过:"'思想'一旦离开'利益',就一定会使自己出丑。"②由于人们的生理结构的差异,社会地位上的差别,造成了人们之间在需要满足上的差别与不平等,利益分配的不均衡,于是产生了利益分化与冲突。

利益分化表现为利益差别、利益矛盾与利益冲突。任何事物都是具有两面性的,我们应该肯定的是,利益差别和矛盾使各利益主体间产生竞争,使社会生活充满活力,这也是推动社会变革发展与进步的内动力。然而任何事物又都是需要控制在适度的范围内才能发挥其有利的作用的。当利益差别过度,激化了矛盾,就会导致阶层间的对立甚至对抗。这种利益严重分化,从本质上讲,是少数人通过不公平手段获取社会利益,少数人和阶层的垄断和独占导致激烈的争夺与欺诈,造成社会地位较低的阶层利益受损而强势阶层获益,利益流向不平衡,占社会人口总数比例较大的弱势群体将产生不满情绪,威胁社会稳定与发展,这是与共同富裕、全面建设小康社会的目标背道而驰的。

随着生产要素的分配和向不同社会阶层的集中,阶层间的利益差距不断扩大。构建社会主义和谐社会,不在于人们之间、阶层之间有无利益矛盾和冲突,关键在于如何认识和协调这些利益矛盾。利益协调就是要在保护和实现最广大人民根本利益的基础上,针对利益主体之间的矛盾,做出调整的制度安排,控制贫富差距,维护

---

① 列宁全集 [M]. 第 5 卷, 北京: 人民出版社, 1984: 128.
② 马克思恩格斯选集 [M]. 第 4 卷, 北京: 人民出版社, 1992: 65.

社会公正。

二、利益协调机制的价值意蕴

利益协调机制是指在社会系统的变化中调整不同利益主体的相互作用的行为，调整损害大多数社会成员利益的不合理的利益格局，协调利益主体之间相互关系的制度及其作用方式的总和。利益协调机制的目标是努力寻求各利益主体间各种利益的结合点，充当利益冲突的"润滑剂"，使利益分配趋于合理。按照利益协调机制所涉及的范围和领域，我们可以将它分为四个方面的内容：经济协调、政治协调、法律协调和道德协调。

首先，利益矛盾主要是经济、物质利益的矛盾。经济利益是利益问题的核心内容，经济问题决定着其他问题，因而经济协调是利益协调的首要手段。经济协调机制是利益协调机制中的基本机制，经济协调就是要建立健全与生产力发展状况相适应的经济制度和经济体制，运用所有制和分配方式，调整利益分配；运用各种经济政策和管理方法以及市场自身的规律和调节功能，来调整利益主体间的利益矛盾，如运用价值规律和市场这个"看不见的手"等。经济协调建立在一定的伦理基础之上，即从宏观上规定各方面利益分配的基本比例，使社会利益体系格局在大体上保持合理与稳定，保障社会各群体的应得利益，维护分配公正。

其次，政治是经济的集中表现，它反映着社会各阶层的根本利益。政治协调就是利用政治制度、国家职能（政府职能）及各种政治手段来协调利益关系和矛盾。以政府为后盾的特征，使得政治协调机制是利益协调中最强有力的方式。在公共领域，适当的政府干预是必要的，也是行之有效的。但我们应当看到，政治制度是为政治集团服务的，政治协调机制首先维护的是统治阶级的利益，其价值目标是为了实现和保障代表统治阶级的利益。国家（政治）职能在历史上经历了强弱交替的起伏发展。在市场经济逐渐形成和完善的今天，政治协调如何配合经济协调，切实发挥政府在特殊领域的协调功能，保障公共利益，仍是需要我们深思和探讨的。

再次，与政治协调密切相关的法律协调，更明确地规定了社会成员的权利和义务，是解决纠纷，维护社会秩序最直接有效的方式。自国家产生以来，就有了法律，作为基本的行为规范的法律，是社会形态的利益制度在政治上的表现。它又可以超越政治的范围，协调社会成员在各个生活领域的利益关系。同时法律还通过其对公共事务实施的监督，来保证公民的人权、私有财权等社会成员的基本利益。法律协调的价值内涵在于以权利和义务为特征，通过明确规定人们的权利义务来协调利益关系，是从人们的行为和由此产生的行为关系来进行协调，从而实现利益关系的和谐，因而在利益关系的协调中起着十分重要的作用。

最后，不同阶层、不同地位的人有着不同的道德观。道德对人们生活的方方面面都发挥着舆论和约束作用，即人们的基本的共同的道德取向所形成的规范，可以作为利益协调的基本准则。当社会成员、群体之间产生了利益冲突，且又不触及法律规定的范围时，道德协调就可作为法律协调的补充而发挥其独特的功能。道德与法律都属于上层建筑的范畴，但道德的产生先于国家和法律，与法律协调不同，道德协调不具有强制性，它的价值目标主要是通过传统、习俗、舆论、教育等方式，结合人们内心信念的作用，以善恶、真假、正邪、美丑、诚信与虚伪、公正与偏激等道德观念，建立良好的德性，引导纠正人们的言行，从而协调人们的利益关系。

由于社会群体的多样性，利益关系的复杂性，利益协调也需要是多方面多层次展开的。除了上述四个方面的内容，利益协调机制还包括行政协调等其他方面的配合。利益协调本身包含着一种价值取向，是人们为了达到一定的协调目标而对人们的利益观念、行为及相互关系进行有意向的调整过程。利益协调机制通过制度化的契约使人的理性保持在一定限度内，它可以在现实的层面实现人类对于社会公正的不懈追求，是社会公正理念的直接体现。公正作为一种价值原则，它表现在人与人之间的关系——在经济、政治、法律、伦理道德等方面上的权利和义务的统一，在物质利益关系上给一定范围内的社会成员以均衡的条件和机会，以人们之间的关系的某种程度的均衡合理来维持社会的稳定与秩序。社会各阶层能否实现公正的良性互动，能否形成各尽所能，各得其所的状态，在很大程度上取决于是否有一个公正合理的社会利益协调机制。这种机制能在很大程度上消除诸多社会不公正现象，保障一个社会所应具有的公正状况。

三、利益协调机制对个体发展的意义

1. 利益协调机制是个体积极性的发动机

社会活动的主体无论怎样多元化发展，归根到底还是由个体或个体所构成的群体组成。在我国社会主义事业迅速发展，改革不断深入的今天，我们要实现构建和谐社会的目标，创建一个充满活力的社会，就要激发个体劳动的积极性和创造性，而合理的利益协调机制的构建有着重要意义。

首先，我们要建立的利益协调机制是以市场经济为背景的，并试图构建具有公平竞争规范，合理的优胜劣汰机制的竞争经济。这个过程必然有利于造就和激励积极性人格的形成。个体积极性不是与生俱来的，特别是在市场经济条件下，正是在激烈的市场竞争中，一方面，主体产生极大的危机感，进而潜能被调动起来，通过竞争实践和社会活动的积极参与而产生个体的创造性品格；另一方面，利益协调机制对个体应得利益的保障，使个体利益得到满足和增进，这为调动个体积极性提供了基本动力。当然，前提条件是利益协调机制可以创设公平竞争的条件和环境。否则就可能使个体产生投机的或失衡消极的人格。

其次，我们要建立的利益协调机制是以社会各阶层间的关系为对象的。这些关系日益复杂，无论是工人、农民、知识分子内部及相互之间的分化与流动，还是私营企业主等社会群体的兴起与壮大，都表明社会成员在职业选择和身份转换、机遇等方面有了更多的可能性。在利益的驱动下，只要在法律和政策允许的范围内能够通过个体努力尽可能的发挥才智和创造财富，人们就会以一种前所未有的积极性来参与市场经济活动，无论是原有的社会阶级、阶层，还是新兴的社会利益群体，在利益协调机制的作用下，在市场的资源配置中能更好地寻求到自己的合适位置，社会整体资源也随之可以得到充分合理的分配。

再次，从利益协调机制对个体追求利益的行为的影响来看，体现在利益驱动和利益协调两个方面。可以说，利益协调机制更加明确地告诉了利益主体应该怎样做，可以获得哪些方面的利益保护。这种机制本身对于其行为出发点和目标来说，是利益驱动，即激发个体劳动积极性；对于其行为过程而言，是利益协调，即保护个体劳动积极性。利益驱动和利益协调的两个功能统一于利益协调机制之中。中国改革在过去的30年里，是渐进式的，一步一个脚印的，在不同的阶段侧重点也是不同的。如果说改革的起点是放权让利，从根本上说，就是利益驱动，极大地调动了个体的积极性，那么如今在利益矛盾日益突出，利益分化势不可当的局面下，构建适应社会主义市场经济发展的利益协调机制，侧重的就是利益协调。它是保护已有的劳动积极性、激发可能消减的积极性的发动机。

2. 利益协调机制是个体成员处理人我关系的校正器

阶层间的利益协调机制协调的对象是人们的利益及其利益关系，其宏观层面是协调社会系统结构的诸阶层与诸子系统，使社会功能耦合，良性运行发展。其微观层面则是引导个体的价值观念和行为，为个体指明与社会发展的总目标相契合的价值观念和行为方式，规定社会个体和群体的社会地位、权利义务，缓解、消除阶层间的冲突，协调各利益群体间的关系。

市场经济的竞争环境尽管极大地调动了人们的生产积极性、主动性和创造性，促进了社会生产力发展的巨大历史性飞跃，但其追求利润最大化的原则，容易诱发人们在追求利益过程中的思想和行为的偏差。私有化、利己化及理性化则往往引发功利原则的导向，主体人格有被物化人格取代的危险，这不仅造成主体性的失落和人我关系的紧张，而且将削弱社会凝聚力，使社会成员被分裂为仅关心自身利益的不同分子，出现贫富两极分化。因此，如何引导各利益主体进一步变成义利并存的道德主体，协调人我关系，正确处理好国家、集体、个人三者之间的利益关系，是我们在建立利益协调机制时必须解决的现实问题。

我们所要建立的利益协调机制是以个体利益为出发点的、在竞争与冲突中实现"利益共谋"的一个体系。现代社会自进入市场经济时代，普遍会经历一个基本共同的过程，即首先确立个体利益的合法性，然后在不同的社会层面，根据不同的条件，依照合理性原则，调整其相互关系。世界上绝大多数国家和民族已进入了市场经济时代，事实表明，以对个体利益的肯定为起点，以实现社会的最大利益的共谋为目的，是市场经济这个"经济游戏"的内在规则。利益的差异取决于个体社会地位的不同与分工不同所产生的生存与发展所需要的特定条件。利益的分化由特殊利益决定，人我关系的决定因素就在于利益。那么在实现这个"出于个人利益的共谋"的过程中，在协调个体之间，人我之间关系的过程中，必然会引起人们的反思，在冲突的化解中，人我之间的关系也将得以校正。

"出于个人利益的共谋"这个基本思想最早是由亚当·斯密和休谟在苏格兰启蒙运动传统中表达出来，在许多现代作者的论著中得到了进一步发展。亚当·斯密的论断最为著名，他直截了当地说："我们每天所需要的食料和饮料，不是出自屠户、酿酒家或面包师的恩惠，而是出于他们自利的打算。我们不说唤起他们的利他心的话，而说唤起他们利己心的话。我们不说自己需要，而说对他们有利。"① 如果在全社会中，人们从个人目的出发，实施利他的行为，或者说共谋性行为，公益就会得到促进，人我关系将变得和谐起来。休谟在亚当·斯密的论述基础上作了一种道德论证，他认为人性自私或仅有有限的慷慨，不容易做出利他的行为，除非个人想从他人那里得到某种交互的利益。这种利益只有当自己做出利他行为时才可能获得，因此休谟在论证道德的情感源于由于共同遵循契约而产生的共同利益感时说道："不论人性是处于如何野蛮而不开化的状态，只消对世事稍有一点的实践，就会使我们看到一切这些的结果和利益。最短的社会经验，就会使每一个人发现这些利

---

① ［英］亚当·斯密. 国民财富的性质和原因的研究（下卷）［M］. 北京：商务印书馆 2000：247.

益；当每一个人看到所有其他的人都有同样的利益感觉时，他就立即会履行他在任何协约中所承担的义务，因为他确信，他们也不会不履行他们的义务的。他们全体都同心一致地加入那个旨在谋求共同利益的行动计划中，并统一忠于他们的诺言。"① 可见这种"出于个人利益的共谋"与我们当前进行利益协调在道德理念和处理人我关系方面是一致的。

3. 利益协调机制是促进个体成员完善自我的指示仪

随着市场化进程的不断深入，社会阶层数量的增长和重新组合，阶层之间的界限逐步清晰化，阶层及个体成员的相对独立意识开始得以强化。这为我国民主法制建设提供了"生长点"。在市场经济和利益协调机制的作用下，人们成为人格独立、自觉自主的利益主体，除了通过正当的经济活动谋取自己合理的经济利益之外，也逐渐产生了政治上的要求。而且，经济发展所导致的利益分配不均，体制因素所暴露的不平等和不公正，也会刺激人们的民主自由和参与意识的增强。利益协调机制在保障人们的合理利益，维护各阶层和个体的经济地位的基础上，必会使人们的独立意识和民主意识得以提升。

传统的封闭式社会管理模式曾造成严重的身份和"准身份"现象，劳动人事制度僵化、社会分层结构固定，个体在身份的选择上很难有自主权，人们的流动也不能按自己的意愿来进行。而市场经济的施行和阶层间的分化推动了社会个体成员"从身份到契约"的转化。恩格斯曾说："英国的法学家亨·萨·梅恩说，同以前的各个时代相比，我们的全部进步就在于 from status to contract（从身份到契约），从过去流传下来的状态进入自由契约所规定的状态，他自以为他的这种说法是一个伟大的发现，其实，这一点，就它的正确而言，在《共产党宣言》中早已说过了。"② 身份，是指每个人生而有之的获取财富和地位的依据。契约，是指依循利益关系和理性原则所订立的必须遵守和履行的协议。以自由流动、个体独立

---

① ［英］休谟. 人性论 ［M］. 北京：商务印书馆，2002：162.
② 马克思恩格斯选集 ［M］. 第 4 卷，北京：人民出版社，1992：284.

取代身份约束，是历史的巨大进步。当前我们所要建立的利益协调机制是我国迈向通过契约方式实现利益制衡的社会中的一项工程，它为个体成员独立、平等、自由、民主意识的养成提供了客观条件。一方面，人与人之间的交往规则逐渐市场化、平等化、民主化、法律化、规范化，呈现出从人治走向法治的历史必然趋势；另一方面，它保障了社会成员间正常流动的可能性机会的增加，个体成员可以凭借自身素质获得更多的利益，这就促使个体成员努力丰富自身，不断提高和完善自我。

总之，利益协调机制的建立原则与目标是与以人为本，促进人的全面发展的要求相一致的，它对于促进个体发展有着非常重要的现实意义。

（本文作者：张　洁　武汉理工大学文法学院05级研究生
张志伟　武汉理工大学文法学院教授）

第二编

马克思主义基本原理教学探索

问题视角：马克思主义整体性
研究的创新路径

谭希培

近年来，随着国外研究资料的大量引介和理论界思想的进一步开放，马克思主义理论的整体性问题，日益引起人们的重视。学界从马克思主义学说的定义、基本内容及其关联、学说建构过程、基本范畴及其演化诸维度，对马克思主义整体性进行了广泛的研究，取得了一些成果。笔者认为，马克思主义的创始人——马克思和恩格斯，他们创立马克思主义学说并非仅仅为了建构一套完整的理论体系，而是为了创立一种能够用以指导解决现实问题的理论与方法。马克思主义学说是在关注、研究、解决不断变化发展着的社会现实问题中生成的。因此，笔者试图以马克思的问题为切入点，来揭示马克思主义学说的整体性。

一、出场路径和发展历程：回答现实问题

（一）以时代问题为导向的出场路径

强烈的"问题意识"一直是马克思主义学说出场的主要导向。在马克思看来，作为自己时代精神的精华，真正的哲学总是时代生活问题的解答。时代问题和提问方式，直接决定了哲学解答的理论旨趣和理论形态。因此，马克思在自己新世界观出场时对时代问题和提问方式一直抱有深刻的敏感性。"问题就是公开的、无畏的、左右一切个人的时代声音。问题就是时代的口号，是它表现自己精

神状态的最实际的呼声。"① 在解读马克思早期著作时,人们会惊讶地发现:"以问题为中心"几乎成为马克思颠覆传统僵化的哲学、政治经济学概念及其体系,实现人类思想史的伟大革命的重要路径。不断追问时代的重大问题,从"德国式的现代问题"到"法哲学和国家哲学批判",从"私有制异化"问题分析到国民经济学批判,进而对资本全球化本性及其后果问题的深刻反思,是马克思新世界观出场的基本路径。

(二) 以社会问题为基本路径的发展历程

马克思主义学说的创立缘于马克思刚刚走向社会时遇到的"苦恼的疑问",正是这一困惑造成了这位年轻哲学博士的理论信仰危机,使马克思立志要彻底批判改造这个社会,使现实的社会革命化,正是这一原因决定了他理论研究的特殊起点和元意图,并为此矢志不移,奋斗终生。

关于通过经济学研究来解决自己哲学信仰的最初动因,马克思在 1859 年的《〈政治经济学批判〉序言》中明确说过:"我学的专业本来是法律,但我只是把它排在哲学和历史之次当作辅助学科来研究。1842—1843 年间,我作为《莱茵报》的主编,第一次遇到要对所谓物质利益发表意见的难事。莱茵省议会关于林木盗窃和地产析分的讨论,当时的莱茵省总督冯·沙培尔先生就摩塞尔农民状况同《莱茵报》展开的官方论战,最后,关于自由贸易和保护关税的辩论,是促使我研究经济问题的最初动因。"他自己深感"善良的'前进'愿望大大超过实际知识",不仅对利益问题发表意见感到困难,而且对当时流行的法国的社会主义和共产主义思潮也不敢"妄加评判"。②

短时间遭遇这些事件使马克思认识到眼前的国家与黑格尔的哲学理念大相径庭,比如在关于林木盗窃法案的讨论中,不少代表国

---

① 马克思恩格斯全集 [M]. 第 40 卷,北京:人民出版社,1982:289-290.

② 马克思恩格斯选集 [M]. 第 2 卷,北京:人民出版社,1972:81-82.

家立法的议员们不要说遵从善良意志，就是对当地贫苦山民的基本同情心都没有丝毫表现，山民们到山林里捡些枯枝烂叶烧饭取暖在他们眼里就是"盗窃林木"，要通过立法对他们进行治罪。现实与理论信仰的矛盾终于使马克思由对现实社会的不满发展到强烈的理论信仰危机。为了解决这些"苦恼的疑问"，他利用《莱茵报》被查封的时机退回到书房，决心清算自己的哲学信仰。马克思通过对黑格尔法哲学的批判发现："法的关系正像国家的形式一样，既不能从他们本身来理解，也不能从所谓人类精神的一般发展来理解，相反，他们根源于物质的生活关系，这种物质的生活关系的总和，黑格尔按照18世纪英国人和法国人的先例，称之为'市民社会'，而对市民社会的解剖应该到政治经济学中去寻求。"① 物质的生活关系作为经济基础，决定社会的政治关系和思想关系，即社会的经济基础决定社会的上层建筑。在批判旧哲学的同时他对新世界观的功能进行了根本定位："对实践的唯物主义者即共产主义者来说，全部问题都在于使现存世界革命化，实际地反对并改变现存的事物"。② 批判地解读资本主义社会各种现实问题的需要，推动着马克思的思考从法学到哲学，从政治学到经济学，从宗教学到历史学和人类学，从新闻学到艺术学，等等。

二、总问题：对资本的批判和后资本道路的探索

（一）马克思、恩格斯的艰辛探索

马克思在完成对黑格尔法哲学批判后，认识到不是国家决定"市民社会"，而是"市民社会"决定国家，对"市民社会"的解剖应该到政治经济学中去寻求。马克思在写给卢格的信中写道："虽然对'从何处来'这个问题没有什么疑问，但是对于'往何处去'这个问题却很糊涂。姑且不谈普遍地存在于各种改革家观念

---

① 马克思恩格斯选集 [M]. 第1卷，北京：人民出版社，1972：15.
② 马克思恩格斯选集 [M]. 第1卷，北京：人民出版社，1995：75.

中的那种混乱状态，就是他们中间的每一个人，也都不得不承认他对未来没有明确的概念。"马克思正是带着"往何处去"的问题，从纯理论领域转向直接的、实际的政治领域，开始了对资本的批判和后资本道路的探索。

1. 对资本的批判——以商品为切入点

19 世纪中期马克思开始了对资本主义经济的批判性研究，在黑格尔和费尔巴哈异化观的影响下，马克思从资本主义私有制决定的社会生活条件引申出异化，并将异化和对劳动的分析结合起来，指出异化劳动是造成社会中的压迫、不平等及阶级斗争的根源。在《1844 年经济学—哲学手稿》中，马克思指出资本主义社会中的生产劳动不仅具有创造性的一面，而且还具有摧残人的一面，由此他提出了异化劳动的基本规定。第一，劳动产品和工人相异化，"工人同自己的劳动产品的关系就是同一个异己的对象的关系，对对象的占有竟表现为异化，以致工人生产的对象越多，他能够占有的对象就越少，而且越受他的产品即资本的统治"。① 第二，劳动本身与工人相异化。第三，人和人的类本质相异化，第四，人与人的关系相异化。马克思认为，私有财产是造成异化劳动的根源，又是异化劳动的结果，是一种互为因果的辩证关系，要消灭异化劳动就必须通过消灭私有制的社会主义革命，实现没有私有制、没有异化劳动的共产主义。在这里我们需要指出的是，马克思的这个结论还带有费尔巴哈影响的明显痕迹，还不十分成熟，马克思对资本主义经济结构的本质的批判，是在 1845 年 4 月他的唯物史观形成之后。

马克思在 1945 年春写作的《关于费尔巴哈的提纲》中确立了科学的实践观，在《德意志意识形态》中通过对费尔巴哈和黑格尔的批判，对资本主义生产中分工范畴的考察，全面阐述了自己科学的唯物史观，从而揭示了生产力与生产关系，"市民社会"与上层建筑之间的辩证关系。接下来，马克思、恩格斯在批判各种错误思潮，如魏特林的空想共产主义和格律恩的"真正共产主义"、蒲鲁东的小资产阶级改良主义传播和发展了自己的新世界观。《共产

---

① 马克思恩格斯全集 [M]. 第 42 卷，北京：人民出版社，1979：91.

党宣言》的发表标志着马克思主义的创立。

1848 年革命失败后，马克思和恩格斯相继到达伦敦，历史再次使他们从社会革命的前线退回到书房，继续进行中断了的经济学研究，以揭示资本主义内在矛盾及其规律性，使工人阶级认识资本主义社会发生、发展、灭亡的规律，为实现全人类解放这一历史使命提供理论依据与实践指导。1867 年 9 月，经 20 多年呕心沥血而写成的划时代巨著《资本论》第一卷在德国汉堡问世。马克思从"表现资产阶级财富的第一个范畴——商品"入手，首先揭示了商品的二因素，即使用价值和价值，指明了商品的价值是由生产商品的社会必要劳动时间决定了。他在商品二因素的基础上发现了生产商品劳动的二重性，即具体劳动和抽象劳动，"生产交换价值的劳动是抽象一般的和相同的劳动，而生产使用价值的是具体的和特殊的劳动"①。正是由于生产商品的劳动具有二重性，才使商品具有两种属性。把创造价值的现实源泉归结为活劳动，就是劳动价值论，它为剩余价值理论的创立奠定了基础。马克思明确指出，剩余价值生产的基本条件是劳动力成为商品，资本根据其在剩余价值生产中的不同作用分为可变资本和不变资本。资本家用来购买劳动力的是可变资本，而生产剩余价值的正是可变资本。工人出卖给资本家的是劳动力而非劳动，劳动力的使用价值即劳动所创造的价值远远大于劳动力自身的价值，这是剩余价值生产的关键。资本家依靠榨取雇佣工人的剩余劳动而使资本不断增值，这就是剩余价值规律，它在资本主义经济生产中起着主导作用。资本对剩余价值无限度的追求，极大地促进了生产力的发展，同时又会加深资本主义的各种矛盾。一方面，随着资本的集中，资本主义生产日益社会化乃是不可遏止的趋势；另一方面，随着资本的集中，生产资料日益集中在少数资本家手中，为最大限度地榨取剩余价值，必然扩大再生产，使整个社会处于无政府状态，同时造成无产阶级的相对贫困。这样必然会造成劳动人民购买商品能力的衰退，从而引发资本主义周期性的生产过剩危机，使生产力遭到严重破坏，激起无产阶级的

---

① 马克思恩格斯全集［M］.第 13 卷，北京：人民出版社，1962：24.

激烈反抗。这一切都深刻表明："生产资料的集中和劳动的社会化，达到了同它们的资本主义外壳不能相容的地步，这个外壳就要炸毁了，资本主义私有制的丧钟就要敲响了，剥夺者就要被剥夺了。"①

2. 对后资本道路的探索——共产主义学说

任何批判的背后都有一个隐性的理论模式作为参照系，马克思批判资本主义社会不仅仅是为了破坏一个旧世界，而是为了把旧世界改造成为更加美好的新世界。对后资本道路的探索是马克思主义学说要解决的一个核心问题。关于取代资本主义社会的理想社会——共产主义社会，马克思提出过一般原则，也提出过许多具体设想，具体设想不断变化，一般原则、基本理念则始终是一贯的。

对共产主义的基本理念，在《1844年经济学—哲学手稿》中马克思将自己的社会理想命名为共产主义，然而马克思并不同意传统共产主义的社会理想，因为它虽然批判资本主义，但是仍然没有摆脱财产和所有制的束缚，个人不可能获得全面的发展，人类也不可能获得彻底的解放。在手稿中，马克思理想中的共产主义是"私有财产即人的自我异化的积极的扬弃，因而是通过人并且为了人而对人的本质的真正占有；因此，它是人向自身、向社会的（即人的）人的复归，这种复归是完全的、自觉的而且保存了以往发展的全部财富的。这种共产主义，作为完成了的自然主义，等于人道主义，而作为完成了的人道主义，等于自然主义，它是人与自然之间、人与人之间的矛盾的真正解决，是存在和本质、对象化和自我确证、自由和必然、个体和类之间的斗争的真正解决。它是历史之谜的解答，而且知道自己就是这种解答"②。这是马克思首次概述了自己的共产主义理念，使以前不完善的概念得以完成。在《德意志意识形态》中，马克思憧憬的共产主义是"联合起来的个

---

① 马克思恩格斯全集［M］. 第23卷，北京：人民出版社，1972：831-832.

② 马克思恩格斯全集［M］. 第42卷，北京：人民出版社，1979：120.

人对全部生产力总和的占有"①。在《共产党宣言》中，它是"每个人的自由发展是一切人的自由发展的条件"。② 在《哥达纲领批判》中，马克思所说的共产主义是"各尽所能，按需分配"。③ 在《资本论》中，马克思设想的共产主义是"自由人的联合体"。④

马克思和恩格斯也对未来的共产主义做过一些非常具体的猜测，如消灭商品，取消货币等，这些都是非本质的猜测，但他们的基本价值理念是一致的，就是人的自由而全面的发展，社会的全面进步，人与人、人与社会、人与人之间的和谐。为此，必须消灭私有制，消灭阶级。

（二）列宁、毛泽东、邓小平对马克思主义学说的发展

1. 在资本主义经济由自由竞争发展到垄断阶段，列宁对经济文化技术落后国家的无产阶级革命和建设道路的问题的探索与回答

19 世纪末 20 世纪初，世界由自由资本主义发展到垄断资本主义阶段，即帝国主义阶段。列宁通过对资本主义历史和现实的分析，科学论证了"帝国主义是资本主义的特殊阶段"。列宁在《帝国主义是资本主义的最高阶段》中指出：帝国主义是作为一般资本主义基本特性的发展和直接继续而生长起来的，它仍然是资本主义，是从资本主义经济结构向更高级的社会经济结构的过渡。政治经济发展不平衡是这一时期世界资本主义发展的一个显著特征，由此列宁得出结论：社会主义可能首先在少数甚至在单独一个资本主义国家内获得胜利。1916 年 8 月，列宁在《无产阶级革命的军事纲领》中进一步指出："资本主义制度的发展在各个国家是极不平衡的，而且在商品生产下也只能是这样。由此得出一个必然的结论：社会主义不可能在所有国家内同时取得胜利。"⑤

---

① 马克思恩格斯全集 [M]. 第 3 卷，北京：人民出版社，1960：77.
② 马克思恩格斯选集 [M]. 第 1 卷，北京：人民出版社，1972：273.
③ 马克思恩格斯全集 [M]. 第 19 卷，北京：人民出版社，1979：23.
④ 马克思恩格斯全集 [M]. 第 23 卷，北京：人民出版社，1979：95.
⑤ 无产阶级革命的军事纲领. 列宁选集 [M]. 第 2 卷，北京：人民出版社，1995：722.

当时的俄国在帝国主义对世界的瓜分和国内沙皇黑暗统治下已成为帝国主义各种矛盾的集中点和薄弱环节,列宁认为世界革命将由俄国革命带头实现。而俄国是经济文化落后国家,又长期面临列强的包围和干涉,革命如逆水行舟,有很多新难题。为实现俄国社会主义革命的胜利,列宁首先在俄国建立了统一的坚强的革命政党——布尔什维克党。1917 年俄历二月,布尔什维克党领导俄国人民取得了革命的胜利,之后俄国出现了两个政权并列的局面。同年 4 月列宁发表了著名的《四月提纲》,对二月革命后俄国时局的特点做了清醒的估计,进一步论述了由民主革命向社会主义革命过渡的必然性,为实现革命的转变,首要的是建立无产阶级专政。从而为十月革命的胜利制定了方针和政策。

十月革命胜利后建立的苏维埃政权从第一天开始就处于内忧外患的境地。列宁领导布尔什维克党为巩固苏维埃政权进行了艰苦卓绝的斗争。从 1917 年 10 月到 1918 年 5 月,列宁对如何进一步巩固无产阶级国家政权的问题进行了深入探索,形成了一整套的社会主义建设理论,包括解决农民土地问题,建立巩固的工农联盟,解散立宪会议,加强苏维埃政权;阐述无产阶级革命策略思想;组织经济建设,向社会主义过渡,等等。

2. 在革命与战争年代,毛泽东对半殖民地半封建社会的中国民主革命与社会主义革命道路问题的解答

毛泽东作为马克思主义中国化的开拓者,他把马克思主义基本原理与中国革命的具体实践相结合,在半殖民地半封建社会的中国找到了一条独特的革命道路,即由农村包围城市,武装夺取政权,从而取得了新民主主义革命的胜利,建立了中华人民共和国。新中国成立后,经过三大改造,完成了从新民主主义到社会主义的过渡,确立了社会主义基本制度。

3. 在和平与发展成为时代主题,邓小平对什么是社会主义,怎样建设社会主义问题的回答

在总结我国社会主义胜利和挫折的历史经验并借鉴其他社会主义国家兴衰成败的历史经验的基础上,以邓小平为核心的中国共产党,重新确立了解放思想、实事求是的思想路线,将党和国家的工

作重心转移到社会主义现代化建设上来，实行改革开放。以邓小平南方谈话和党的十四大为标志，通过进一步总结我国和世界社会主义运动的经验教训，总结我国改革开放和现代化建设的现实经验，围绕着建设中国特色社会主义这一主题和"什么是社会主义、怎样建设社会主义"这一首要的根本问题，第一次比较系统地初步回答了中国社会主义的发展道路、发展阶段、根本任务、发展动力、外部条件、政治保证、战略步骤、党的领导和依靠力量以及祖国统一等一系列基本问题，实现了"赶上时代"的价值目标。

问题链的实践生成与延伸，往往不是只需从某一或某几个学科领域就能解答清楚的；现实问题谱系的演化，同样也不是仅凭某个或某些个部门就可以缓解或解决，它需要全社会的协同作战方可奏效，甚至全人类的齐心合力。这是马克思主义理论整体性的现实基础所在，更是我们选择从问题视角研究马克思主义理论整体性的必然要求。

（本文作者：谭希培，中南大学政治学与行政管理学院教授）

马克思主义整体性及教学管窥

陈宣明

"马克思主义基本原理概论"①（简称"原理"下同）是去年秋季新开的一门新课程，根据思想政治理论课改革的"05方案"②对这门新课所作的定位是："要着重讲授马克思主义世界观和方法论，帮助学生从整体上把握马克思主义，正确认识人类社会发展的基本规律。"我认为，为了达到让学生树立马克思主义世界观和方法论的教学目的，就要从认识人类社会发展的基本规律入手，其前提是正确认识和把握马克思主义的整体性。那么，该如何看待和贯彻马克思主义的整体性？

一、马克思主义整体的内容和中心线

马克思主义博大精深，"原理"基本上反映了它的整体性，含有七层内容，贯穿着一条中心线。

七层内容可按追问的形式来推进。马克思主义是关于无产阶级和人类解放的科学，回答了人们所关心的许多基本问题：1. 人该怎样看待世界，即世界观是什么？世界观是人们对世界的根本看法和基本态度，有正确与错误之分，它们在物质与意识的关系上所持

---

① 该教科书为《马克思主义基本原理概论》编写组编写，马克思主义理论研究与建设工程重点教材，高等教育出版社2007年出版。

② 《中共中央宣传部、教育部关于进一步加强和改进高等学校思想政治理论课的意见》（2005年2月7日），及其《实施方案》（2005年3月9日），简称"05方案"，与"98方案"相对应。

的主张不同，马克思主义世界观是科学的世界观，世界观是精神世界的核心。2. 在科学的世界观看来，世界是什么？世界是物质的，物质是世界的本原，千姿百态的现象都是物质的具体表现，实践是物质本原在人类世界的基本表现，世界统一于物质性，这为人类活动提供了客观依据和主观要求，按客观规律办事，一切从实际出发。3. 物质世界如何存在？物质世界辩证发展，是绝对运动与相对静止的统一，矛盾的同一与斗争的辩证作用，使事物在发展中平衡，在平衡中发展，发展性与平衡性的有机联结是和谐事物的本质特征，这对于构建社会主义和谐社会具有方法论意义。4. 人怎样认识世界？人在实践中有规律地认识世界，同时提高自己的认识能力，真理和价值为人类活动提供两个尺度，科学的认识论是实事求是思想路线的理论依据。5. 物质世界构成部分的社会和人是什么？社会以实践为存在方式，实践是社会生活的本质，社会是辩证运动的物质体系，具有客观的发展规律，人的存在和发展根源于社会，社会的进步与人的发展是一致的，资本主义和社会主义是历史发展序列中不同性质的两种社会形态。6. 当今世界"一球两制"，社会制度是什么？资本主义是永恒的吗？社会制度是为适应某种生产力性质及其发展要求而建立起来的社会关系的综合规程。社会制度随着社会关系的变化而变化，由于存在着自身不可克服的资本主义私有制与生产社会化的矛盾，资本主义不是永恒的，最终为社会主义所代替。7. 社会主义制度是什么？社会主义制度是以发展生产力来逐步实现共同富裕为目的而建立起来的社会关系的综合规程，社会主义在实践中不断发展，共产主义是人类社会发展的必然，我国社会主义制度是科学社会主义基本原则与中国实际情况相结合的产物，具有中国特色，朝着共产主义方向而积极投身于中国特色社会主义现代化建设中去，是当代中国人的崇高理想与现实实践的高度统一。

这七层内容先后排序，从世界观开始，依次追问而递进，互相衔接，前者指向后者，后者运用前者，最后落脚于现实实践着的社会主义，综合起来便构成一个完整的知识系统，从外观上呈现出马克思主义整体性。其优点是，这一过程，反映了人类智慧发展的历史进程，也反映了个体理论学习的认识进程，体现了理论思维与现实实践的相结合，从而顺应了由浅入深的学习规律和诱导渐进的教学规律。

若说七层内容的综合从外部联系上呈现马克思主义整体性，一条中心线则从内在联系上揭示马克思主义整体性。"原理"的七层内容贯穿着一条中心线或逻辑思路：物质——→实践——→社会存在——→利益关系——→权力关系——→价值观；或细点：物质——→实践（物质与意识的统一）——→社会存在（主要是生产关系）——→资本主义制度（利益关系——→权力关系——→价值观）——→社会主义制度（利益关系——→权力关系——→价值观）。需说明：第一，物质范畴是马克思主义整体的逻辑起点。科学实践观是马克思主义用来观察世界的显微镜和望远镜，通过它就比以往任何本体论更能科学地认识到物质是世界的本原，实践是物质本原在人类社会这一物质世界层次上的基本表现，是人类世界直接的根源，实践中的社会物质关系构成了社会存在，其核心是利益关系，反映到政治上来是权力关系，反映到思想上来就是价值观。世界观不具备逻辑起点的属性和作用，只能把它看作是马克思主义理论的系列基本问题的引子。逻辑进程与内容序列非一一对应，但基本吻合。第二，实践范畴具有本体论意义，而实践本体论不能成立。本原是本体论的核心，而本体论首先有唯物主义本体论与唯心主义本体论之分，唯心主义本体论所讲的世界本原是精神的东西，唯物主义本体论所讲的世界本原是物质的东西。辩证唯物主义本体论所讲的世界本原具有三个规定性：（1）根源性，即派生出其他东西，是事物进一步演化的根据。此与唯心主义、旧唯物主义的本体论一致。（2）客观实在性，此与旧唯物主义一致，但与唯心主义有根本区别。（3）最大普遍性，此不仅与唯心主义、旧唯物主义的本体论区别开来，还把物质与实践区别开来。实践虽然属于物质范畴，但不具有物质那样的最大普遍性。相对于人类世界来讲，实践具有前两个属性，则可说实践是社会生活的本质而具有本体论意义，但实践不具有最大普遍性则非世界本原。第三，比较而言，物质范畴到实践范畴的逻辑过渡是肯定式的、单项的，而资本主义论到社会主义论的逻辑过渡是否定式的、多项的（经济关系、政治关系、思想关系）。这条中心线让我们看到，马克思主义理论首尾一致，把七层内容连成一体，具有很强的学理性及其逻辑魅力，这对于达到学习和教学的目的具有先天的促进作用。

二、马克思主义整体的特点和功能

七层内容和一条中心线由表及里规定了马克思主义的整体性，使作为整体的马克思主义就具有学理上的六个特点和整体效应上的四大功能。

六个特点：1. 科学性与革命性的统一，这是基本特点，源于内含着客观性、受动性的实践，一个多世纪以来，革命性使之获得并且保持科学性，科学性使之能充分展示其革命性。2. 真理性与价值性的统一，既反映了物质世界及其人类社会的发展规律，又体现了最广大劳动人民的利益要求。3. 实然与应然的统一，以实践为逻辑中介，具有辩证逻辑的力量。4. 思辨与实证的统一，有哲学的思辨，也有政经、科社的实证，思辨过程有实证，实证过程有思辨。5. 简约性与拓展性的统一，七层内容提纲挈领，谓之概论，则留有拓展空间，若展开来便是：哲学观、辩证唯物论、唯物辩证法、辩证唯物主义认识论、唯物史观、政治经济学、科学社会主义等。教材学完，理论未完，有余音袅袅之妙，这给学者以马克思主义整体的磅礴气势，也给教者以进一步学习和研究留下伏笔。6. 历时性与共时性的统一，既有范畴逻辑推演，又有不同层级的范畴之间的相互作用，纵横交错。总之，六个特点显示马克思主义整体有机性和严密性。

马克思主义内容丰富，结构严整，特点鲜明，便产生特有的整体效应，通过系统的学习和教学的过程，给人们以重大的教育作用，主要有四大功能：第一，科学的世界观和方法论的训练。马克思主义为人们提供了观察、分析、解决问题的基本立场、基本观点和基本方法，在对其学习和教学过程中，便在理性思维的方向上和逻辑上得到训练。第二，先进的政治立场的感化。致力于实现以劳动人民为主体的最广大人民的根本利益是马克思主义的政治立场，其创始人马克思就毕生以谋求人类解放为己任，参加和领导当时无产阶级争取解放的革命实践，马克思主义经典作家的感人事例与他们的科学理论一道，使马克思主义的先进政治立场富有成效地感化人。第三，与时俱进的思维品质的培养。马克思主义对现实关系的审视、对理想关系的构思、以信念价值观对人们实践活动的引导和激励等都是因应沿革的，学习和教学实际上就是师生们在培训和养成与时俱进的思维品质。第四，崇高的社会理想的引导。朝着共产主义理想，马克思主义从抽象的人类解放的自由精神到现实的中国特色社会主义共同理想，学习和教学过程实际上就是崇高的社会理想的引导、接受和树立的过程。

既成的理论本身是一个认识的客体，人们只有按其本性认识它、承认它，才能学好它、用好它。我们相信，认识和承认马克思主义整体的七层内容和一条中心线，又认识和承认马克思主义整体的六个特点和四大功能，对于我们的学习和教学是大有帮助的。

三、在教学过程中贯彻马克思主义整体性

为实现四大功能，应如何把马克思主义的整体性贯彻到教学中去呢？在此我有三点思考。

第一，处理好马克思主义体系、教材体系、教学体系这三者的关系。相对而言，马克思主义体系是"源"，教材体系是"据"、教学体系是"用"，这三者的中心是教学体系的"用"，"用"的直接根"据"是教材体系，而教材体系"源"于马克思主义体系，教学体系也归根到底"源"于马克思主义体系。这就要求教材体系尽量反映马克思主义体系，教学体系既以教材体系为据，又取源于马克思主义体系。马克思主义体系是既定的，教材体系是可变的，教学体系是灵活的，因直接受到现实生活、时事政策、授课对象、专业特点和课时多寡等因素的制约，以不变应万变，万变不离其宗。这就要求我们正确理解和把握马克思主义体系，加紧教材建设和修订，为提高教学体系的精要性、现实性、针对性和灵活性创

造条件。总之，正确认识和处理马克思主义体系、教材体系、教学体系这三者关系，是把马克思主义整体性贯彻到教学中去的前提条件，只有做好这一步，才能做好其他各步。

第二，在教学实施过程中把握和展现马克思主义整体性。把握七层内容，以逐步深入追问的形式，推进教学进程，综合呈现马克思主义的外观整体性。抓住一条中心线，以范畴的逻辑演进为途径，穿针引线，步步为营，推进教学进程，深刻揭示马克思主义的内在整体性。牢记六个特点，以系统的辩证关系为观察点，前呼后应，左提右挈，横连纵出，充分说明马克思主义整体的有机性。强调四大功能，以对问题的观察、分析和解决为思路，凸现马克思主义的基本立场、基本观点和基本方法，充分激发马克思主义的整体效应。如果这几方面内外并举，多管齐下，来展现出马克思主义理论体系，那么一个内容浑厚、逻辑严整、结构周密、功能齐全、富有立体感、具有震撼人心作用的马克思主义整体也就跃然纸上。

第三，发挥多媒体等现代教学工具的作用，让同学们真正感受到马克思主义整体性的魅力。应用现代多媒体教学工具，无论是演示七层内容，还是推演一条中心线、直观六个特点、展示四大功能，都要把感性直观与抽象说理交替使用，即在一定量的感性直观之后，必须进行理性的思辨，或在一定量的理性思辨之后，必须辅之以感性直观，如此把抽象的理论感性化、图像化，又从具体的事实中提炼出一般的理论认识，既生动，又有效。应该注意的是，培养抽象的理性思维能力本身是马克思主义理论教育的一个着眼点，抽象概念或抽象理论学起来有困难，但不能因为有困难而放弃抽象理论的学习和训练，或以感性化图像化来取代抽象理论的思维训练，否则，非但让人感受不到马克思主义整体性的魅力，久而久之，还会导致我中华民族文化的衰退。

"努力使'马克思主义基本原理概论'成为学生真心喜爱、终身受益的优秀课程"，① 这是教育部部长周济提出来的，也是广大

---

① 周济. 努力使"马克思主义基本原理概论"成为学生真心喜爱、终身受益的优秀课程——在高校思想政治理论课骨干教师第一期研修班上的讲话 [J]. 思想理论教育导刊，高等教育出版社，2007（增刊）：2.

学生的愿望，更是任课教师们梦寐以求的。要达到这个目的，可从方方面面去努力。其中，通过让同学们真正感受到马克思主义整体性的逻辑魅力和精神力量，来实现这个目的，不仅是必要的，而且是可能的。至于为展现马克思主义整体性服务的具体的教学方法，我认为各师其法，贵在得法，所以应当鼓励广大任课教师大胆创新，大胆试验，及时总结，集思广益。总之，要在"原理"课程的教学过程中，认识、把握和运用马克思主义理论体系和整体性，随着时间的推移，我们相信最终会达到科学的程度，从而把我们的教学质量提高到一个新的阶段。

（本文作者：陈宣明，厦门大学哲学系副教授）

整体性视阈下的"马克思主义基本原理概论"课程教学

张云阁

"马克思主义基本原理概论"课程（以下简称"原理"课），根据"05方案"，在新课程体系中具有基础性作用。能不能高质量地开好这门课，对于全面实施高校思想政治理论课新方案，对于达到思想政治理论课教学状况明显改善的目标，对于全面提高高等教育的质量，都至关重要。笔者认为，要想打好这场"极为关键的重大战役"，使"原理"课真正成为大学生"真心喜爱、终生受益"的一门课，在教学过程中贯彻"整体性原则"是关键。

一、"马克思主义基本原理概论"课程 教学贯彻整体性原则的意义

1. 贯彻"整体性原则"是马克思主义的本质要求。马克思主义是科学的世界观和方法论，它主要由马克思主义哲学、政治经济学和科学社会主义三大部分组成，其中，马克思主义哲学是马克思主义全部理论的基础；马克思主义政治经济学是马克思主义理论最深刻、最全面、最详细的证明和运用；科学社会主义是马克思主义的实质、核心和落脚点，三部分有机统一，构成了马克思主义完整的科学体系。长期以来，我们缺少对马克思主义整体性的研究与教育，较多地进行分门别类的、各组成部分的研究与教育。对马克思主义三大组成部分进行分门别类的研究和讲授是必要的，对于深入研究和发展马克思主义也是具有重要意义的，但是，在一个比较长的时期里，对马克思主义整体性的研究和讲授重视不够，这是需要

改进和完善的。其实，在马克思主义的经典作家论述中，通常是把马克思主义作为整体来说明的。即使是在被人们通常认为将马克思主义分为哲学、政治经济学和社会主义三部分的《反杜林论》中，恩格斯也强调说，他之所以从"哲学"、"政治经济学"和"社会主义"三个部分来对马克思主义思想进行表述，是因为杜林主义这个"酸果"，"它不仅很酸，而且很大"，这就使得他"必须跟着杜林进入一个广阔的领域"，从哲学、政治经济学和社会主义等"广阔的领域"对杜林进行全面的批判，但恩格斯强调读者不要忽略他"所提出的各种见解之间的内在联系"，因为在这里，"消极的批判成了积极的批判；论战转变成对马克思和我所主张的辩证方法和共产主义世界观的比较连贯的阐述"。① 恩格斯在这里的"强调"和"解释"，我理解主要想要说明两个问题：其一，马克思主义并不仅仅由哲学、政治经济学和社会主义三部分组成，它还包含其他丰富的内容，他之所以这样做，是为了批判杜林的需要，不得不"跟着杜林进入一个广阔的领域"；其二，即使这三部分，我们也要注意它们"之间的内在联系"，注意"我所主张的辩证方法和共产主义世界观的比较连贯的阐述"。恩格斯的"强调"和"解释"表明了一个"态度"，内含着一种"担忧"。一个"态度"就是必须从"内在联系"的角度，也就是整体性的角度来理解马克思主义；一个"担忧"就是把马克思主义简单地理解为由三个互不相联的三部分组成，肢解马克思主义的整体性。后来的历史证明了恩格斯的"态度"的正确性和"担忧"的必要性。

列宁是明确提出马克思主义是由哲学、政治经济学和社会主义三大部分组成的第一人，也有一些学者认为是将马克思主义"三部分化"的肇始者。其实，列宁之所以把马克思主义分为三个部分并说明其相应的思想来源，主要是为了便于人们接受和掌握，为了更好地宣传马克思主义。同时，他并没有忽视三个组成部分之间的联系性，1916 年 11 月 30 日，列宁在致伊·费·阿尔曼的信中说："马克思主义的全部精神，它的整个体系，要求人们对每一个

---

① 马克思恩格斯选集［M］．第 3 卷，北京：人民出版社，1995：49．

原理只是（α）历史地，（β）只是同其他原理联系起来，（γ）只是同具体的历史经验联系起来加以考察。"① 列宁这里的表述，实际上是强调人们对马克思主义要从总体上、联系上来把握，也就是要从整体上来理解，不仅是三大组成部分之间，就是"每一个原理"都要"同其他原理""联系起来加以考察"，也就是要从整体上进行把握。可见，整体性是马克思主义题中应有之义。

2. 贯彻"整体性原则"是"马克思主义基本原理概论"课程教学目的的要求。国务院学位委员会、教育部《关于调整增设马克思主义理论一级学科及所属二级学科的通知》在对"马克思主义基本原理学科"的界定时说："马克思主义基本原理学科，旨在研究马克思主义主要经典著作和基本原理，从整体上研究和把握马克思主义科学体系。与马克思主义哲学、政治经济学和科学社会主义分门别类的研究不同，它要求把马克思主义的这三个组成部分有机结合起来，揭示它们的内在逻辑联系，从总体上研究和掌握马克思主义，给学生以马克思主义的完整概念，并引导学生运用马克思主义立场、观点和方法来分析现实社会问题、认识问题和科学发展中的问题。"《中共中央宣传部、教育部〈关于进一步加强和改进高等学校思想政治理论课的意见〉实施方案》明确指出："'马克思主义基本原理'，着重讲授马克思主义的世界观和方法论，帮助学生从整体上把握马克思主义。"周济部长在高校思想政治理论课骨干教师第一期研修班上的讲话中指出，"马克思主义基本原理概论"课程教学的一个主题就是要讲清楚，"什么是马克思主义，为什么要始终坚持马克思主义，怎样坚持和发展马克思主义"？这一系列"通知"、"方案"和"讲话"，共同要说明的一个问题，就是马克思主义基本原理的研究、讲授必须贯彻"整体性原则"，树立"整体意识"，不能分门别类、细枝末节、零打碎敲、就事论事，要从世界观和方法论的高度出发，抓住人类社会发展的规律性这一主线，向学生展示一个内容丰富、逻辑严谨、体系完整、科学合理的整体马克思主义。

---

① 列宁全集［M］. 第 47 卷，北京：人民出版社，1990：464.

3. 从整体上讲授马克思主义,具有重要的理论意义和现实意义。其一,有利于全面理解和把握马克思主义。如果不站在整体的高度来理解和讲授马克思主义,则容易肢解了马克思主义的系统性、逻辑性和联系性,将马克思主义理解为三大部分的简单相加,看不到它们之间的内在联系,只见树木,不见森林,不利于理解马克思主义理论的精神实质。其二,有利于马克思主义的实际运用。社会现象是错综复杂的,政治、经济、社会、思想文化等多种问题交织在一起,不是单纯的政治理论或经济理论或哲学理论所能解决的,只有综合运用马克思主义的基本原理和方法才能回答这些复杂的社会问题,真正体现马克思主义的理论精髓和时代意义。

二、"马克思主义基本原理概论"课程教学贯彻整体性原则的基本路径

1. 用马克思主义的世界观和方法论统领整个教学。所谓马克思主义的世界观和方法论,实际上就是马克思主义对待"事物、现实和感性"所持有的立场、观点和方法。"原理"前三章告诉学生的是:马克思主义的世界观和方法论就是辩证唯物主义和历史唯物主义;这一世界观给予人们一个绝不同任何迷信、任何反动势力、任何资产阶级压迫所作的辩护相妥协的革命精神;这一世界观的根本特点是在实践基础上的科学性与革命性的统一。后四章则告诉学生的是:马克思、恩格斯怎样运用它们所创立的科学的世界观和方法论,拨开错综复杂的表面现象,揭示了资本主义社会的剥削本质,论证了社会主义代替资本主义的历史必然性。马克思、恩格斯在批判资本主义社会、设想社会主义和共产主义社会的过程中,丰富和发展了自己的理论;反过来,马克思、恩格斯又在这些批判和设想中验证了自己的世界观和方法论的科学性。

从直接的意义上说,马克思主义的世界观和方法论是辩证唯物主义和历史唯物主义。但本质上说,马克思、恩格斯运用辩证唯物主义和历史唯物主义深刻揭示的资本主义社会和社会主义社会的发展趋势和规律,也具有世界观和方法论的意义。就是《资本论》

这样一部经济学巨著，也不仅仅是单纯的经济学研究，其中也贯穿着马克思主义哲学和科学社会主义思想，被列宁称为"是一部大写的逻辑"。所以，我们在教学的过程中，既要讲清讲透辩证唯物主义和历史唯物主义是无产阶级的世界观和方法论，又要全面地讲授渗透贯穿在马克思主义政治经济学和科学社会主义中的世界观和方法论，必须让马克思主义的世界观和方法论统领整个教学。

2. 用"人类社会发展规律性"这一主线来统领整个教学。胡锦涛总书记指出："坚定理想信念，重要的就是要坚持用马克思主义的立场、观点、方法来认识世界，认识人类社会发展的规律性。"在"原理"课程的讲授过程中，要贯穿"人类社会的发展规律"这一主线，这对学生从整体上把握马克思主义具有根本性的意义。在马克思主义产生以前，虽然人类社会是按其固有的规律发展的，但是，那时的哲学家们实际上不承认社会发展的客观规律性。旧唯物主义者在自然观上是唯物主义的，而在社会历史领域内则陷入唯心主义。唯心主义则把社会历史的发展归结为一种精神的力量。正如列宁所说"以往的历史理论至多只是考察了人们历史活动的思想动机，而没有研究产生这些动机的原因，没有探索社会关系体系发展的客观规律性，没有把物质生产的发展程度看作这关系的根源"，① 因而把人们的思想动机看作是社会历史发展的决定力量。只有马克思、恩格斯创立的唯物史观，才正确地解决了社会存在与社会意识的关系问题，阐明了物质生产的生产方式是人类社会存在和发展的基础。认为人类社会像自然界一样是客观的物质系统，有其运动变化的规律。社会规律的实现尽管有人的参与，但人们不能主观地改变和取消社会发展的客观规律，只能以自己的实践活动加速或延缓客观规律的实现。马克思主义关于人类社会发展规律的理论，为人们认识社会历史、考察社会发展的历史进程提供了科学的指导。

《马克思主义基本原理概论》这本教材以人类社会发展规律为主线，从物质世界的发展规律，到认识物质世界的发展规律、人类

---

① 列宁选集 [M]. 第 2 卷，北京：人民出版社，1995：425.

社会的发展规律，再到对资本主义和社会主义发展规律的考察，是一个从一般到特殊再到个别的认识过程，它们之间是相互联系、相互贯通的。真正使学生认识到资本主义并不是什么"永恒在场"的社会现象，共产主义也不是什么可望不可即的"海市蜃楼"，资本主义必然被社会主义和共产主义所代替，这是不以人的意志为转移的社会发展规律。

3. 用"人类自由而全面发展"这一马克思主义理论旨归来统领整个教学。马克思主义理论是人类解放的理论，以往的一切哲学都是"解释世界"，而马克思主义哲学则是"改变世界"。马克思主义的"出发点是从事实际活动的人"，马克思主义的立足点是"人类社会或社会化的人类"，而马克思主义的落脚点则是"以每个人自由而全面地发展为前提的全体人的自由而全面的发展"，即共产主义社会的实现。马克思恩格斯毕生为之奋斗的目标就是"推翻那些使人成为受屈辱、被奴役、被遗弃和被蔑视的东西的一切关系"，实现共产主义。马克思创立的"唯物史观"和"剩余价值学说"，归根结底是为马克思主义这一理论旨归服务的。因此，我们在教学过程中，必须突出马克思主义的理论旨趣就是"人类自由而全面地发展"这条主线，全部的教学内容都要围绕这条主线来进行，为这条主线服务。只有这样，我们才能使学生真正弄清楚什么是马克思主义，为什么要坚持和发展马克思主义，怎样坚持和发展马克思主义这个世界观、人生观的大问题，才能从根本上解决"培养什么人"这个大问题。

总之，对于"原理"课程的教学，我们既要源于三个组成部分，又要高于三个组成部分，在整体性的视阈下对马克思主义基本原理进行系统地讲授，努力做到"四个深刻阐明"：阐明马克思主义最根本的世界观和方法论就是辩证唯物主义和历史唯物主义；阐明马克思主义最鲜明的政治立场就是实现最广大人民的根本利益；阐明马克思主义最重要的理论品质就是坚持一切从实际出发，理论联系实际，实事求是，在实践中检验真理发展真理；阐明马克思主义最崇高的社会理想就是实现物质财富的极大丰富，人民精神境界的极大提高，每个人自由而全面发展的共产主义社会。

三、"马克思主义基本原理概论"课程教学
贯彻整体性原则需要解决的几个问题

1. 整体与部分的关系。马克思主义三个组成部分是一个有机整体，这就面临着一个如何处理整体和部分的关系问题。笔者认为，要处理好两者的关系：首先需要明确，整体是整体，部分是部分，整体和部分是相互区别和对立的。其次，整体和部分相互依存。整体由部分组成，整体离不开部分；部分是整体的部分，部分离不开整体，因此，整体与部分相互依存。再次，整体与部分在一定条件可以相互转换。特定整体的组成系统，对于其内层要素来说是整体，而对于外层系统来说就是部分的组成要素，反之亦然。马克思主义三大组成部分，对于马克思主义理论来说，它是部分，但对于自己所属的研究领域来说，它们又是整体。因此，"马克思主义基本原理概论"这门课程在教学内容上就必须做到，既从马克思主义三个组成部分着眼，又不局限于三个组成部分；既考虑马克思主义的三个主体部分的内容，又力求体现三个主体部分的内在联系和有机统一，正确处理好整体与部分的关系。

2. 课时少与内容多的矛盾。现在的"马克思主义基本原理概论"课程涵盖了原来本科教学的"马克思主义哲学原理"和"马克思主义经济学原理"两门课的内容，以及研究生的《科学社会主义》的部分内容，原来三门课总学时是144，现在合为一门课后学时仅有54，这里就有一个课时少与内容多的矛盾问题。

课时少内容多，看起来是一个很难解决的问题，其实并不是一个"真问题"，而是一个"假问题"。人们之所以将这个"假问题"当作了"真问题"，其逻辑前提在于人们把"原理"课等同于一般的文化课了。我们知道，一般的文化课是以传授知识为主要教学目的，如果人们把"原理"课当成一门传授知识的课程来对待，课时少内容多的矛盾就必然会出现，而且很难解决。马克思主义博大精深，如果按照知识传授这样的逻辑前提来进行教学，别说54个学时，就是154个学时、254个学时也不够。这里，我们首先要明

确思想上的一个认识是:"马克思主义基本原理概论"课程是一门思想政治理论课,它要解决的是学生的人生观、世界观、价值观问题,而不是具体的知识传授问题。因此,我们在教学过程中,就不能面面俱到,而是要把握"主题",贯穿"主线",突出"重点",详略得当。知识的传授是必要的,但必须要为解决学生的思想认识问题服务。只要按照这样的整体性教学理念来进行,就不存在内容多与课时少的矛盾了。

3. 教材体系的整体性与教师知识结构专业性的矛盾。"马克思主义基本原理概论"课程的教学内容是哲学、政治经济学和科学社会主义几方面的有机整体,它要求教师有广博的知识底蕴和深厚的马克思主义理论功底,只有这样才能从整体上科学地驾驭课程的教学体系,从而有效地完成教学任务。但以前的马克思主义学科结构基本上是按照哲学、政治经济学、科学社会主义这样三个部分来划分的,我们教师的知识结构也大致是与此相对应的,而且在实际工作中也是按照三门课各自进行教学与研究的。也就是说,我们的老师往往只能胜任马克思主义哲学、政治经济学或科学社会主义某门课程的教学。现在,将三门课程"打通",要求老师不仅具有马克思主义某个组成部分的专门知识,而且还要具有从整体上把握马克思主义的能力和水平。于是,课程整体性要求与教师队伍知识结构专业化之间就形成了一对矛盾。化解这一矛盾出路有三条:一是加快马克思主义理论学科的建设和人才培养;二是加强现任教师的培训;三是教师自身的学习和提高。我们相信,经过一段时间的努力,我们完全能够打破教师知识结构专业化这一瓶颈,提高教师对马克思主义理论的驾驭、分析、诠释和运用的能力,最终实现以马克思主义理论体系的整体性来统领课程教学体系的整体性。

(本文作者:张云阁,海南大学政治与行政学院教授)

提高马克思主义基本原理教学质量
的三个关系问题

殷石龙

"马克思主义基本原理概论"是根据中央 2004 年 "16 号文件"进行改革的高校政治理论课程，它的内容由原马克思主义哲学原理、马克思主义政治经济学原理和科学社会主义的基本理论合并而成，突出马克思主义是一个高度统一的有机整体。该课程内容丰富、理论性强，在整个高校思想政治理论课教学体系中处于中心地位。改革该门课程的教学，提高课程教学质量，关系到马克思主义作为指导思想在高等教育中的实施，关系到大学生世界观、人生观、价值观的形成，也关系到高校整个思想政治教育的成败。

一、马克思主义学术性与党性的关系问题

所谓"学术性"，也可叫科学性、学理性，是指理论和学问建立在符合客观规律基础上的自身相对独立性。说某某理论具有学术性，是强调该理论的产生和发展，是一个符合客观规律的探索过程及其结果，是人们在实践的基础上通过观察分析、思考归纳、相互交流进而逐步达成的有内在逻辑的真理性体系。马克思主义当然是一种理论，是一种"学术"，具有学术性，具有理论的逻辑性，也正因为这样，中央才作出建立马克思主义理论一级学科的决定，并设有五个二级学科，马克思主义基本原理就是其中的一个二级学科，并把它作为高校"马克思主义基本原理概论"课程的学科支撑。这样做的目的显然是突出马克思主义的学术性、科学性。作为高校开设的"马克思主义基本原理概论"课程，首先要把马克思

主义当作一种学术理论、当作一门科学来学习和研究。在我们对学生的调查中，部分学生对马克思主义基本原理课不感兴趣，其原因之一就在于部分教师没有把握其科学性、学术性，仅仅是一种意识形态的空洞说教，因而强调"马克思主义基本原理概论"课教学的学术性，是提高马克思主义理论教学吸引力和实效性的重要举措。

但不可否认马克思主义又是典型的意识形态理论，具有鲜明的政治性和阶级性。它主要是关于无产阶级解放的性质和条件的学说，是无产阶级政党的理论基础，其党性原则是不容否定的。因此学习马克思主义必须旗帜鲜明地站在无产阶级和广大劳动人民的立场上，才能够准确地理解和把握其精神实质。例如，马克思主义认为资本家的一切财富最终都来自于工人的劳动，工人阶级夺取政权后"剥夺剥夺者"就是天经地义的了，如果站在其他立场上是没法理解马克思这一理论实质的。同时党性原则还要求我们教师在授课时要坚持马克思主义的立场、观点和方法，与各种非马克思主义和反马克思主义的思潮作斗争。但事实上在当今意识形态多元化、各种社会思潮大量涌现的情况下，我们也很难完全区分马克思主义与非马克思主义，区分某一观点是对马克思主义的真发展还是假发展。当前国家已组织我国一流专家编写了《马克思主义基本原理概论》的新教材，对马克思主义基本原理有了规范化的阐述，力图把其意识形态性、党性和其学术性、科学性统一起来。但限于篇幅，教材往往是理论观点的堆砌，对学理的来龙去脉难以深入，因而对其学术性有所忽视。这就要求我们教师在把教材体系变为教学体系时必须处理好这一关系。

笔者认为，马克思主义本身是学术性和党性、科学性和意识形态性高度统一的理论，编写这门课程的教材，实施这门课程的教学都必须坚持这种统一，既要站在无产阶级的立场上来讲马克思主义，又要运用马克思主义的内在逻辑来讲马克思主义。特别是对马克思主义经典作家本人的一些个别观点和个别结论，也要从学术性的角度讲清其来龙去脉，弄清其特定含义，不要各取所需、任意夸大，为所谓的现实服务，搞实用主义的那一套，否则马克思主义就失去了其说服力，达不到应有教学效果。能否处理好马克思主义的学术性和党性关系，成为这门课程教学成功与否的关键，也关系到这门学科建设的成败。

二、马克思主义真理性与价值性的关系问题

马克思主义是科学，它揭示了人类社会发展的一般规律，当然具有真理性，但同时马克思主义又具备价值性，为我们认识世界和改造世界提供了科学的世界观和方法论，指引我们对美好社会的价值追求，因此马克思主义是真理性和价值性内在统一的理论。我们过去在学习和宣讲马克思主义的过程中，一定程度上存在着两种倾向：重视其真理性忽视价值性，或重视其价值性忽视真理性。有的人把马克思主义当作哲学和经济学的几条规律，冷冷冰冰地进行知识灌输而缺少人文价值关怀；有的人又只把它当作一种价值理想而忽视它内在的理论逻辑性，甚至把它当作一种难以实现的"空想"而予以否定。

进行马克思主义教学，首先要把它当作真理，讲清它的真理性。真理是人们对客观事物及其规律的正确认识，是标志着主观同客观相符合的哲学范畴。马克思主义是关于工人阶级和劳动人民革命和解放的学说，回答了无产阶级向何处去的问题，是工人阶级和劳动人民认识世界和改造世界的强大思想武器；它揭示了资本主义产生、发展和灭亡并向社会主义、共产主义转化的规律，回答了资本主义向何处去的问题，是推翻资本主义制度，建设社会主义共产主义的理论武器；马克思主义是关于自然、社会和思维发展普遍规律的科学，回答了人类社会向何处去的问题，为全人类的最终解放指明了前进的方向。马克思主义的理想建立在科学基础上，建立在对社会发展规律的正确认识基础上，它向人们证明，社会主义、共产主义是社会历史发展合规律的结果，当然具有真理性。

马克思主义也是一种价值追求，是建立在对资本主义不合理、不公平、不人道的批判基础之上的。它追求社会公平正义、平等自由、民主人权、繁荣幸福、文明和谐，它主张消灭剥削和压迫，实

现共同富裕，建设一个美好的新社会。马克思主义的这种价值追求是来源于空想社会主义，但又超越了空想社会主义。这种超越就集中体现在马克思主义具有了科学性，做到了真理性和价值性的统一。马克思主义以前的社会主义对未来理想社会的设计仅是一种价值目标，是主体对于纯粹的善的单方面向往，因而绝大部分构想只能是空想。马克思的社会主义把对未来社会的预测建立在对现实资本主义发展规律分析的基础上，它不仅追求善，而且以真作为善和美的根据，达到了真善美的内在统一。

这种统一根源于对人类社会历史发展规律的正确认识。马克思主义第一次揭示了人类社会运动发展的客观规律，揭示了资本主义社会的内在矛盾和发展规律，从而证明了共产主义制度的建立是客观历史进程的必然。同时，马克思主义找到了实现共产主义这一目标的现实手段和道路，不再是单纯地把无产阶级看着是被压迫受同情的阶级，而把他们看着是实现共产主义理想的现实力量，这就使社会主义从单纯的理想设计转化成实际的运动，并进而成为实际存在的社会制度。"资产阶级不仅锻造了置自身于死地的武器；它还产生了将要运用这种武器的人——现代的工人，即无产者。"① 正是无产阶级的革命斗争，使社会主义、共产主义的美好制度由可能变为现实。

因此我们在马克思主义的教学中要注重马克思主义真理性和价值性的内在统一。既把它当作真理，讲清其内在逻辑性；又把它当作价值追求，引导学生追求崇高的理想，实现真善美的统一。

三、马克思主义体系性与教学现实性的关系问题

马克思主义理论是一个博大精深的体系，也是一个严密完整的体系。它的内容涉及方方面面，主要有哲学、政治经济学、科学社会主义。原来是分作两门课程来讲的，各呈教学体系，也形成了各门课程的师资。现在把它合并成一门课程，叫作"马克思主义基

---

① 马克思恩格斯选集［M］. 第 1 卷. 人民出版社，1972：257.

本原理概论"，突出马克思主义的整体性。但给带来了教学的新难度，课时少、内容多、任务重、要求高，教学的现实不容许我们把整个马克思主义理论都讲完讲好。讲什么，怎么讲，这就要求我们教师去研究、去探讨，有取有舍，在有限的时间内完成这门课程的教学任务，告诉学生一个整体上的马克思主义，帮助学生掌握马克思主义的立场、观点和方法，这是该课程教学现实性的要求，也是我国高校开设这门课程的根本目的。

积二十多年的教学经验，特别是本学期主讲"马克思主义基本原理概论"的基础上，笔者认为要在教学可能的基础上完成马克思主义体系的教学任务，就要注重以下三个环节：

第一，要把理论教学与实践教学结合起来、课内与课外结合起来、教师精讲与学生自学结合起来。应该说马克思主义理论教学这一块，各个学校都是重视的，列入教学具体计划，有具体的教学环节，有严格的检查和监管。但实践教学这一块都有不同程度的忽视，其原因是两个缺位：一是学生实践教学的经费难以保证；二是实践教学的安全难以保证。一旦组织学生参观考察出了事，在我们国家的目前环境下，谁也负不了责任，因此实践教学往往难以完全落实。但实践教学又是学好马克思主义的基本要求，我们要尽可能地组织实施，如组织课外讨论、组织课程论文、布置阅读书目、检查读书笔记、观看音像资料、安排社会调查等。通过这些实践环节，使学生切身感受社会真实，学会运用马克思主义的立场、观点和方法来认识社会，提高分析问题和解决问题的能力。

第二，要抓住重点、难点、热点、基本点。课时少、内容多，不可能什么都讲到，因而要抓住重点、难点、热点、基本点。这门课程叫"马克思主义基本原理概论"，当然要着重讲基本的东西，而且要着重讲马克思主义创始人——马克思、恩格斯的基本观点。马克思主义是发展的，我们当然要讲发展的马克思主义，但后人对马克思主义发展的观点，我们有另外的一门课程来讲，这就是"毛泽东思想、邓小平理论和'三个代表'重要思想概论"这门课程来讲，我们不能越俎代庖，不能不分轻重，也没有时间做到面面俱到。我们要下功夫、花力气，认真研究哪些是马克思主义基本的东西，要分清基本与非基本、一贯观点与个别结论、创始人的观点与我们后人强加的观点。要注重马克思主义的世界观和方法论，不要把时间浪费在细枝末节上。恩格斯一再强调："马克思的这个世界观不是教义，而是方法。它提供的不是现成的教条，而是进一步研究的出发点和供这种研究使用的方法。"① 抓住这一点来进行教学，应该说是抓住了马克思主义的实质。

第三，要坚持"少而精"的原则，加强教学的针对性，着重讲对社会影响大受学生欢迎的理论。讲课要以大纲、教材为依据，但又切忌照本宣科。要加强教学的针对性，超越大纲和教材。一是要针对不同专业、不同层次。马克思主义基本原理课程是本科院校开设的公共政治理论课，各专业都是必修课，而各院系的学生水平是很不一样的，对经管系学生讲经济理论就要注重理论的深度，对中文系的学生讲哲学要加强高度和深度，对文科学生要讲得深一些，对理工科的学生要讲得浅一些。二是要着重讲受学生欢迎的理论。辩证法、认识论是学生很欢迎的哲学理论，也是对学生世界观、方法论影响最重要的理论，我们要精讲。三是要着重讲对社会影响大，现实意义强的理论。如马克思主义的劳动价值论、再生产理论，马克思主义的辩证观、社会历史观、群众观、实事求是的观点等都有很强的现实意义，对我们当前正在建设的中国特色社会主义影响极大，我们当然要着重讲。马克思主义的许多内容，教材限于篇幅，是不可能突出的，这就为我们老师创造性授课提供了空间。

总之，提高马克思主义基本原理教学的质量，要做的工作很多，要探讨的问题不少，我们每一个从事这门课程教学的老师，要认真总结这方面的经验，进行了这方面的课题研究，把这门课程的教学提高到一个新水平。

（本文作者：殷石龙，湖南理工学院公共社科理论教学部教授）

---

① 马克思恩格斯选集［M］. 第 4 卷，北京：人民出版社，1995：742-743.

"马克思主义基本原理概论"课程教学现状和改进策略初探

闵嘉国 赵萌 苏婕

"马克思主义基本原理概论"（以下简称"原理"课），是根据中共中央宣传部、教育部关于普通高等学校思想政治理论课设置的规定及其实施工作的意见在全国普通高等院校开设的一门必修课，是思想政治理论课的主干课程之一。本课程主要通过向学生讲授马克思主义基本理论，帮助学生树立正确的世界观、人生观和价值观。

一个学期的"原理"课教学已经结束，为了全面了解"原理"课的教学情况，探索更有效的教学方法，我们在召开师生座谈会的基础上，对 2006 级本科生进行了抽样问卷调查，调查内容主要涉及学生的学习态度、目的，教师的教学方法，考试形式，实践活动，对今后教学改革的意见等 19 个方面的问题。发出问卷 460 份，收回有效问卷 456 份，其中文科 163 份，理科 293 份。现将本次调查结果作如下分析，并对今后改进教学工作提出几点探讨性意见。

一、调查情况总结与分析

1. 关于学习态度和目的

在对"您认为'原理'课是否有必要作为高校必修课"这一问题的回答中，选择"有必要"的，理科占 50%，文科占 55%；选择"没必要，可以选修课的形式开"的理科占 40%，文科占 29%；选择"无所谓"的，理科占 9%，文科占 8%。

在对"您是否喜欢'原理'课"这一问题的回答中，选择

"喜欢"的，理科占 31%，文科占 33%；选择"一般"的，理科占 44%，文科占 53%；选择"不感兴趣"的，理科占 17%，文科占 6%。

在对"您喜欢'原理'课的原因"这一问题的回答中，选择"有利于形成正确的世界观、人生观和价值观"的，理科占 52%，文科占 56%。

在对"您不喜欢'原理'课的原因"这一问题的回答中，选择"内容单调"的，理科占 45%，文科占 44%；选择"没有实际意义"的，理科占 27%，文科占 16%；选择"教师水平不高"的，理科占 5%，文科占 1%；选择"大家都不够重视"的，文理科均占 17%。

在对"您对'原理'课的学习目的"这一问题的回答中，选择"为了通过考试"的，理科占 46%，文科占 31%；选择"为了学到实用知识"的，理科占 38%，文科占 39%。

以上数据显示出大学生对"原理"课程的基本评价，这种评价总体不容乐观。虽然大多数学生认为"原理"课有必要作为大学生必修课，有利于帮助大学生树立正确的世界观、人生观和价值观，但也有不少学生认为"原理"课内容单调、没有实际意义，缺乏足够的学习兴趣和动力；另外，不少学生的学习态度也不够端正，认为学习"原理"课的目的仅仅是为了通过考试。因此，我们要想提高"原理"课的教学效果，首先必须帮助大学生树立正确的学习态度，让他们真正意识到学习本课程的重要性和实用性，而且还要指明学"原理"课有其自身的特点。

2. 关于教学方法和方式

在对"您喜欢哪种类型的老师"这一问题的回答中，选择"既有较高的专业水平，又幽默风趣的老师"的，文理科均占 74%。

在对"您希望的教学形式"这一问题的回答中，选择"结合实际的实用性讲解"的，理科占 76%，文科占 83%。

在对"您最希望的教学方法"这一问题的回答中，选择"理论教学为主，适当结合讨论、实践、讲座等其他形式"的，理科占 63%，文科占 64%；选择"多媒体教学"的，理科占 35%，文科占 29%。

在对"对排课的意见"这一问题的回答中，选择"不超过 3 个班"的，理科占 24%，文科占 12%，选择"不超过 4 个班"的，理科占 33%，文科占 52%。

以上数据显示出大学生对"原理"课教师教学方法和方式的基本评价。综上分析，可以看出大学生普遍喜欢既有较高专业水平，又幽默风趣的老师，由此可见教师的专业素质与人格魅力对于教学效果起着至关重要的作用；在教学形式上，绝大多数的学生希望老师能多进行实用性的讲解，这一选择反映了当前大学生之所以冷落"原理"课的重要原因之一，同时也对政治理论课教师的教学提出了改革的方向；在教学方法上，绝大多数学生喜欢多样化的、能激发大家学习兴趣和共同参与的教学方法；在排课班级的数量选择上，多数学生认为最好不要超过 4 个班，这样有利于师生之间的互动交流，创造生动活泼的教学氛围。

3. 关于实践教学环节

在对"社会实践学时分配（12 学时）如何"这一问题的回答中，选择"社会实践学时分配少了"的，理科占 24%，文科占 20%；选择"社会实践学时分配可以，但没有落实到位"的，理科占 53%，文科占 45%。

以上数据显示出学生对社会实践活动的基本评价。可以看出，大多数学生喜欢实践教学这一形式，只是由于一些客观条件的限制，使得社会实践环节没有完全落实。教学要以学生为主体，要想改变学生学习思想政治理论课中的被动地位，就必须要重视实践教学环节。

4. 关于考核方式

在对"您希望的考试形式"这一问题的回答中，选择"开卷形式"的，理科占 63%，文科占 56%；选择"论文形式"的，理科占 27%，文科占 34%，选择"闭卷形式"的，理科占 5%，文科占 2%。

在对"考试前是否有必要划范围"这一问题的回答中，选择

"有必要"的，理科占94%，文科占88%；选择"没必要"的，理科占4%，文科占3%；选择"无所谓"的，文理科均占2%。

以上数据显示出学生对考试形式的基本评价。绝大多数学生倾向于考前划范围和开卷考试。毫无疑问，开卷考试给了学生更多的发挥空间，深受学生的欢迎，但是我们也不能不看到开卷考试从一定程度上降低了学生对"原理"课的重视程度，很多学生认为是开卷考试，考前老师会划重点，就放松了平时学习的积极性和紧迫感。因此，我们必须要使考试方式更加多元化和灵活化，真正发挥考试对学生学习的引导作用。

二、改进策略

1. 加强师资队伍建设

加强师资队伍建设是提高教学质量的一个关键性因素。建设一支爱岗敬业，具有高度政治责任感、崇高使命感和高超的理论水平的师资队伍，是搞好思想政治理论课学科建设的关键，也是一项十分重要的政治任务。

首先，提高思想政治理论课教师的理论素养。要求教师掌握最新的国内外理论成果，要真正吃透专业理论知识，要真正把握教材。

其次，采取多种形式和多条途径，对思想政治论课教师进行业务培训。比如，定期参加社会实践考察和教学调研活动；做好思想政治理论课教师在职进修工作；选派教师参加马克思主义理论与思想政治教育博士点研修等形式来提高"原理"课教师的教学水平和科研能力。①

最后，提高教师的人格素养，培养教师的敬业精神和高尚人格。很多优秀教师的政治理论课之所以深受大学生的欢迎，不仅仅是因为他们自身具备了过硬的专业知识，同时，还因为他们对党和

---

① 顾钰民. 以创新精神推进思想政治理论课的改革和建设 [J]. 思想理论教育，2006 (3).

人民、对当代大学生怀着深厚的感情，他们用情去讲，把这些课讲到大学生心里去了。

2. 改进教学方法

"原理"课的任务就是把马克思主义这个科学真理传授给大学生，帮助他们树立正确的世界观、人生观和价值观。而问题在于，怎样才能使"原理"课的内容真正进入到大学生的头脑中，变成他们能够理解、接受和喜欢的东西。这就要求我们政治理论课教师不仅要具备扎实的专业知识，而且要能适应大学生的需要，探索一些行之有效的课堂教学方法。

首先，要贯彻理论联系实际这一原则。

大量事实表明，用传统的照本宣科的方法是不能取得令人满意的效果的。这是因为，首先，现在很多学生潜意识里存在"马克思主义基本理论离现实太远"的想法，主动性不强。这种状况从一开始就给"原理"课教学增加了难度；其次，学生更多的是关注现实生活中所表现出来的各种现象和问题，其中很多现象是他们感到困惑和迷茫的，但又不能找到正确的答案。对于这些问题，学生迫切需要了解。而对于书本上的东西，学生总认为是比较枯燥的，提不起兴趣。

因此，这就要求我们"原理"课教师在讲课时，首先要贯彻理论联系实际这一原则。具体就是，以现实生活中学生关注的热点问题、深层次问题作为切入点，在此基础上，融会贯通地把马克思主义基本理论传授给学生。教师要善于把学生关注的现实问题与马克思主义基本理论联系起来，要在用马克思主义基本原理说明、解释现实问题上下功夫。教学要加强针对性、实用性。

其次，要使教学方法多元化。

长期以来，我们在具体教学过程中，仍然普遍存在重理论知识传授，轻学生能力培养；重教师的单向教育，轻双向交流的沟通等问题。

因此，我们在教学方法上必须做好两个"转变"：首先，从传统单一的"满堂灌"课堂讲授法向辩论式教学法、专题式教学法和案例教学法等启发性教学方法转变，激发学生参与的积极性，创设生动活泼的教学氛围；其次，从注重传授理论向在注重传授理论的基础上更注重培养能力和转变思想三位一体的教学方法转变，使学生在掌握理论的基础上学会思考、学会应用、学会以正确的世界观和方法论去分析问题和解决自己的各种思想问题和现实问题。

最后，要改善教学手段。

教学手段的创新是提高思想政治理论课教学水平的必要途径。在计算机技术和信息科学发达的今天，要充分利用多媒体和网络技术等现代化的教学手段，把思想政治理论课中抽象的内容具体化、形象化。比如：运用音像资料摆事实、讲道理，运用图表表达概念之间的区别与联系，运用漫画分析哲学道理等，晓之以理，动之以情。声音、图像、文字三者相结合的多媒体教学将会大大增强"原理"课的吸引力和感染力。不过需要注意的是，多媒体的使用必须要注意质量，注意与板书相结合。使用多媒体是方向，若教师初上讲台，条件不很成熟，也可先使用板书授课。

3. 加强实践教学环节①

实践是人生的大课堂。记得一位著名的大学校长曾说过："你告诉我，我会忘记；你给我示范，我能记住；你让我自己做，我就会明白，而且一辈子都明白。"因此，我们必须要把理论教学和实践教学相结合，才能取得好的教学效果。

首先，结合理论进行实践教学。这种模式可以在理论教学的过程中，由授课教师根据教学的内容，有针对性地进行安排。大体可以分为两类：一是语言表达类：采取课堂讨论、演讲报告、辩论等形式调动学生的参与，发挥学生口语和文字表达能力。二是音像图书类：运用现代化教学手段，如录音录像、电影、多媒体、计算机网络、幻灯投影等方式，使教学更加生动，提高学生学习的热情和兴趣。

其次，社会实践教学模式。在理论教学的基础上，以社会为课堂，安排学生参加社会的各项活动。比如，可以组织学生参观考

---

① 杨小文. 加强实践教学 促进高校思想政治理论课教学改革 [J]. 成都中医药大学学报，2005（12）.

察。这种形式可以根据教学内容，随机不定期地进行。博物馆、纪念馆、大型工矿企业、新型村镇等都可作为参观对象。再比如，可以安排学生进行假期社会调查。在寒暑假布置学生开展社会调查，参与社会交往，既可以达到实践教学的目的，又可以使学生了解社会、增强对家乡和祖国的热爱。

当然，我们需要注意的是：强调实践教学并不意味着可以削弱或否定理论教学，因为思想政治理论课实践教学的前提是了解马克思主义基本理论，其目的也是为了更好地理解马克思主义基本理论、原则和方法。舍弃或削弱理论的实践教学只能是无源之水、无本之木。因此，我们必须要把理论教学和实践教学相结合。

4. 改革考试制度

思想政治理论课教学具有特殊性，要求在考核方法上也必须创新。考试方法的创新，实质上是要解决学生怎么学的问题。因此，我们要根据教学目标来设计考试方法。思想政治理论课的教育目标就是使学生掌握马克思主义基本原理，并用所学的基本理论去分析、解决各种社会现象和现实问题。这就要求我们必须加强对学生应用能力的测试。

首先，我们要改革考试方法，要真正实现考试方式多元化。比如，可以把平时成绩、论文成绩、期末成绩相结合，闭卷考试和开卷考试相结合，把出勤、课堂表现、答辩、讨论、读书笔记、课外实践等都纳入到评价体系中。对必须要掌握的基本理论、基本观点，采用考试形式考，对现实问题采取写论文的形式考，对基本理论展开的内容用开卷的形式考，规范性和灵活性相结合。其次，在期末考试中，可以增加试卷中材料题、辨析题、结合实际的论述题的数量，设置一些答案不唯一的题目，抛弃死记硬背的考试方法，只有这样，才能让学生认识到平时学习积累的重要性，摒弃考前突击就可以通过考试的错误想法，才能使考试真正成为一个科学的评价机制。

（本文作者：闵嘉国，武汉理工大学华夏学院；

赵 萌，武汉理工大学华夏学院；

苏 婕，武汉理工大学华夏学院）

对《马克思主义基本原理概论》教材的几点看法

施惠玲

本人对《马克思主义基本原理概论》①（以下简称《原理》）教材存在的一些问题以及今后如何改进教材、加快教材建设，提出自己的一些粗浅认识，以期各位批评和指教。

一、马克思主义原理的理论内核问题

理论内核是指贯穿于马克思主义基本原理、观点之中的主题或主旨，它能够使马克思主义的各个基本原理、观点之间形成一个有机的联系和整体。目前，使用的统一教材《原理》并没有把马克思主义理论中的主旨有效地凸显出来，因此，学生在阅读教材时，感觉头绪太多，很难把握书中所阐发的基本原理和观点之间的有机联系。作为老师，我虽然会在课堂上从自己理解的角度给予说明和强调，但是这又会给学生的理解带来新的问题。

具体到教材的章节来看，第一、二、三章基本上属于马克思主义哲学的内容，理论性很强；第四章是阐述资本主义的生产方式、资本主义的政治制度和意识形态，可以说是对前三章基本原理的实际运用和分析。第五、六章则是从资本主义和社会主义的历史发展来佐证基本原理。教材结构的如此安排大大削弱了后四章内容观点的理论性，显得简单化而没有说服力，而且使得前三章的理论和原理停留在方法论的层面上。

---

① 《马克思主义基本原理概论》，高等教育出版社 2007 年版。

尤其是第五章和第六章，涉及资本主义的新发展，社会主义革命和建设、发展的问题，因为局限于历史进程的描述，所以并没有从理论的意义上提升出原理或观点。这在实际的教学实践中，导致教师只注重前三章内容的讲解，而忽视后四章的内容。

我个人认为，产生问题的主要原因，是教材没有鲜明地突出马克思主义基本原理中的主题或主线，没有把握住所要阐发的原理、观点之间内在的逻辑性。

马克思主义基本原理所体现的主题或内在逻辑性是什么呢？正如教材在开篇就提到的，马克思主义是关于无产阶级和人类解放的科学的思想体系。也就是说，贯穿于马克思主义基本原理之中的主题和主线是人的发展和人的解放问题。但是，在教材中这一主题和主线消失了。这不仅使教材的前后章节内容之间相脱节，而且更重要的是把马克思主义关于人的发展和人的解放的一些重要理论和观点没有在这样一本重要的教材中阐发出来。如马克思主义的人性观，人的需要、人的价值、人的异化、人的发展问题等等。所以，当我们强调人类社会发展的基本规律是生产力与生产关系、经济基础和上层建筑等的矛盾运动时，我们所看到的就仅仅是物质生产力和社会形态、社会结构的问题，人的存在和作用已经消失了，人已经"不在场"了。马克思主义原理中没有了关于人的存在和发展的观点，那我们又怎么联系现实来理解和阐述"以人为本"呢？我个人认为教材恰好没有彰显出"以人为本"的精神实质。

与此相关，因为缺失了马克思主义的人的发展和人的解放主旨，教材并没有完全揭示出马克思主义理论本身所具有的特质。马克思主义的理论贡献，或者说"马克思主义对人类历史产生巨大影响的力量源泉来自三个方面：对资本主义的批判，对新社会的预言和对人类历史和资产阶级社会的科学分析"①。至今马克思主义最广泛、最深刻的影响，客观地说应该表现在前两个方面，而它们

① 孙志海.马克思主义整体性研究的战略思考 [J].江苏社会科学，2007(3).

正是以人的发展、人的解放为理论的基础和内核的。

为此，我们不能因为强调马克思主义的科学性和革命性而遮蔽掉其还具有的人道主义精神和批判精神，没有批判性就无法理解其科学性，没有人道主义精神也就无法理解其革命性。

二、马克思主义原理的整体性问题

这一问题实际上与第一个问题是紧密联系在一起的。教材因为缺失了主题或明晰的线索，以及前后章节叙述角度的不统一，导致的另一后果就是削弱了马克思主义的整体性。我们之所以要把原来分开的马克思主义哲学、马克思主义政治经济学统一在一起，进行课程改革，就是力图从整体上来理解马克思主义，改变以往的阐释方式，从而加强马克思主义对现实生活的解释力，巩固其主流意识形态的地位和作用。但现在的教材，尤其是通过这一学期的教学实践，我深深地感受到它仍未摆脱过去教科书中马克思主义三大块的影响。加之目前师资队伍的现状，课时安排的局限等，使得马克思主义基本原理课程的实效性与其想达到的目标相去甚远。

如果我们不能及时加以总结和反省并改变这种状况，不要说三五年后不能达到改革的预期目的，就是前期为此而作的努力也会付之东流。

要尽快解决以上问题，首先，我们这些理论工作者尤其是编著教材的学者们，应该具有历史眼光和世界眼光，必须把马克思主义看成是活的不断生成的、不断在吸收各种人类思想精华的历史中充满生命力的有机体；还必须抛弃门户之见，切忌以所谓的正统马克思主义者或其维护者自居。惟有如此，才能突破自身的狭隘意识。其次，要把人的发展、人的解放问题贯穿于马克思主义的基本原理之中，也就是说，要把人的发展、人的解放作为马克思主义整体性的切入点和突破口，把人的发展和人的解放看做是马克思主义活的灵魂，沿此主题和线索，层层递进和深入，对马克思主义基本原理做出层次分明、系统而有效的梳理和阐述。①

三、马克思主义原理的当代性问题

马克思主义原理的当代性问题，是我们今天研究和学习马克思主义理论的重大问题。如果说马克思主义的基本原理对"中国实践"、"中国问题"不具有理性分析、批判、建设和引领的作用，那么它也就不具有有效性，而马克思主义原理的当代性正是由其有效性表现出来的。

教材忽略的一些重要问题恰好就昭示了马克思主义原理的当代性，我在此列举一二。

关于资本运行的逻辑问题。我们都知道当代世界正处于全球化、尤其是经济全球化的进程之中，而经济全球化是资本的全球化。可以说资本已成为当代世界的灵魂，其影响已毋庸置疑。但是，教材对资本的历史作用、资本的现实特征、资本在当代社会运行的逻辑、资本与全球化的内在联系等重要问题，没有给予有力而深刻的阐明。教材中的资本理论还仅仅囿于它是马克思主义唯物史观的具体运用和实证范例，把过去传统《马克思主义政治经济学》教科书中的基本理论观点都罗列在第四、五章之中了，既没有从马克思的世界历史理论出发，也没有吸收当代学者们对于资本全球化研究的新成果，因而，对经济全球化及其与资本的理论说明只能停留在现象的描述上。

教材对"社会主义问题"的回避，例如第六章，是从社会主义的革命、发展道路而不是直面分析社会主义的生产方式、政治制度和意识形态等问题，从而使得马克思主义基本原理的当代性或有效性成为一个令人质疑的问题。

以上所谈是个人在教学实践中对教材的一些认识和看法。我认为要使马克思主义的基本原理深入大学生的内心，对现实具有解释

---

① 孙志海．马克思主义整体性研究的战略思考［J］．江苏社会科学，2007 (3)．

力和说服力，现有的教材就必须突破原有的条条框框，进行真正意义上的理论创新。

教材内容的创新，首先要使教材真正贯彻和体现马克思主义理论的内核与核心，而不是各种观点的妥协和折中。其次要突出马克思主义理论研究中的重大问题，如人的发展与解放、资本、生产力等问题。关于生产力的问题，我们不仅要重视物质生产力，还应该重视社会生产力和精神生产力的问题，不仅要强调生产力的推动作用和进步性，还应该重视生产力的异化问题。

理论创新不仅体现在教材的内容上，而且也应该体现在教学的形式上面。

四、《原理》中的形式主义问题

"马克思主义基本原理概论"课程是意识形态教育的重要组成部分。目前，我们的意识形态教育方式仍然是过去那种表面化的、灌输式的教育方式（我个人认为这与教育方法是两回事情）。不仅如此，形式主义的东西也越来越浓厚，我们有统一的教材、统一的课堂、统一的学分和统一的课时；此外，我们还要组织专家们进行精品课程的评选。试想，课程讲授是对学生而不是对专家们进行的，精品课程的评选不以学生为主体进行，而是由专家们来评比，这样的精品课程评选还有什么意义呢？当我们的老师们把此作为自身的业绩，而专家们把此列为申请课题、申报基地、评职称时的优先条件时，这与我们经常批评的政府"政绩工程"、"形象工程"又有何区别呢？

要想改变我们意识形态教育方式的弊端，我认为根本的出路是要由过去的灌输方式转变成为一种渗透的方式；由片面追求政治思想的"大一统"，转变成为一种政治素养、思想素养的提高；由追求那种大规模的、统一的、"急风暴雨式"的立见成效，转变成为一种潜移默化的、"润物细无声"的境界，只有达到了这种境界，我们的意识形态教育才能够深入人心。

对此，我们应该加强对意识形态教育方式改革的研究，在研究的过程中，要积极吸取一些国家成功地进行意识形态教育的经验与模式，这些经验和模式都会给我们意识形态教育的方式改革带来启迪。

（本文作者：施惠玲，北京交通大学人文社会科学学院副教授）

"马克思主义基本原理概论"课堂教学实效性问题探论

杨金洲　阎占定

"马克思主义基本原理概论"课程是高校思想政治理论课"05方案"的重要组成部分，在新课程体系中具有基础性作用。所谓基础性的作用，主要体现在要从基本理论角度使大学生掌握马克思主义的世界观和方法论，从整体上把握马克思主义的科学内容和精神实质。而课堂教学是完成这一基础作用的核心环节。本文将从三个方面对如何增强课堂教学实效性进行探讨。

一、如何处理好《马克思主义基本原理概论》教材体系与课堂教学体系之间的关系

《马克思主义基本原理概论》教材最大的特色是整体感较强。从内容上看，这本教材既综合了马克思主义哲学、政治经济学、科学社会主义三个部分的知识要点，又高于三个组成部分，力图从整体性角度把握马克思主义原理，充分体现了马克思主义中国化的最新成果和中国特色社会主义实践的最新经验，突出了马克思主义的基本立场、观点、方法，具有现实性、针对性、可读性的特点。从主题上看，本教材着重回答什么是马克思主义、为什么要坚持马克思主义、如何坚持马克思主义。从章节线索来看，从绪论到第七章依次阐述了马克思主义的一般规定，辩证唯物主义和唯物辩证法，马克思主义认识论，历史唯物主义，资本主义的形成、本质和历史进程以及社会主义的产生、发展与前途。上述三个方面从整体上构成了本文所称的教材体系。

课堂教学所遇到的第一个问题是如何在 54 个学时中贯穿这一教材体系的内容和要求。尽管教材编写专家们为我们指出了每一章的重点与难点。但围绕这些重点与难点的是一系列的知识要点。不讲清这些知识要点，重点难点就讲不透、讲不深。而教材中重点难点太多，知识要点太多。为此，我们在反复学习研读教材体系的内容与要求的基础上，摸索出一套课堂教学体系。这一课堂教学体系由四个大问题及相关知识要点所构成。第一个问题，什么是马克思主义？具体知识点有：马克思主义的规定；马克思主义在人类思想史上发生的伟大变革；马克思主义的本质特征。第二个问题，马克思主义的科学世界观和方法论是什么？具体知识点有：科学的物质定义及意义；实践的定义及内涵；意识的本质及作用；辩证法联系与发展的两大特征；矛盾规律是辩证法的根本规律。马克思主义认识论是能动的革命的反映论；历史观的基本问题；社会发展动力系统：社会基本矛盾、生产力、阶级斗争、社会革命、社会改革、科学技术、人民群众。第三个问题，马克思主义科学世界观与方法论在探讨资本主义社会时得出的结论是什么？具体知识点有：马克思的劳动价值论、剩余价值论、资本主义基本矛盾及表现；如何看待资本主义的新变化及其历史地位。第四个问题，马克思主义科学世界观与方法论在探索社会主义社会和共产主义社会时得出的结论是什么？具体知识点有：苏联对社会主义道路的探索；经济文化落后国家建设社会主义的艰巨性、长期性；中国社会主义的改革；共产主义社会的基本特征；人的全面而自由的发展与和谐社会的建设。四大问题与相应知识要点紧密衔接，思路清晰，重点明确，为我们完成教材体系的任务奠定了基础。

二、如何处理好课堂教学内容与学生思想实际、学术观点之间的关系

从课堂教学体系的基本结构和知识要点的角度来安排和贯穿课程体系，只是提高课堂教学实效性的前提条件。但是，要使这些知识点带着足够的吸引力、理论穿透力来引起学生们的关注，重要

的环节是既要了解学生的思想实际，又要通过学术观点以理服人。

1. 关注学生的思想实际，增强课堂教学的针对性

学生既是教学的对象，又是教学中的主体。要增强课堂教学的针对性，我们必须发挥学生的主体作用。

首先，在全球化、信息化的历史条件下，我们的课堂教学面对的是一个个有思想、有个性的青年人。在思想的历程中，他们知道古希腊的自然哲学、中世纪的上帝、黑格尔的"绝对精神"都不足以成为现代人的安生立命之所，中国传统的天人合一也未能在现代社会自行更新与转化。在精神上，每个人必须独自去寻找自己的精神价值或归宿，寻找这个世界对自己的意义。社会主义市场经济体系正全面建成，市场经济所遵循的价值规律、等价交换规律、优胜劣汰的规律、竞争规律正渗透或影响着社会生活每一个角落。个人的竞争意识、风险意识、平等意识逐渐增强。上述两个方面，使当代大学生的主体意识、个人意识增强。他们希望自己的人格被尊重，自己的个性能发挥，自己的缺点能被包容，自己的优点能被关注，自己的权利能得到维护。这个基本的思想状况，成了我们从事精神产业的基本平台。这就要求我们深入了解我们这个时代的巨大变革及其造成当代大学生思想的变化性、复杂性，找到马克思主义理论与他们思想深处的契合点，拨动他们心灵的琴弦，与他们的精神世界共鸣、共感、共振。有些教师实际上不知道学生要学什么、在想什么、在信什么，一味只是从教师自己的观念、角度、愿望出发进行说教，使自己的教学活动成了无的放矢。

其次，要高度重视现代西方思潮对当代大学生产生的影响。一方面，现代西方思潮极大地开阔了人们的视野。西方马克思主义对经典马克思主义文本的回归、挖掘和解读，对教条的、"左"的马克思主义的反叛和批判，启发了我们对马克思主义真精神的探讨。现代西方非理性主义对西方传统的理性主义和道德文化的批判态度对当代大学生的批判革新意识和创新精神有着强化作用。这些思想强调个人的独立感知和生命体验，强调人的开放性、未完成性和自由选择性，它启发、促进了大学生的自我改变、自我更新、自我开放。另一方面，这些思潮对当代大学生也产生了一些负面影响。西

方马克思主义在深化和拓展马克思主义理论的同时夸大了马克思主义理论的内在矛盾,使马克思主义作为严密完整的科学思想失去了内在的统一性,给大学生在理论上思想上造成了一定的混乱和迷茫。非理性主义思潮中的极端个人主义倾向和非理性主义因素助长了青年学生中偏激的情绪主义和行动主义冲动。道德虚无主义、历史虚无主义、民族虚无主义等情绪严重,在精神上找不到归属和支柱。"马克思主义基本原理概论"课程一方面要用马克思主义原理培育学生的科学世界观、历史观、方法论,一方面必须与他们思想中的错误思想进行不懈斗争。这是一项艰巨、长期而光荣的思想任务,政治教育工作者义不容辞。

2. 以社会主义实践为根据,用学术观点增强理论的说服力

"马克思主义基本原理概论"课程不仅要求我们关注国内外大事,用社会主义现代化建设的实践说明问题,更重要的是要求我们在课程内容上深入钻研、以理服人。笔者认为,学生所拒斥并不是马克思主义本身,而是对马克思主义的教条独断的解释,是对马克思主义学术性的遗忘和对其意识形态性的简单推崇。教师应在教学内容的如下几个方面下功夫:

第一,了解马克思主义近 10 年来在理论方面的动态、成果。首先,是"马克思主义哲学的性质是什么"的问题得到深入的研究,有了更强的问题意识。其次,是对苏联哲学模式的体系和核心理论进行较为集中的反思和批判。再次,唯物史观的研究,重点是历史决定论和人学研究。再三,对马克思主义哲学文本的重新解读,以及对与它前后、同时哲学的比较研究也取得重要成果。最后,马克思主义哲学与当代社会的关系研究,如价值哲学、社会发展理论、可持续发展战略、和谐社会研究,这些研究充分显示了马克思主义的生机与活力。

第二,了解从古希腊哲学发展到马克思主义的思想线索和脉络。马克思主义理论是西方思想的产物,不了解古希腊哲学、文艺复兴哲学和德国古典哲学,对马克思主义本身的性质、特点、变革意义及一些基本概念的理解、讲解就必然是肤浅的、杂乱的,就不能以理服人,以理(理论)吸引人。当然这不是要求教师把马哲

课讲成西哲史，而是在讲解马克思主义原理时有更丰富的材料和哲学流派的比较，有更强的逻辑说服力，有更深厚的哲学底蕴和学养。

第三，了解中国哲学的传统和思维方式。马克思主义在中国的发展必然是其中国化的过程。这就要求教师关注中国的传统文化、比较中西哲学的思维方式，研究马克思主义哲学与中国传统文化的关系，探讨马克思主义中国化的文化背景、理论依据、融合生长点、理论和现实意义。只有这样，马克思主义才能真正"中国化"，中国才有真正自己的马克思主义。

总之，以马克思主义作为指导，以西方哲学发展史和中国哲学传统为底蕴，是教学过程中增强理论说服力、引起学生由兴趣到主动学习的基本环节和要求。

三、如何处理好课堂教学内容与教学 形式及社会实践形式之间的关系

增强"马克思主义基本原理概论"课程实效性除了在教学体系、教学内容上下功夫外，还要求教师围绕课堂教学努力探索多种教学、实践形式，以丰富、深化课堂内容。

1. 展开课堂交流与对话。教师在课堂教学中切忌一人独白，照本宣科，要注重提问、启发。大学生在高中时都学过政治课，大学的任务是引起他们更深入的思考。因此，单纯知识要点型的讲课方式必须改变，要以主题为中心，以启发思考、增强分析问题的能力为任务。不断提问，既可以活跃课堂，抓住学生注意力，又可以进行思想的交流，给学生以平等对话的氛围。

2. 组织课堂讨论与课外演讲。网络时代，学生的思想非常活跃。他们上网所了解、接触的各种观点没法找到一个正常讨论、发表的平台和场所。我们教研室先定出一些主题，让同学们下课后上图书馆、上网了解这一主题及相关的观点。我们抽出一个单元时间，由学生上台讲解，阐明自己的观点。大家畅所欲言，各抒己见，思想的火花，照亮求知者的心灵，逻辑的力量潜移默化感染师

生。在课堂讨论的基础上，举办全校性的马克思主义基本原理演讲大赛。这种比赛，主题更统一，讨论更热烈，气氛更活跃，发言更精彩。同学们都感到振奋和启迪。这一活动，从更大的范围调动了大学生们学习马克思主义的主动性，积极性。这一环节是增强马克思主义基本原理课堂教学实效性的关键环节。

3. 组织学生走出课堂、走入社会。在我校，每个学期都安排院系教师带领学生到少数民族地区进行社会调查、考察和文化科技下乡活动。近三年来，思想政治教育学院每学期组织大型的社会考察活动，近的，如参观武钢、神龙轿车基地、中山舰、武汉人才市场、首义红楼，还有森林公园植树、武昌火车站义务劳动。远的，参观南街村、韶山、井冈山、延安、红安、洪湖等地，这些社会实践活动理论与实际相结合，陶冶了学生情操，有利于学生正确地认识改革开放的实际和前景，使学生把对马克思主义的理解、观点、方法主动运用于分析社会、解释社会现实的过程中。

以上从课堂教学体系、课堂教学内容、课堂教学手段三个方面探讨了在"马克思主义基本原理概论"课程教学过程中的三个实际问题。只要我们围绕这三个方面努力钻研，"马克思主义基本原理概论"课程教学就会更具实效性、针对性、亲和性。"马克思主义基本原理概论"课程就会成为一门大学生人人爱学、学好能用、用之有效的思想武器和精神财富。

（本文作者：杨金洲，中南民族大学思想政治教育学院副教授；
阎占定，中南民族大学思想政治教育学院教授）

"马克思主义基本原理概论"课程教学中学生参与的改革探索

　　一般而论，高质量地组织"马克思主义基本原理概论"（以下简称"原理"）课程教学活动，应该依据如下五个方面：第一，马克思主义理论的内在逻辑。这决定着"原理"教学活动展开的基本线索、进度和重难点布局。第二，基本教学规律。"原理"作为高校思想政治理论课，其教学既要展现自己的特点，又要符合于教学的基本规律。第三，教学对象的身心特点、学习状态和需求。"原理"教学是为了培养学生科学的世界观、方法论、人生观和价值观，学生的状况及其要求，直接规定着教学内容如何取舍、教学活动怎样展开。第四，教学活动的教师主体地位及其特长。教师作为教这一活动的主导，自身的马克思主义理论素养、教学能力和个性特征也会直接影响教学的质量。第五，马克思主义在当代中国的境遇和实践。这既是"原理"所包含的理论在现实中的价值呈现，又是"原理"教学的宏观背景。与一般自然科学的教学活动不同，"原理"具有社会主义意识形态的内涵，因而这种世界观、价值观在当代的落实状况，这种意识形态的现实境遇，马克思主义中国化的成就等作为环境因素和新增的教学内容会直接或间接影响"原理"的课程教学活动。

　　可以就以上任何一方面进行"原理"的教学改革，一种高质量的能让大学生真心喜爱、终身受益的"原理"的教学也应该就以上诸方面都进行改革并系统协调。本文只依据其中第三方面，即以学生为本、加强学生参与教学来谈谈"原理"的改革与探索。

一、学生参与"原理"课程教学的必要性

学生是否参与"原理"课程教学并不是纯粹的理论问题，它首先是一个实践问题，正是教学实际和时代发展等相关需要，构成了该问题的必要性。具体讲：

第一，学生在教学中的主体地位客观要求其参与"原理"课程教学。教学活动是一个双向互动的过程，既表现为教师教，又表现为学生学，还表现为教与学的互动。就教而言，教师为主体，学生为对象，教学内容从教师输入学生；就学而言，学生为主体，教师为手段，学习过程是以教师为辅助手段主动吸取。这样，教学活动是双主体双维度的活动，而且两个主体之间同时需要对方的支持和接受，只有在主体间交往互动之中才能真正实施教学。可见，若缺乏学生作为主体参与教学，任何教学活动包括"原理"课程教学活动都无从展开。而且，学生作为主体参与教学，也是当前科学发展观的必然要求，科学发展观核心是以人为本，在从事"原理"课程教学活动中，以人为本的一个体现就是以学生为本、立足学生、充分发挥学生的主观能动性。

第二，"原理"课程教学的目的和学科特征决定了学生参与"原理"课程教学的必要性。"原理"课程教学固然有其传授知识的功能目的，但与一些自然科学、社会科学相区别的是，"原理"课程教学的目的主要在于传成人之道、解做人之惑、奠立人之基，也就是帮助学生树立科学的世界观、人生观、价值观，帮助学生成为有精神脊梁的真正的人。如果说学习关于自然之知识、做事之技术尚能在某些被动接受的情况下完成，那么上述成人之道绝不能离开教育对象自身的努力，精神脊梁必须靠自己才能挺直，类似"原理"等的教学只能起到疗治、引导、帮助的作用。因此，离开学生的参与，"原理"教学的目的难以真正实现。"原理"的学科特征是在实践基础上科学性与革命性的统一，它表现出深刻的批判性、反思性、探索性。在教学过程中，这些学科特点作为先在的逻辑，必然要求教育者以与此相关的方法精神去阐述理论、传道解

惑，也必然要求学习者以与此相符的方法精神去领会、贯通、运用理论，即通过批判、反思、探索等参与教学中。

第三，高校发展状况和"原理"教学中存在的实际问题，客观上要求引入学生参与的教学改革。2006 年，我国普通高校招生540 万，在学总人数超过 2300 万，高等教育毛入学率达到 22%，已经进入了国际公认的高等教育大众化发展阶段。伴随这种发展状况，高等教育的教学改革自然而然提出新的要求。早在高等教育的精英教育阶段，尽管教育者主体地位及其作用在教学活动中备受重视，但因材施教、因人施教的相关困难已经呈现出来。到大众化阶段，"批量"教育使得因材施教更难实施，为了确保和提高教学的效果，除了更要强调教育者主体作用之外，还要充分发挥学习者的参与性，确立学生在学习上的主体地位，以学生的主动参与弥补教师在因材施教方面的客观局限，以师生的教与学互动拓展大众化教育的教学空间。

就"原理"教学而言，实际存在的不仅有因材施教上的困难，还有其他亟待改革的问题，其中典型的一类是：在教学中脱离学生、无视学生甚至背离学生。如普遍性的填鸭式灌输，不顾及被教育者个体素养、理论兴趣与需要；教学内容上把马克思主义原理当作客观知识体系教条式的宣讲；课程教学展开手法单调，缺乏教学双方的互动；条分缕析过之，启发、引导不足，尤其是师生之间双向启发、反思、思想碰撞和探究较少。类似问题的结果是，"原理"课教师成为真理的说教者，学生成为死记硬背者，"原理"枯燥乏味，失去应有的智慧魅力和精神感召力。要改变如此尴尬状况，必须引入学生的积极参与。

二、学生参与"原理"课程教学的可行性

拥有上述这些学生参与"原理"课程教学的根据和重要性之后，还有待相关条件、能力的辅助。既有根据又具条件，方能使学生参与"原理"教学的改革付诸实施，化为现实。那么，当前是否具备了学生参与"原理"教学的相应条件、能力呢？我们可以

从学生、教师、高校和"原理"等方面考察这一改革的可行性。

从学生方面看，大学生正处于心理断乳期，自我意识基本确立，具有强烈的主体诉求，而且中小学阶段的学识积累，已经形成相对稳定的认知结构，从而在心理能力和知识能力上具备了主动参与"原理"教学的条件；大学时期也正是一个人世界观、人生观、价值观从自发逐渐走向自觉的时期，原有的价值观等的积累不仅为"原理"课程中追思人生、探索价值世界等参与活动储备了素材，也为师生之间思想的交流碰撞提供了互动的可能空间。

从教师方面看，传统的讲授方式要求教师全盘掌控课堂，其难度大，所要求的技能全面。如果以这样的状态及要求作为参照来分析学生参与"原理"教学后的教师上课情况，那么其难度反而会下降，因此，学生参与"原理"教学，从教师技能要求上讲也是可行的。

从学校方面看，高校与中小学的重要区别是对学生学习自主性的要求高。进入大学，意味着学生将从"要我学"转向"我要学"，与此相关，高等院校的体制、措施也是满足学生"我要学"而设置的。这就为学生参与"原理"课程教学提供了制度保障。

从"原理"的学科看，它的教学内容是马克思主义的世界观、方法论、价值观。"马克思的整个世界观不是教义，而是方法。它提供的不是现成的教条，而是进一步研究的出发点和供这种研究使用的方法"，因此，学习"原理"，重点是掌握和运用马克思主义的世界观、方法论，其基本的学习方法就是理论联系实际。这不仅要求教师以马克思主义世界观、方法论具体分析问题，并以此贯通整个教学过程，也要求引导学生以马克思主义世界观、方法论灵活分析问题。学生参与"原理"教学的改革恰恰是与这一学科的方法论要求吻合的，因而在"原理"自身体系中就拥有一系列支撑此改革的力量。

三、学生参与"原理"课程教学的改革与探索

基于以上的可行性研究和必要性分析，我们在"原理"教学

中进行了学生参与的教学改革，摸索和讨论了一些相关方法和措施。

第一，以组、班为单位，就某一章节，挖掘学生自己感兴趣的问题，做课外的准备，并在上课中作讨论。问题可分为两类："原理"中纯理论观点；联系实际的观点或现实中的热点。要求是：集中全组或班的力量，在课前积极收集相关材料；集体拟定主题；制作 PPT 课件；以一人为组或班代言，在上课时上台讲演；完成之后由学生首先评议和讨论，再由教师总结陈词；评议情况记为该组或班平时表现或成绩。在这类参与活动中，班、组之间有竞争、有协作、有评议，班、组内部有研究、有讨论，使得学生进入"原理"的话题，参与理论观点的挖掘与分析，为上课做很好的铺垫。教师的作用是在课外就主题或材料收集做一定的引导，在课内就讲演做一定评议。

第二，课中讨论。由教师提出相关问题，学生做相应的讨论。在教学展开中，教师根据各章节教学内容的逻辑，挖掘一系列既有理论趣味又有理论深度、教学意义的"关节点"问题或材料，引导学生思考、钻研。学生的讨论可有两种方式：一是自由回答，各自提出自己的看法和分析；二是论辩式发言，不仅提出自己的观点而且展开多方的争论，在相互答辩中明问题之理。也鼓励学生在课堂教学中就教学内容提出自己的疑问、看法，当场给予分析或讨论。课中讨论中，教师起到提、引、答、质等作用。提是提出问题、点出话题，这些问题应该具有一定理论包容性，学生有能力介入其中。引是在学生回答或辨析问题时，提示其分析的方法、基本思路、思想的方向，引导学生的思想循序渐进最终达及问题核心，防止学生偏离问题。答是回答学生的疑难，解其苦恼。质是在学生讨论中质疑其论点、方法、思路，帮助学生辩证思维，刺激其灵感，使之眼界开拓，达至思想的创造。根据我们的经验，这类问题如果作为预习内容提前布置，学生参与的热情更高，讨论也越深入。在讨论中有时教师能享受到类似苏格拉底运用"助产术"所带来的论辩之乐和智慧之趣。倘若学生亦能在其中领略到相应的思想趣味，将大大提升他们参与"原理"教学的热情。

第三，学生小课题研究。这是上述两种讨论的课外深入。论题来自前述讨论，由感兴趣的学生自由选择，在课堂讨论的基础上，继续收集材料，再深入论题的内涵。教师或起指导作用，或者联合研究。其成绩记入平时表现分。

第四，"原理"课程的学生课题与学校"两课"论文竞赛。把各班的小课题研究进行评选，择优列入"原理"学生课题。每学年学校进行一次公开的"两课"论文竞赛征文活动。活动由学校党委牵头，联合学工部、团委等部门，以"两课"教学单位为主办单位。择优选拔学生"两课"论文的活动，能在学校范围内加强学生参与"两课"的积极性。"原理"课程的优秀学生课题可以优先推荐参加"两课"征文。

第五，编写"原理"课程原著选读，课堂中列相关参考文献和选读书目，要求学生在课外自学。其中原著选读要求写相应的读书笔记，成绩也记入平时分。

第六，期中学生座谈会，期末学生对教师评估，听取学生反映，把学生反馈意见落到"原理"教学实处。

第七，课外小实验、期中社会实践、学年社会考察。课外小实验是在课间或课外结合"原理"的思想由学生进行的实验，实验原型可以引自其他学科，但应能验证"原理"的观点、思想。譬如"背摔实验"通过验证信赖与被信赖关系，表达矛盾的思想。期中社会实践是根据学生期中和平时表现择优参加，目的在于用所学理论去观察社会现实，尤其是分析中国改革的成就与问题。在两个学期的"原理"实践中，我们组织了到浙江秦山核电站和上海浦东新区两次活动。学年社会考察是以"两课"教学单位为主导的跨省社会实践活动，"原理"课程参与其中。通过在学校范围"两课"征文比赛，选择一定量优秀论文获得者，在教师组织下，到红色革命根据地等具有思想、文化、经济意义的地方考察、参观、学习。行万里路，开眼界启思路，领略改革成就和祖国文化思想，这样的社会考察活动与读马克思主义著作结合起来，使学生参与理论与实践的互动联系，受到学生的好评。

四、存在的问题与进一步改革的希冀

高校教学是一个复杂系统，一个环节上的改革会引起诸多方面的相关变动，"原理"课程教学中学生参与的七方面改革探索，"牵一发而动全身"，引发了一系列问题，主要者有：一是学生参与的"度"的问题，在教学活动中学生多大程度上介入教学，课内参与占多少时间，多少教学内容可以参与等；二是教与学的张力问题，学生参与并非天然有利于教学，因而这两者间互动有一个如何规范的问题，有一个避免教与学对抗、促教与学相长的原则问题；三是教师的学力保证、精力投入问题，由于学生参与不限课内外，势必增加教师精力、时间投入以及增加专业学养的压力，教师课外投入如何衡量、教学与科研在时间上的可能冲突如何化解、课外指导学生如何归入教师考评等问题会呈现；四是财力问题，学生课题的立项、社会实践等必须财力支持；五是学生参与中情与理的协调问题等。这些涉及的问题还有待进一步的研究，其所牵动的一些关系有必要进一步理顺。从已经获得的成效来看，"原理"课堂活泼了许多，大多数学生都参与了教学，并从参与中进入"原理"的门径，部分学生课余热情地钻研"原理"相关理论，总体上扩大了学生的理论眼界，提升了他们的精神风貌。存在的问题和取得的成效给予我们进一步改革的需要和希冀。

（本文作者：傅德田，杭州师范大学社科部浙江财经学院副教授；

朱巧香，杭州师范大学社科部浙江财经学院副教授）

关于在"马克思主义基本原理概论"课程教学中加强主流意识形态教育的思考

王玲玲　汪荣有　赖亦明

　　思想政治理论课中的"马克思主义基本原理概论"（以下简称"原理"）作为引导我国青年成长的主流意识形态，从根本上决定着大学生的世界图景、思维方式、价值取向、审美情趣和终极关怀，可以帮助大学生用科学的立场、观点和方法正确认识社会、改造世界；认识自我、改造自我，是适应青年学生追求真理、构筑精神支柱和提升全面素质需求的科学理论。其教学质量的高低，在思想政治理论课中具有重要意义。

一、存在的问题及其原因

　　当前，我国大多数高校的"原理"课程教学主要存在以下问题：①理论上的重视与现实中的轻视并存。现实中，"原理"课程高质量的教学水平和繁重的教学任务在不少学校是没有被得到认可的。"原理"课程在实际上常常处于被轻视、被忽视的边缘化状态。②学生的学习态度过于功利。"原理"通常只是被当作获取学分或者通过考研的工具，对于马克思主义理想信念的重要性和必要性认识不清。③教学方法呆板、僵化，教学内容脱离实际。④师资队伍不能完全适应社会转型时期对"原理"教学的新要求。"说起来重要、做起来次要、忙起来忘掉"导致的口惠而实不至的现象普遍存在。

　　由于意识形态领域的斗争直接影响到包括"原理"在内的思想政治理论课的教学效果和说服力，所以，没有认识到意识形态之争对"原理"课程的强大影响力，不能正确认识"原理"课程的意识形态意义，是"原理"课程教学所有问题的症结所在，也是制约"原理"教学效果的瓶颈。例如：西方意识形态的强劲渗透贬低了马克思主义的理论价值和实践意义；非主流意识形态的负面影响干扰了大学生对马克思主义主流意识形态的认同感；国际上意识形态话语权斗争的结果对大学生的心理冲击，导致部分学生丧失了马克思主义的信念；社会转型时期社会不公和腐败现象的加剧，制约了马克思主义主流意识形态的说服力；"原理"教育理念的错位直接影响了马克思主义主流意识形态教育的实效性，等等。这些都在实际上消解了人们对"原理"的正确认识和准确把握，甚至直接导致了一些大学生对马克思主义理论的逆反心理，也引发了他们对"原理"课程的抵触行为。

二、在"原理"教学中加强主流意识形态教育的重要性

之所以要在"原理"教学中加强主流意识形态的教育，这是由马克思主义主流意识形态在当代中国的存在状态决定的。

首先，通过党的章程和国家立法的形式，马克思主义被确定为国家意识形态，成为了我国社会的主流意识形态，其权威性的社会地位是确定无疑的。几十年来，马克思主义始终占据着主流媒体至高无上的位置，并成为从小学到研究生阶段整个国民教育和干部培训的重要内容。

其次，马克思主义主流意识形态虽然有着异常显赫的法律地位，但是，改革开放以来，各种非主流意识形态也在向马克思主义主流意识形态进行着严峻的挑战。特别是到了 20 世纪 80 年代末到 90 年代初，前苏联和东欧各社会主义国家的政治经济制度发生了根本性的改变，最终演变为资本主义制度。"苏东"社会主义事业的失败，使世界社会主义、共产主义运动陷入低潮。到了 90 年代中期，市场经济的发展使得以消费主义为特征的商品化倾向渗透到一切领域，直接影响到当代中国人的精神生活与信仰领域。以至于

一些非主流媒体甚至一些高校课堂，也有人伴随着对西方政治力量的认同，常常有意识地以反"左"的名义对马克思主义进行意识形态意义上的解构、批判和诋毁。

三、如何通过"原理"教学加强马克思
主义主流意识形态教育

设置"原理"课程的目的"不仅仅是对大学生进行马克思主义理论知识性的系统教育，更重要的是要通过论证我国社会主义政治制度、经济制度和文化制度的合理性和优越性，引导和帮助大学生确立起对中国共产党执政合法性的理解和认同"①。显然，"原理"教育与其说是知识教育，不如说是意识形态教育。学习马克思主义理论并不只是简单的获取知识，而是为了理论联系实际，学会观察问题、分析问题、解决问题。因此，为了使大学生真正从心里接受并信仰马克思主义，我们必须加大主流意识形态教育的力度，用科学马克思主义理论牢牢占领社会主义意识形态的阵地。

首先，要改变"原理"教育的教学理念。必须从根本上改变把"原理"教学视同知识教育、知识传授的传统教育理念。应该通过多种途径让人们懂得："原理"课程不是技术教育，不是单纯的知识教育，更不是简单的政治教育，作为世界观和方法论，它是素质教育和人性教育，更是一种主流意识形态的教育。意识形态所特有的阶级性、革命性、批判性使得主流意识形态的教育具有不同于其他学科的内在本质。因此，"原理"教学必须强化马克思主义的主导地位，旗帜鲜明地坚持社会主义的理想价值，为我国的社会主义革命和建设的政治理念和社会制度进行合法性论证和辩护，为我国的改革开放制造良好的舆论氛围。

其次，要从马克思主义整体性的高度理解"原理"课程的定位和基本任务。"马克思主义基本原理学科，旨在研究马克思主义

---

① 袁铎. 马克思主义意识形态教育之我见——从高校"两课"教学的现状谈起 [J]. 黑龙江高教研究，2006 (4).

主要经典著作和基本原理，从整体上研究和把握马克思主义科学体系。……给学生以马克思主义的完整概念，并引导学生运用马克思主义立场、观点和方法来分析现实社会问题、认识问题和科学发展中的问题。"① 鉴于对"马克思主义基本原理学科"的这一界定，中共中央宣传部、教育部《〈关于进一步加强和改进高等学校思想政治理论课的意见〉实施方案》明确规定：马克思主义基本原理"着重讲授马克思主义的世界观和方法论，帮助学生从整体上把握马克思主义，正确认识人类社会发展的基本规律"。教育部部长周济把"原理"课程的定位和基本任务概括为"一个主题"、"一条主线"和"一个重点"。② "一个主题"，就是要以怎么界定、为何坚持、如何发展马克思主义为主题？"一条主线"，就是要以如何认识社会发展的基本规律为主线。"一个重点"，就是要以阐述马克思主义的世界观和方法论为重点。"三个一"要求我们在讲授"原理"时，要注意各个部分、各个章节之间的内在联系，保持前后内容的连贯性和系统性，要抓住实质，把握核心，在读透教材的基础上，从整体性的角度设计每个章节的讲授要点。

再次，要通过加强主流意识形态的教育，增强马克思主义的穿透力和影响力。历史经验告诉我们，在我国的意识形态领域，马克思主义不去占领，各种非马克思主义甚至反马克思主义的东西就必然会去占领。因此，在高校的思想政治领域，我们必须通过加强主流意识形态的教育，增强马克思主义的穿透力和影响力。要着眼于以马克思主义基本原理为指导，引导大学生们辩证把握马克思主义的坚持和发展的问题；正确看待社会主义出现的挫折和失误；正确认识和理解社会主义制度的优越性和社会主义代替资本主义的历史必然性，正确认识社会主义制度和资本主义制度的本质区别等一系列的理论问题和现实问题。坚持马克思主义的指导地位和发展观，

---

① 国务院学位委员会、教育部. 关于调整增设马克思主义理论一级学科及所属二级学科的通知 [R].

② 周济. 努力使"马克思主义基本原理概论"成为大学生真心喜爱、终身受益的优秀课程 [J].

不要因为"苏东"剧变而怀疑马克思主义的真理性和科学社会主义理论的科学性；不要因为西方政治力量的经济和军事的强势，而怀疑社会发展的规律性；不要因为党内的腐败现象和一些社会矛盾的暂时存在，而怀疑中国共产党的正确性，动摇对改革开放的坚定性。

最后，掌握"原理"教学中的"灌输"艺术。一段时期里面，有人将高校马克思主义理论课普遍存在吸引力不强的原因归结为意识形态的灌输所致，其实不然，问题不在于我们是否给予了意识形态的灌输，问题在于我们的灌输不得法。面对新的形势和新的挑战，我们不仅要在主流意识形态的教育中坚持马克思主义的灌输理论，而且更要丰富其内容，加大灌输力度，改善灌输方法。可以说，"灌输"是"原理"课程必须坚持的，因为马克思主义是不会自己跑到人们的头脑中去的。片面否定灌输的做法是有害的，放弃主流意识形态的灌输，会使思想政治教育变成一种无原则性、无方向性的随意活动。因此，"以科学马克思主义的理论武装人"是新时期高校思想政治理论课的重要任务。当然，坚持灌输在思想政治教育工作中的必要性，并不意味着我们死抱教条不放，更不是要将马克思主义僵化，马克思主义本身就否认终极真理的存在。

（本文作者：王玲玲，江西师范大学政法学院教授；

汪荣有，江西师范大学政法学院教授；

赖亦明，江西师范大学政法学院教授）

对如何讲授"马克思主义基本原理概论"课程中资本主义部分的几点体会

杨晓梅

整合后的"马克思主义基本原理概论"课程（以下简称"原理"课程），其目的是使学生完整准确地把握马克思主义的科学理论体系，帮助大学生树立科学的世界观与方法论。为了适应课程改革的需要，同时又要考虑课时未增而内容增加的情况，特别是受教师知识结构的限制，要想顺利完成这两章的教学任务，必须在教学内容、手段等方面进行相应改革。

"原理"课程中的第四章和第五章这两部分内容涉及许多政治经济学原理的知识，这对于过去一直讲授哲学的教师而言具有一定的难度。为此，在讲授这两部分内容时一定要扬长避短，紧紧把握住这两章的总的指导思想，运用马克思主义的世界观和方法论，客观地回顾资本主义的形成，科学地揭示资本主义的本质，辩证地分析资本主义发展的历史进程及未来走向。在具体讲授的过程中有以下三方面体会。

一、宜粗不宜细

所谓"宜粗"是指把重点放在阐明这两章的结构安排与核心知识点以及结合实际所要回答的关键问题，便于学生从原理的整体构架上把握马克思主义对资本主义的理论分析，并了解其现实意义；所谓"不宜细"是指对各个概念的内涵阐述留给学生自学，不仅使教师能够扬长避短，又锻炼学生自学和独立思考的能力，并节省了课时。

以第四章资本主义的形成及其本质为例。首先,指明本章的教学目的和要求;其次,结合本章原理提出现实中面临的三个关键问题,即资本主义社会的"平等、自由"是"每个人"和"一切人"的平等、自由吗?为了实现"每个人"和"一切人"的平等、自由,向市场经济转型的历史进程是可有可无,还是不可逾越?对建设有中国特色社会主义市场经济有哪些借鉴?让学生带着问题来了解马克思对资本主义所做的理论分析;最后,是对第四章的三节基本内容向学生做如下提示:

第一节内容是资本主义的形成。指出本节着重阐明马克思的劳动价值理论。从结构上指出第一节由三个部分构成:第一部分着重阐明资本主义生产方式的产生和形成。这一部分有三个知识点:一是资本主义萌芽及其产生的途径;二是资本原始积累的实质及其途径;三是资本主义生产方式的确立。第二部分着重阐明马克思的劳动价值理论。指出马克思的劳动价值理论是一个包括价值的本质、价值实体、价值量、价值形式和价值规律理论的完整体系。这部分有五个知识点:一是商品经济产生的历史条件;二是商品的二因素和劳动的二重性;三是价值量的决定和价值规律的实现形式及作用;四是价值形式的发展和货币的产生;五是私有制商品经济的基本矛盾及其作用。这五个知识点构成了劳动价值论的基本内容。第三部分着重阐明劳动价值理论的理论意义和实践意义。这部分有两个知识点:一是理论意义,马克思的劳动价值理论的最大贡献是创立了劳动二重性理论,该理论的提出回答了什么样的劳动形成价值,为什么形成价值以及怎样形成价值,从而为揭示剩余价值的真正来源、创立剩余价值理论奠定了基石;二是实践意义,劳动价值理论所包含的理论,都是对商品生产、商品交换和市场经济发展最一般规律的揭示,这对于我国建立并完善社会主义市场经济体制,具有重要的现实指导意义。

第二节内容是资本主义经济制度的本质特征。指出本节着重阐明马克思的剩余价值理论。从结构上指出第二节由四个部分构成:第一部分阐明劳动力转化为商品和货币转化为资本的原理。该原理揭示了资本主义经济制度本质属性的雇佣劳动制度形成的条件。这里需要特别指明，发现劳动力这一范畴并把劳动和劳动力区别开来，论证只有在资本主义生产方式下，劳动力才成为一种特殊商品，这是马克思的重大理论贡献。第二部分着重阐明资本主义所有制及其本质的原理。这里需要特别指出资本主义私有制与以往私有制的不同，即资本主义私有制是以雇佣劳动制度为基础建立起来的，资本与雇佣劳动的关系实质是剥削性的和对抗性的，但却被等价交换的形式所掩盖。第三部分阐明马克思的剩余价值理论。剩余价值理论包括三个内容：剩余价值生产理论；剩余价值实现理论；剩余价值分配理论。其中，剩余价值生产原理是剩余价值理论的核心和基石，也是讲授的重点内容。剩余价值生产原理着重阐明剩余价值是如何生产出来的，重点是要阐明价值形成过程与价值增值过程的区别与联系，说明为什么资本主义生产过程是劳动过程与价值增值过程的统一。第四部分着重阐明资本主义基本矛盾与经济危机的原理。这一部分的基本结论是：资本主义经济危机或经济周期产生的根源在于资本主义基本矛盾；经济危机可以使资本主义经济关系的失衡和矛盾现象得到强制性地调节，但是，只要少数人占有社会的大部分财富，而多数劳动者只占有社会的少量财富的分配制度不改变，生产过剩就会出现，经济危机就难以避免。

第三节内容是资本主义的政治制度和意识形态。着重阐明马克思主义关于资本主义上层建筑理论。从结构上指出第三节由两个部分构成：第一部分是资本主义的政治制度。这里应指出资本主义国家除了具有阶级压迫的政治职能外，还具有管理社会公共事务的职能。其政党制度、常任文官制度、"法治"原则、公民权利制度等为了保证国家机器正常运转和国家政治生活有序进行而制定的一些具体制度，值得我们借鉴。第二部分是资本主义的意识形态及其本质。资产阶级意识形态作为一个整体，归根结底是为巩固和强化资本主义经济制度服务的。但不能对其全盘否定，既要看到其为资产阶级统治服务的一面，又要看到其确有一些反映市场经济发展一般规律的内容。因此，我们既要认清其本质，又要善于吸收和借鉴其中的科学、合理成分。

讲到这里，再让学生来思考并回答结合本章原理所提出的现实问题，即资本主义社会的"平等、自由"是"每个人"和"一切人"的平等、自由吗？为了实现"每个人"和"一切人"的平等、自由，向市场经济转型的历史进程是可有可无，还是不可逾越？对建设有中国特色社会主义市场经济有哪些借鉴？其答案已是不言而喻。

二、敢于直面现实而非回避现实

应该实事求是地指出，进入 20 世纪以后的资本主义社会已经发生了很大的变化。资产阶级通过自我调节，以及工人阶级不断的斗争和争取，发展为现在的状态，其中一些合理的成分值得社会主义制度的国家借鉴。

以第五章资本主义发展的历史进程为例。讲授这一章之前，先提出针对本章原理所遇到的关键现实问题所在，即现实的就永远是合理的吗？如何全面科学地认识当代资本主义的新变化？当代资本主义的新变化对中国建设社会主义市场经济有哪些值得借鉴的地方？以便让学生带着问题来认识资本主义发展的历史进程。

给学生指明本章的核心观点，即资本主义仍然处在发展的过程之中，在资产阶级的根本利益允许的范围内，通过其自身进行的局部调整，能够使资本主义社会的内在矛盾和阶级冲突在一定程度上得到缓和。但由资本主义社会基本矛盾所决定，其自身的调整是有限的。资本主义最终被更高的社会所取代是历史的必然趋势。

引导学生扬弃地看待当代资本主义的新变化：完全否定资本主义生产关系的局部调整和变化所带给资本主义社会的积极影响，是错误的，它不利于我们在对其正确认识和评价的基础上借鉴；完全否认资本主义所具有的历史局限性，也是错误的，它不利于我们坚定社会主义的信念。特别是需对马克思在《政治经济学批判》序言中的这段著名论述要做完整准确的理解："无论哪一个社会形态，在它们所能容纳的全部生产力发挥出来以前，是决不会灭亡的；而新的更高的生产关系，在它存在的物质条件在旧社会的胎胞里成熟以前，是决不会出现的。所以人类始终只提出自己能够解决的任务，因为只要仔细考察就可以发现，任务本身，只有在解决它的物质条件已经存在或者至少是在形成过程中的时候，才会产生。"① "在资产阶级社会的胎胞里发展的生产力，同时又创造着解决这种对抗的物质条件。"② 引导学生要充分认识从资本主义向社会主义过渡是一个长期的历史过程。

三、适时地有选择地插入相关的影视资料

教学实践的反馈结果证明，结合教材内容适时地插入相关的影视资料，其教学效果远比单纯讲授好得多，已经得到学生的充分肯定和高度评价。

以第五章为例。笔者经过事先多次认真反复地浏览和比较，决定在讲授第一节从自由竞争资本主义到垄断资本主义这部分内容时，给学生放映曾在央视播映过的大型政论片《大国崛起》片段。其反馈显示教学效果突出，赢得学生的普遍好评："在教学中播放资料片是非常好的一种形式，更直观、生动，留给学生更深刻的印象。""通过看《大国崛起》了解到资本主义社会更加多彩的一面。""插入资料片使我们更宏观地了解世界发展趋势，书中的原理在历史资料片的各个进程中更容易被理解，而不再只是干巴巴的条条框框。""这样的教学形式把书本的部分内容融入到影片中，既理解了知识原理，又让我们对这门课产生兴趣，对马克思主义原理的学习和认识也进一步提高了。""有选择地放映影片使课堂气氛更加活跃、生动、吸引人。"结合教材内容适时地插入相关的影视资料，不仅有利于丰富教学内容和手段，活跃课堂气氛，而且使学生们在观看历史资料片的过程中受到优秀文化的熏陶和积极人生的启迪。正如国际法专业的一位学生所言："最为重要的是，我们可

① 马克思恩格斯选集 [M]. 第 2 卷，北京：人民出版社，1995：33.
② 马克思恩格斯选集 [M]. 第 2 卷，北京：人民出版社，1995：33.

以从生动的影像资料中得到很多的启发。这种启发有助于我们的学习，更有助于我们的人生！这是最可贵的。我们非常赞成这种教学方法。"

（本文作者：杨晓梅，天津财经大学人文学院副教授）

从科学发展观新概括看现代
大学生主体重塑的精神条件
——对"马克思主义原理概论"课程教学的点滴思考

吴定怡

党的十七大报告对科学发展观的新概括：第一要义是发展，核心是以人为本，基本要求是全面协调可持续，根本方法是统筹兼顾。这是对科学发展观的本质、核心、原则和方法的最新科学概括，体现了全面建设小康社会进程中，落实科学发展观，转变发展观念、创新发展思路、提高发展质量的新要求。

由于科学发展观的核心是人，是人的全面发展，是人的主体性的发挥，因而要真正落实科学发展观，最直接、现实、重要的途径就是重塑现代主体。

当代大学生是祖国的未来，民族的希望，肩负着中华腾飞的重任，是现代主体中重要的部分，从一定意义上，大学生整体素质得到全面提升关系到到党和国家的前途和命运。大学政治理论课改革，是落实科学发展观的具体体现，政治理论课教学是现代大学生主体重塑最重要的实践活动。利用政治理论课教学，自觉贯彻科学发展观，坚持以人为本，是每一个教育工作者的神圣职责。

马克思主义认为，人类社会必然走向共产主义。实现物质财富极大丰富、人民精神境界极大提高、每个人自由而全面发展的共产主义社会，是马克思主义最崇高的社会理想。如果说发达的生产力是现代主体重构的物质基础，思想意识准备则是现代主体重构的精神基础，它主要包括以下几方面。

一、自我意志的锤炼

现代大学生主体重构的问题根本上是大学生主体精神品格形成进而进行精神生产的问题。一定意义上说，精神生产具有比物质生产更大的艰巨性。如果主体缺乏坚强、持久的耐心、毅力、意志等品格，就不足以进行有效的精神生产。通过马克思主义原理概论课教学，应使大学生懂得精神生产的发展具有渐进性，每个人甚至每代人都是通过点滴的突破逐步扩展深化的；前代文明是后代文明的出发点，后人只有也必须在前人的基础上才能发展；没有点滴的突破就不会有全面整体的发展，没有前人量的积累就不会有后代质的进展、飞跃、前进。因此，如果大学生主体不具有恒久的毅力，去做点滴的积累工作，企图有精神生产上的突破和进展是不可能的。精神成果的验证具有反复性。要检验精神成果能否成为精神文明，需要经过实践，实践检验的不确定性，决定了要经过长期的反复的验证、修正、补充、完善、提高，证明是精神文明的，积淀到人类文明的史册上，成为人类的共同财富，否则就被历史淘汰。如果作为主体经不起打击、挫折的考验，放弃自身的努力，精神生产最终也不可能形成。精神生产的艰巨性、发展的渐进性、验证的反复性，决定了精神生产必须把人类文明内化为个人的精神财富并以此为出发点，而把人类几千年的文明成果内化为每个人的精神财富，决非一朝一夕之功，所谓十年树木百年树人，形象说明了人的精神塑造的长期性。精神生产的长期性决定了任何不能持之以恒的思想和行为，将不能有精神生产的成果。精神生产具有创造性。推陈出新、标新立异是精神产品的本质特征，也是其价值和魅力所在。精神生产既然以提出新思想、新观念、新知识、新方法为目标，那么，它在掌握前人和同时代人一切有价值的精神成果的基础上，往往会向权威、传统提出挑战。在这种挑战过程中，精神生产者不仅要付出巨大的体力和脑力劳动，而且挫折、失败、风险这种心理的磨难是极其巨大的。因此，没有恒久的、坚强的意志是难以胜任这种工作的。精神产品的价值具有隐形性。由于精神产品是精神生产者长期探索试验，并经过实践检验的结果，因而，真正的精神产品往往具有永恒的价值和永久的魅力，它能世世代代造福于人类而不失其光辉，其科学价值和社会价值往往是很难计算的。但是，在一定时期，由于社会生活的复杂性和认识能力的有限性，某些精神产品的价值往往很难实现，也有的精神产品往往不能为大多数人所认识，甚至受到冷遇和埋没，以至过了多少年后才为后人所赏识。因此，在自己的精神生产成果得不到他人、社会的承认下，放弃精神生产；或者当自己的精神生产成果受到社会他人赏识的时候，骄傲自满、自我陶醉、不思进取等行为，都不能使精神生产进行到底，取得应有的成就。特别是，人的生命是有限的，作为精神生产必备的物质条件——自由时间更是宝贵的，如果不能从名利地位、花红柳绿的世界中超脱出来，如果没有坚强的毅力、意志去战胜外界的种种诱惑，精神生产不可能进行，更不能有所成就。因此自觉锤炼主体的毅力和恒久的耐心、耐力就是现代大学生主体重构的主观精神条件。

二、教育观念的更新

教育是把几千年来人类文明内化为个人精神财富的手段，是把外在的精神条件转化为内在的精神条件的环节。然而在知识爆炸、知识更新速度飞快的知识经济时代，仍然沿用过去的教育方式、教育理念，已经不能满足时代的要求。因此，必须对教育的方式方法特别是教育理念实行全面的更新。从教育规模上，要从部分人的教育向所有人的教育转化。由于生产力、经济水平等的局限，至今的教育仍然停留在部分人的范围内，特别是高等以上的教育仍然只能被少数人所享受，尽管有扩招等措施，但仍有许多的人没有受高等教育的条件，因而必须千方百计、尽快改变这种状况，使人人都能接受教育特别是高等以上的教育。对于马克思主义理论，则要使每个受教育者真正学懂、接受，转化为自己的思想。从教育的方式看，应由一次教育向终身教育转化，从单一的学校教育向全社会的全方位教育转化，造成一个教育的社会。大学马克思主义理论课教育，只是全部马克思主义学习过程中的一个阶段。从教育的方法看，大学马克思主义理论课教学更应由课堂教育向实践教育、社会教育转化。从教育的手段看，应由教室、黑板、粉笔所营造的老师和学生的直接接触，向电脑、网络、多媒体所营造的远程教育空间转化。从教育的内容看，从主要传授马克思主义基本原理知识向运用马克思主义基本原理知识提高学生全方位能力方面转化，向塑造学生道德人格和精神修养方面转化。从教育目的看，应该从培养专才向培养通才转化，从应试教育向素质教育转化。从教育理念上看，应该从过去仅把教育看作是提高人的素质的手段，向把教育既看作是手段同时又是主体追求的目的，即把接受教育看作是主体的终身自觉自愿的追求。

三、管理方式的变革

坚持以人为本，是我们党根据历史唯物主义关于人民是历史发展的主体、是推动历史前进的根本力量的基本原理提出来的。现实的大学生个体主体生存生活在特定的大学这个组织、集体里，各层次的管理者及其管理方式，无不在主体身上打下深深的烙印。在人类生产力发展到今天，人类已进入成熟期的时候，应该从过去以物为本的管理方式，向以人为本的管理方式转变。大学中以人为中心的管理方式就是把关心大学生的学习环境、生活质量，关心大学生的全面发展作为管理的出发点和目标。马克思主义理论课教学要以大学生学习的基本需要为出发点，即关照大学生的精神生活，开发大学生的精神世界，鼓励大学生的精神追求，培养大学生的创新能力，锻造大学生的品格修养。这样的教学管理理念、模式、方式才是真正以人为本的教学管理，生活在这样的管理氛围中的大学生主体才能真正体会到人与人和谐的关系，领悟生命存在的意义和价值。这样的大学生主体才能自觉形成关爱万物、关爱他人、关爱社会的素质，才会自觉地追求精神的充裕和富足，才会自觉地注重自身品格的修养和锤炼。

四、社会氛围的改观

社会对当代大学生的影响是巨大的，它让大学生在"象牙塔"中初步了解社会的各个方面，把理想的触角伸向外部世界。怎样的社会对当代大学生发展有益呢？那就是"发展为了人民、发展依靠人民、发展成果由人民共享"。试想一下，如果我们周围是民主法治、公平正义、诚信友爱、充满活力、安定有序、人与自然和谐相处，那么我们的身心一定得到健康的发展；但如果我们周围腐败横生，贪污腐化、道德沦落、精神萎靡、迷信盛行、违法乱纪，那我们的身体与心灵会遭到严重的摧残，社会的好坏对我们的影响也就在这里。通过整治社会不正之风，创造一种崇尚先进哲学、艺术的人文精神氛围，为现代主体的重构营造适宜的社会环境，同样也是现代大学生主体重构的必要精神条件。

人文精神是人对于自身存在的目的、价值及意义的自我意识和自我追问，它是人的精神生活中最能体现人之为人的本质特征的东西。作为一种主体尺度，人文精神是人的本质力量的历史积淀和集中表现，它是人作为主体的一切活动的内在根据。虽然它不为人的活动提供现成的价值规范体系，但它是人的价值规范体系得以生成的原点和支撑点，因为它内蕴的是一种以人为本位、尊重人的尊严和价值，维护人的地位和权利、实现人的目的和理想的人本向度，体现了人生价值和意义的追求，是人的精神的核心和灵魂。因此，作为主体尺度的人文精神是人观照世界的维度，是社会发展和人的发展健康运行的价值尺度。

（本文作者：吴定怡，天津财经大学人文学院副教授）

"马克思主义基本原理概论"课程的教学与思考

—— 教学体系与教学模式的新探索

武惠庭

2005 年新方案推出了"马克思主义基本原理概论"课程，这门新课有着明确的教学目的，有着统一的教材。但如何开好新课并取得良好的教学效果，却依然有待于每一位任课教师主观能动性的充分发挥，因为教学实践活动是教师创造性的劳动过程。它包括：选择教学内容；重构教学体系；创建教学模式。

一、选择教学内容

教学内容之所以需要选择，一是因为教材体系并不直接地等同于教学体系；二是因为教学对象的特殊性；三是教学所要回答和解决的实际问题的变动性所决定的。教材体系与教学体系之间既有区别，又有联系，并在功能上具有互补性。

其一，教材体系更注重理论的系统性和完整性，在文字表述上更注重对经典文体的考证和理论的高度概括。教学体系则是教师在教学实践中的创造性劳动的成果，具体表现为有针对性地变教材体系为教学体系，教学体系的重构即表现在适应教学的实际需要，对教材体系和理论内容加以选择和重组，增强教学的针对性；其二，教材体系和教学体系虽然服务对象都是学生，但二者又是有差异的，书本的服务对象和对问题的回答更具有共同性、稳定性和间接性；相比之下，教学体系和内容的服务对象，以及对问题的回答却具有具体性、可变性和直接性。教材体系和理论内容再好，也需要借助教学过程，即通过教学体系和教学内容的循循善诱、由浅入深、由表及里，并完成由情感认同到理论升华的过程；教材体系具有自身严格的理论逻辑体系，体现着历史和逻辑的一致。因而，它不能不更注重理论自身历史形成过程，更注重理论自身发展的一脉相承性。但学生的学习兴趣往往是从其所关注的实际问题或思想认识问题入手的，从理论对其的吸引力和明确的学习目的开始的。而教学体系和教学内容则具有这样的优势，因为教师讲授的顺序具有灵活性，可因时、因地、因对象、因问题等的不同，可做不同的选择。笔者欣赏以问题为中心，以理论形成发展的历史线索为辅，以强调理论发展所达到的高度和完整性为目的来组织教学内容和构建教学体系。

二、重构以问题为中心的教学体系

如何重构教学体系呢？一要尊重并接受教材体系和理论内容的指导；二要了解并把握授课对象和解决问题的具体性；三要有针对性地选择、充实、组织和重构以问题为中心的教学体系。那么，在医学院校如何有针对性地开好"马克思主义基本原理概论"课程呢？在总结教学经验教训的基础上，尝试围绕以下三大问题重构教学体系和组织教学内容。

1. 围绕提高医学生哲学素养组织教学内容

马克思主义哲学是科学的世界观和方法论，它不仅是社会进步、科学发展的必然产物，而且它自身的理论特征又决定了其必然在指导社会实践中不断得到检验、丰富、完善和发展，因而它作为科学的世界观方法论具有普遍的指导意义。

从这个意义上说，围绕医学院校学生的专业特点组织教学内容，重视提高医学生的哲学素养，既是这一科学世界观方法论的显著特征，也是社会进步、医学科学发展和医疗实践的需要，也应是新课教学体系必不可少的重要组成部分。"人类总试图为自己寻找理解世界的方式，并在某种程度上用这种理解来取代真实的经验以超越现实；这也就是哲学家和科学家以他们各自的方法来处理事情的方式。"① 自觉地进行哲学反思，不仅是必要的，而且具有重要的意义。

2. 围绕坚定共产主义信念组织教学内容

马克思主义是一个完整而严密的、开放和发展的科学理论体系，其根本价值目标就是实现共产主义的理想社会制度，这是一个消灭人类社会在经济上的剥削和政治上的压迫，消灭产生剥削和压迫的社会制度，解放被剥削和被压迫的工人阶级，最终解放全人类，建立一个自由人的联合体，以"一切人自由而全面发展"为终结理想。恩格斯在谈到马克思的理论贡献时，明确提出了马克思的两大发现：唯物史和剩余价值学说，并认为现代科学社会主义就是建立在这两大发现的基础之上的，也正像他在另一著作中所说的，这两大发现——唯物主义历史观和通过剩余价值揭露资本主义生产的秘密，都应当归功于马克思。正是由于这两大发现，社会主义由空想变成了科学。② 毫无疑问，讲授和学习马克思主义基本原理，完整准确地理解和把握马克思主义理论的精神实质，其根本目的在于认清社会历史发展方向，明确人类社会进步和人的全面发展的目标，从而坚定共产主义信念，坚定不移地走有中国特色的社会主义道路。这是马克思主义基本原理概论课教学的根本目的。围绕这一问题组织教学内容，是教学体系的核心部分。具体内容包括：围绕坚定信念阐明马克思主义基本原理；努力回应世纪之交的马克思主义面临的新情况；讲述马克思主义在中国的新发展，并以这一事实来回答马克思主义基本原理在与中国实际的结合中，如何正"以震撼世界的伟大的社会主义制度的建立和中国特色社会主义的发展，证实了这些客观规律的运用对世界历史走向的改变，对人类社会进程的深刻影响"③。

---

① ［美］约翰·霍姆斯，杰瑞·梅尔．田倩，译．爱因斯坦的智慧［M］．华厦出版社，2002：49.

② 马克思恩格斯选集［M］．第3卷．人民出版社，1972：424.

③ 张雷声．论马克思主义基本原理及其科学体系［J］．教学与研究，2007(8).

3. 围绕热爱和追求真理组织教学内容

围绕热爱和追求真理而组织的教学内容部分，是整个"马克思主义基本原理概论"课程教学体系的结尾部分，它是整个教学的总结、升华和必然结论。它告诉我们，青年大学生之所以应学习和掌握马克思主义理论，是因为它是真理，揭示了社会历史进步的客观必然性，体现的是无产阶级和最广大人民群众的根本利益和愿望；它告诉我们，马列主义、毛泽东思想、邓小平理论和"三个代表"重要思想之所以是中国共产党人的行动指南，是因为"中国共产党是中国工人阶级的先锋队，同时是中国人民和中华民族的先锋队，是中国特色社会主义事业的领导核心，代表中国先进生产力的发展要求，代表中国先进文化的前进方向，代表中国最广大人民的根本利益。党的最高理想和最终目标是实现共产主义"[①]。

三、创建与教学体系和教学内容相适应的教学模式

教学模式包括多重教学环节，主要包括：讲课环节、学生自学环节、考试和考查环节的设计。

1. 怎么教：讲课环节的设计

讲课环节的设计就是要解决教师怎样教的问题，或说如何在课堂教学中按照教学体系保证完成教学内容。据此在讲课环节的设计中，主要包括：教学课堂以教学为主；附以多媒体课件的使用和师生双向提问。

2. 怎样学：自学环节的设计

自学环节是教学环节中不应被忽视的重要组成部分。这不仅因为教学实践过程中的一对矛盾，不可想象只有"教"的过程，而没有"学"的过程；而且因为教学时数是有限的，教材体系所概述的理论内容丰富而完整，教学过程只是解读的过程，是解决思想认识问题的过程，是帮助学生理解的过程；再者，现实生活中面对的实际问题也是具体多样的，因而不可能面面俱到，而是需要发挥

---

① 中国共产党章程．

学习的主动性，即通过自学来系统地把握完整的理论体系；通过在实践中运用所学理论，不断提高自身的理论水平。因而，自学环节是教学环节的重要内容，自学环节包括：课后的思考、提出问题、尝试回答和解决思想认识问题和实际问题；在对课堂教学的理解基础上读书并使所学知识条理化、系统化；以小班为单位，针对同学们提出的带有共性的思想认识问题展开讨论和辩论，在回答和解决问题中，提高观察、认识和分析问题的能力。

3. 怎样考：学生考试环节的设计

考试的目的在于检查教与学效果，以发现教学过程中存在的问题和总结教学经验。从这个意义上说，考试在整个教学环节的设计中是必不可少的。显然，从本门课程的性质、特点和教学目的来说，单一的闭卷考试不一定是唯一的或最佳的考试方式；若再从有利于组织教学和调动学生学习主动性的方面看，考试方式又可以是灵活多样的，统一题库的做法不可取。

一是在教学过程中采取多重考查方法，比如：提问、发言、辩论、写作小论文等，这些直接参与课堂教学的活动，都可作为平时成绩记录考查成绩。

二是期终考试，期终考试应包括理论知识的考核；分析认识问题的能力考核；学习体会的检查。

（本文作者：武惠庭，安徽医科大学人文学院马克思主义理论教育系副教授）

理论更加紧密联系实际
——谈完善"马克思主义基本原理概论"课程的教学方法

黄立勋

"马克思主义基本原理概论"（以下简称"原理"）课程，是高校思想政治理论课"05 方案"的主干课程之一。经过一个学期的教学实践，结合以往的教学经验，为了能够将"原理"课程做到"让大学生真心喜爱、终身受益"，需要完善"原理"课程的教学方法，加强理论联系实际是根本手段。

一、当前"原理"课程教学过程中存在的主要问题

第一，从教材方面看，可读性不强、概念浓度大、基本原理密度大、纯理论多、枯燥无味、说教多、条框多，缺乏生动具体的实例。课程内容重复现象是存在的，如中学课本内容与大学课本内容之间重复严重；高校马克思主义理论课学科之间也存在一些重复现象。

第二，从教师方面看，容易出现"照本宣科"的现象。因为老师在教学过程中比较注重知识的传授，比较注重学科的系统性、理论性，为了在有限的时间内完整地讲授教学内容，完成教学任务，结果是"满堂灌"或"填鸭式"成为主要的教学方法。统一的教学要求，统一的评判标准，也在很大程度上限制了任课教师主体作用的发挥，就不得不拘泥于书本知识的传授。

第三，从学生方面看，学生对马克思主义理论课普遍缺乏应有的兴趣，学生的主体作用不能得到充分体现。学生学习缺乏主动

性、积极性、创新性和选择性，常常处于被动接受的状态，学生的个性发展，素质教育及创新能力的教育严重滞后，有学生认为马克思主义理论课无非是教师讲条条，学生背条条，考试考条条，所以临时突击一下就行了。由于不能很好地联系当今现实，书上道理较抽象很难说服学生、让学生接受，甚至有些学生认为马克思主义理论诞生于一个多世纪以前，现在很多理论过时，学来何用；学生感到是纯理论的说教，所以索然无味，缺乏兴趣。这说明本课程没有让学生感受到与现实的联系性，没有体现出马克思主义是时代精神的精华。

第四，从学科体系看，高校思想政治理论课长期以来是比较偏重教学，而忽视实践环节的。让学生多接触社会、多了解社会，行万里路，开启眼界是非常重要的。过去马克思主义理论长期拘泥于课堂，学生和教师没有实习的基地，没有社会考察的时间和经费，这样的状况使我们的教学效果也受到严重影响。

二、切实加强理论联系实际

理论联系实际是马克思主义的基本理论特征和原则，在"原理"课程的教学中应当贯彻并执行这一方针，这是马克思主义理论教育的根本方法和根本指导方针。

第一，为了突出马克思主义基本理论的科学性，应该尽可能联系自然科学发展的实际讲授原理。列宁指出，马克思主义理论"对世界各国社会主义者所具有的不可遏止的吸引力，就在于它把严格的和高度的科学性……同革命性结合起来"①。一段时期以来大学生对马克思主义理论课兴趣不大、仅仅是应付了事的原因之一，就在于不了解甚至怀疑它的科学性，教学中应该尽量选用与自然科学发展有关的事例，说明马克思主义理论是建立在科学发展的基础上，并不断得到当代科学发展的证实和丰富，对增强本课的说服力大有帮助。在各章节教学中，我们按照这种方法，和大学生们

① 列宁全集 [M]. 第1卷. 人民出版社，1984：291.

有时重温中学学习过的自然科学基础知识；有时补充一些新知识；有时从逻辑学角度上分析全书的理论构架、论证方法，将理论寓于科学的事实之中。并且还组织观看教学片《宇宙与人》，参观我校自然博物馆等，利用生动翔实的感性资料，打开了学生的眼界，扩大了知识面，提高了学习兴趣。在教学效果调查问卷中有同学说："中学阶段认为马克思主义原理很枯燥，没有吸引力，不能联系实际。现在才发现，它是一门非常有趣而有神秘魅力的科学，它与科学性融为一体，不断发展变化，具有强大的生命力。"

第二，联系学生思想实际，运用原理剖析他们在人生观价值观方面存在的弊病。马克思指出："理论只要说服人，就能掌握群众；而理论只要彻底，就能说服人，所谓彻底，就是抓住了事物的根本。"[1] 近期由于诸多负面因素的影响，相当数量的大学生思想混乱，是非界限模糊，个人主义、利己主义、拜金主义、享乐主义在他们当中很有市场。大学生群体中这种人生观、价值观的高度倾向性偏离，已经引起了中央及社会各界的高度重视。我们作为"两课"教师，亦十分注意利用课堂阵地发挥马克思主义理论的威力，剖析这些错误观点，帮助同学们摆脱认识上扭曲和迷误，逐步建立科学的人生观价值观，体现马克思主义理论培养接班人的革命性战斗性。比如用矛盾同一性原理分析享乐主义，指出取与予、苦与乐、物质生活和精神生活是相互依存相互贯通并在一定条件下转化的；比如用联系普遍性原理剖析个人主义与利己主义；比如用社会存在决定社会意识和社会意识具有相对独立性原理，说明市场经济和私有观念以及私有制的存在。这些都受到学生十分认同。

第三，为加强马克思主义原理的现实感和针对性，应该联系国内国际大事，来组织教学。毛泽东指出："马克思主义看重理论，正是，也仅仅是，因为它能够指导行动。如果有了正确的理论，只是把它空谈一阵，束之高阁并不实行，那么，这种理论再好也是没有意义的。"[2] 大学生思维活跃，崇尚个性，关注国内国际的政治

---

① 马克思恩格斯选集 [M]. 第1卷. 人民出版社，1995：9.
② 毛泽东选集 [M]. 第1卷. 人民出版社，1991：292.

经济大事，希望用所学的理论去分析社会现实，认识社会。在教学中直面社会现实，联系我国改革开放的实际和重大国际事件，运用原理有说服力地分析，逐步树立起马克思主义的分析问题、解决问题的立场、观点和方法，是马克思主义理论课区别于一般专业基础课的特点之一。如讲联系观时，运用联系的条件性原理，分析近年来国内出现的房地产开发由"热"到"冷"的现象，指出这是各地基层决策者没有充分考虑主、客观条件一哄而上的必然结果，教育学生吸取不重视理论思维的教训。比如讲上层建筑对经济基础的保护作用时，分析人民币汇率下调变化，银行存款利率多次下调，对物价和人们心理造成冲击，并联系到"罗福斯新政"时期，为加强美国对外经济地位，美国宣布放弃美元"金本位"制并使美元贬值40.94%的史实，二战后美元贬值是美国在对外贸易中经常使用的武器；引入货币金融方面的知识，用演算讲清国际贸易中，一个国家货币、贬值的利弊得失，并以美国货币汇率的矛盾冲突为实例。认识到人民币汇率并轨和存款利率多次下调，是国家正常的经济活动之一，也深刻认识到上层建筑（国家政权）对经济生活的干预作用。有助于解除学生的思想疑虑，解答学生关心的问题，收到了较好的教学效果。

第四，应该联系社会生活实际，采用多种教学模式来组织教学。必须改变过去那种"满堂灌"、"填鸭式"的教学方法，应采用多种形式进行教学。比如课堂讨论、座谈、专题讲座、辩论等形式，这种灵活多样的授课方法也是理论和现实结合的最好方法。当然这就要求教师能及时捕捉到现实的热点问题，结合学生所学原理加以分析。大学生处在一个科学技术突飞猛进的时代，朝气蓬勃，奋发向上，竞争意识和参与意识很强。课堂上教学双方互动，极大地把学生热情调动起来，学生课下搜集资料，课堂上大胆发言表达思想，充分发挥了学生主体作用和主观能动性，让大学生开阔视野，展示个性，提高观察、分析问题的能力，培养学生的创新精神。学生畅所欲言，教师进行启发辅导总结，这样就缩短教学内容与社会现象的反差，让学生真正感受到了马克思主义理论课与现实联系紧密性，教学效果的时效性是显著的。

第五，重视实践环节，增强马克思主义理论与实践环节的紧密联系。让学生接触社会、了解社会，培养他们观察、分析问题的能力。学校要安排教师有计划、有目的地带领学生走向社会，去耳闻目睹改革开放以来我国城市、农村的巨大变化；参与社会调研，让学生亲自体验马克思主义理论课内容的真实性；去参观革命圣地、历史博物馆、现代化工厂。改变过去马克思主义理论教育长期拘泥于课堂教学，学生和教师没有实习的基地也没有社会考察时间和经费的不良状况，切实增强马克思主义理论与现实紧密联系。

总之，应该针对教学中存在的主要问题，通过完善课程的教学方法，特别是理论联系实际的根本方法，把"原理"课程教学提高到一个新的水平。

（本文作者：黄立勋，成都理工大学文法学院副教授）

贴近学生实际讲授"马克思主义基本原理概论"第四章

龚玉敏

"马克思主义基本原理概论"课程（以下简称"原理"）第四章的教学重点是马克思的劳动价值论和剩余价值理论。教学中常见两种处理方式：要么讲成了纯粹的政治经济学，要么干脆不讲，这不符合本章教学要求，自然也就不能够达到大纲所规定的教学目的。我个人认为，根据学生的思想实际、专业背景，深浅不一地结合资本主义的发展史、时代特征、当今中国改革开放的实践，在一定程度上能够解决让学生口服心服这个最大的实际问题。

一、文科学生的个性特征与授课重点

文科学生对马克思关于商品经济的基本原理有一定的了解，他们在学习这一章的时候，重在追求理论的系统性和深度。

文科生的个性特征主要体现在以下两个方面：

第一，容易进入状态，比较重视这门课程的学习。基于高中阶段"经济常识"课程的学习和高考前的强化训练，他们一般都知晓商品、货币和价值规律等相关概念，很容易进入本章内容的学习。不过，他们对马克思的劳动价值理论、剩余价值理论，又缺乏完整而系统性的理解；对于资本主义，他们更多地关注的是英国、美国等若干发达资本主义国家的发展历程和表面的繁荣，而关于这种社会形态所蕴含的本质规定性及其历史必然趋势，或者是不了解，或者是只知道个别结论而缺乏系统性的理解。

第二，文科学生相对于理科学生来说，他们不满足于教材中的既有结论，对社会现实问题有较为深入的思考。如以往就有学生提出过，现实中的发达资本主义已经建立了高度的物质文明和牢固的上层建筑，怎么可能灭亡；社会主义的中国也在搞市场经济，实行生产资料多种所有制和多种分配制度并存，并且也有剥削现象存在，与资本主义的区别究竟何在？从这一点出发，他们在学习这一章的时候，往往会产生的一个突出的问题就是马克思关于资本主义和社会主义的具体结论是否"过时"了。所以他们思考的问题具有一定的理论深度和难度，需要认真对待。

文科学生对学习"原理"第四章的要求相对较高，我个人认为在讲授该章的时候，要注重教学内容的深、新、实。第一，要把基本原理讲透。如在讲授劳动价值理论的时候，对基本概念可以提问的方式一带而过，侧重于从价值质的规定性、劳动二重性与价值理论的关系、价值量的决定、价值形式及其历史发展、价值的构成、价值的外在转化形式、价值规律等方面系统地讲解，引导学生从理论体系的角度去更全面更深刻地领会和把握劳动价值理论；在讲授资本主义经济的本质时，不能只是简单地告知结论，更不能停留在公式的推理上，而是要从资本主义生产的前提、剩余价值的生产过程、剩余价值的实现条件、剩余价值的分配规则及其结果等方面完整地介绍剩余价值理论，让学生从历史和逻辑的统一中领会"生产剩余价值是资本主义生产方式的绝对规律"这一命题，从而得出剩余价值规律决定着资本主义生产的目的、决定着资本主义社会经济生活的主要方面和过程、决定着资本主义生产方式的历史过程的结论，切实把握资本主义经济的本质，并为理解资本主义政治制定和意识形态的本质奠定基础。讲清楚了这些，才可能使学生信服马克思对资本主义的分析，不是出于个人偏见，也不是纯粹情感发泄，更不是简单地进行道德批判，而是基于客观历史事实的科学提炼和理论逻辑的严密分析基础上的自然结论，是经得起时间和实践检验的，对现实依然有很强的解释力。

第二，适当讲一点经济学说史方面的知识，体现出马克思主义与时俱进的理论品质。例如，在讲授劳动价值论时，梳理清楚劳动价值理论的脉络,从资产阶级古典经济学家最早提出劳动创造价值的基本观点,到马克思的科学改造和丰富,再到列宁、斯大林、毛泽东、邓小平等在领导社会主义建设的实践中的发展,马克思的劳动价值理论一直在随时代的变化而不断地向前发展。这样,不仅使学生有一个系统的知识,便于他们了解马克思劳动价值理论产生和发展的逻辑,更重要的是使他们认识到:时代变迁提出的新课题非但不是马克思劳动价值理论的终结,反而是其发展的新契机;进而认识到不断地推进马克思主义的发展是每一代马克思主义者义不容辞的责任,当前在新的社会经济条件下深化对马克思劳动价值理论的认识。

在讲授劳动价值理论时,也可以适当地介绍马克思劳动价值理论在历史上曾经遇到过的挑战,包括生产费用论、效用价值论、供求决定价值论、边际效用论、创新价值论、知识价值论、信息价值论等。在与不同派别相关学说的比较中增强马克思理论的可信度。

第三,要指导学生学习一些马克思主义经典作家的原著,解决文科学生只学习教材上的内容而导致"吃不饱"的问题。如可以辅导学生重点学习马克思的《〈政治经济学批判〉导言》或者是其中的《生产与分配、交换、消费的一般关系》部分,《雇佣劳动与资本》、《资本论》的若干章节,等等,使学生能够重点了解马克思政治经济学的主要内容、体系。辅导要采取多种方式,灵活机动:教师可以在课堂上先做一些讲解,布置学生课下读文献;还可以先让学生读文献,提出问题由教师集中在课堂上答疑;还可以利用第二课堂,由学生组织,教师参加,集体讨论式的学习。

二、理工科学生的个性特征与授课重点

相对于文科学生来说,对理工科学生的教学要尽可能地将深奥的经济理论浅显化、常识化,并注意纠偏。

理工科学生的特点:一是马克思主义理论知识的基础比较薄弱(高中阶段对政治课的要求相对较低)。对他们来说,马克思主义

劳动价值理论、剩余价值理论，基本上是全新的内容。二是学习本课的精力没有文科生多。一般说来，理工科学生的专业学习压力较大，做实验多，做作业多，机动时间较少，没有更多的时间学习别的相关内容。三是他们中的不少人认为社会科学的结论太随意，经不起逻辑推敲和检验，不如自然科学严谨，马克思的理论也不例外。例如以往有学生谈到，马克思认为：由于资本家剥削工人创造的剩余价值，工人会越来越穷；对剩余价值的追逐将导致资本主义的灭亡。可是，现实中资本主义国家的工人却越来越富裕，他们大多数都中产了；资本主义国家也是越来越强大，好像看不到灭亡的迹象。基于对马克思关于资本主义个别结论的"耳闻"，他们中有不少人认为马克思的理论，至少是其中关于资本主义的部分，只能解释历史并不能解释现实，已经"过时了"。对于理工科学生中存在的这种思想倾向，教师应该心中有数，高度重视，教学中少一些空洞的说教和不能或者没有经过论证的结论，尽可能地将深奥的经济理论浅显化、常识化，并注意纠偏。

在给理工科的学生讲授这一章时，我认为：第一，详略得当，注意节奏。本章前三节的内容浓缩了《资本论》三卷、以往《政治经济学》教科书第五章的内容，涵盖马克思的劳动价值论和剩余价值论，要在八个课时内完成本章教学，难度很大。有必要花点时间简明扼要地介绍本章体系、与前后各章的理论关联性、它在"原理"课中的地位等内容，使学生对本章的理论架构有总体上的了解，便于他们尽快进入学习状态。

第二，要紧紧围绕学生的思想认识问题，从理论与实践的结合上，有针对性地着力讲授商品经济的基本理论、生产剩余价值是资本主义生产方式的绝对规律、资本主义政治制度和意识形态的本质等问题，以解决马克思关于资本主义社会发展规律的真理性问题。

第三，要多从典型案例和日常生活中的某些现象入手，讲授基本原理，使学生易于理解和接受。如举出荷兰郁金香泡沫说明剩余价值的源泉；用"颜色革命"说明资本主义的本质。

第四，适当选一些马克思的著作，如《共产党宣言》，引导学生学习，看马克思在 150 多年前对资本作用的评价与资本主义的历史进程的吻合度，说明马克思主义的基本观点并没有过时。

三、艺术类学生的个性特征与授课重点

艺术类学生主要指从事体育、音乐、美术类学习的学生。这类学生更注重自己的专业学习，不太关心马克思所揭示的资本主义发展规律。

讲授这一章，我认为，第一，要引起学生的学习兴趣。最好不要直接进入商品二因素、劳动二重性等抽象理论的学习，可以从学生身边的现象讲起，比如问什么是钱、它从哪里来、有多少、怎样才能赚到钱、钱为什么赚不完、艺术家为什么往往能有高收入，等等。通过阐述其中的经济学道理，引导学生思考"原理"课并不虚，马克思阐释的理论就蕴含在实际生活之中，艺术类学生必须学点马克思的理论。

第二，突出重点。对艺术类学生讲授这一章，要更加注重劳动价值论和剩余价值论的基础理论知识，如价值的含义、商品二因素的对立统一关系、商品经济的基本矛盾、社会再生产的实现条件等，这些基本概念和原理必须用力讲好，注意讲清楚前后理论的关联性，夯实基础。

第三，注重教学的针对性、实效性、感染力和吸引力。第四章概念很多、很专业，理论的内在逻辑性强，但授课不能从概念到概念，从一个命题到另一个命题，最好要把基本原理放到学生可以接受的情景中来学习，如通过比较以物易物和商品、货币经济一般理论，达到"市场经济是道德经济、法治经济"的认识，通过价值规律的作用理解创新的意义，只有关注消费者的需要并提供合意的产品才能赚到钱（奉献与索取的关系）、通过价值形式理论的学习认识拜金主义的根源与危害，等等，并可以组织一些讨论，布置一些作业，通过政治经济学基本理论学习帮助学生树立正确的人生价值观，解决做什么样的人的问题。

第四，给艺术类学生上课，更要注重形式美，可以尽量选取一些生活中的有关生动形象的图片或视频资料进行讲解，会收到更好的效果。

（本文作者：龚玉敏，武汉大学政治与公共管理学院副教授）

加大投入是良好效果的保证
——谈"马克思主义基本原理概论"课程的教学

路 杨

高等学校思想政治理论课课程体系的调整，是我国高等教育面对新形势的重大举措。提高高等学校思想政治理论教育教学的效果，是全社会的共同期盼。课程体系调整中，"马克思主义基本原理概论"调整幅度较大，要保证课程教学的效果，需要多方面的共同努力，从教师的角度看，精心准备，加大精力投入，是实现这一目标的前提和基础。

一、明确地位，突出课程教学的重点

课程开设的基本任务决定了课程的基础地位。开设思想政治理论课，加强大学生的思想政治教育，用马克思主义武装当代大学生，是关系到社会主义的办学方向、体现党的教育方针的大事。对大学生进行马克思主义基本理论的教育，帮助他们树立正确的世界观、人生观和价值观，是全部马克思主义理论教育的出发点和归宿。在高校思想政治理论课的新课程体系中，"马克思主义基本原理概论"课程教学的任务是通过教师的引导和学生的学习与思考，使学生掌握马克思主义的世界观和方法论，把握马克思主义的科学内涵和精神实质。这是大学生思想政治理论教育的基石。

课程教学的主题决定了教学的重点是辩证唯物主义和历史唯物主义这一马克思主义最根本的世界观和方法论。"马克思主义基本原理概论"课程教学的主题必须也只能是"什么是马克思主义？为什么要始终坚持马克思主义？在当今中国如何坚持和发展马克思主义"？只有围绕这一主题，帮助大学生努力学习和自觉运用辩证唯物主义和历史唯物主义的思想武器，确立并不断坚定自己的符合社会发展趋势和规律的理想信念。

二、精选例证，体现教学重点的特性

辩证唯物主义和历史唯物主义在马克思主义的理论体系中处于基础地位，是马克思主义理论的核心。为加强马克思主义原理课程教学的科学性、针对性和实效性，寓哲理性与趣味性于一体，真正体现马克思主义理论的实践性特征，教学例证的选择至关重要，它对教学效果有着直接的影响。笔者认为，教学中例证的选择，必须体现下列原则：

第一，客观而具实在性。辩证唯物主义和历史唯物主义是高度概括的理论体系，它具有极高的抽象性，但又不是玄妙莫测、不可捉摸的。马克思主义理论的产生，是当时自然科学的发展，阶级斗争的需要，哲学理论的成就与马克思、恩格斯的主观条件结合的产物。将学生的思维引入当时的历史环境，能让他们真切地感受到马克思主义理论不是书斋的杜撰物，而是适应无产阶级阶级斗争的需要，是无产阶级寻求自身解放的武器。

第二，形象而富于生动性。马克思主义哲学作为理论化、系统化的科学的世界观和方法论，作为各门科学知识的概括和总结，具有极强的概括性。选择的例证，必须生动而形象。据传，马克思主义哲学家李大钊在工人夜校给工人讲课时，先在黑板上写了一个"工"字，又紧挨工字在下面写了一个"人"字，然后认真地介绍说，"如果把工、人二字连在一起，就是一个天字"，说明了工人能够顶天立地，担负改造旧世界、建立新世界的重任。巧用生活中的事例，既能证明原理的正确性，又能增强课堂的趣味性，从而加深学生的记忆和理解。

第三，恰当而有针对性。选择例证的目的是为了证实所讲的原理，例证的选择必须针对学生的思想实际，并与所要说明的原理相应相称，恰如其分地加以说明。有一部分同学不能正确认识社会主义的发展和中国的国际地位与作用，此时教师可以用我国在科技、经济和国际事务中的作用不断增强，综合国力和国际竞争力不断提高，"神舟"五号、六号飞船的发射成功，"神舟"七号飞船的研制和发射准备；北京成功申办奥运会；中国在联合国等国际组织中的作用的增强；"嫦娥一号"发射等，都充分证明了世界的发展趋势和中国以及社会主义的发展壮大是历史的必然。这些例证，既是学生关注的社会热点问题，也是教师需要加以分析和引导的难点问题，具有极强的针对性，正确的分析和引导，能收到极好的教学效果。

三、提高修养，增强课堂讲授的吸引力

马克思主义理论课教师必须提高自己的修养，具备坚定的政治信仰、深厚的道德素养、熟练的教学技能、强烈的求知欲望和健全的身心素质，才能高质量完成自己的使命。

坚定的政治信仰　只有具有坚定的政治信念，真正相信马克思主义，才能理直气壮地对学生进行理想信念教育，帮助他们树立社会主义的共同理想和共产主义远大理想。列宁曾经指出：在任何学校里，最重要的是课程的思想政治方向，这一方向只能由教学人员来决定。邓小平也指出：学校应该永远把坚定正确的政治方向放在第一位。"马克思主义基本原理概论"课程教师坚定的政治信仰和正确的政治方向的重要性，由此可见一斑。

政治敏感性和较高的政策水平　面对复杂多变的国内外形势，教师应该用敏锐的政治眼光，引导学生抓住事物的本质，分清主流和支流，识别各种非马克思主义和反马克思主义的言行，始终坚持马克思主义，从而具备较强的政治敏感性和较高的政策水平，是公共理论课教师政治素质中不可或缺的内容。

深厚的道德素养　教师的道德素养直接关系到培养出来的人才的素质。培养道德高尚的人，思想政治理论课教师必须有深厚的道德素养。中国传统文化中，道德修养始终处于基础地位，"厚德载物"历来为中华民族所推崇。历代思想家都强调道德修养的重要

性，并提出了许多修养方法，这些在今天有着重要的借鉴意义。为此，马克思主义理论课教师必须首先是"真人"，即是追求真理，有为真理而献身的精神和勇气的人；是能"从远处着眼，又从近处着手"，将培养远大理想与现实生活结合的人；是发扬教学民主，注重培养学生自学能力的人；是立志改革和创造的人。唯有如此，才能教人"求真务实"，"学做真人"。

熟练的教学技能　理论联系实际的方法，是一切教学的根本原则和基本方法，更是马克思主义基本理论教学的灵魂。理论的指导性又与教育对象的特点和实际相关联。只有找到理论与实际的最佳契合点，才能收到教学的最佳效果。灌输方法是马克思主义理论教学的主要方法。由于马克思主义的形成和发展有特定的历史条件，学生不可能自觉地接受。加上当代大学生往往具有强烈的求知欲望和较低的鉴别能力，容易受到各种社会思潮的影响，在信仰上易出现多元化倾向。向学生灌输马克思主义的基本理论和基本原则，不可避免地成为主要方法。如果说马克思主义理论教学的生命力在于教学的实际效果，那么这种生命力的强弱很大程度上取决于教师灌输方法的灵活程度。提高课堂灌输原则和灌输艺术，是马克思主义理论课教师教学技能的重要内容。

强烈的求知欲望　这是马克思主义理论课程教师保持思想的开放性，与时代同步，与学生同步的基本保证。保持强烈的求知欲望，首先，要求教师认真学习马克思主义的基本理论和其他科学知识，保持开放的心态，大胆吸收人类的一切优秀文化成果。其次，教师必须时刻关注国内外的重大事件，以便与学生的关注点相关，并能进行正确的引导。再次，教师的学习，还必须更多地参与社会实践。

健康的身心素质　现代人素质中的重要内容，是生理素质和心理素质。前苏联教育家霍姆林斯基主张通过经常的体育锻炼，培养意志、勇敢和坚毅的精神。强健的体魄，是教师完成自己的教学任务的物质基础。教师通过自己稳定、健康的心理素质所形成的人格力量去影响学生，可以使学生乐于接受教师所传授的知识。没有教师对学生的人格影响，就不可能有真正的教育工作。

面对复杂的形势，竞争的环境，变化的世界，要培养综合素质高、人格完善、社会责任感强、道德高尚的社会主义事业的合格的建设者和可靠的接班人，对教师提出了更高的要求。马克思主义理论教师只有高标准严格要求自己，从师品（德高为师）、师智（学高为师）、师能（技高为师）、师表（身正为师）等各方面不断提高自己，才能为"人民教师"这一神圣的称呼增添光辉，为高质量开设"马克思主义基本原理概论"课程奠定基础。

（本文作者：路杨，湖北经济学院社会科学系教授）

试论"马克思主义基本原理概论"课程建设

陈纯仁

我国大学教育的培养目标，就是要把大学生培养成能够担负起建设社会主义事业重任的高素质人才。"马克思主义基本原理概论"（以下简称"原理"）课程是我国高等院校开设的一门思想政治教育理论课程，是我国大学教育整个课程体系重要的有机组成部分，它对于我国大学教育培养目标的实现具有十分重要的作用。由于"原理"课程的性质及开设该课程的目的和要求决定，该课程的教学内在地要求每一位从事该课程教学的教师，在传授马克思主义基本理论、基本知识的基础上，要深刻揭示整个世界特别是人类社会发展的规律，帮助大学生树立正确的世界观、人生观和价值观，正确认识和处理个人与他人、与集体、与社会的关系，坚定他们建设中国特色社会主义的理想信念；要更加注重对大学生进行唯物辩证的思维方法的训练，帮助他们掌握唯物辩证的思维方法，提高理论思维能力，以及培养和提高他们分析和解决实际问题的能力。正是在这一意义上，该课程教学在对大学生的基本素质和基本能力的培养提高上，在对大学生的人生理想、信念和人生道路选择的引导上，是其他课程教学所不可替代的，它所具有的育人功能比其他课程更为明显，也更为突出。

但是，反思过去大学的几门思想政治教育理论课的教学实践，我们不能不承认，它还存在诸多不足之处，主要体现在理论和现实的说服力不强，教学内容缺乏针对性和时效性，教学方法陈旧单一，主要采取课堂灌输的教学方式。因而总体来说，以往大学思想政治教育理论课的教学对学生缺乏吸引力，课堂抬头率低，其应有作用没有得到充分发挥，与开设这几门课程所要达到的目标还相距很远。究其原因，从客观方面来说，社会大环境的急剧变化无疑是重要的原因；但从主观方面来说，与我们长期以来不够重视思想政治教育理论课课程建设直接相联系。大学的课程建设涉及教师队伍建设，课程教学的各个环节的规范和管理，教学内容和方法的完善和改革，以及学术交流和科学研究的展开等多个方面。课程建设的成功与否，直接关系到课程教学目的的实现，因此，"原理"课的教学要真正使大学生真心喜爱、终身受益，圆满实现其教学目的，从教学自身的角度来说，就只有充分重视和加强该课程的课程建设，舍此别无他途。总结以往大学思想政治教育理论课教学实践的经验和教训，我们认为"原理"的课程建设主要从以下几个方面着手：

第一，建立一支具有坚定的马克思主义理论信仰，具有深厚的马克思主义理论基础和广博的相关知识，在工作上相互协作、精诚团结的教师队伍，这是课程建设取得成功的重要前提和基础。

教师是教学的主体，教师队伍自身素质如何，直接关系到教学效果的发挥和教学目的的实现。而"原理"课教学的特殊性，对担任该课程教学的教师提出了更高的要求。首先，担任"原理"课教学的教师自身必须有对马克思主义的坚定信仰，对马克思主义真理性的执著追求。在市场经济条件下，人们的思想观念发生了很大的变化，价值取向日益多元化，共产主义的理想信念受到重大挑战，无疑这对"原理"课教学的冲击很大，对从事该课程教学的教师的思想影响也很大。在这种大背景下，"原理"课教师要坚守住阵地，并在教学中能够准确把握和深刻分析社会现实生活问题，对社会上出现的各种错误思潮进行理性批判，使该课程教学真正具有吸引力和说服力，就必须有对从事该课程教学的深深热爱而激发出来的发自内心的敬业精神和体现在教学过程中的情感投入。如果授课教师缺乏对马克思主义理论的信仰和追求，是不可能做到这一点的。其次，"原理"课教师必须具有深厚的马克思主义理论基础和广博的相关知识。从某个方面来说，"原理"课教学比其他社会科学专业课教学难度更大，对教师要求更高。一堂高水平的"原理"课，除了要有通常所说的理论和逻辑的吸引力和说服力外，更要有旁征博引的相关知识的穿插，更要有对各种社会现实问题的深刻剖析和理性批判，更要有对当前大学生思想实际和心理的深刻分析，以及贯穿在整个教学过程中的对大学生的情感打动。显然，这就要求授课程教师，不仅要有坚实的马克思主义的理论功底，较强的理性分析和批判能力，更要有广博的知识和对社会生活实际和学生思想实际的准确把握。再次，由于"原理"课教学授课面广，教学环节多，而且还必须根据社会生活实际的变化，不断完善和更新教学内容，改进教学方法，教学工作量之大是专业课教学无法比的。因而，要真正提高该课程教学的整体教学效果，客观上需要从事该课程教学的教师，具有协作共事的精神，能够在教学工作中相互学习、相互合作、相互支持、相互促进，共同出谋划策，充分发挥教学团队的智慧、作用和力量。

第二，认真制定一套切实可行而又行之有效的教研室工作的基本制度，使教研室各项工作有章可循，顺利推进，这是课程建设取得成功的制度保障。

一般说来，高校思想政治教育理论课教研室只是直接管理一门课程教学的最基本的教学组织，所以教研室各项工作的展开与课程建设实际上是直接结合在一起的，也就是说"原理"课的课程建设是通过教研室各项工作的展开来实现的，因而对"原理"课的课程建设，必须制定一系列教研室工作的基本制度，如"主讲教师负责制度"、"集体备课和学习制度"、"教研活动和学术交流制度"、"教研室教师的引进、进修和培养制度"、"相互听课制度"、"考试制度"、"教学科研奖惩制度"等，并在这些制度的严格规范下，按照课程建设的目标和计划，具体实施，有序推进，一定要改变过去那种教研室无活动、教师各行其是的状况。唯其如此，才能使"原理"课程建设的各项具体指标逐步得以实现，并在此过程中逐渐增强教师的敬业精神和工作责任感，提高教师的素质，以及该课程的整体教学质量和水平。

第三，大力推进教学内容和教学方法的完善和改革，努力提高本课程的吸引力、针对性和实效性，这是课程建设取得成功的关键。

马克思主义理论的实践品格要求"原理"课程教学要与时俱进，才能不断适应变化了的新情况，解决新问题，真正发挥其应有的作用。从过去的教学实践经验来看，思想政治教育理论课教学最忌照本宣科，大学生最反感纯粹抽象的理论灌输和说教，因此，"原理"的课程建设关键在于不断深化教学改革，在改革中不断完善和充实教学内容，不断探索新的教学方法，创造新的受学生欢迎的教学形式。具体来说，在教学内容上，要进一步完善新的"原理"教材体系，特别要凸显"原理"教材的整体性，使教材内容真正充分体现马克思主义的真精神，这应该说还有许多工作要做。在具体的教学过程中，任课教师对教学内容的把握上，不能只停留在教材上，而要深入钻研马克思主义经典原著，从而达到非常熟练地驾驭教材，深刻揭示马克思主义各组成部分的内在联系和有机统一，在教学过程中真正体现出马克思主义理论的吸引力和说服力。同时，要注重理论联系实际，把马克思主义的价值导向功能和反映现实、批判现实和指导现实的功能凸显出来。一方面，要充分发挥马克思主义的价值导向功能，注重对学生进行正确的世界观、人生观、价值观的教育和培养；另一方面，要加大理论联系实际的分量，在课堂教学上要大胆直面当今我国社会存在的各种严峻的现实问题，理直气壮地加以理性的审视和批判，特别要注意对社会主义市场经济条件下出现的各种问题进行理论总结和概括，凸显马克思主义理论反映现实、批判现实和指导现实的功能，避免"原理"课程教学陷入纯粹抽象的理论思辨和说教的窠臼。在教学方法的改革上，要打破以往满堂灌的教学传统，实行启发式教学与课堂答问、课堂讨论或课堂辩论相结合、系统讲授与专题讲座相结合、课堂讲授与看相关教学录像片相结合、教师讲授重点、难点、疑点、热点和布置思考题让学生自学相结合、课堂教学与社会调查相结合等灵活多样的教学方法，充分调动学生学习的主动性和积极性；还要充分利用多媒体等现代化的教学手段，增强视听效果，提高课堂教学的吸引力；在考试和课程成绩的评定上，要打破传统的以期末考试一锤定音的方法，建立以期末卷面考试与平时课堂答问和讨论计分、批阅调查报告三方面相结合的课程成绩测定模式。

第四，加强教学的实践性环节，让大学生经常接触和了解社会生活实际，这是增强教学的育人效果，确保课程建设取得成功的重要途径。

"原理"的课堂教学，无疑对于提高大学生的思想政治理论水平和思想道德素质是非常重要的，但是纷繁复杂的社会现实生活对在校大学生的负面影响是不可低估的，仅仅依靠校内的课堂教学是很难达到引导大学生树立正确的人生理想，把握正确的价值取向的目的。对学生进行正确的世界观、人生观、价值观的教育和培养，不能仅停留在课堂教学上，更要注意加强教学的实践性环节，要有计划地安排学生进行社会调查，开展服务社会的各种帮扶活动，如寒暑假期间的"三下乡"活动，社会调查，在校期间组织的大学生义务劳动、勤工俭学，以及创建校内文明环境活动和各种学生社团活动等。学生通过这一系列的社会实践活动，能够亲身接触、了解社会，开阔自己的视野，并在指导教师的正确引导下，正确认识和把握社会生活的本质和时代的脉搏，从而坚定建设中国特色社会主义的信念；通过服务社会的各种活动，能够陶冶自己的情操，培养自己的责任意识，学会正确处理个人与他人、与社会的关系，从而实现正确的人生定位。所以，只要"原理"课程教学的实践性环节得到真正落实，而不是流于形式，其育人的作用就会大大提高，那么该课程的课程建设也就取得了实质性的成效。

第五，采取请进来、走出去的办法，加强学术交流和教学改革经验交流；同时要鼓励教师努力从事教学研究和科学研究，提高教学和科研能力、水平，实现教学和科研的相互促进，共同提高，这是课程建设取得成功的重要举措。

高校的教学和科研是一个良性互动的过程。但过去，由于高校的思想政治教育理论课教师担负繁重的教学任务，外出学习和参加学术交流会议的机会也很少，整天忙于日常的教学，对教学研究和科学研究不够重视，因而教研和科研能力偏低往往是高校的思想政治教育理论课教师的薄弱点，这反过来又严重影响他们的教学水平的提高以及他们在高校中的地位，也不利于该课程整体教学质量和效果的提高。因此,"原理"的课程建设要取得实效,一定要突破任课教师教学、科研能力水平偏低的薄弱环节。为此,要加强学术交流,一方面,聘请国内知名专家学者来校进行学术讲座;另一方面,争取一切机会派遣教师外出参加高层次学术报告会和学术研讨会;同时,要采取物质和精神奖励的手段,鼓励教师在搞好常规教学的同时努力从事教学研究和科学研究,实现教学和科研的相互促进,共同提高。

此外,必须指出的是,鉴于当前我国高校较为普遍存在的事实上不太重视思想政治教育理论教学的实际,"原理"的课程建设要取得成功,还离不开学校领导及各相关职能部门的切实重视和大力支持。也就是说,只有学校及相关职能部门真正充分认识到高校思想政治教育理论课教学的重要性,在人、财、物等方面为该课程建设提供必要的支持,在职称晋升、科研立项,校内酬金分配等方面给予该课程的任课教师适当的倾斜,"原理"的课程建设才能得以顺利推进,并达到预期的目标。

(本文作者:陈纯仁,湘潭大学哲学与历史文化学院教授、马克思主义理论一级学科负责人)

十七大报告最新理论成果进"马克思主义基本原理概论"课的几点思考

陈艳丽

当前,全国上下都在认真学习、宣传和贯彻党的十七大报告的精神,作为高校思想政治理论课,应该积极推进马克思主义中国化最新理论成果进教材、进课堂、进学生头脑的"三进"工作,这是时代赋予理论课教师的重要使命,也是顺利实现思想政治理论课课程转型的需要。具体讲,在十七大报告最新理论成果进"马克思主义基本原理概论"(以下简称"原理")课的过程中,我们应该坚持以科学发展观为统领,以"学马列要精、要管用"为总原则,以马克思主义中国化最新理论成果进入学生头脑为总目标。

一、坚持以科学发展观为统领

科学发展观既是十七大报告中一个重要的理论成果,又是我们做好各项工作的重要指导思想。在"原理"课的教学中贯彻马克思主义中国化最新理论成果,一定要以科学发展观为统领。

以科学发展观为统领,搞好"原理"课的"三进"工作,就要求我们一定要贯彻以人为本的思想。就是要在"原理"课的教学中充分重视人的因素,这里既包括要充分发挥广大教师的积极性、主动性、创造性,更重要的是要牢固确立学生在教学中的中心地位。

确立学生在教学中的中心地位,就要对学生的现状、对教学的期待等方面有详尽的了解。长期以来,由于教师对学生的状况及他们对教学的期待缺乏了解,在教学中不能很好地满足学生的要求,老师讲的内容并不是学生想听的内容，造成教与学的严重脱节，因此，师生的思想碰撞和共鸣就更谈不上了，这无疑是影响"三进"实效性的一个重要因素。为了了解学生对"马克思主义哲学原理"课的学习情况以及对新课程的期待，在从"马哲"课向"原理"课转型之际，我校进行了一次问卷调查，在调查中，我们可以清楚地看到这一情况：在学生看来，很少有教师对学生"十分了解"，而有近60%的学生认为老师对学生的了解程度是"一般"、"不太了解"和"很不了解"。这种情况要引起我们的足够重视。不了解学生的状况及对教学的期待，这样的教学就是一厢情愿，听课就为应付考试，马克思主义理论进头脑就不能落到实处。

确立学生在教学中的中心地位，就要激发学生的学习兴趣。爱因斯坦说过："兴趣是最好的老师。"在学习过程中，学习兴趣是一个人对学习的一种积极的认识倾向与情绪状态。学生若对课程感兴趣，就会持续地专心致志地学习它、研究它，从而提高学习效果和教学效果。反之，则会直接影响教学的实效性。在调查中，我们发现，在没上"马哲"课之前，大多数同学是没感觉、较有好感和充满期待的，只有极少数人是对该课反感或缺乏了解的。上了"马哲"课以后，大多数同学对该课程是较有兴趣甚至是非常有兴趣，只有很少的同学表示反感。这可以说明，我们的教学效果是很好的，能够满足大多数同学的要求，通过引发学习兴趣，更好地完成教学任务。当然，要不断激发学生的学习兴趣，在"马哲"课向"原理"课的转型中还有很多工作需要加强，例如，加强教师的自身修养和个人魅力；突出课程的实用性；更多地关注现实问题；灵活多样的教学手段等。

确立学生在教学中的中心地位，还要加强教学互动，充分发挥学生在教学中的主动性。大学的思想政治理论课不是远程教育，完全有条件在面对面的教学中，与学生进行互动、交流。长期以来，学生作为被动的知识接收者，没有积极地参与到教学过程中来，只是老师一味地"满堂灌"。这种课堂教学模式，使教与学彼此分离，没有充分发挥学生在教学中的主动性。在问卷调查中，学生喜欢的授课方式，排在第一位的是"师生互动"，其次是"课外实践"，而"老师讲授"列在了最后。

此外，以科学发展观为统领，搞好"原理"课的"三进"工作，还要求我们一定要统筹兼顾教学中的各种关系。教学过程是一个充满矛盾的辩证过程，只有统筹兼顾，妥善处理各种矛盾，才能把"三进"工作落到实处。例如，在教学过程中要辩证地看待教师与学生的关系，既要确立学生为本的地位，又要充分发挥教师在教学活动中的主导作用，更要强化师生互动的教学形式，使师生关系在教学过程中和谐发展；在教学过程中要摆正知识传授与思想政治教育的关系，思想政治教育课程不同于专业课，就其基本功能是意识形态教育，但意识形态教育必须有科学理论和知识来支撑，因此要避免以讲知识忽视目的甚至代替目的的讲法；在贯彻十七大精神过程中要处理好"原理"课与其他思政课的关系，四门思想政治教育课程都有十七大精神"三进"的任务，如若在内容上衔接不好，出现过多的重复，必然会使学生反感，影响"三进"的实效性，因此，在课程转型中不仅要做到四门课程内容的"无缝对接"，同时也要做到"三进"内容的"无缝对接"。这些关系，我们既要统筹兼顾，又要突出重点，更要适时掌握主次矛盾的转化。

二、坚持以"学马列要精、要管用"为总原则

十七大报告内容十分丰富，既有对过去工作的总结，也有对下一阶段工作的新要求，更有实现美好目标的理论指导和组织保证。这样丰富的内容如何贯彻到"原理"课的教学中，这里就要坚持邓小平讲的"学马列要精、要管用"的原则。

在"原理"课的教学中贯彻"学马列要精、要管用"的原则，首先就要求教师要认真学习党的十七大报告，在系统学习的基础上，了解报告中的新表述，领会报告的精神实质，研究其中的理论创新。此外，要加强十七大报告最新理论成果的研究，以科研为支撑，促进教学质量优化。例如中国特色社会主义理论体系研究、科学发展观研究、和谐社会研究、生态文明研究、文化建设研究、民生问题研究等。

在原理课的教学中贯彻"学马列要精、要管用"的原则,还要实现报告中的理论创新与教材内容的有机结合,避免"两张皮"现象。要始终牢记我们是在进行马克思主义基本原理概论课的教学,而不是在搞十七大报告的宣讲,因此要选取报告中与教材内容相关的理论观点,运用马克思主义基本原理加以系统阐述,用原理深化学生对报告内容的理解,用报告内容来使原理更加生动、丰富、具有时代性,从而达到二者的相互映衬。

在原理课的教学中贯彻"要精、要管用"的原则,不仅要有精练的内容,要有报告内容与原理内容的有机结合,更要有精练的语言表述形式。内容决定形式,形式反映内容。好的内容加上好的形式,才能真正打动我们的大学生,应该讲这也是一门高深的艺术。记得中央电视台的《焦点访谈》栏目,曾报道某地在向群众宣讲十七大报告时,社区的干部就讲道:十七大报告核心的内容,就是让老百姓过上更好的日子。这样精练的语言,使群众更好地理解了报告的精神。当然,我们的教育对象是大学生,同样要研究用"少而精"的理论话语,使原本抽象的理论让学生更容易接受,使大学生在认同和信服的基础上,提升兴趣并深化和提高对原理课程内容体系的认识。

三、坚持以马克思主义中国化最新理论 成果进入学生头脑为总目标

马克思主义中国化最新理论成果的"三进"是指"进教材、进课堂、进学生头脑",在思想政治理论课的教学中贯彻"三进",我以为最根本的是进学生头脑。因为,进教材的工作不涉及广大的理论课教师,现在使用的都是教育部指定的统编教材,进课堂是主渠道和主途径,而只有通过进课堂的途径真正进入学生头脑,这才是我们教学的总目标。

"进头脑"是一个过程,这一过程包含获得知识、产生情感、确立信念、化为行为四个环节,即"知、情、信、行"。从纵向看,这四个环节前后相继、彼此连接;从横向看,这四个环节相互

联系、彼此渗透，构成一个有机的系统。在这个系统中，"知"是"进"的基础；"情"是"进"的动力；"信"是"进"的关键；"行"是"进"的目的。

据有关调研资料显示，马克思主义理论"进学生头脑"存在着一定困境，即大学生在学习马克思主义理论，树立正确世界观的过程中，程度不同地存在着"认知障碍"（指大学生因不能掌握马克思主义基本理论，从而妨碍他们树立正确的世界观）、"情感障碍"（指大学生虽然了解马克思主义的基本理论，但由于在对马克思主义、社会主义的态度上具有否定的内心体验，因而其正确的世界观树立仍受到阻碍）、"信仰障碍"（指大学生由于没有树立坚定的共产主义理想和信念，从而妨碍了其正确世界观的树立）和"行为障碍"（指大学生不能自觉以马克思主义理论来支配自己的行动，从而妨碍了其正确世界观的树立）。这四种障碍同样也严重地阻碍着十七大报告的最新理论成果"进头脑"工作的开展，因此，如何有效地实现马克思主义中国化最新理论成果进入学生头脑这一目标，是摆在理论课教师面前的一个重要课题。我们应该在充分调查的基础上，掌握学生对中国化马克思主义最新理论成果的了解状况及基本态度，积极探寻引发学生兴趣、实效性强的教育内容、教育形式、教育方法，力求掌握"进头脑"的规律。

结合原理课的教学，要使马克思主义中国化最新理论成果进入学生头脑，就要坚持以理服人，讲出马克思主义理论的科学性、整体性及其内在的逻辑魅力。就要坚持以情动人，用经典作家的伟大人格魅力和教师对马克思主义理论坚信与执著的人格力量来感化学生。就要坚持用事实说话，用中国改革开放的成功事实和各个领域成功人士的事迹来验证理论对实践的指导意义。

参 考 文 献

[1]"三进"课题组．邓小平理论"进学生头脑"客观性评判[J]．天津社会科学，2001：2．

[2]周济．努力使"马克思主义基本原理概论"成为大学生

真心喜欢、终身受益的优秀课程［J］．思想理论教育导刊，2007（增刊）．

［3］冯波．马克思主义哲学原理课实效性研究［M］．中国传媒大学出版社，2006．

［4］田建国．关注高校德育环境和对象的变化［N］．中国教育报，2004-10-26．

［5］程光泉．发挥哲学社会科学课程育人功能［N］．中国教育报，2004-10-26．

［6］赵仁明．略论"大思政"模式的教育主体及其教育理念［J］．中国教育教学（高等教育版）：141．

（本文作者：陈艳丽，天津财经大学人文学院副教授）

回归生活世界的马克思主义基本原理教学^①

于春玲　李兆友

一、生活世界释义

作为一个正式概念，"生活世界"是胡塞尔在 20 世纪初首先提出的，基本含义是指相对于科学世界而言的人生活于其中的具体而现实的周围感性世界。胡塞尔认为，欧洲的科学陷入了一场严重的危机之中，危机的根源在于科学主义世界观所导致的片面理性和客观性对人的统治。面对这场深刻的危机，胡塞尔开出了诊治危机的药方——回归生活世界。在他看来，生活世界是"前科学的、直观的"、"可经验的"意义和价值世界，科学世界是从前科学的生活世界中分化出来的。正是科学世界与生活世界的分裂导致了科学和人的存在的危机。经过分析，胡塞尔得出结论："生活世界是自然科学的被遗忘了的基础。"^② 他反复强调，科学不应当把人的问题排除在外，哲学应当自觉地回归并研究生活世界。

继胡塞尔之后，许多西方哲学家以各自不同的方式提出了生活世界的构想和理论，维特根斯坦的"生活形式"，哈贝马斯的"前逻辑"的"生活世界"，海德格尔的"日常共在世界"，赫勒的"日常生活世界"等，都反映出现代西方哲学转向生活世界的理论

---

① 辽宁省 2007 年高等教育教学改革研究项目。

② 胡塞尔. 欧洲科学危机与超验现象学 [M]. 北京：译文出版社，1988：58.

路向。然而，尽管西方哲学家实现了哲学向生活世界的回归，但他们的生活世界理论却并没有触及生活世界的本质，以及人的生存和发展的根本问题。其原因在于："现代西方的许多哲学家所回归的生活世界虽然也是人的'生活世界'，也是一个'现实的'世界，但却只是人的一种生活、一个'世界'，即日常生活、意识生活或语言世界，或者说，他们均不同程度地把生活世界意识化、语言化或日常化了。"① 也就是说，在西方哲学家那里，生活世界最终仍然是一个抽象的精神世界和观念世界。

马克思虽然没有直接使用过"生活世界"的概念，但他关于生活、实践和感性世界的论述，已经包含着生活世界的理论和构想。马克思的实践唯物主义，立足于实践来解释人的生活，实践即生活，人类通过实践所创造的世界即是人的生活世界。马克思进行哲学探索的宗旨，就是要创立一种能够引导人们正确理解并积极参与生活的新哲学。在 1845 年写的《关于费尔巴哈的提纲》中，马克思批评旧唯物主义者"对对象、现实、感性，只是从客体的或者直观的形式去理解"，主张"要把它们当作人的感性活动，当作实践去理解"，"从主体方面去理解"。② 由此可见，马克思并不是把人所居住的世界看成是与人无关的、独立自主的东西，在他看来，"世界是人生活于其中的、与人发生着千丝万缕的联系、对人有价值和意义的世界，是人可直观的、作为人的感性活动结果的、不断生成的过程"③。"人们的存在就是他们的实际生活过程。"④

从实践出发，马克思把人的存在看成是物质与精神、能动与受动、确定性与非确定性相统一的过程。基于此，马克思把现实生活

---

① 李文阁. 回归现实生活世界 [M]. 北京：中国社会科学出版社，2002：198.

② 马克思恩格斯选集 [M]. 第 1 卷. 北京：人民出版社，1995：54.

③ 封毓昌，李文阁. 现实生活世界观：马克思主义哲学的生长点 [J]. 哲学动态，1999（12）.

④ 马克思恩格斯选集 [M]. 第 1 卷. 北京：人民出版社，1995：72.

世界看成是全面的、整体的，是物质生活和精神生活、日常生活和非日常生活的统一，也是一个不断生成的过程，这与现代西方哲学所构想的抽象的、精神性的生活世界有着本质的区别。

二、脱离生活世界——马克思主义基本原理教学的困境分析

如前所述，马克思主义产生于现实生活世界，本已蕴涵着生活世界的理论，且从它诞生的那一天起，就以引导人们正确理解并积极参与生活为己任。然而，从目前马克思主义的宣传、研究特别是高校马克思主义基本原理教学（以下简称"原理"教学）的现状来看，无疑是脱离现实生活世界的，主要表现在原理教学中存在的本质主义、科学主义和宏观主义的局限。

所谓"本质主义"，是指"原理"教学特别是哲学原理教学专注于探寻世界本体和初始状况，把世界视为外在于人的、与人无关的、本质既定的存在，而人只是这个客观世界的渺小旁观者，这意味着对主体的忽视，对人的存在状况的漠不关心，是一种简化或遗忘生活的教学。事实上，这种无视主体的"本质主义"恰恰是马克思竭力反对并多次批判过的旧唯物主义的做法，完全背离了马克思主义的本性和真精神。

所谓"科学主义"，是指"原理"教学片面注重科学性，偏重知识性传授，以经验科学的教学模式对待马克思主义基本原理，注重它的逻辑性、实证性。这种"科学主义"的教学模式实质上是以对待"物"的方式对待人，忽视了"原理"教学中的兴趣、价值等因素，也忽视了对学生的价值导引、个性培养、情感渗透和审美导向。

所谓"宏观主义"，是指"原理"教学存在"宏大叙事"的特点，把课程内容仅定位于从宏观上阐述人类社会的现实存在与未来发展，专注于人类的自由和解放，缺少对个体生命的关注和对生活意义与价值的阐释。"宏观主义"教育的结果是马克思主义成为执

著于形上之思的抽象理论，与学生的现实生活渐行渐远，很难调动起受教育者的学习欲望和激情。

从以上分析可以看出，目前的"原理"教学片面地强调了人的生活世界的某些方面，如科学生活、认知生活、宏观生活、非日常生活，却忽视了人的生活的其他方面，如价值生活、意义生活、个体生活和日常生活，而后者恰恰是前者的深层基础，这已经为现代人文学科发展的成果所证明。现实生活世界是全面的，是一个整体，只有从现实生活世界出发的教育才能培养完整的、全面发展的人，正如马克思所强调的："人不仅通过思维，而且以全部感觉在对象世界中肯定自己。"① "人以一种全面的方式，也就是说，作为一个完整的人，占有自己的全面的本质。"②

遗忘生活的理论迟早是要被生活所遗忘的，因为它的抽象性注定使其陷入难以解脱的困境。原理教学如果只注重宏观理论的讲授而不关注学生的生活现状，不能帮助学生解答人生的困惑和生活的疑问，就注定会被学生所忽视甚至引起学生的反感和拒斥。这正是目前原理教学所面临的困境。要摆脱这一困境，就必然要求原理教学回归生活世界，诠释生活意义，导引生活价值。

三、回归生活世界——马克思主义基本原理教学的出路探寻

"回归"一词在现代汉语里通常被解释为：回到早先的状态或位置。然而，这里所说的"回归"却不是简单的归复，而是一种创造性、超越性的回归，意味着"原理"课教学曾经离开生活世界，然后带着一种全新的视角返回其中，关照学生的现实生活状态。"原理"教学要实现这一目标，克服以往存在的本质主义、科学主义和宏观主义倾向，有必要从以下三个方面着手：

① 马克思恩格斯全集 [M]. 第42卷. 北京：人民出版社，1979：126.
② 马克思恩格斯全集 [M]. 第42卷. 北京：人民出版社，1979：123.

1. 充分肯定"原理"教学本身就具有生活的意义和价值

马克思主义一直把人的本质、人的自由和解放作为其全部理论的基础和归宿，在对人及其本质的理解上，马克思主义没有停留在抽象层面上，而是把实践活动作为考察社会历史及其发展的现实基础，把从事实践活动的现实的感性的人作为其理论的出发点。只有对人的生活价值进行深入研究，才能真正体现马克思主义对人的全面的关注。因此，"原理"课教学的一项基本任务就是对学生的人生观、价值观教育，即着眼于学生的思想和生活实际，指导大学生明辨是非、甄别善恶、区分美丑，引导大学生求索人生意义、阐发人生价值、体会真切情感、追求理想生活。

2. 确立人本意识，关注学生的生命意义和生活状态

"原理"教学回归生活世界的重要意义就在于它确立了人本意识和生命意识，重视学生的生活意义和生存状态，具有提升人的生命价值特别是塑造人的精神生命的意义。生活世界是科学世界的根基，生活实践是学生确立人生信念的基础和内在驱动力。如果脱离了生活世界，学生就难以形成对人生以及世界的正确认识，造成学生的片面发展。在原理教学中，不管是传授知识也好，分析理论也好，知识和理论本身都不是目的，目的是使其内化为学生的素养，提升大学生的精神气质和生活质量。这就必须关注学生的生活状态，了解他们的思想动向和对人生的看法，并加以正确的引导。

3. 特别强调学生的主体地位

"教"和"学"是教学过程中的一对矛盾，为了更好地实现教育的目的，需要同时发挥教师的主导作用和学生的主体作用。马克思主义基本原理的教学也是如此。如果只是片面地发挥教师的主导作用，只是按照教师自己对理论的理解程度抽象地讲授理论，而不注意发挥学生的主体作用，不考虑学生的接受能力，不能结合学生的思想和生活实际，就不能引起学生的兴趣。因此，在"原理"的教授过程中，要特别强调学生的主体地位，激发大学生对该门课程的内在的强烈需求，把大学生的积极性和主动性充分地调动起

来，把学习的过程转化为自觉、自主的行动。①

（本文作者：于春玲，东北大学文法学院讲师，
马克思主义基本原理专业博士生；
李兆友，东北大学文法学院教授，博士生导师）

---

① 周济．努力使"马克思主义基本原理概论"成为大学生真心喜爱、终身
受益的优秀课程——在高校思想政治理论课骨干教师第一期研修班上的讲话
[J]．思想理论教育导刊，2007（增刊）．

论基于 "05 新方案" 的思想
政治理论课开放式教学[①]

高征难　周晓阳

　　为了贯彻落实高校思想政治理论课改革 "05 新方案"，增强思想政治理论课的针对性和实效性，本文提出并阐述了基于 "以学生为本" 的思想政治理论课开放式教学新模式及其基本内容和重大意义，分析了实施开放式教学需要解决的关键问题。

一、思想政治理论课开放式教学新模式的内容

　　开放式教学新模式，是由开放式教学诸方面、诸环节和教学环境等要素构成的有机整体。

　　一是教学诸方面的开放性。首先，教学主体的开放性。教学主体包括双重主体，教师是指导主体，学生是学习主体。强调把教师的指导主体作用与学生的学习主体作用有机结合起来，提高学生学习的积极性、主动性。其次，教学内容的开放性。要求教学内容紧密关注国内外形势和党的方针政策的新变化，及时吸收马克思主义中国化的最新理论成果，使教学具有时代感和现实性。再次，教学形式的开放性。要求理论教学与实践教学相结合、"请进来" 与 "走出去" 相结合、教师讲授与学生发言相结合，采取灵活多样的教学方法和现代化教学手段，增强教学的吸引力和感染力。

　　二是教学诸环节的开放性。首先，教学准备的开放性。要求教

　此文系湖南省思想政治教育研究课题《基于 "以学生为本" 的思想政治理论课开放式教学新模式研究》（06C027）的研究成果之一。

师采取问卷调查和座谈会等形式，了解学生的实际情况与学习要求，吸收学生参与教学计划和教学大纲的制定。其次，教学过程的开放性。鼓励学生提问、发言、演讲或参与辩论，提高学生参与教学过程的主动性和创造性。再次，教学管理的开放性。吸收学生参与教学管理，形成以学生自我管理为基础，教务部门、学工部门、思想政治理论课教学部门齐抓共管的综合管理体系。又次，考核考试的开放性。建立教师考核与学生自我考核相结合、期末考核与平时考核相结合、理论考试与实践考核相结合、知识考试与能力考核相结合、闭卷考试与开卷考试相结合的综合考核体系。最后，教学评价的开放性。建立自我评价、专家评价、学生评价、社会评价"四结合"的评价体系。

三是教学环境的开放性。首先，克服各种不和谐的因素，为教学创建一个和谐的社会环境。其次，加强社会主义核心价值体系的宣传教育，为教学创建一个健康的校园文化环境。再次，加强高校思想政治工作的制度建设，推进弹性学分制，建立有效的激励机制，为教学创建一个科学的制度环境。最后，要营造良好网络环境。要坚持先进文化前进方向，加强网络文化建设和管理；要积极建设教学网站，多渠道开发和运用教学信息资源，并做到信息资源库共建共享。

二、构建思想政治理论课开放式教学新模式的重要意义

1. 构建开放式教学新模式，是思想政治理论课贯彻落实科学发展观的要求

科学发展观的核心是"以人为本"，因此，思想政治理论课必须树立"以学生为本"的新理念。"以学生为本"的开放式教学，要求以教师为主导、以学生为主体，在教学的各个方面、各个环节中，确立学生的学习主体地位，充分调动学生学习的积极性、主动性和创造性。科学发展观的根本目标是实现人的全面发展，因此，必须以促进学生全面发展作为思想政治理论课的根本目标。所谓"学生的全面发展"，一是指学生的德、智、体、美等素质的全面

提高；二是指学生的创造潜能得到充分发挥；三是指学生的个性得到自由发展。实施"以学生为本"的开放式教学，有利于提高思想政治理论课的实效性，通过提高学生的思想政治素质来促进学生素质的全面提高；也有利于培养和提高学生的创造能力，充分发挥学生的创造潜能；还有利于培养学生的自主意识，使学生的个性得到自由发展。

2. 构建开放式新教学模式，有利于促进高校及其思想政治理论课和谐发展

首先，坚持"以学生为本"，可以发挥教师与学生的双重主体作用，形成师生良性互动的教学关系，促进师生关系以及整个校园人际关系的和谐。其次，实施开放式教学，及时更新教学内容，把继承与创新结合起来，可以实现教学内容体系的和谐。再次，实施开放式教学，把校内课堂理论教学与校外第二课堂实践教学有机结合起来，把教师讲授与学生发言、演讲、辩论结合起来，可以促进教学形式、方法的和谐。再次，实施开放式教学，把传统教学手段与现代多媒体教学手段结合起来，把传统课堂教学与网络教学结合起来，可以实现教学手段系统的和谐。最后，实施开放式教学，创建和谐的教学环境，培育和谐的校园文化，以校园和谐促进社会和谐，以社会和谐影响校园和谐，从而促进高校及其思想政治理论课的和谐发展。

3. 构建开放式教学新模式，有利于增强思想政治理论课的针对性和实效性

传统的"以教师为本"的封闭式教学模式存在许多弊端，忽视了学生的主体作用；脱离现实生活和学生的思想实际，忽视了学生的个性特点，使教学缺乏针对性；教学内容陈旧重复，教学方法单一呆板，使教学缺乏吸引力和感染力。而实施开放式教学，能够发挥师生的双重主体作用，提高学生的参与度，有利于增强教学实效性；能够使教学贴近实际、贴近生活、贴近学生，有利于解决热点、难点问题，增强教学的时代性和现实针对性；能够在优化理论课的同时，加强实践教学环节，有利于提高学生的实践能力和创新能力；能够使教学方法人性化、教学关系和谐化、教学管理民主

化、考试方法多样化，从而有利于教学整体效果的提高。

三、实施开放式教学需要解决的关键问题

1. 教师指导主体与学生学习主体的关系问题

教师是指导主体，在教学中处于主导地位；学生是学习主体，在教学中处于本体地位。坚持"以学生为本"，要求教学活动必须以满足学生的思想文化需要为出发点，把学生的自主、自觉学习作为教学的内在动力，把促进学生的全面发展作为教学的根本目的，把学生"满意不满意"作为评价教师教学水平的主要标准。坚持"以学生为本"，并不是降低或否定教师的指导主体地位，相反，必须增强教师的指导主体地位。实施开放式教学并不是放任自流，而是在教师的指导下，提高学生的自主性、自律性，充分调动学生的主动性、积极性和创造性。

2. 教材体系的相对稳定性和教学内容的动态性的关系问题

高校思想政治理论课教材体系和内容具有相对稳定性。这样，会使教材中某些内容逐步落后于形势的发展。必须把教材体系的相对稳定性和教学内容的动态性有机结合起来。一方面，必须以教材体系作为教学与考核的基本依据，绝不能借口形势变化而抛开教材论及的基本原理，根据教师个人好恶任意确定教学内容；另一方面，必须根据形势发展和政策变化及时修改和补充教学内容，绝不能借口忠实于教材而照本宣科。只有这样，才能增强教学的针对性和时代感。

3. 理论教学与实践教学的关系问题

理论教学是高校思想政治理论课教学的主要形式。教师必须深刻把握思想政治理论课的教学内容，把教学内容讲深讲透。同时，必须加强实践教学环节，开足开好实践课。首先，必须合理确定理论教学与实践教学的课时比例。长期的教学实践证明，思想政治理论课的理论教学与实践教学的课时比例以 7：3 为宜。实践教学的课时过多，理论教学的内容无法完成；反之，实践教学的课时过少，不利于贯彻理论联系实际的原则，不能有效提高学生的实践能力和

创新能力。目前全国各高校，普遍存在重理论教学、轻实践教学的倾向，或者削减实践教学的课时，或者使实践教学流于形式。必须加大对实践教学的重视力度，从课时安排、经费投入等方面确保实践教学任务的完成。其次，加强实践教学环节，必须拓宽思路，组织学生到工厂、农村、部队去，使学生接受生产劳动锻炼和劳动群众的再教育。还必须把学生的实践课成绩按一定比例纳入课程考核总评成绩，以提高学生参与实践教学的积极性和自觉性。

4. 教学管理与人文关怀的关系问题

实施开放式教学，增强学生的自主性，并不是要削弱教学管理，相反，必须加强教学管理。无论是课堂教学还是实践教学，都要制定科学的严格的管理制度，使教学活动规范化、制度化。但从严治教并不是要压抑学生的主体性，必须在坚持严格科学管理的同时，体现对学生的人文关怀，把教书与育人有机结合起来。在教学中，要做到以情感人、以理服人、情理交融、寓教于乐；在课外，要通过个别谈心、电话和网络交流，帮助学生解决思想、学习、生活上的疑难问题，密切师生关系，增进师生感情，以激发学生学习思想政治理论课的热情。

5. 期末课程考试与平时思想政治表现考核的关系问题

在严格课程期末考试的同时，必须注重对学生平时思想政治表现的考核。因为每一个人的思想政治理论素质不仅表现在对马克思主义理论知识的掌握程度上，而且表现在日常言行中。因此，对学生的思想政治理论课的考核，必须从期末考试与平时考核两个方面进行，并把二者有机结合起来。在期末考试中，既要注重知识考核，又要注重能力考核；在平时考核中，既要注重教师的考核意见，又要注重同学之间的相互考核意见。要把期末考试成绩与平时考核成绩按一定的比例纳入课程总评成绩。

（本文作者：高征难，南华大学马列部副教授；周晓阳，南华大学马列部教授）

马克思主义哲学教学内容的改革

方英群　张　睿

　　长期以来，我们哲学工作者呼唤着在高校马克思主义哲学原理教学过程中应进行改革，这包括教学目的、教学内容、教学方式与方法的改革。既然要改革，这就意味着原来我们在教学过程中存在着许多问题，只有针对存在的问题进行教学改革，才能做到有的放矢。故在谈到哲学教学改革中，我们首先应谈到目前我们哲学教学过程中存在的问题，然后针对这些问题提出有效的解决措施，从而使我们的马克思主义哲学教学获得自身的发展。

一、目前马克思主义哲学教学中存在的问题

　　笔者认为，目前马克思主义哲学教学中存在的一个重大问题是受原有教学体系的束缚，使得教学内容老化。众所周知，目前我国的哲学教学体系的基本框架是从前苏联搬过来的，几十年基本不变，使哲学面对几十年来的社会实践和科学成果的发展视而不见、充耳不闻，导致教学内容老化，这主要表现在以下几个方面：一是哲学作为时代精神的精华并没有反映和表达这个时代的特征，更谈不上发挥塑造和引导时代精神的作用；二是哲学面对这几十年来科学领域发生的巨大变化，没有吸收其有益的科学成果来发展自己，回答科学提出的挑战；三是哲学脱离自身发展的历史，缺乏强烈的历史感；四是哲学教学内容脱离教学对象的实际情况（主要指专业实际和思想实际），从而使得我们马克思主义哲学的教学既"玄"又"空"，达不到应有的效果。也就是说，不能有效地培养学生的哲学素质（包括掌握一定的哲学知识，形成一定的哲学思

维方式，养成一定的哲学品格）。

长期以来哲学教学过程中存在的这些问题所导致的严重后果是：一是把哲学当成现成的结论、枯燥的条文和空洞的说教。老师板起面孔，以显示客观真理的姿态去解说教科书的内容，把理论当做进行说教的材料，回避理论自身的难点和现实向理论提出的问题，照本宣科讲授理论，使得哲学教学既无深厚的历史感，也没有强烈的现实感，又没有巨大的逻辑感，从而不能以理服人。二是使从事哲学教学的老师老念一本经，以原理加实例的方式去讲解理论，导致老师的知识结构更新慢，甚至老化，形成老师念或背讲义，学生记笔记，考试背笔记的僵硬学习模式，使得学生形成这样一种认识："哲学课既不能给我们新知识，又不能解答我们思想上的困惑，对现实问题也不能给予正确的解释和回答，学不学都可以，考试只要会背笔记就行。"由于哲学失去了它自身的丰富性、生动性和深刻性，又怎能勉强学生对它感兴趣和愿意接受它呢？因此哲学教学必须进行改革。

在教学中如何把哲学讲活、讲深、讲透，讲出它的丰富性、生动性、深刻性，讲出它的历史感、现实感、逻辑感呢？也就是如何进行哲学教学改革呢？笔者认为，应针对我们在教学过程中存在的问题，根据哲学自身的本质和特点进行哲学教学内容的改革。

二、哲学教学内容的改革

正如前面所指出的，要进行哲学教学内容的改革，需要依据哲学自身的本质及其特点来进行。以下想就这一点详细地谈一谈我在哲学教学内容改革中所进行的探索和思考。

（一）哲学作为时代精神的精华，要反映和表达时代特征，塑造和引导时代精神

哲学的生命力在于把握时代的脉搏，倾听时代的呼声，迎接时代的挑战，回答时代的问题，始终保持与时代的紧密联系。哲学作为时代精神的精华，人类文明的灵魂，需在思想中把握时代。因

而它不能把自己凌驾于现实之上超然于现实之外，而必须渗入社会实践生活之中并随时代变化而变化。马克思正是根据这一点，将人民实践的需要、时代精神的精华集中在自己的哲学思想中，从而创立了马克思主义哲学。它是一种在实践基础上以反映自己的时代特征、以认识世界和改造世界为己任的哲学。因此，哲学生存和发展的关键在于反映和表达时代特征，进而引导和塑造时代精神。

但现行教科书受原有教学体系的限制，很少反映这些年来时代所发生的变化及其对哲学提出的挑战。因此，哲学教学内容改革的根本宗旨之一就是要关注现实生活和实践需要，回应现实的挑战，即要求理论联系实际。面对当今国际形势的变化，国内改革的浪潮，新事物、新情况、新问题不断涌现，哲学必须回答当代社会实践提出的一系列重大问题，这包括两个方面：当今世界的新变化所提出的问题及当代中国在建设有中国特色社会主义之中所遭遇和面临的问题。

随着历史的发展，当今世界发生了许多变化，在和平与发展仍是世界两大主题的前提下，出现了影响世界安定的许多不利因素，如国际恐怖主义、局部地区的宗教冲突引起的局部动乱与战争、个别国家的核军备竞赛，仍威胁着世界的安全和发展。我们如何用哲学的眼光来看待和分析这些问题呢？在所有国家都寻求发展的共同目标下，经济全球化和现代科技革命的声浪越来越高，以及引起的全球问题和可持续发展问题，我们又该如何看待呢？我们在哲学教学中应该用哲学观点、哲学理论来分析这些问题。例如，我在讲到世界的普遍联系时，从荷兰物理学家拉兹洛提出的"蝴蝶效应"，讲到 1997 年发生的亚洲金融风暴，再联系到当今世界的经济全球化问题，指出世界的普遍联系，从而解释我国实行改革开放的政策的必要性以及加入 WTO 的重要意义，从而使学生听来既有理论感又有现实感。又如，讲到人与自然的关系那一节时，我联系到当今世界的全球化问题（如生态危机问题、资源环境问题）引发的可持续发展问题，从而引导学生如何正确看待人与自然的关系、人对自然是否仅仅意味着征服和改造的作用？自然是否有其自身的独立价值？如何实现人与自然的和谐达到"天人合一"的境界？并在中期论文成绩考核题目中出了"科学技术与可持续发展"来让学生表达对这一问题的思考。

当代中国最大的现实就是改革开放和建设有中国特色的社会主义，它关系到中国人民的根本利益和国家的前途命运，是马克思主义哲学教学的兴奋点。故在教学过程中，应加强马克思主义哲学与当代中国改革开放和现代化建设的对话，引导学生从理论层面分析各种现实问题。例如，在历史唯物主义部分讲到社会基本矛盾时，就要联系到我国的经济改革、政治改革和精神文明建设来讲解这一原理，并联系中共十七大报告中关于我国的经济建设和经济体制改革、政治建设和政治体制改革、文化建设和文化体制改革的内容来讲解。如在我国建立社会主义市场经济，这并不仅仅是资源配置方式的选择和价值观念的更新，而是深层地表现为以经济关系为基础的人的存在方式的变革，因而蕴含着深刻的哲学问题，故在讲解过程中，我结合哲学基本理论，与学生共同探讨现代化建设过程中的主导价值的选择问题、发展的目标与价值基础问题、人的独立性与人的物化问题、个体的独立性与社会性的同步强化问题等，使学生感受到哲学理论的生机与活力。又如我们从微观角度分析和讨论了同学们所关注的热点问题：腐败问题。腐败到底是由"市场"这只"看得见的手"还是由于"政治体制"这只"看不见的脚"所引起的？开始多数同学认为腐败是市场经济的必然产物，然后我们慢慢引导同学们思考政治体制由于缺乏权力约束机制所导致的"钱权交易"现象，使他们理解到健全的市场经济体制并不必然导致腐败，进而认识到我国建立真正的健全的竞争性的市场经济的必要性和紧迫性，同时使他们意识到，由于政治体制中缺乏对权力的制约机制，从而使得权力导致腐败，绝对权力导致绝对腐败，进而谈到我国政治体制改革的紧迫性和重要性，以及未来的几年将在深圳进行的政治体制改革的试点工作——三权协调，这样理论联系实际既解决了同学们思想上的困惑，又使他们感受到运用哲学理论分析问题的深刻性和透彻性。再如，讲到人民群众是历史的创造者时，我们就要联系到江泽民"三个代表"重要思想中的"代表最广大人民群众的利益"，正确处理好领导干部与群众的关系，真正树立群众观点和实现群众路线。

哲学是关于世界观的学问，具有高度的抽象性和概括性。在教学过程中，如果离开实际空谈理论，学生会感到哲学课枯燥无味、晦涩难懂、既玄又空，因此只有理论联系实际，才能使学生感受到马克思主义哲学与我们的时代和现实生活息息相关、紧密相连。这就要求我们老师在教学过程中，把马克思主义哲学的生命力显示出来，揭示出马克思主义哲学及其发展与时代发展的紧密联系，它的每一个原理都是在现实中生动发展的，都是时代的产物，而且是时代精神的最高体现，特别是用具体的马克思主义哲学理论形态为例分析，使学生看到马克思主义哲学不仅是科学的理论而且在现实中必将继续发挥巨大作用。

（二）哲学是关于自然知识、社会知识和思维知识的概括和总结，需吸取现代科学成果，回答现代科学提出的新问题

哲学不是纯思辨的产物，它是对自然知识、社会知识和思维知识的概括和总结。可以说，一切哲学都以不同的方式与科学发展成果相联系，马克思主义哲学也不例外，它的产生就有其时代的自然科学发展的背景。我们知道，19世纪中叶自然科学中的能量守恒和转化定律、细胞学说和生物进化理论揭示了自然界的普遍联系和永恒发展，为马克思主义哲学的产生提供了自然科学前提。同时，19世纪资本主义国家基本矛盾的激化和无产阶级的革命运动为马克思揭示历史发展规律、指明历史发展方向提供了社会科学的前提。在总结当时自然科学和社会科学成果的前提下，诞生了马克思主义哲学。可见，马克思主义哲学从诞生之日起就与自然科学和社会科学的发展成果紧密联系起来的，当然，也应该随着自然科学和社会科学的发展而发展，这包含两方面的意思：一是吸收科学成果，不断充实其内容；二是回答科学发展对哲学提出的新问题。

马克思主义哲学要吸取现代自然科学成果充实其教学内容。马克思主义哲学产生于一百多年前，一百多年来自然科学获得长足发展，特别是20世纪40年代以来，科学技术取得突飞猛进的发展，成为推动马克思主义哲学发展的新的生长点和重要动力。但现行一般的哲学原理教科书却没能很好地反映这种变化发展，未及时地吸收现代自然科学的崭新成果。因此，应加强马克思主义哲学与现代自然科学的对话，启发学生从哲学与自然科学的结合中提高理论思维能力，引导学生从哲学层面思考现代科学向哲学提出的问题。哲学老师要有意识地结合自然科学史进行原理讲授，会比单纯地从理论上作抽象说明要有力得多。如在第二章讲到物质的存在形式和物质的运动时，可举例物理学中的相对论：狭义相对论发现物体在微观领域的尺缩钟慢效应，因而揭示了时间、空间和运动状态之间的本质的辩证联系；广义相对论科学地论证了物体在宏观领域的运动状态，说明时空不是独立的实体，而是物质的存在形态。相对论揭示的自然界这一规律，证明了时空的客观性，深化了对物质自身的认识，同时对运动着的物质与其时空结构的内在联系以及物质的质量能量与运动速度的关系也作出了新的理论解释，这些都深刻地说明了自然界物质的统一性，使辩证唯物主义时空观的正确性得到了充分的科学论证。又如讲到世界的普遍联系时，就要讲到现代影响巨大的"旧三论"（控制论、信息论、系统论）和"新三论"（耗散结构论、协同论、突变论），它们分别从不同方面揭示了事物之间联系的普遍性、客观性。随着现代科技的深入发展，自然科学发展的每一个重大成就，对丰富和发展马克思主义哲学都具有重大的意义。同时，当代科技的迅猛发展对马克思主义哲学又提出了一系列的新问题，如当代宇宙学中的有界无限、有限无界及黑洞理论、宇宙创生理论；计算机语言中的思维逻辑；耗散结构理论、协同学与超循环理论中的必然性与偶然性的关系问题等都是自然科学中的重大理论问题，这一系列问题引出了许多哲学问题，需要对它们进行哲学的思考和反思。

哲学不仅要大胆吸收现代自然科学成果，还要大胆吸收现代社会科学成果，更新哲学教学内容。现代社会科学近几十年来有了快速发展，如经济学、社会学、政治学等学科获得快速发展。故马克思主义哲学原理教学应吸取它们的研究成果和研究方法。如在历史唯物主义部分讲到生产力和生产关系之间的关系，并联系社会现实问题时，就要运用现代经济学、社会学、政治学相关的内容来讲解；讲到我国的经济体制改革目标、建立和完善社会主义市场经济体制时，就要涉及社会效益和社会公平的关系问题。再如讲到我国腐败产生的原因时，我借用了现代美国经济学家布坎南的"寻租"理论来进行分析；讲到社会的观念结构时，就要讲到法律的公平和公正、市场经济下的道德滑坡与道德爬坡之间的争论、宗教的社会功能以及我国的法轮功现象等问题。这就需要老师运用相关的社会科学的研究成果和研究方法来进行分析，因此，这也需要老师提高自身的素质，掌握丰富的知识，讲课时才能做到"广"而"深"、"博"而"精"。

（三）哲学自身发展的历史性，要求其教学内容的改革应加强马克思主义哲学与哲学史、特别是现代西方哲学的对话

哲学除了"时代的容涵性"外，还具有"向上的兼容性"即历史性，它是人类认识史的积淀、结晶和升华。哲学和哲学史是密不可分的，离开"思维的历史和成就"，哲学就会失去它丰富的理论内容，就会失去它至为重要的历史感，因此，要结合哲学史讲授马克思主义哲学原理。离开哲学史的哲学只能是现成的结论和枯燥的条文，用恩格斯的话说，哲学是一种"建立在通晓思维的历史和成就的基础上的理论思维"，并曾精辟地指出，锻炼思维能力的最好办法就是学习以往的哲学。因此，在哲学教学过程中，要史论结合，使学生在学习理论的过程中真正地锻炼和提高自己的理论思维能力。例如，关于物质概念的理解，古代朴素唯物主义把物质归结为水、火、土、气等具体的物质形态。近代唯物主义把物质归结为原子。马克思主义哲学坚持和发展古代和近代唯物主义物质观，把物质归结为"标志客观实在的哲学范畴，这种客观实在是人通过感觉感知的，它不依赖于我们的感觉而存在，为我们的感觉所复写、摄影、反映"①。这一规定，肯定了世界统一性在于客观实在性，而不在于物质形态和结构，所以它具有最大的普遍性，克服了旧唯物主义的历史局限性。以史论理就能科学地说明世界物质统一

---

① 列宁选集［M］.第2卷.北京：人民出版社，1995：199-192.

性问题，为学生对自然界物质结构和层次的认识提供了科学的世界观和方法论。又如讲到哲学的基本派别时，除讲到唯物主义与唯心主义两大基本派别外，还要讲到哲学史上的其他主要派别：辩证法与形而上学、可知论与不可知论，唯名论与唯实论、经验论与唯理论、科学主义与人本主义，从而拓宽学生的视野，使他们了解到哲学自身是如何发展的。

马克思主义哲学在加强与哲学史的对话中，应特别加强与现代西方哲学的对话。马克思主义哲学与西方哲学有着共同的理论渊源，马克思主义哲学的理论来源不仅有德国古典哲学，而且包括英国哲学、法国哲学（如洛克、卢梭、休谟的哲学）等，可以说，整个西方哲学都是马克思主义哲学的理论来源。因此，我们在教学过程中，必须加强马克思主义哲学与西方哲学的对话。大胆吸取西方哲学特别是现代西方哲学中的合理内容充实教学内容。这就要求老师深入了解现代西方哲学，具体地研究这些理论观点和理论问题，在比较分析中去阐述马克思主义哲学的基本理论。在讲授马克思主义哲学原理的过程中，对于每一个主要的理论问题，把现代西方哲学中的相关理论作为重要的理论背景，深化学生对马克思主义哲学的理解。这种对话方式，不仅拓宽了学生的理论视野，而且强化了理论的现实感，进一步激发了学生的理论兴趣。如讲到认识过程中的理性因素与非理性因素，就要讲到近代西方哲学过于片面夸大理性的作用导致现代西方哲学向非理性主义的转向，从而加强非理性因素的研究，如唯意志主义哲学、生命哲学、存在主义哲学，特别是弗洛伊德主义理论中对相关的人的非理性因素的研究，揭示了人的另一种真实的存在方式——非理性存在。还有认识论中的反映论与建构论（如从康德的"先天图式说"到皮亚杰的"发生认识论"）之间的争论，真理一节中的认识论真理观、本体论真理观（如海德格尔存在主义哲学讲到的存在真理）、历史真理观（如利科历史哲学的历史真理观）、解释学真理观（如伽达默尔的解释学真理观），以及当前关于人文真理观与科学真理观的争论，使学生在多重理论视野中深化对真理的认识，进而培养学生追求真理和学做真人的品格。

故哲学教学内容的改革，要根据哲学自身的本质及其特点，围绕培养学生的哲学素质，将理论研究和教学实践相结合，培养能够适应未来社会和世界发展需要的具有较高哲学素质的综合性人才。

参 考 文 献

[1] 孙正聿. 哲学通论 [M]. 沈阳：辽宁人民出版社，1998.

[2] 舒远招. 智慧的芳香——哲学概论 [M]. 北京：科学出版社，2002.

（本文作者：方英群，海南大学政治与行政学院讲师；

张　睿，海南大学政治与行政学院教师）

从不同的视角"看"马克思哲学

黄 浩

"柯尔施问题"（即柯尔施在《马克思主义和哲学》中提出的"马克思主义和哲学的关系"问题）产生的一个重要原因就是因为马克思哲学与传统典型的哲学形态即理性形而上学的不同，所以当仍然局限于传统的哲学观去"观"马克思哲学时，就觉得马克思的哲学不像哲学，从而得出马克思没有哲学的结论来。那么，对马克思哲学与传统哲学的关系，可以从不同的视角来看，哲学的转向、哲学的终结和哲学的革命就是其中的三个不同的视角。

一、"哲学的转向"的视角

对于哲学的转向和哲学的革命，目前学界还没有明确地区分开来，如有的学者直接把马克思的"实践转向"或"生存论转向"称为马克思的哲学革命。因此在这里有必要澄清这两个概念的区别，虽然这两个概念有交叉的地方。

哲学的转向是当前哲学界谈论的热门话题之一。在学术期刊上我们经常可以看到关于现当代哲学转向的各种提法："语言转向"、"生存论转向"、"存在论转向"、"本体论转向"、"价值论转向"、"认识论转向"、"解释学转向"，等等。哲学的转向问题涉及现当代哲学与传统哲学的关系，涉及哲学的发展走向，具有重大的理论意义和现实意义。有学者对"哲学的转向"从三个方面进行了界定："其一，它指向哲学研究的兴趣与研究主题的转换。在哲学史上，这种类型的转向经常发生。苏格拉底所实现的由主要认识外部自然界向认识人自身的转向，康德所实现的由以本体论为重心向以认识论为重心的转换，便是这类转向的典型现象"。"哲学转向的第二种类型是哲学立场的转变。所谓哲学立场的转变，亦即哲学党性的转变。这是一种与哲学主题、重心转变根本不同的转变，它涉及哲学性质的一种根本的转变。马克思、恩格斯在其思想发展的心路历程中，由早期的青年黑格尔学派向唯物主义的转变，即属于这种转变的经典案例"。"哲学转向的第三种类型是思维方式的转换。所谓哲学思维方式的转换，主要是指哲学的立场没有发生变化，哲学所研究的问题也没有发生变化，但哲学研究的思维方式发生了重大转换。哲学思维方式的转换，如同哲学立场的转换一样，属于世界观层次的变化，这种转换同哲学研究主题与重心转换具有不同的性质，它通常表现为哲学的革命。例如，同样是'对对象、现实、感性'的理解，'从前的一切唯物主义——包括费尔巴哈的唯物主义'只是从客体的或直观的形式去理解，而马克思主义哲学则诉诸人的感性活动，即实践的理解，结果导致了马克思主义哲学的革命与新旧唯物主义的分野"。① 鉴于"哲学的转向"与"哲学革命"的区别，在这里对"哲学的转向"的讨论，仅取第一类型的意思。

在哲学史，哲学的转向是经常发生的，比如古希腊哲学的自然哲学向伦理哲学的转向，再到中世纪的宗教哲学的转向，到近代的认识论的转向等。这种哲学的转向并不必然带来哲学研究范式的根本性的改变，比如上面提到的从古希腊到近代的哲学的转向可以说都是在形而上学的传统范式内的研究问题域的改变。所以哲学的转向往往与哲学形态的改变相联系，而哲学的革命往往是与哲学范式的改变相联系的。本人认为哲学的转向指的是哲学研究主题和问题域的转变，比如现在经常谈论的"语言学的转向"，"生存论的转向"等，而不是思维方式和解释模式等的转变。哲学转向的结果就是哲学从一种哲学形态转变为另一种哲学形态，这样才能把哲学转向与哲学革命区别开来；哲学革命的结果是哲学从一种哲学范

---

① 林剑. 关于马克思主义哲学"转向"的思考 [J]. 哲学研究，2003 (11).

式转变为另一种哲学范式，当然，两者之间可能存在着交叉的现象，即有些哲学转向同时又是哲学革命。这里涉及哲学形态与哲学范式之间的区别，这个问题放在哲学革命部分再讨论。

从"哲学的转向"的视角探讨马克思哲学，目前学界讨论得比较多的有"实践转向"、"生存论转向"、"生活世界转向"等，其实这几个转向的所指具有内在的一致性，"实践转向"是说马克思哲学实现了由以前哲学关注解释世界转向了关注改变世界的人类的实践活动，"生存论转向"是说马克思哲学实现了由以前本体论哲学关注存在者转向了关注人的生存，"生活世界转向"是说马克思哲学实现了由以前的哲学关注思想世界转向了关注人的感性生活世界，这都是从马克思哲学所关注的主题和问题域方面来说的，这几个方面的转向在马克思哲学那里确实存在着，并且这几个方面的转向具有内在的关联性，因为实践、生存和感性生活世界都是与人相关的，并且都是人的此岸世界的方面，用现象学的语言来说，就是由理性形而上学的面向"思想"本身转向了面向"事情"本身，以上三个方面只不过对"事情"做出了不同侧重点的理解，其实质都是一样的。

但是，对马克思哲学特质的探讨不能仅停留在"哲学的转向"这个层面，因为现代西方哲学很多流派也有类似甚至相同的转向，所以仅仅从这个方面来考察马克思哲学的特质，还不能把马克思哲学与它们区别开来，有时甚至还会退回到马克思以前的哲学思维方式中去，马克思主义哲学的发展史恰恰证明了这一点。所以，仅仅从"哲学的转向"这一层面来看马克思哲学的特质是很表面的，这样就导致了有些学者直接把某种转向指认为哲学革命，这样就把哲学的转向与哲学的革命混淆起来了。

二、"哲学的终结"的视角

"哲学的终结"这一概念本身容易引起误解，人们往往从它的字面上来理解，认为它所说的就是哲学的死亡，哲学从此就不再存在了。不过，随着研究的深入，学界目前很少再有这种极端的观点了。在这里，哲学的终结是指某种哲学的终结，而不是哲学本身的完结。关于马克思有没有哲学终结的思想，学界有不同的观点①，对于这场争论及其马克思哲学终结观的内涵，作者将另文进行详细的讨论；这里只是从与"哲学的转向"、"哲学的革命"相区别的角度来看"哲学的终结"意味着什么，并从宏观的大背景来看形而上学的终结为何在马克思那个时代成为主题并探讨非形而上学的哲学如何可能等问题。

哲学的转向主要是从马克思哲学与马克思之前的哲学在研究主题或问题域方面有什么不同这个角度来看的，哲学的终结主要是从马克思哲学与马克思之前的哲学是否存在着一种断裂的关系来看的，如果承认马克思有哲学终结的思想，也就承认了马克思哲学与马克思之前的哲学之间存在着一种断裂的关系，而如果仅仅是转向，尽管在研究主题或问题域方面发生了变化，而思考和研究问题的方式却可能没有变化，那就说不上终结了它以前的哲学。显然，在马克思哲学与传统理性形而上学之间存在着断裂的关系，否则也不会出现西方学者认为马克思没有哲学这种情况了，马克思和恩格斯在《共产党宣言》中就说过："共产主义革命就是同传统的所有制关系实行最彻底的决裂；毫不奇怪，它在自己的发展进程中要同传统的观念实行最彻底的决裂。"②

从哲学的终结的视角来看马克思哲学的特质的一个优点就是能把马克思哲学与它所终结的哲学区别开来，不会把马克思哲学又拉回到前马克思哲学上去，但这并没有成为人们理解马克思哲学的一个视角。一是表现在学界对马克思的哲学终结观的研究重视不够，有的甚至认为这是一个伪问题而不予理睬；二是与此相关，在马克

---

① 2003年有两位学者几乎同时发表了关于马克思"哲学的终结"方面的论文，这就是张汝伦写的《马克思的哲学观和"哲学的终结"》（载《中国社会科学》2003年第4期）和邓晓芒写的《论马克思对哲学的扬弃》（载《学术月刊》2003年第3期）。一年之后，聂锦芳在《光明日报》（2004年10月19日）发表的《马克思不是"哲学终结论者"》一文中极力反对马克思是哲学终结论者。

② 马克思恩格斯选集 [M]．第1卷．北京：人民出版社，1995：293．

思主义哲学发展史上确实出现了用马克思已经终结了的哲学来解读马克思哲学的情况，就连列宁也是如此，这说明了从哲学的终结的视阈来看马克思哲学的实质的必要性和重要性。

下面从宏观背景上来看从哲学的终结的视角思考马克思哲学的意义，这里有两个问题：第一，既然我们把马克思的哲学终结观主要界定为作为哲学形态的理性形而上学的终结，那么我们就要追问，为何形而上学会在马克思那个时代终结？作为哲学形态的形而上学的终结这一事件具有必然性吗？第二，作为哲学形态的形而上学终结后，非形而上学的哲学形态可能吗？

先来看第一个问题，这里涉及形而上学与科学的关系问题，这是哲学史上一个重要的而又很难说清的理论问题。其实，形而上学所蕴涵的理性精神始终是西方科学得以产生和发展的一个重要条件，这也是解答"李约瑟问题"（即中国何以没有产生出西方近代意义上的科学）的一个重要方面，然而这一点在中国科学界却没有足够的自觉。对此，海德格尔有过这样的论述："我们忘了，早在希腊哲学时代，哲学的一个决定性特征就已经显露出来了：这就是科学在由哲学开启出来的视界内的发展。科学之发展同时即科学从哲学那里分离出来和科学的独立性的建立。这一进程属于哲学之完成。这一进程的展开如今在一切存在者领域中正处于鼎盛。它看似哲学的纯粹解体，其实恰恰是哲学之完成。"① "哲学之发展为独立的诸科学——而诸科学之间却又愈来愈显著地相互沟通起来——乃是哲学的合法的完成。哲学在现时代正在走向终结。它已经在社会地行动着的人类的科学方式中找到了它的位置。而这种科学方式的基本特征是它的控制论的亦即技术的特性。"② 而在海德格尔看来，哲学就是形而上学，而形而上学的历史即是存在遗忘的历史，也就是说，形而上学由于遗忘了存在自身而关注于存在者，而这恰

———————

① 孙周兴选编．海德格尔选集［M］．下卷．上海：三联书店，1996：1244．

② 孙周兴选编．海德格尔选集［M］．下卷．上海：三联书店，1996：1245．

恰和科学的思维方式是一致的，科学思维作为对象性思维，恰恰是关注存在者的。笛卡儿也有一种更加形象的说法："全部哲学就如一棵树似的，其中形而上学就是根，物理学就是干，别的一切科学就是干上生出来的枝。这些枝条可以分为主要的三种，就是医学、机械学和伦理学。"① 从这种意义上可以说，科学技术恰恰是形而上学的实现，按照马克思的观点，哲学的实现同时也就是它的丧失，那么形而上学的终结恰恰是它的完成，形而上学在黑格尔那儿达到了它的"极端可能性"，这就是形而上学恰恰在黑格尔之后走向终结的原因所在。然而，由形而上学孕育出的科学却反过来成了哲学的楷模，像康德、胡塞尔等哲学家都提出了作为科学的哲学的任务。在 19 世纪，哲学和社会科学不仅需要解答新出现的社会、政治、经济和一切与人相关的问题，而且还面临着自身学科的基本理论、方法论和学科地位的问题。许多研究者在考察 17 世纪以来自然科学所取得巨大进步和成就的时候，不得不把目光投向哲学和社会科学本身，感到哲学和社会科学在理论精确性和实际效用方面有许多地方亟待改进。他们向自己提出了这样一个问题：哲学和社会科学能否像自然科学那样系统、那样可靠，换言之，哲学和社会科学能否成为"科学"？从人类发展史上来看，上面提到的哲学对科学的发展的影响仅仅是问题的一个方面，同时我们也要注意科学对哲学的发展的影响，它们是互相促进的关系，形成了一种良性循环，马克思也正是在这种意义上提出了"一门科学"的学术理念的。

从这里可以看出，形而上学的式微，恰恰是它的实现、完成，即实现了它的目的、使命，我们不要为之伤感，反而要"为此而欢呼"（布朗肖特语），并思考哲学新的发展路径，开辟新的哲学形态。而马克思就是沿着这个路径来开辟哲学的新的形态的。

· 所以，马克思生活的时代正是形而上学式微而科学技术昌盛的时代，既然"任何真正的哲学都是自己时代精神的精华"，深谙此理的马克思必然要思考那个时代的核心问题即哲学和科学的关系问

① ［法］笛卡儿. 哲学原理 ［M］. 北京：商务印书馆，1958：xvii.

题，哲学往何处走的问题。

再来看第二个问题，如果承认马克思的哲学终结了理性形而上学，那意味着什么呢？或者说：非形而上学的哲学可能吗？哲学在形而上学终结之后能获得新生吗？有些学者正是在这里提出了哲学自身死亡的问题，因为他们认为形而上学的终结就是哲学自身的终结，这是他们被理性形而上学的哲学观所束缚的结果，同时没有认识到哲学本身是"一"，但哲学形态却可以是"多"，不能把哲学与哲学形态相混淆，也正是在这个问题上，才出现了所谓的"中国哲学"的合法性的争论，因为"中国哲学"属于典型的实践哲学范式①，所以用属于理论哲学范式的哲学去"观""中国哲学"就会觉得不像哲学了。在这个问题，马克思哲学也遇到了这样的问题，如果束缚于理性形而上学的哲学观，也会认为马克思没有哲学，这正是"柯尔施问题"产生的根源所在。正是由于马克思真正认识到了理性形而上学的根本弊病在于哲学与现实、理论与实践的脱节，所以马克思才会自觉地把克服这种弊病作为自己创立新哲学的任务，这个任务是在《关于费尔巴哈的提纲》和《德意志意识形态》中完成的，其标志就是"实践的唯物主义"的崭新哲学形态的建立，而这正是实践哲学范式对理论哲学范式的一次胜利，也是形而上学终结之后哲学获得的新生。所以形而上学的终结不能被看做是哲学自身的终结和死亡，反而是哲学的一次凤凰涅槃式的再生。张文喜指出："马克思与黑格尔的'争辩'之核心就不在于类似于对某个'观点'提出另一个相反的'观点'，或者用某种'立场'来驳斥另一种'立场'，倘若这样，马克思就仅仅是一个名副其实的颠倒了黑格尔的'唯心主义'的'唯物主义者'，他的学说的命运也就如同他同时代的唯物主义一样，影响短暂且仅仅局限在学院中。恰恰相反，马克思不同于其他受益于黑格尔的人，他

---

① 张汝伦. 实践哲学：中国古代哲学的基本特质 [N]. 文汇报, 2004-7-25.

已决定性地开辟了通往黑格尔的当代性解释视野的途径。"① 他指出了马克思哲学不同于学院哲学,也不能把马克思哲学简单地看做是对黑格尔唯心主义哲学的唯物主义颠倒,这是深刻的,但没有标明马克思哲学不同于学院哲学的根本所在。正是由于马克思哲学属于实践哲学范式,所以不能用理论哲学范式去指认它,更不能把它拉回到理论哲学范式的框架去解释它,歪曲它。如果从范式的转换的角度来理解马克思哲学,哲学革命的视阈就显露出来了。

三、"哲学的革命"的视角

哲学的革命与哲学的转向、哲学的终结相比,语气上最强,在前面已经指出,它与哲学的转向往往混为一谈,学界并没有严格对它们做出区分,这可以从大量论文中直接把"实践的转向"、"生存论的转向"称为马克思的哲学革命中看出来。而这种不加区分地使用这两个概念的后果就是把马克思哲学与现代西方哲学甚至后现代西方哲学看成是同质的,因为它们在某些方面也实现了与马克思哲学相同或相似的转向,这样就不能把马克思哲学与它们区分开来,引起了理论上的混乱。那么哲学的终结与哲学的革命区分何在呢?哲学的终结强调的是哲学自身的完成,当然在马克思那里,也有"人为"的因素在内,即不仅仅是哲学自身的完成,还强调人去主动地实现哲学,哲学的实现也即意味着哲学的终结。而哲学的革命主要强调的是人主动地去革命以往的哲学,革命一语在这里与社会革命中的革命的含义是相同的,同时,一场真正意义上的哲学革命,革命者并不仅仅是纯粹的哲学的否定者,也是哲学的建构者,也就是说,革命者在革命以往的哲学时,他心目中一定有了一个新的哲学理念在支配着他,他知道在摧毁了旧哲学范式以后会建构一种什么样的新的哲学范式,否则就不是一场真正意义上的哲学革命,而只是一种消极意义上的否定(即仅仅停留在"哲学的终

---

① 张文喜. 颠覆形而上学——马克思和海德格尔之论 [M]. 北京:中国社会科学出版社,2004:4.

结"的层面上），对哲学的发展不会起到真正的促进作用。

前面已经指出过，哲学的转向是指哲学的主题或问题域发生了改变，它的结果就是哲学形态的转换，而哲学革命借用科学革命的术语来说，就是指哲学范式的根本改变。我们既然借用"范式"一词，那就必须搞清楚在其创始者托马斯·库恩那里究竟指的是什么，进而要清醒认识到用科学史上"范式革命"说来解释思想史、哲学史变革过程的有效性及其局限性。

从这种意义上说，从认识论到存在论的转变还不能算得上哲学范式的革命，黑格尔之后，实现哲学范式上的革命是从两个方面进行的，一是实践哲学范式对理论哲学范式的革命，这就是马克思发动的；另一个就是非理性哲学范式对理性哲学范式的革命，这是叔本华、尼采等人发动的。两者在反现代性方面是一致的，但后者在对理性的极端反叛中走向了个人生存体验之路，而前者则在扬弃了理性形而上学之后走向了以全人类的解放为旨趣的实践哲学之路。

既然把马克思的哲学革命界定为哲学范式的转变，并且具体化为实践哲学范式对理论哲学范式的革命，那么，理论哲学范式和实践哲学范式的具体内涵是什么呢？王南湜等对理论哲学与实践哲学是这样界定的："理论与实践的关系问题实质上就是哲学如何进行其活动的问题。对这一问题的看法决定着某一种哲学的理论存在形态，同时也决定着其对生活实践的态度。通观中西哲学史，我们便不难发现，就其对生活实践的态度而言，哲学理论有两种活动的路向，一是认为理论思维是生活实践的一个构成部分，理论并不能从根本上超出生活，并不能在生活实践之外找到立足点，因而理论理性要从属于实践理性；一是认为理论可以超越生活、在生活之外找到自己的'阿基米德点'，理论理性高于实践理性。在这里，我们将前一种路向上的哲学称为实践哲学，而后一种路向上的哲学称为理论哲学。"① 并且指出："我们这里对实践哲学与理论哲学的区分不是就理论对象或理论主题的区分，而是就理论活动方式或思维方

---

① 王南湜，谢永康．后主体性哲学的视域——马克思唯物主义的当代阐释[M]．北京：中国人民大学出版社，2004：22-23.

式的区分。事实上，就其涉及的对象不同将哲学划分为理论哲学和实践哲学的做法在西方哲学史上早已存在，例如我们说康德的实践哲学就是指涉及狭义实践领域（如道德、伦理和政治等）的哲学，而与此相对的理论哲学则主要指涉及本体论、形而上学和认识论的部分。"① 这种区分总体上指出了理论哲学与实践哲学的本质差别所在，但有时我们不能仅仅根据哲学家本人对于实践理性和理论理性的关系的看法来判断他的哲学属于哪一种范式，比如，康德虽然宣称实践理性高于理论理性，但他的哲学从整体上看仍然属于理论哲学范式，即他的《实践理性批判》也是以建构体系作为理论旨趣的，所使用的方法也是思辨的逻辑推演的方法，也就是说康德仍然是在理论哲学范式下进行思考和写作的。

（本文作者：黄浩，华南农业大学思想政治理论教学部讲师、哲学博士）。

---

① 王南湜，谢永康. 后主体性哲学的视域——马克思唯物主义的当代阐释 [M]. 北京：中国人民大学出版社，2004：23.

构建高校"马克思主义基本原理概论"实践教学的长效机制①

葛 桦

今年是全面贯彻落实中共中央宣传部、教育部《关于进一步加强和改进高等学校思想政治理论课的意见》精神,实施思想政治理论课教学改革"05 方案"的第三年,关于实践教学环节,各高校根据各自不同特点和实际情况,做出了有益的探索。然而笔者2008 年 1 月参加在海口举办的"第二届全国高校马克思主义基本原理教学与学术研讨会"上,通过请教专家、教师调查,发现"马克思主义基本原理概论"(以下简称"原理")的实践教学环节,各学校设置多样,层次有别,方法各异,总体上效果并不是很理想。当前,探索规范实践教学模式,构建科学的长效机制,成为高校马克思主义理论实践教学的当务之急。

一、实践教学必要性的理论论证

第一,实践的观点是马克思主义哲学的基本观点。马克思用精辟的语言宣告了自己的实践论的哲学观:"哲学家们只是用不同的方式解释世界,而问题在于改变世界。"马克思在《关于费尔巴哈的提纲》中说:"从前的一切唯物主义——包括费尔巴哈的唯物主义——的主要缺点是:对事物、现实、感性,只是从客体的或者直观的形式去理解,而不是把它们当作人的感性活动,当作实践去理解,不是从主观方面去理解。"马克思指出:人是在改造客观世界

---

① 本文为青岛科技大学基金项目。

的过程中认识客观世界的，首先是实践关系，其次才是认识关系，实践是认识的基础。列宁说："必须把人的全部实践——作为真理的标准，也作为事物同人的所需要他的那一点联系的实际确定者——包括到事物的完整的'定义'中去"时，他心中的实践真是作为生存方式同时也是作为人的生命力量的自我展现和自我确证而存在的。正是由于对实践作了这种生存论的理解，我们才把实践观视为具有普遍性的人的本质力量的测度并从而能够以真、善、美、利、圣等价值反转过来作为实践及其产物的衡量标准。毛泽东在《实践论》中指出："通过实践而发现真理，又通过实践而证实真理和发展真理。从感性认识而能动地发展到理性认识，又从理性认识而能动地指导革命实践，改造主观世界和客观世界。""实践、认识、再实践、再认识，这种形式，循环往复以至无穷，而实践和认识之每一循环的内容，都比较地进到了高一级的程度。这就是辩证唯物论的全部认识论，这就是辩证唯物论的知行统一观。"

第二，理论和实践相结合，是马克思主义的本质特征，也是马克思主义的基本原则。马克思、恩格斯在无产阶级革命伟大的斗争实践中，创立了马克思主义；列宁在俄国革命伟大斗争中，在马克思主义指导下，发展和创新了列宁主义；以毛泽东、邓小平、江泽民为代表的中国共产党人，把马克思主义基本原理同中国革命、改革、建设的具体实践相结合，完成了三次伟大的理论创新。当前，我们正处在建设和谐社会与构建社会主义核心价值体系的伟大实践中，大学生只有通过轰轰烈烈的社会主义实践，才能真正增强马克思主义理论教育，完成自身的价值实现。实践环节是对大学生进行马克思主义理论教育的必由之路。实践教学的根本目的就是要通过实践证实建设有中国特色社会主义基本理论，改造大学生的主观世界和客观世界。

第三，从认识论上看，人的认识是主体在实践基础上对客体的能动的反映，实践是联系主体和客体之间的桥梁；实践是认识的来源，没有实践，认识就成为无源之水；实践是认识的标准，实践也是认识最终目的；实践对认识具有决定作用，只有经过实践大学生才能运用所学理论解答他们心中的疑惑，"原理"的内在理论才能真正为学生所掌握，并内化为学生的信念和行动指南。

从教育学上看，实践教学有着深厚的历史文化背景。"实践教学是西方在倡导实用主义教育哲学和行为主义教育哲学、强化教育职业化的历史背景下产生的一种教学实践模式，今天已被世界上大多数国家正式纳入到理工农医类的教学中引入了实践性教学的方法。如麻省理工学院为本科学生提供在政治和公共事务领域参加实践研究活动的机会（Politics and Public Affairs Field Research Opportunities）。斯坦福大学设置了暑期实践研究项目（Summer Fieldwork）。"① 现代"以人为本"的哲学理念，强化了现代教育理论"以学生为本"的教育思想，学校在教会学生知识的同时，更应该教育学生运用已有知识去解决实际问题，在实践中探索未知；学校也只有把课堂教学与实践教学完美结合起来，才能实现学生的全面发展。

二、实践教学的现实难题

当然，强化思想政治理论课实践教学，提高实效性是高校长期以来想解决却没有解决好的一个难题。目前在高校中，普遍存在着"二个矛盾"，"三个不健全"，"四个缺乏"。

"二个矛盾"是：一是对"原理"实践课的理论认知与实际践行的矛盾。通过上面对"原理"实践教学的必要性的论证来看，高校领导以及教师对实践教学的必要性的理论认知是相当清楚的，然而由于主客观的原因，使教师不能或不想把精力放在实践教学环节上，从而在实际执行时，大打折扣。二是实践教学成本增加与经费不足的矛盾。现在高校教学班级都是大班，一人承担十几个班级的教学任务，经费的不足，就把那些形式活跃、能够吸引学生参加、具有很好效果的需要一定经费的实践教学排除在外了。

"三个不健全"是：一是制度不健全。总体上的制度不健全，

---

① 卢诚. 高校思政新课程实践性教学改革的几点思考 [J]. 毛泽东思想研究，2007（5）.

有的缺乏管理制度,有的缺乏组织制度等。许多高校只停留在一般的号召和要求上,未能建立行之有效的各项制度,使得实践教学只是迫于要求而做,不能使实践教学走向正规化。二是激励机制不健全。激励包括对组织领导者、授课教师、大学生以及实践教学基地的激励。缺乏必要的物质奖励、精神奖励、制度激励;即使有相应的激励措施,但是力度不够,往往时有时无。三是实践教学基地不健全。作为马克思主义理论的实践基地,高校一般没有专门成立,社会上也缺乏这样的实践基地。

"四个缺乏"是:一是对实践教学整个环节缺乏深刻认识,认识比较片面。虽然对必要性认识一致,而对重要性认识不足,存在着一些混同的观念,与专业课实习、大学生社会实践、第二课堂等的实践区别不开,影响了实效性的发挥。高校领导和教师,普遍缺乏对实践环节的认识,重视不够,没有认识到实践环节对大学生成才的重要意义。二是缺乏相应的实践教学基地,有的社会资源匮乏,没有建立实践教学的基本条件。三是缺乏社会支持,社会相关部门重视程度不够,缺乏全局的、整体的规划和充足的经费保障,使得思想政治理论课实践教学得不到落实。四是缺乏有经验的实践指导教师队伍。教学老师普遍课堂教学任务繁重,往往并没有把实践教学认真落实,缺乏专门的实践指导教师队伍。

三、实践教学的模式述评

实践教学模式的探索与实施,一定程度上促进了实践教学的规范性、科学性与合理性,从某种程度上提高了马克思主义教学的实效性。何谓思想政治理论课实践教学模式?许多专家给出了自己的理解,博士生导师李松林教授给出了比较有代表性的观点:"顾名思义,它是通过思想政治理论课实践教学环境而充分表现出来的一种典型化和类型化、实践化和应用化的教学方式。"他又进一步指出:"具体而言,思想政治理论课实践教学模式是指学生在教师的指导下,以实践操作为主,采取原著阅读、研究讨论、社会调查、志愿服务、公益活动、专业课实习等方式,有组织、有计划地获得知识，增强能力和素质的一系列教学活动。"① 许多专家学者对思想政治理论课实践教学模式做出了有益的探索，"原理"实践教学既是它的组成部分，又具有自己的特点，现总结具有代表性的模式，对构建"原理"实践教学长效机制具有积极意义。

第一，研究性实践教学模式。这是一种积极主动探究马克思哲学原理，进行创造性自主学习的模式，它紧紧围绕马克思主义原理中的重大理论问题，通过实例研究、社会调查、问题讨论等多种方式与实践相结合，以强化学生对基本原理的理解，促使大学生不断研习理论经典，不断提高逻辑思维能力，不断加深对现代化建设过程的认识，不断笃信社会主义道路的必然性。研究性实践教学模式，对教师自身马克思主义理论素养要求比较高，具有较强的组织和思辨能力。研究性教学模式可以分几个阶段实施。第一阶段，教师总体部署指导阶段，把实践性教学研究的具体内容和要求提出来，全程要求教师参与和指导；第二阶段是学生具体策划研究阶段；第三阶段，师生共同交流、总结、评价、考核阶段。

第二，产学研结合实践教学模式。纵观世界高等教育发展的历史和大学社会职能的演化过程，高等学校产学研紧密结合已成为新的趋势、新的阶段。"原理"的产学研结合实践教学模式正是思想政治理论课主动适应社会政治经济发展、培养创新人才的必然选择。这种实践教学模式，最重要的是建立好实践教学基地，充分利用实践基地把马克思主义基本原理与实践相结合，重点是提高学生的理论水平和培养学生的能力。把理论学习、问题研究和服务社会充分结合起来。

第三，"教、学、做合一"实践教学模式。这种实践教学模式是在"教、学、做合一"的教学理论的指导下建立的。"教、学、做合一"实践理论是在 20 世纪 20 年代，陶行知先生"从中国国情和教育现实出发，批判地吸收了中国传统教育教学理论，扬弃并借鉴了西方现代进步主义的合理因素"创造性地提出的。它的特点

① 李松林，李会先. 关于高校思想政治理论课实践教学的几点思考 [J]. 思想教育研究，2006（7）.

是：（1）重视学生的全面发展。（2）重视创新能力的培养。（3）强调以学生为主体。（4）强调实践的重要性。（5）重视教师的重要作用。① 在这种"教、学、做合一"的教育理念指导下的"原理"实践教学，重视培养学生的观察能力、思维能力和创新能力；让他们初步学到独立从事理论研究的本领；锻炼他们的组织、管理、协调能力和合作精神；要让他们学会终身受用的求知方法和具备创造性解决实际问题的能力。

第四，虚拟现实技术实践教学模式。虚拟现实（Virtual Reality，简称 VR）技术是运用计算机对现实世界进行全面仿真的技术，它能够创建和体验与现实社会类似的虚拟世界（Virtual World）环境，其中虚拟世界为全体虚拟环境（Virtual Environment）或给定仿真对象的全体，它是由计算机产生，通过视、听、触觉等作用，使用户产生身临其境感觉的交互式视景仿真。因此，一个身临其境的虚拟现实系统是由包括计算机图形学、图像处理与模式识别、多传感器、语音处理与音像以及网络等技术所构成的大型综合集成环境。虚拟现实技术在"原理"实践教学上的应用，大大弥补了现有教学条件的不足，拓展了实践教学时空，改变了实践教学方法，影响着教学观念。当然虚拟现实在应用型科研中起到了巨大作用，但在思想政治理论课中的应用也只是处在设想阶段，据我所知，还没有具体运用②。虚拟现实技术在"原理"的实践教学上的应用，许多问题都还需要解决，但尽管如此，虚拟现实技术实践教学模式，拓展了"原理"实践教学模式。

第五，基于"问题学习"的实践教学模式。这种模式的理论基础有：一是教育学中教化与内化两种机制原理；二是思想政治理论课教学中的"接受"机制原理；三是基于"建构"的学习理论。它的目标指向是：思想政治理论课实践教学模式是以构建大学生的

————————

① 冯年华，周宏．"教、学、做合一"思想指导下的实践教学改革简论［J］．江苏教育学院学报：社会科学版，2006（6）．

② 钟来全，玉梅等：浅议虚拟实践教学法——高校公共思想政治理论课实践教学方法探索［J］．广西政法管理干部学院学报，2007（3）．

学习参与机制，形成"实践体验"与"内化践行"的学以致用能力为目标指向的。在教学程序的安排上：可以涉及以下具体的教学步骤：创设问题情境（参观、案例、任务）——驱动探究（独立思考、合作探究）——获得体验（认识性、情感性、操作性）——交流经验——梳理整合。在策略创设上：一是基于问题学习的操作平台创设问题情景；二是基于问题学习的核心环节进行驱动探究；三是基于问题学习的直接结果获得体验；四是基于问题学习的教育价值提升交流经验。①

此外，还有许多对思想政治理论课实践教学模式的探索，比如针对"思想道德修养与法律基础"课程的实践教学，金萍提出了实践教学社区化模式②。他们的研究成果是"原理"实践教学模式可以借鉴的宝贵精神财富。

四、构建科学合理实践教学的长效机制

"原理"实践教学模式多种多样，各高校可以根据自己的实际情况和资源优势采取最适合自己的模式，一种有效的模式一旦形成，应该形成长期的有效机制。当然，"原理"实践教学也是思想政治理论课实践教学的一部分，在兼顾思想政治理论课实践教学的同时，构建具有本门课程特点的科学合理的实践教学的长效机制，应从以下几个方面入手：

第一，构建科学合理的实践教学领导体系。实践教学应该成为有政府、高校、社会实践基地共同参与的一项社会系统工程。加强实践教学的领导组织体系建设，是构建科学合理实践教学的核心环节，是提高实践教学的重要保证，为实践教学顺利运行提供保障和支持。没有实践教学领导组织体系，实践教学只能处于被动或瘫痪

① 何勇平. 高校思想政治理论课实践教学模式建构研究 [J]. 思想理论教育，2006 (7-8).

② 金萍. "思想道德修养与法律基础" 课实践教学社区化模式探析 [J]. 湖北经济学院学报：人文社会科学版，2007 (8).

状态。

第二，构建科学合理的实践教学制度。在构建大学生实践教学长效机制的过程中，实践教学制度化建设处于重要的地位，实践教学的规划、实施、考评都要依靠制度来保证。因为制度带有根本性、长期性和稳定性。加强实践教学制度化建设，是大学生实践教学长效机制建设的核心环节，是落实党的教育方针和政策的根本举措，是提高大学生实践教学实效性的重要保证。包括实践教学管理制度、实践教学考核制度、实践教学奖励制度等，为实践教学提供制度保证。

第三，实践教学保障激励机制建设。大学生实践教学保障激励机制是大学生实践教学得以顺利进行的重要环节，它既影响和决定着实践教学领导组织体系和实践教学制度能否顺利进行，又为高校、实践教学基地和政府能否顺利运行在制度上提供精神、物质等方面的保障和支持。应用教育规律，有针对性地，系统探讨实践教学的保障和激励问题，着重从制度、政治、经济、精神保障和激励出发，探讨和创新实践教学保障和激励的原则、内容、方法及效度，构建适合时代发展需要的保障和激励机制模式。

第四，实践教学形式内容多样化建设。实践教学形式内容多样化是实践教学内涵建设的本质属性，它既影响和决定着实践教学领导组织体系和实践教学保障与激励机制建设能否顺利进行，又为高校、实践教学基地和政府能否顺利运行提供内在驱动力。每所高校都应在社会发展和人才教育培养中找准适合马克思主义理论教育的、以一种或几种形式内容为主的各具特色的实践教学。要应用教育规律，着重从多样化与差异化的角度，创新"原理"实践教学形式内容多样化建设的途径、方式及效度，构建适合时代发展需要的形式内容多样化效能模式。

第五，实践教学骨干队伍建设。实践教学活动能否广泛、深入、持久地开展下去，发挥其应有的综合功效，关键在于是否拥有一支结构合理、锐意进取、充满活力的高素质的实践教学骨干队伍。实践教学骨干队伍是"原理"实践教学活动中的核心资源，是第一位的资源，是活的资源。在实践教学活动中，要做好学生骨干队伍、学校教师指导队伍、校外辅导教师队伍的组成、培养、使用和考核。

第六，实践教学课程化建设。课程是高等教育质量保障的重要方面，它赋予了学生潜在的、深层次的教育内容和教育机会。实践教学课程化日益受到教育教学工作者的重视。把实践教学活动如何纳入大学生的教育教学计划，像组织课堂教学一样，精心设计、周密安排"原理"的实践教学活动，设置学分要求，加强教材建设，制定课程内容、教学方法和考核方式，建立评价和质量监控体系。

第七，实践教学基地化建设。在新的形势下，高校"原理"实践教学必须改变计划经济体制下的工作模式，解放思想，构建新的运行机制，与相关企业、事业单位联合建立相对固定的实践教学基地，优化实践教学基地的资源配置，走实践教学基地化之路，促进理论教学与实践教学的有机结合，争取社会各方对实践教学工作的认同和支持，进一步挖掘社会资源满足大学生实践需求，对实践教学活动进行社会化整合，创造良好社会环境的有效措施，提高实践教学的质量和效果。

（本文作者：葛桦，青岛科技大学政法学院副教授）

重视课堂讲授，积极推进"马克思主义基本原理"的研究式教学

任 娟

在积极研究和探索高校公共课"马克思主义基本原理概论"学习特点和规律的本科教学实践中，我们发现，将研究式教学的理念贯彻到公共理论课堂教学既可以提高理论课教育的针对性，又可以增强教育的实效性。显然，研究式教学是提高高校公共理论课教学质量的一个有效途径。

不过，在具体教学实践过程中，往往存在一个较大的误区，即将研究式教学等同于案例教学、互动教学、体验式教学等教学方式，忽视了在研究式教学中一个非常重要的形式——传统的课堂讲授。

由此，我们必须明确几个问题：第一，什么是研究式教学；第二，课堂讲授与研究式教学的关系；第三，在课堂讲授中如何贯彻研究式教学的科学理念。

一、什么是研究式教学

研究式教学与其说是一种教学方式，不如说是一种教学理念，其根本目的在于通过教学的设计、组织和管理，充分调动起学生学习的主动性、积极性和创新意识，使学生真正成为学习的主体，使教学过程成为学生主动、独立地开展思维的过程，成为教与学、学与学之间开展思维互动的过程。更重要的是使学生在这样的过程中实现思维方式、理论修养、知识水平和分析解决问题等能力的不断提升。从某种意义上说，研究式教学的目标并不是纠缠于问题研究

的结果，更加关注的是教学的过程。

第一，研究式教学主要是一种教学理念，主要不是指具体的教学形式和教学方法。研究式教学可以采用课堂讨论的形式，也可以采用总结、交流的形式，还可以采用读书、反思的形式等。凡是符合上述基本特征的教学过程，就是体现了研究式教学的要求，就是研究式教学。

第二，研究式教学适用于所有的学科和课程。不同的学科和不同的教学内容，对于研究式教学的贯彻应该有不同的要求和不同的形式。如服务于能力培训的案例教学是研究式教学的重要形式。案例教学把实践领域遇到的较为典型的、值得进一步探讨的问题加以"浓缩"，然后搬到课堂上来，教师以组织者和催化者身份，鼓励学员在课堂上对实践案例进行分析研究，发表自己的见解，找到解决问题的不同方法，从模拟实践中获得知识和能力。但案例教学比较多地适用于一些经验性、应用性较强的学科，如管理学、领导科学等，对于哲学等基本理论的教学而言，更多的还是采取具有一定研究性质的课堂讲授。

第三，研究式教学是一个系统工程。开展研究式教学，首先做好组织工作，把整个教学过程的各个环节统一考虑，作为系统工程进行有机协调。按照整个教学阶段的统一部署，围绕教学重点，突出教学过程中的研讨、答疑、交流等互动环节，以学生自学为基础，听课为中心，交流为关键，使研究式教学的目的能够真正体现出整体性的效果，使学生通过阅读、听课、思考、研讨、交流、总结，实现思想上、认识上和能力上的提升。其次，注重提高课堂教学的质量和效果，根据教学内容的实际，采用多种形式的教学方式，使课堂教学成为研究式教学的重要环节。

二、课堂讲授与研究式教学

在目前的公共理论课教学中，研究式教学是一种比较适合的教学理念和实践方式。显然这种方式通过师生之间的互动和交流更有利于大学生理论水平和各种能力的提高，有利于增强理论教育的针对性和实效性，同时也有利于推动马克思主义基本原理的学术研究和科研发展。

在高校的公共必修教学课程设置中，马克思主义基础理论课是占有很大份额的。如何在课堂讲授为主的理论课教学中，全面贯彻研究式教学的理念与要求成为我们目前值得积极研究和探索的一个新课题。

首先，课堂讲授是研究式教学中的一个重要环节。"马克思主义基本原理概论"课程主要是讲授科学的世界观和方法论，教师作为"教"的主体，其根本任务是为大学生树立正确的世界观和方法论。这是理论课教师的教学主导思想和终极目标，但在达标过程最重要的环节是课堂讲授。课堂讲授为学生提供需要研究的问题，提供研究的方法，提供研究的基础和起点，提供研究的示范。在此基础上，学生通过自修阅读、思考、研讨、交流等形式对教学内容进行深入探讨。事实上，课堂讲授和其他教学形式各司其职，共同协作，才能形成一个完整的研究式教学过程。

其次，课堂讲授本身就是研究式教学的有效形式之一。我们讲研究式教学是一种教学理念，在这种教学理念引导下可以存在不同的教学方式，而课堂讲授就是其中一种，但课堂讲授不等同于过去单向度的灌输式教学。事实上，随着中国社会的国际化、网络化，如今的大学生信息量和见识都有了很大的提高，他们往往在信息量和视野上有独特的优势，理解能力较强，参与教学活动的积极性和能力也较强。面对这样的教学对象，教师的讲授方式已经逐渐从过去的以"单项灌输为主"向"专题研究式教学"转变，因此，在高校理论课教学的实践中，特别是在基础理论科目教学中还是要注重课堂讲授质量，在课堂讲授中贯彻研究式教学的宗旨，使教学过程能达到研究式教学的目的。

三、重视课堂讲授质量，积极贯彻研究式教学新理念

所谓研究式教学必定是以研究为主导，研究的专题多数为当前国际国内的重大理论和实践前沿的热点、难点和疑点。这对学生联

系实际能力的提高有很大帮助，对教师的授课质量和研究能力的提升也具有重要意义。尽管如此，我们不能不承认，研究式教学对授课教师理论功底、实践基础，以及"驾驭"课堂的能力都是一个挑战。因为授课教师不可能对所有重大问题都做出令学员满意的逻辑论证或提供完满的解决方案。

如何在课堂讲授中积极贯彻研究式教学理念？

第一，明确定位。教师在研究式教学过程中必须明确自己的定位，即不仅仅是传授知识，不能只是简单地回答问题，而是要使自己的授课具有科研含量，要对学员关心和提出的问题有理性的分析研究，并在理论与学术研究的层面上做出有一定深度和新意的解答和阐发，给学员以启发，使学员在理论学习和能力培养两方面都有所收获。这就要求授课教师的专题研究教学一定要有科研成果作基础和支撑。

第二，集思广益。研究式教学的内容应当是当前国际、国内的重大理论和现实问题，教师在备课过程中要强化集体备课的意识，既可以防止教学内容的交叉重复，又可充分发挥集体智慧的优势和作用，取长补短，"教教"相长。以我们教研部为例，近年来，我们一直保持着集体备课的传统，一些有相当经验的老教师不仅毫无保留地将自己多年成功授课的心得与大家分享，而且悉心指导中青年教师的教学科研。集思广益、"教教"相长对提高整个部门的教研质量和水平起了很大的作用。

第三，知己知彼。授课教师在课前和课后都要做细致的调查研究。上课前对学生进行摸底调查，了解他们的实际和所关心的问题，根据学员对象的实际，确定内容的取舍、讲授的重点、授课的形式和时间的分配等，使学生通过学习讨论，能够学以致用、学能管用。课后要虚心征询学生意见，不断调整教学和改进教学方法，从而更好地增强教学的针对性和实效性。

第四，授课艺术。教师要注意提高自己授课的感染力，尽可能做到观点鲜明、事例鲜活、逻辑严密、语言生动，使自己的授课能够产生较强的震撼力和冲击力，使学生产生共鸣，引发参与研究讨

论的兴趣和积极性，使研究式教学的理念在教学互动中得到真正的
体现。

（本文作者：任娟，同济大学法政学院讲师）

试论马克思主义哲学教学与
当代大学生民族精神的培育

唐昆雄

马克思主义哲学是我国大学生思想政治教育的理论基础和指导思想。民族精神的培育是当代大学生思想政治工作的一个十分重要的内容。如何正确地理解和把握哲学和民族精神之间的辩证关系，全面认识和深入挖掘具有普世价值的马克思主义哲学与中华民族独有的民族精神之间的理论契合点，从而将马克思主义哲学的教学和大学生民族精神的培育有机地结合起来，引导当代大学生运用马克思主义哲学这一时代精神精华的基本原则和辩证方法来理解和把握中华民族精神的实质与精髓，并利用民族文化的丰厚精神资源来丰富和发展马克思主义哲学，是大学哲学教育，特别是马克思主义哲学教育中一个具有重要的理论价值和实践意义的课题。

一

民族精神作为一种社会意识，是一个民族区别于其他民族的精神特质，是民族大多数成员所认可和接受的，富有生命力的优秀思想品格、价值取向和道德规范的总和，是民族漫长风雨历程和丰富经验的历史积淀和升华，是民族这一有机生命共同体的核心和灵魂。哲学作为一种最抽象的思想形式，既是时代精神的精华，也是民族精神的精华。哲学与民族精神有着密切的内在契合性。一方面，任何哲学思想都是产生于一定的民族土壤，受到民族精神的熏陶和孕育，从而具有一定的民族样式、风格和气派，反映和体现一定的民族精神。从这个方面看，民族精神是哲学的根基和客观内容，而哲学则是民族精神的整体形态的概念，是民族精神的容器。另一方面，哲学不但反映和体现民族精神，而且还反映和体现时代精神和人类精神，与时代精神和人类精神发生特殊的密切关联。从这一方面看，哲学在一定意义上独立于民族精神，并超越出民族精神的界限。正因为此，哲学能够为民族精神的发展提供资源、动力和引导。

　　民族精神与哲学之间的这种内在关联，决定了二者发展中的相互依赖性：哲学的发展和民族精神的发展相互依存、密不可分。民族精神的提升、发展，会从根本上促进哲学的繁荣和发展；而哲学的繁荣和发展，也会引导和导致民族精神的完善、更新和升华，甚至创造和铸就新的民族精神。哲学对于民族精神的意义就在于，哲学是民族精神赖以发展的必要形式，从而也就是民族精神的自觉或自我意识。换言之，在民族精神丰富、完善、提升乃至转换、更新的过程中，哲学既是民族精神的理性，又是民族精神的良心。

　　马克思主义哲学在与中国的革命和社会主义现代化建设事业相结合的过程中，也与中华民族精神结下了不解之缘。马克思主义哲学中国化的过程，就是中华民族精神赋予马克思主义哲学以特殊的民族文化资源、要素和特质的过程；或者说，是赋予马克思主义哲学以民族性的过程；同时，也是马克思主义哲学赋予中华民族精神以现代性成分并推动其实现现代性转换的过程，或者说，是赋予中华民族精神以现代性的过程。毛泽东思想、邓小平理论、"三个代表"重要思想和科学发展观等中国化的马克思主义理论，既是当代中华民族精神的集中体现和精神内核，又是最能反映时代精神的当代马克思主义哲学。我们完全可以说，马克思主义哲学在与中国革命和现代化建设的具体实践相结合的过程中，不仅极大地丰富和拓展了中华民族精神的内涵，促进了中华民族精神的现代性转换和提升，而且借此从文化的内核或根基上推动了中国社会的现代性转型。

二

在大学的思想政治教育中,不但要在一般意义上理解哲学与民族精神的内在关联,具体把握马克思主义哲学与当代中华民族精神的紧密联系,更要在马克思主义哲学教学中有意识地运用马克思主义哲学的基本观点和根本方法,引导当代大学生全面把握和深刻领会中华民族精神。

马克思主义哲学是科学的世界观和方法论,是世界观、方法论、认识论和价值观高度统一的理论体系,也是我们认识、提炼和把握中华民族精神的根本的世界观基础、方法论指南和最先进的认识论工具。具体而言,马克思主义哲学在当代大学生中华民族精神的培育中的巨大指导作用主要体现在如下方面:

第一,引导当代大学生运用唯物史观和辩证法的基本观点和根本方法来理解和把握中华民族精神的历史形成和发展轨迹。唯物史观的一个基本观点是,社会存在决定社会意识。人们的社会实践生活,最终决定着人们的精神世界。"人们的观念,观点和概念,一句话,人们的意识,随着人们的生活条件、人们的社会关系、人们的社会存在的改变而改变。"① 马克思告诉我们,任何人类精神的成长,都具有实践性和历史性。每个民族的民族精神都是历史与现实交融的结果,都是继承和创新汇集的产物。从历史上看,长期共同的社会实践生活,使一个民族具有了共同的精神追求和心理趋向,形成了一个民族民族精神的相对稳定的基本内核,成为民族精神的生生不息的血脉和坚实稳固的基础。但另一方面,民族精神也不是一成不变的,不断更新的社会生活实践推动着民族精神的丰富和发展。丰富的社会生活实践和鲜活的时代生活内涵正是民族精神的源头活水。任何民族精神,包括中华民族精神都是变与不变、相对稳定和不断发展的辩证统一。引导当代大学生从这个意义上来理解和把握当代中华民族精神,让大学生们明白:当代中华民族精神

---

① 马克思恩格斯选集 [M]. 第 1 卷. 北京:人民出版社,1995:270.

既深深植根于中华民族五千年悠久的历史实践和丰厚的民族传统文化，又是建立在中国特色社会主义伟大实践的现实基础之上的，是历史与现实的辩证统一。使他们明白，我们既要忠实地守望好中华民族的精神家园，又要具备与时俱进的眼光和胸怀，不断丰富和发展中华民族精神。

第二，要引导广大大学生用辩证、科学的态度看待传统的中华民族精神遗产，学会对传统文化的辩证扬弃。在如何对待中华传统文化的问题上，如果没有实事求是的精神和辩证的方法，实践中往往容易走向两个极端：一方面，出于激进的变革意愿，往往对传统民族精神持整体否定，一概抹杀的态度，其结果是阻碍了马克思主义和民族传统文化的融合，影响了马克思主义的中国化进程；另一方面，出于对外来文化的影响的消极抵制，则采取一种对民族传统文化的全盘接受，无条件赞美的态度，对其中的糟粕不加警惕，没有从根本上清算传统文化中的封建过时的内容，结果是，这些积弊残留于人们的意识之中，在适当的时候就卷土重来，封建主义、官僚主义、极端个人主义等倾向不时地影响着我们的干部群众，不但影响到我们的社会主义现代化事业，而且也严重地阻碍了中华民族精神的健康发展。

中华文化源远流长，根植于丰厚民族文化土壤的中华民族精神历史悠久，底蕴深厚。强烈的爱国主义精神，"大人不华，君子务实"[1]，"经世致用"的务实精神，"天人合一"的和谐文化，"天下大同"的社会理想和"天地之性，人为贵"[2]的人本主义思想等，既是中华民族精神传统的精髓，又具有明显的现代性意义，成为当代中华民族精神的重要构成元素。但是，我国数千年的封建专制社会历史，以小农经济为基础的传统社会，保守、封闭和专制的色彩极为浓厚，这样的经济结构和社会结构在社会的精神文化中无疑打下了深深的印记，这些东西与今天建设中国特色社会主义所呼唤和追求的科学精神、民主精神、法治精神、平等精神、开放精

① 王符.潜夫论·叙录.
② 孝经.

神、包容精神等格格不入。我们不但要引导当代大学生全面把握中华传统文化的这种两重性，而且要引导他们用辩证的方法和科学的态度来对中华传统文化进行提炼，"取其精华，去其糟粕"，"返本开新"，理解和丰富中华民族精神的当代内涵。

第三，在马克思主义哲学的教学和中华民族精神的培育中，要引导当代大学生用矛盾分析法这一马克思主义哲学最为根本的辩证方法来面对当前复杂多变的国际形势和国内众多的社会矛盾，立足当下鲜活的社会实践，深刻认识和把握中华民族精神的当代含义。要让当代大学生明白：中国特色社会主义建设是前无古人的伟大实践，没有成功的经验可以借鉴，因此我们必须直面中华民族当代生活实际，唱自己的歌，走自己的路。引导当代大学生辩证地思考和回答民族性与世界性、现代化与民族化、全球主义和爱国主义等我们当下面临的矛盾关系和现实问题。

第四，用马克思主义哲学蕴涵的普遍联系和发展的基本观点和根本方法，引导当代大学生全面理解和科学把握中华民族精神的当代含义。党的十六大将中华民族的民族精神概括为"以爱国主义为核心的团结统一、爱好和平、勤劳勇敢、自强不息"的精神。这是一个既有厚重的历史感又有鲜明的时代性的科学概括。我们要引导大学生不但认识到这一概括的全面性、科学性和历史发展性，而且要把握中华民族精神当代内涵各要素之间的内在联系和辩证统一性。

三

在大学生的思想政治教育中，马克思主义哲学教学与中华民族精神培育是相互关联、相互推动、相互促进的一体性工程。要使当代大学生真正站在马克思主义哲学这一时代精神精华的高度来把握和弘扬中华民族精神，立足于民族精神来领会和发展马克思主义哲学，就要求我们引导和帮助当代大学生理解和把握马克思主义哲学与中华民族精神在精神主旨和价值追求等方面的内在契合性。

首先，要引导当代大学生认识和领会马克思主义哲学与中华民族精神在实践精神这一根本品质上的内在契合性。

马克思、恩格斯把他们创立的马克思主义哲学称为"新唯物主义"。这种"新唯物主义"和以往的一切旧哲学的根本区别在于，它不仅把人类的实践活动看做人所处的周围感性世界的现实基础，而且还把它看做全部人类社会生活的本质以及人的本质的客观规定，从而把实践的概念作为他们全部哲学理论的基石，并因此赋予了"新唯物主义"以往其他哲学所不能比拟的鲜明的实践精神和实践品格。在《德意志意识形态》中，马克思、恩格斯明确地宣示：他们所创立的这种"新唯物主义"在本质上"是描述人们实践活动和实际发展过程的真正的实证科学"①。

中国传统文化和中华民族精神的一个重要的品格就是注重实用、实事求是和求真务实。这一点在作为中华传统文化主流的儒家思想中表现得尤为突出。中国古代的思想家认为，"大人不华，君子务实"，"华而不实，耻也"，② 反对追求虚华，崇尚务实。先哲们信奉道高明而不离乎日用，特别强调理论与现实生活实践的结合，在耕稼工商、政事日用以及平常生活中追求人生理想，实现自身价值。从孔子的学以致用，到明清思想家的经世致用，从王充重实事、疾虚幻，到陈亮、叶适的"义利双行"，从传统史学家的信史直录到古典文学中的现实主义传统，都体现出中国人重视实际、讲求实用、追求事功、而轻浮华、贬空谈、鄙玄虚的精神品质。

马克思主义哲学这一发源于西方的理论之所以能够在东方大地上扎根并开花结果，一个极为重要的因素就是在根本精神上的这种契合。马克思主义哲学不但暗合了中华民族精神的这种精神品格，而且也以其科学主义和理性主义的现代性品质重塑和提升了中华民族精神的实践品质。在马克思主义哲学中国化的过程中，马克思主义哲学的实践观和实践唯物主义精神对中国文化进而也对中华民族精神产生的深刻影响是显而易见的。毛泽东对中国古语"实事求是"一词进行的马克思主义哲学诠释就是一个最为鲜明的例子。

---

① 马克思恩格斯选集 [M]. 第1卷. 北京：人民出版社，1995：73.
② 国语·晋语.

到今天，"一切从实际出发"、"实事求是"不但已经是中国化马克思主义哲学的根本性命题，已经成为中国共产党的思想路线的集中而经典的表述，而且也已经成为了民族文化的瑰宝，成为了中华民族精神的精华所在。

其次，要引导当代大学生把握马克思主义哲学与中华民族精神在价值目标和社会理想上的内在契合性。

社会理想和价值目标是任何成熟哲学都具有的紧密关联的两个重要向度，也是民族精神的一体两面的重要内容。社会理想是对未来人类社会形态的设计和论证，是一种制度形态的东西，它思考的是人类整体的未来；价值目标是对人的最高追求的论证和设计。社会理想和价值目标是一种手段和目的的辩证关系。

马克思主义哲学不但是批判的哲学——对资本主义为代表的一切剥削制度进行了从历史到逻辑，从理论到现实，从价值到科学的深入批判，而且是一种建设哲学——从对人类历史发展趋势和规律的全面把握入手，为我们描绘并论证了共产主义的理想社会蓝图，这种理想社会是高度平等、高度自由的充分发展和全面实现。在价值目标上，马克思主义哲学以实践主体即从事实践活动的个人作为其现实的出发点，以这种个人的自由全面发展作为其最高目的和最高价值目标。在马克思主义哲学的创始人马克思、恩格斯看来，未来的理想社会即共产主义就是"以人的全面而自由的发展为基本原则的社会形式"①。在这种社会形式中，"每个人的自由发展是一切人自由发展的条件"②。

在中国传统文化中，"大同"社会、"天下为公"，一直是中华民族精神内含的最高社会理想。中华民族精神中体现和渗透着的价值目标即是其大力张扬的人文精神。中国传统文化中体现的人文精神的一个显著特点是"贵人"，尊重人在世界的主体地位，把人的道德情操的自我提升与超越放在首位，注重人的伦理精神和艺术精神的培育。在中国传统文化和哲学中，人生论具有突出的地位和作

---

① 马克思恩格斯全集 [M]. 第21卷. 北京：人民出版社，1972：649.
② 马克思恩格斯选集 [M]. 第1卷. 北京：人民出版社，1995：294.

用，而"民贵"、"人本"精神则是中华民族精神的重要内涵。当然，中国传统文化和哲学追求的社会理想具有明显的空想性质和纯道德色彩，因而也缺乏现实性和科学性；它所内含的人文精神和对价值目标的探讨，也由于农耕文明和自然经济的规制，作为认识对象的人生与宇宙还处在朴素的天然联系之中，人还未能把自己提升为主体并将自己作为主体与周围的自然环境区分开来。

中国传统文化在社会理想和价值目标方面存在的这种现代性的缺失，并不能遮掩它与马克思主义哲学在基本精神上的一致性。马克思主义哲学的科学性、先进性和现代性在客观上为中华民族精神的现代转换提供了理论资源、发展动力和现实条件。从本质上说，马克思主义哲学中国化的进程，就是马克思主义哲学与中华民族精神在社会理想和价值目标上的相互塑造和现代契合的过程。中国特色社会主义理论和科学发展观是这一不断发展的融合的最新理论结晶和实践硕果。

最后，在对大学生的思想政治教育中，要引导当代大学生深刻领会马克思主义哲学的和谐思想与中华民族和谐精神的内在一致性及其现实意义。

和谐是一个内涵极为丰富的范畴，它包含和涉及：作为社会关系主体的个人自身的和谐——身与心、言与行、存在与本质的和谐等；社会系统内部诸种基本社会关系、社会结构和要素之间关系的和谐；人与人之间关系的和谐；人与社会之间关系的和谐；各民族、国家之间关系的和谐；人与自然之间关系的和谐等。

和谐是中华民族精神一个有着悠久传统的方面，也是中华文化的一个显著特征。考古发现，在甲骨文和金文中已发现有"和"字。《易传》所谓"保合太和"，《国语·郑语》所录史伯的"和实生勿，同则不继"，老子的"和曰常，知和曰明"[1]，孔子主张的"和而不同"[2]，《春秋繁露》提出的"天人之际，合而为一"，

---

[1] 道德经.
[2] 论语·子路.

以及张载的"天人合一"、"仇必和而解"①，如此等等，无不表明，和谐精神向来就是中华民族精神的重要组成部分。和谐是中华民族的理念，代表了一种独具特色的民族精神，也反映了中国精神区别于西方的一大特色，凸显出中华民族精神的独特魅力和恒常价值。和谐精神支配了中国人的政治运作、价值理念和生活方式，造就了中华民族热爱和平、崇尚中和的民族性格。

对于马克思主义哲学，由于极左思潮的长期影响，往往对它产生一种误解和错觉，把它理解为"斗争哲学"，遮蔽和忽视了马克思主义哲学的和谐理念。实际上，马克思、恩格斯以历史唯物主义为基础，在批判继承前人，尤其是空想社会主义理论的基础上，对社会和谐进行了深入探索。他们从人类历史的发展趋向和未来理想社会的本质要求的角度，阐述了"和谐"思想，认为归根到底，实现人与人、人与自然的关系和谐就是人类发展的理想社会和理想目标。马克思在《1844 经济学—哲学手稿》中把共产主义定义为"人与自然界之间、人与人之间矛盾的真正解决"。恩格斯在《国民经济学批判大纲》中也把共产主义称为"人类同自然的和解以及人类本身的和解"。按照他们的设想，未来社会将在打碎旧的国家机器、消灭私有制的基础上，消除阶级之间、城乡之间、脑力劳动和体力劳动之间的对立和差别，极大地调动全体劳动者的积极性，使社会物质财富极大地丰富、人民精神境界极大提高，实行各尽所能、各取所需，实现每个人自由而全面的发展，在人与人之间、人与自然之间都建立一种高度和谐的关系。和谐观念在马克思主义哲学中占有十分重要的地位，可以说，和谐是马克思主义哲学所追求的社会价值之所在。在马克思主义哲学中国化的过程中，中国传统文化中的和谐精神与马克思主义哲学的和谐社会思想的内在契合性在现当代的中国革命和建设的实践中得到了现代性的提升。毛泽东以揭示和阐明社会主义社会的基本矛盾为基础，提出要正确区分和妥善处理两类不同性质的矛盾，特别是要处理好人民内部矛盾，以及处理好社会主义建设中的若干重大关系，强调要形成既有

① 正盟·太和.

集中又有民主，既有纪律又有自由，既有统一意志又有个人心情舒畅、生动活泼的政治局面。在中国特色社会主义建设进程中，邓小平提出了关于我国现代化进程的阶段性目标"小康社会"的构想。江泽民把小康目标进一步具体化，阐明小康社会是经济、政治、文化和社会全面进步及物质文明、政治文明和精神文明协调发展的社会，是"民主更加健全、科教更加进步、文化更加繁荣、社会更加和谐、人民生活更加殷实"的社会。在新世纪，我们党在继承马克思主义和谐观的基础上，提出构建以"民主法治、公平正义、诚信友爱、充满活力、安定有序、人与自然和谐相处"为特征的"和谐社会"的主张。构建社会主义和谐社会的宗旨是在经济、政治、文化、社会和生态协调发展的基础上，实现全体人民各尽所能、各得其所、共同富裕，实现人的自由而全面的发展。同时，还把和谐社会的构建提高到巩固党执政的社会基础和实现党执政的历史任务的必然要求的高度。

充分挖掘和张显马克思主义哲学的和谐精神向度，引导当代大学生在全面把握马克思主义哲学和谐思想的基础上，丰富和弘扬中华民族精神中的和谐精神，对于培育和健全大学生的现代人格，全面构建社会主义和谐社会具有十分重大的现实意义。

（本文作者：唐昆雄，贵州师范大学历史与政治学院教授）

在全球化中发展马克思主义，提高
马克思主义修养和教学质量

纪政文

认清时代特征是坚持和发展马克思主义的重要条件。现今时代最重要的特征之一就是经济全球化，而经济全球化又必然导致文化多元化。这对发展马克思主义带来许多新问题，也对马克思主义理论教学提出了新问题。我们必须在认识和解决时代新问题的基础上，坚持和发展马克思主义，提高马克思主义修养和教学质量。

一、马克思主义视阈下的全球化

全球化是一个历史过程，是势不可当的历史趋势。马克思在资本主义向全球扩张、开拓世界贸易市场的时代，就密切关注这一问题，并形成了有关全球化的思想。早在 1845 年发表的《德意志意识形态》一书中，马克思就阐述了"世界历史"的思想。这里所说的"世界历史"概念和当代的"全球化"概念虽然有差别，但二者在本质上是一致的。马克思对全球化的根本问题和中心内容的阐述，对现在理论研究仍然有重要意义。

《共产党宣言》进一步发挥了这一思想。随着资本主义生产方式的建立，大机器工业的兴起以及商品经济的发展和贸易的扩大，过去那种地方的民族的闭关自守和自给自足状态已经消失，代之而起的是各个民族各方面互相往来和各方面互相依赖了。资产阶级开拓了世界市场，把资本主义制度推行到全世界，使得一切民族和国家的生产和消费都成为世界性的，促进了各民族之间的往来，克服了各个民族的片面性和狭隘性，民族之间的壁垒被打破了。

全球化源于经济上的必然性，它是生产力进一步社会化的客观要求，是资本无限增值和扩张而达到国际化程度的外在表现。资本主义生产过程的目的，是使资本尽可能多地增值，更多地生产剩余价值。全球化的发展过程，在不同的历史时期有不同的表现。资本主义主导的全球化，是资产阶级要"按照自己的面貌为自己创造出一个世界"。马克思主义是在全球化中产生的，然而，新一轮全球化的发展又对马克思主义提出了严峻挑战。

二、全球化对马克思主义的挑战

价值观念多元化的挑战。全球化的深入发展，各国经济、文化、科技交流日益广泛，文化多元化日益成为普遍现象。马克思主义与其他文化共处于同一个历史舞台上，选择哪一种文化和价值观念作为信仰对象，成为一个难以取舍的问题。我们可以看到的社会表象是，在经济全球化中，社会主义的公民，可以在资本主义跨国公司工作，并得到较高的收入。受现实的实际利益影响，使社会主义国家中许多人的思想，既不是传统意义上的社会主义思想，也不是传统意义上的资本主义思想。在一定时期里，人们的是非观念是模糊的。在多元文化并存的全球化时代，选择哪一种价值观念，这是对马克思主义的重大挑战。

理论竞争的挑战。同社会主义制度并存的有资本主义制度，与社会主义理论并存的有资本主义理论。我们必须正视当代资本主义理论。资本主义目前并没有走到自己发展的历史尽头，资本主义理论也是如此。两种不同的理论，在同一历史舞台上进行竞争。哪一种理论更能赢得民众、有效地指导当前的社会实践？马克思主义应当积极应对资本主义理论的挑战。马克思主义只有在与资本主义理论的竞争中，才能显示出比资本主义理论具有更大优越性，最终战胜资本主义理论。

资本主义经济快速发展的挑战。第三次科技革命，不仅使资本主义经济发展大大加快，而且改变了传统的经济结构和增长方式，在一定程度上改变着现代资本主义与社会主义的关系。社会主义国家为了谋得快速发展的机遇需要大量引进外资。当资本进入社会主义国家时，在一定意义上又必须采用资本主义的方式使资本运转起来并发挥作用。似乎资本主义没有日趋灭亡，反而赢得了新的产业革命的主动权而快速发展。这是为什么？

资本主义内部变化的挑战。新的产业革命的发展，资本主义国家的经济结构和阶级结构发生了重大变化。随着制造业大量向国外转移，大量的国外廉价劳动力进入资本主义国家，工人阶级已经不再是从事繁重体力劳动的无产者。传统资产阶级与工人阶级尖锐对抗的关系已发生变化，工人阶级中出现了蓝领工人、白领工人、粉领工人和金领工人等不同阶层，社会阶级结构中的"中间层"在扩大。资产阶级利用新的产业革命所带来利润，用于社会公共事业和社会福利事业，为资本主义发展创造了一个相对稳定的社会环境。资本主义本身在改变，资本主义还能够继续发展。恩格斯在《英国工人阶级状况》中以大量的事实材料，揭示当时工人阶级的悲惨状况，并得出结论，无产阶级可以走的路只有两条：或者饿死，或者革命。可是，现在发达资本主义国家的工人阶级还具有革命性吗？

三、全球化与发展马克思主义

发展马克思主义必须立足于现实，紧跟时代的步伐。经济全球化、文化多元化和政治多极化虽然是资本主义主导的，但这种状况是我们认识问题的出发点。社会主义必须积极投入到经济全球化的潮流中，在经济全球化的潮流之中发展马克思主义，而不是孤立于其外，否则不仅不能发展马克思主义，而且会使社会主义受到巨大挫折。这已被历史所证明，前苏联、东欧社会主义失败的重要原因之一，就是不能根据时代的变化发展马克思主义，不能正确解释社会主义与全球化的关系，长期孤立于全球化之外。苏东剧变并不是马克思主义的失败，而是进一步说明马克思主义是发展着的科学，坚持马克思主义，必须与时俱进地发展马克思主义。

发展马克思主义，必须正确认识资本主义。马克思主义是在不断概括总结资本主义发展状况和必然趋势的条件下产生的。资本主义的新发展，既是对马克思主义的新挑战，又是马克思主义发展的机遇。马克思主义并不是否定资本主义所创造的人类文明，而是否定资本主义制度。马克思主义对资本主义的否定，是对其发展最终结果的否定。在这个最终结果到来之前，资本主义依然在自身发展过程中创造着人类文明，它是在资本主义阶段发展的人类共同文明。马克思主义应当充分利用这种文明，马克思主义否定资本主义的工具和方法，本身产生于资本主义文明之中，而不是资本主义之前或资本主义之后的文明。必须在学习资本主义的同时批判资本主义，发展马克思主义。

正确认识和对待非马克思主义。非马克思主义的存在是政治多极化、文化多元化的重要表现。非马克思主义，并不都是反马克思主义。我们必须转变思维，抛弃非此即彼的形而上学的思维方式。非马克思主义当中，既有反对资本主义的成分，也有可以为各种思想所利用的共同的思想精华。发展马克思主义，需要吸收人类创造的一切智慧。对于非马克思主义当中所蕴藏的智慧，应当认真梳理和利用。

四、马克思主义修养与教学

转变观念，以科学态度对待马克思主义理论课教学。按以往的观念，教学就是传授知识，学生只要掌握了教师所讲的知识，就达到了教学目的。这种教学方法不适合马克思主义理论课教学，不能达到马克思主义理论课的教学目的。马克思主义不是一般的知识，只传授知识不能教好马克思主义。马克思主义理论课教师必须具备较好的马克思主义修养。要把马克思主义知识教育与信仰教育结合起来，培养学生的马克思主义修养，使学生树立起科学的世界观和方法论，并运用这种观点和方法分析问题、解决问题。要做到这一点，必须改变传统的教学评价标准，以往的教学评价往往侧重于学生对教学过程是否感兴趣，在这一指挥棒指引下，教师尽力寻找能够引起学生兴趣的材料。这虽然能达到一定的课堂效果，但违背了马克思主义的要求，将马克思主义庸俗化了。把马克思主义知识教育与修养培养结合起来，是达到马克思主义理论课教学目的科学理念。

以马克思主义知识教育为基础培养学生的马克思主义修养。加强马克思主义修养首先必须使学生掌握必要的马克思主义知识，但并不是像以往那样单纯注重知识，而是通过传授马克思主义知识来培养学生的马克思主义修养。一是通过马克思主义知识教育增强学生对马克思主义的信仰；二是通过马克思主义知识教育使学生学会运用马克思主义分析问题、解决问题；三是使学生能以马克思主义和社会实践的需要来规范自己的言行，自觉按照马克思主义的要求办事。

以马克思主义修养的培养促进学生对马克思主义知识的追求。马克思主义思想不可能自发地产生，而是需要灌输才能形成马克思主义思想。马克思主义理论课教学的过程，既是教师向学生灌输马克思主义思想的过程，又是学生形成马克思主义修养的过程。培养学生的马克思主义修养，把对马克思主义知识的掌握当做一个重要的追求目标。学生的马克思主义修养的提高，是其自觉学习马克思主义的一种内在动力，是他们接受马克思主义、追求马克思主义的重要条件。

（本文作者：纪政文，山东大学马克思主义学院副教授）

思想政治理论课教学的基本原则

樊小贤　刘吉发

高等学校的思想政治理论课是对大学生系统地进行马克思主义理论教育和思想政治教育的主渠道和主阵地，是帮助大学生树立正确的世界观、人生观、价值观的重要途径，在把新一代大学生培养成为社会主义事业的建设者和接班人方面起着其他课程不可替代的重要作用。搞好思想政治理论教学是高校思想政治理论教师的神圣职责和光荣使命。在完成这一神圣职责和光荣使命的过程中，应该既坚持增强和改进大学生思想政治教育的基本原则，又坚持思想政治理论课程教育所应遵循的原则。

一

中共中央宣传部、教育部《关于进一步加强和改进高等学校思想政治理论课的意见》明确而创造性地提出了加强和改进大学生思想政治教育的"六结合"基本原则，即：坚持教书与育人相结合；坚持教育与自我教育相结合；坚持政治理论教育与社会实践相结合；坚持解决思想问题与解决实际问题相结合；坚持教育与管理相结合；坚持继承优良传统与改进创新相结合。深刻理解这些基本原则，对于进一步加强和改进大学生思想政治教育工作具有重要意义。

教书与育人相结合的原则，以系统整体性教育观念，把学生思想政治教育放在首位，为正确处理知识、能力和素质的关系提供了准绳。学校根本任务是培养人才，教授知识只是手段和途径，培育人才是最根本的任务。所谓"育人"：从社会的角度来说，就是完成社会教化，输送合格的社会公民；从学生的角度来说，就是实现个人的"社会化"，成为合格的社会成员。育人的目的是提高和培养学生的综合素质，而思想政治素质是最重要的素质。

教育与自我教育相结合的原则，就是要在常规教育的过程中，引导和激活学生自我教育的主体意识，引导学生学会正确思考，教会学生学会学习。大学生具有自我教育、自我管理、自我服务的能力，通过充分调动他们的积极性和主动性，有利于提高大学生思想政治教育的针对性和实效性。在教学过程中，教师既要充分了解教育对象思想观念、思想认识上具有的普遍性、共性的问题，也要了解具有特殊性、个性的问题，因材施教，使教学活动和对学生的思想引导能有的放矢。

政治理论教育与社会实践相结合，旨在发挥社会实践在大学生思想政治教育中的重要作用。大学生社会实践是指按照高等教育目标的要求，有组织、有计划、有目的地引导大学生深入实际、深入社会、深入生活，从而提高其全面素质的一种教育活动。组织开展大学生社会实践，对于促进大学生了解社会、了解国情，增长才干、奉献社会，锻炼毅力、培养品格，增强社会责任感具有不可替代的作用。当代青年要真正成为国家的有用之才，就必须在学习书本知识的同时，自觉向实践学习，向人民群众学习，向老一辈学习，从亿万人民创造历史的伟大实践中汲取营养、增长才干。

解决思想问题与解决实际问题相结合的原则要求思想政治教育从青年学生的思想、学习、生活实际出发，体现以人为本的教育关怀。高校青年学生是社会阶层中承上启下的特殊群体，他们有着特殊的成长背景和环境，面临着诸多问题，既有思想上的困惑，也存在生活中的实际困难，不解决实际问题，空洞的理论说教是没有多少实效性的。我们要牢固树立"育人为本"的理念，更加重视学生的主体性，满腔热情地帮助青年学生解决他们自身成长中在学习、生活方面存在的实际问题，使他们能够健康成才。

坚持教育与管理相结合，有两层含义：一是坚持管理育人，把思想政治教育与大学生日常的学习、生活、管理结合起来；二是要把学校的思想政治工作制度化，使思想政治教育得到制度的规范、保障和支持。后一层含义对于思想政治理论的加强有直接的促进作用。按照教育与管理相结合的要求，无论学校的教育工作还是学校的管理工作，都既要进行思想教育，又要依靠法律、法规和一系列校规、校纪的约束。前者解决思想认识问题，后者解决行为约束和养成问题，二者相互配合，可以促使学生达到知行统一。

继承优良传统与改革创新相结合强调承前启后、继往开来。在实践中形成的行之有效的有益经验，是一笔宝贵的财富，我们一定要珍惜、继承并使之发扬光大。同时我们也应看到时代、环境、任务、对象的变化强烈地呼唤着思想政治工作的改革和创新。为适应新形势的需要，我们要在思想认识、教育观念、教学手段、实践环节、管理体制等各方面开拓进取，锐意创新。第一，对于思想政治教育的内容要深入研究和把握，努力实现马克思主义教育与爱国主义教育、道德规范教育相结合；第二，要转变过分依赖思想政治理论课的教育观念，实现思想政治理论课与专业课思想教育功能相结合；第三，改进教学方法，改善教学手段。第四，采用多渠道、多层次、多形式的实践教学手段，让学生在社会实践中得到锻炼；第五，建立、健全、完善和革新思想政治教育的领导体制、教工工作机制和学生管理措施。

以上"六个结合"的原则，既是我们加强和改进大学生思想政治教育的行动指南，也是我们做好工作的一种实践观念，同时它蕴涵着加强和改进大学生思想政治教育的理想性追求，思想政治教育工作者乃至全体教师应不懈努力，为培养新世纪的合格人才贡献力量。

二

思想政治理论课作为大学各专业必修的课程，既有一般课程教育教学的共性，也具有自身独有的特点。在进行思想政治理论课教学的过程中，我们还应坚持以下几个方面教学的基本原则：

（一）坚持主导价值观一元化原则

高校大学生思想政治教育的根本任务是解决"培养什么人"、"如何培养人"的问题。青年代表着国家和民族的未来和希望。只有赢得青年，才能赢得未来和希望。在"培养什么人"的问题上，我们一定要坚持用马克思列宁主义、毛泽东思想和中国特色社会主义理论武装大学生，引导青年学生吸收人类优秀文明成果，批判、抵御西方腐朽落后思想文化，引导大学生确立在中国共产党领导下走中国特色社会主义道路，实现中华民族伟大复兴的共同理想和坚定信念，进而使他们中的先进分子树立共产主义的远大理想。马克思主义是我们立党、立国的根本指导思想，是全国人民行动的共同思想基础，高校思想政治理论课必须坚持和巩固马克思主义在意识形态领域的指导地位，坚持意识形态领域主导价值观一元化原则。

当前，随着国际国内形势的深刻变化，随着我国对外开放的不断扩大，社会主义市场经济的深入发展，大学生思想政治教育面临着严峻挑战，西方的"物本"价值观、"神本"价值观以及"科技为本"价值观，通过各种方式对一些大学生的价值取向产生影响。市场竞争、社会竞争所进行的直接比较，使一些大学生对有形的、物质的、可以量化与指标化的价值予以重视，而对无形的、难以显化与指标化的价值予以忽视，导致价值取向的偏差甚至替代。在深刻的社会变革中，各种思想观念相互交汇、相互冲撞、相互激荡，一些消极的、腐朽的、落后的东西也不时沉渣泛起，对大学生的思想政治素质产生冲击和干扰。对此，思想政治理论课的教学一定要立场坚定、观点鲜明，积极弘扬集体主义、爱国主义、社会主义的主旋律，用科学的世界观、人生观和价值观武装大学生，使他们形成昂扬向上的精神状态和积极健康的心理素质。

（二）坚持"学术争论无禁区，课堂讲授有纪律"的原则

课堂是圣洁之地，是塑造和培养学生的主渠道和主阵地，其影响和作用是广泛而深远的。思想政治理论的课堂教学目的在于提高大学生马克思主义理论水平，增强明辨是非的能力。因此，高校教

师，特别是思想政治理论课教师，应该以正确的内容、适宜的方式、严谨的态度完成自己的教学任务。对于有争议的问题或个人的一己之见，要慎重考虑，避免负面影响，切不可信口雌黄，误导学生。这并非意味着课堂教学只能照本宣科，人云亦云。大学课堂也是启迪思维、辨别是非的殿堂，在坚持思想政治教育基本原则的基础上，教师也可以有理有据地介绍和传递相关理论和不同看法，但教师需要把握好分寸，一定要给学生以正确的引导。站在讲坛上的教师要认真体会并贯彻"学术争论无禁区，课堂讲授有纪律"的原则，以高度负责的精神做好本职工作。

（三）坚持系统推进、科学统筹的原则

思想政治理论课教学是一个系统工程，无论是课程的设置、内容的选排，还是教学方式、方法的改进，都应"前呼后应"、"瞻前顾后"、相得益彰。目前新的政治理论课课程体系正在变革和实施之中，现在的思想政治理论课调整充实为四门必修课和其他一些选修课。四门必修课包括"思想道德修养与法律基础"、"中国近现代史纲要"、"马克思主义基本原理概论"与"毛泽东思想、邓小平理论和'三个代表'重要思想概论"。在落实课程教学的过程中，一定要处理好几个方面的关系：一是要处理好旧课程体系与新课程体系的关系。我国的思想政治理论课有过几次大的调整，本次调整前的"98方案"大多数老师已经习惯和认可，在实施新方案时，难免受旧体系的影响，因而尽快把握新课程的要求和内容，处理好新旧之间的关系是必须认真对待的问题。二是处理好四门政治理论课之间的关系。四门思想政治理论课有着内在的联系，特别是"中国近现代史纲"要与"毛泽东思想、邓小平理论和'三个代表'重要思想概论"，有些内容是相互交叉、相互渗透或前后相接的，什么内容归什么课讲，讲到什么程度，在衔接的时候如何承前、如何启后，必须严谨、认真地研究，防止给学生造成简单重复的不良印象。三是处理好大学思想政治理论课与中学思想政治课之间的关系。学生在中学时已经接触和学习了思想政治理论课的常识性的内容，大学再学习时，如果处理不好与中学所学内容间的关

系，会使学生产生老调重弹的感觉，影响学习积极性。另外，还要处理好统一要求和实践创新的关系、专业课与思想政治理论课的关系等。

（四）坚持积极探索原则

这里的积极探索包括对教育对象认识的深入和教学内容、教学手段、教学方式的不断探究和总结。当代大学生体现着鲜明的时代特征。就群体构成而言，规模大、来源多、组织多型；就个体来看，当代大学生的生理成熟期普遍前移，心理、思想和社会领域的发展是大学生人生发展的主题；在心理发展方面，当代大学明显表现出心理成熟期后移，心理矛盾增多、心理压力加大、心理问题多发等特点；在思想行为方面，影响当代大学生思想活动的因素日益多样，大学生思想的关注点日趋宽泛和分散，思想文化需求日趋多样，价值取向日趋多元。他们遇事不迷信，比较讲实际，不愿意听空话、套话；他们看待中外问题时，总是横向的比较多，纵向的比较少；理想和价值标准多元化；思想解放，喜欢指点江山、论说世运、指陈时弊；有强烈的自主意识、活动能力和交往意识；对周围环境的变化很敏感，容易产生思想波动；处在人生观、世界观形成的关键时期，面对选择时迷茫与困惑多……我们的教育对象已和20世纪中后期，甚至20世纪末的受教育者有了很大的不同，这决定了思想政治理论课不能墨守成规，需要不断认识自己的受众。同时，对教学本身的探索和改进也是分内之事。从事思想政治理论课教学的教师应借鉴教育学、心理学、伦理学、社会学等学科的研究成果和方法，探索思想政治教育特有的规律；批判地继承中华优秀传统文化中的相关养料，古为今用，推陈出新；批判地借鉴国外有益的方法与成果，洋为中用，开拓创新；总结、提炼思想政治教育的新鲜经验，从中概括出新特点、新内容、新原则、新途径、新方法和新机制。

（五）坚持多样性与整体性相统一的原则

新时期的思想政治理论课面对的教育对象出现了许多新的变

化，按照一般教学"因材施教"的原则，思想政治理论课教学应重视教育对象的时代特点和个性特征，同时也要贯彻落实课程教育的整体要求，使教学方式的灵活性与课程目的统一性有机统一起来。

新的历史时期为大学生思想政治教育提出了一系列新的课题，要求思想政治教育工作者积极探索大学生思想政治教育的新方法、新途径，坚持思想政治教育与大学生思想实际和生活实际相结合的原则，提倡个性化辅导、多样性教育。但我们不能忘记：思想政治教育的根本宗旨和目标，要以理想信念教育为核心，帮助学生树立正确的世界观、人生观和价值观；以爱国主义教育为重点，深入进行弘扬和培育民族精神教育；以基本道德规范为基础，深入进行公民道德教育；以大学生全面发展为目标，深入进行素质教育，真正使学生对"做什么人"、"怎样做人"有正确的认识，在成长成才的道路上阔步前进。

参 考 文 献

[1] 中共中央宣传部、教育部．关于进一步加强和改进高等学校思想政治理论课的意见．

[2] 中共中央宣传部、教育部．关于进一步加强和改进高等学校思想政治理论课的意见实施方案．

（本文作者：樊小贤，长安大学人文社会科学学院副教授；
刘吉发，长安大学人文社会科学学院教授）

高校思想政治理论课的教学参与
与教学模式转变

庄　穆

高校思想政治理论课（以下简称"思政课"）教学体现着我国社会主义国家办大学的基本特征，从大的方面讲，"思政课"教学关系到我国高校要培养出什么样的大学生的问题：是智与德的统一，还是智与德的分离？是社会主义建设事业的承继者和推进者，还是社会主义建设事业的葬送者？站在全球化的高度来思考这个问题，这事实上关系到我国社会主义发展的国家安全问题，尤其是意识形态及思想观念的安全问题。要知道，人们的行为受他们的意识观念的指导和引导，因此，社会主义高校无论在什么情况下都不能松懈或放弃对大学生进行思想政治教育和道德品质教育。也就是说，思想政治教育和道德品质教育在任何时候都只能加强而不能放松，更不能放弃。但是，面对我国社会与国际形势的新变化，面对我国教育体制的新改革，面对当代大学生出现的精神思想新面貌，以及跟随现代国际教育思想观念的新变化和教育发展的新趋势，我国高校的"思政课"教学不能故步自封、停滞不前，而需探索教育新思路、研究教学新模式，只有这样，才能在新的形势下焕发"思政课"教学的生机，充分发挥高校"思政课"教学在教书育人中的功能与作用。

一、两种不同的教学方式

教学活动包括教与学两个环节，是教与学两个环节相互作用、相互转换与相互统一的过程，这个过程包括三个构成要素：教之主体——教师；学之主体——学生，以及教与学互动的过程。在教与学的活动过程中，教师与学生形成的关系不同，就形成两种不同的教学方式：一是强调教的环节，教师以自己为本位，强调把学生当做被动的客体，教学过程被当做教师（主体）对学生（客体）的单向的知识传授与思想灌输。这种教学方式往往只注重教师"授"，学生"受"，而忽略了学生的"学"，较少调动学生学习的主动性、积极性和创造性。我们把这种教学方式称之为"灌输式"，即教师主要把学生当做知识与观念灌输的对象。这种教学方式的突出表现是教师在课堂上的"满堂灌"。相反，另一种教学方式不仅重视教师"授"，学生"受"，同时也强调学生主动、积极并有创造性地"学"。这种教学方式把教师与学生都当做教学过程中的主体，即双主体。在教学过程中，教师与学生的关系是主、客双方互置互换的。对于"教"，教师是主体，学生是客体；对于"学"则学生是主体，教师是客体。教师与学生处在相对平等的地位。作为教师，强调运用研究、启发、讨论、对话、座谈、辩论与辅导等方式组织教学，教师尊重学生的学习自主性与独立性，注意引导学生进行创造性的学习和创造性的思维，教师通过自身的学识、人格、能力与教学艺术，吸引学生并赢得学生的尊重，树立教师的权威。我们把这种教学方式称之为"参与式"，即在教学过程中通过学生的积极参与，实现教师与学生、教与学的互动，从而把知识和观念渗透到学生的头脑中。

二、"思政课"运用"灌输式"教学的不适性

不能否认，在"思政课"教学过程中某个特定阶段出于某个特定教学内容的需要，可采取"灌输"的方式实施教学，可达到某种教学目的和要求，但如果把这种方式当做一种普遍的、主要的，甚至是唯一的教学方式，则明显不能适应现代社会和现代高等教育的发展趋势，也不能适应现代大学生的心理和知识需求，总体而言，其教学效果不佳。

1."灌输式"教学不能适应"思政课"的教学目标与内容

"思政课"教学在于向大学生传授一种正确的世界观、人生观和价值观，并由此树立起大学生正确的思想道德观，培养有良好思想政治与道德素质的社会主义建设人才，可见，"思政课"对大学生进行的是一种思想教育，而不是简单的知识传授。思想教育有其自身的特点与规律，不能用传授那些不论你高兴不高兴都一定得接受的绝对性、客观性知识的方式进行教学。对于世界观教育，不仅要晓之以理，还要动之以情，同时，一种世界观、思想观念的教育还需要学生有一个了解、思考、反思、批判到认同、相信与内化的过程，思想性的教育事实上是无法强行灌输的，只有当大学生切实地了解、感受并理解了马克思主义理论与世界观的科学性和真理性，他们才会从灵魂深处接受它，最后内化为自己的世界观并成为行为的指导。

2. "灌输式"教学不能适应当代大学生的主体状态

改革开放三十年来，中国社会发生了巨大的变化，在改革开放中成长起来的新一代大学生，他们的情感、心理、思想、观念和意识也不断发生着变化。当今大学生，有更开放的心灵，更自主的意识，更多的求知欲，更多接近社会并受社会的更多影响，有更多接受知识与信息的途径，因而也更丰富、更多思、更不盲目轻信，内心世界更复杂，思想观念更多元。对于这些主体意识越来越强的大学生，用"灌输式"教学把他们当做纯粹的客体，单一而枯燥地向他们灌输一种观念、一种思想，已远远不能满足他们的求知需要，尤其像"思政课"这样一种需要大学生理解、认同并内化的思想教育内容，"灌输式"教学反而会引起并加重学生的逆反心理。教学实践表明，大学生初走进"思政课"课堂，对"思政课"就已带有先入为主的偏见，"灌输式"教学只会加重他们的偏见，且会产生逆反心理。在这种情况下，教师就很难实现"思政课"教学目标，达成教学效果。

3. "灌输式"教学不能适应社会发展变化的要求

改革开放以来中国社会的变革与转型使社会表现得更多元、更多样、更丰富、更生动活泼，同时也更复杂难懂，社会的发展变化致使社会现象日益多样化、复杂化，使大学生越来越受复杂多样的社会现象的迷惑和困扰，因而他们需要一双理解、读懂社会的"慧眼"。这要求"思政课"教学要更灵敏地反映社会发展的重大问题，把握社会发展的基本命脉，提供更灵活、更切实可行的认识社会的途径和解释社会的方法，对某些困惑人心的社会问题进行深入而又令人信服的分析说明，而这正是"灌输式"教学难以做到的。由于"灌输式"教学的单一性和封闭性，造成其对社会发展变化反映的不灵敏性和滞后性。

4. "灌输式"教学不能适应现代思想教育的发展趋势

世界各国的高等教育都重视对大学生的主体思想和价值观的教育与渗透，但它们（特别是教育先进的发达国家）反对"灌输"这一方式。它们所说的灌输，是指通过对学生反复灌输某种信条与学说，试图用某种信条禁锢学生的思想。在它们看来，教育的目的是"打开"而不是"禁锢"，也就是说，它们主张在开放、对话、比较与启发的方式下让学生更自主，因而也更牢固而深刻地理解并认同某种信条、思想与学说，鼓励学生通过自己的学习与实践活动获得思想与道德的成熟。这代表着一种更先进、更现代的教育思想，在此教育思想的指导下，它们更注重运用灵活多样的教学方式，反对"满堂灌"。两种教学方式相比较，目的是相同的，但由于方式不同，效果则不一样。当"灌输式"教学遇到困难或不合潮流与趋势时，就应引进或创造更切实际、更具实效的教学新方式。

三、向"参与式"教学转变

由于"灌输式"教学总体上已不能适应现代社会、现代人及现代高等教育的发展，故它应向一种更先进、更具时代性和更灵活多样的教学方式转变，这就是本文所提的"参与式"教学。"参与式"教学把教师与学生看成是双主体的，在教学活动过程中互联互动的关系，它倡导学生积极、主动地参与到教学中来，而不是把学生当做教师灌输知识与思想的被动对象，只能是教师不停地讲，学生认真地听、认真地记，最后按教师讲授的内容认真地背、认真地考，学生始终处在被动的位置上。

"思政课"的"参与式"教学需要"思政课"教师树立这样一些新观念，以指导自身的教学行为。

第一，育人观念。"思政课"教师的职能不只是传播知识与提高大学生的素质，更主要的是帮助大学生树立正确的世界观、人生观和价值观，培养大学生健康的心态与健全的人格，提高大学生的道德品质。"思政课"教师的目标是使大学生懂得并掌握如何做人和如何做好一个人的道理和能力，使其具备成为一个现代人应当具备的基本价值观和行为准则，如权利与义务，自尊与尊人，公平、公正与正义，诚实、竞争与合作，守时与守信，规则与秩序，平等与自由，责任感等。这不是靠灌输，而是要通过学校更有效的教育和个人的学习才能实现的。

第二，教育观念。"思政课"教学由于有其特定的教育职能和目标，所以需要"思政课"教师转变旧有的教育观念。应把学生看做是与自己平等的，有其独立个性、人格与自尊的主体，应尊重他们的自主性、批判性和创造性，在课堂教学中尽量给他们一个开放的空间和一些独立思考的机会，相信并开掘学生的潜能，培养他们的自信与创造精神。面对某个理论或实践的问题，要让学生有参与研究、思考、讨论、发表自己见解的机会和空间，这需要学生在课堂中的主动配合与积极参与。

第三，教师观念。"思政课"教师应该意识到，教学并不是讲授完一节课就了事，授课只是教学过程所要达到某种目的的手段。"思政课"教学不只是教师在课堂上传播正确与科学的思想观念，更重要的是怎样使这些正确与科学的思想观念能为学生所理解、接受，把这些思想观念内化到他们的思想深处，以影响并塑造他们健康的思想和人格，如果没有学生在教学活动中的主动配合与积极参与，这样的目的是难以实现的。

四、转变"思政课"教学模式，实现学生的教学参与

要实现"思政课"教学向"参与式"的转变，切实提高"思

政课"教学的实际效果,就必须搭建实现这一目标的平台,这就需要转变"思政课"教学模式,寻求并构建一种最佳的"思政课"教学模式。根据我国高校"思政课"教学的特点,"思政课"教学要实现的功能与目标,结合笔者在高校从事"思政课"教学二十余年来的经验及本人的探索与研究,本文试提出这样一种教学新模式,即:"以问题为中心,以学生为主体,以教师为主导,以提高教学效果为目标。"它包括从教学内容、教学方式方法、教学过程及教学效果评价等方面的系统性改革。

"以问题为中心",就是要改变以课本为中心的照本宣科式的教学方式,把课本的内容转化为一个个学生感兴趣并可进行课外研究与课堂讨论的理论与实际相联系相结合的问题,这些问题可以是重要的理论问题,可以是教师当前正在关注与研究的理论或实践中问题,可以是当前备受关注的社会问题,也可以是大学生的生活或思想中的实际问题。问题的设置采取静态和动态相结合的方式,静态的问题指长久以来一直困扰人类的重大理论问题,或是社会发展进程中出现的新的理论问题,通过对这些问题的讨论可开拓学生的理论视野,锻炼并培养学生的理论思维;动态的问题指老师立足学科内容,根据教师、学生及社会的新变化设置的一些新问题。问题的设置应注意可讨论性、开放性,这样才能唤起学生学习与思考的热情与兴趣,开拓他们的理论视野和思维空间。

"以学生为主体",就是要改变过去以教师为单一主体的"灌输式"教学,通过问题的提出,让学生对相关问题进行事前的资料搜集与准备,进行思考与研究,在此基础上,以学生为主体,围绕某一问题让学生在课堂上进行多形式的讨论,发挥学生学习与思考的主动性和积极性,让学生在课堂教学中有最大程度的参与,使学生也成为课堂教学的主体。这样,使教学成为教师与学生互为主体,双主体互动的过程。

"以教师为主导"。"参与式"教学并不意味教师的缺位,相反,教师要根据学生在课堂讨论中提出的问题或存在的问题,在教学过程中有针对性地及时予以解答和指导,通过这样的方式,把学生的思想引导到正确的方向上来。这要求教师充分展示和运用自身的教学艺术，循循善诱，以"润物细无声"的方式把正确的观念、思想和理论，以及科学的思维方法传播给学生。

"以提高教学效果为目标"。就是说，采取这样一种教学新模式，是以切实提高"思政课"教学效果为最终目标的，它也是衡量"思政课"教学得失成败的根本指针。运用这一教学模式的最大目的，也就是为了提高"思政课"的教学效果。"思政课"教学效果不仅通过教师的"教"与"授"，而且也通过学生的"学"与"受"体现出来。

实施这一教学新模式可有效地达成这样一些目的和目标：（1）从根本上解决"思政课"教学的"三贴近"问题。"三贴近"是"思政课"教学的生命力之所在，"三贴近"指贴近社会、贴近生活、贴近大学生的思想实际。通过"问题化"教学，"思政课"教师在组织课堂教学时就可灵活地根据社会、生活的新变化和大学生的思想实际设置本学科的教学问题。（2）提高学生学习"思政课"的积极性与主动性。面对自己感兴趣的问题，加上教师必要的课堂教学要求及学习成绩评定方式的相应改变，在学生参与问题的研究和讨论基础上的课堂教学，能有效地调动学生学习"思政课"的积极性和主动性，提高他们的学习兴趣和学习能力，因而能有效地克服当前大学生对"思政课"教学存在的先入为主的偏见，改变他们对"思政课"教学普遍存在的逆反心理。（3）充分发挥"思政课"教师的教的能动性与个性。"问题化"的教学方式使教师从书本的条条框框和照本宣科式教学中解放出来，给予教师更灵活的教学空间，有利于教师教学能动性的发挥和个性的展示，从而摆脱过去那种千篇一律的、呆板的教学模式。同时，实施这一新模式，也能有效地提高"思政课"教师的课堂教学能力及课堂教学中理论联系实际的能力，还能提高"思政课"教师的科研能力，因为"问题化"教学本身会推动"思政课"教师对问题的研究，无论是自然科学研究还是社会科学研究，都起始于问题，都离不开问题。（4）真正实现理论与实践的结合与统一。"思政课"教学问题的设置既体现学科的理论性质和内容，又映现社会发展中出现的实际问题与大学生的思想实际，这样，一方面把抽象的理论问题同生动活泼的社会生活实际联系起来，同时又用理论的视角来审视、剖析社会与生活中的实际问题，这样使"思政课"教学真正地表现着时代感，体现出时效性。(5) 改变"思政课"教学效果的评价方式。不仅以教师教得如何，也以学生接受得如何为评价教师教学效果的指标，它注重"思政课"教学过程中教与学、授与受的统一。因为教师的教学效果如何，从根本上说应从教学对象，即学生的接受度、理解量及创造力中体现出来。

　　(本文作者：庄穆，福州大学人文社会科学学院教授）

关于政治理论课教学的思考

孙富江　冯　丹

一、明确政治理论课的定位与要求

政治理论课在高等教育中处于什么地位？党的十七大对政治理论课提出的新要求是什么？这是在备课和教学中首先要明确的问题。"政治理论课是德育的主渠道，是全面素质教育的核心课程"，这个定位在新时期对政治理论课教师提出了新的要求。

（一）教师要与时俱进，提高自身素质

提高教学质量与水平，关键在教师。政治理论课教师是马列主义理论和党的路线、方针、政策的宣讲者，社会主义意识形态和精神文明的传播者，大学生健康成长的指导者与培育者。为提高教学质量与水平，政治理论教师必须与时俱进，立足中国、面向世界，不断提高自身理论素质，做到育人先育己。

教书育人是教师的天职。政治理论课为大学生树立理想和坚定信念提供理论基础，正确的理想信念来源于科学理论的武装，来源于对社会发展规律和人生价值的正确认识与把握。当前，面对深刻变化的国际和国内环境，唯有强化理论教育，才能引导大学生科学认识社会发展规律与社会变革时期的特点，正确认识人生价值与社会责任。

（二）贯彻党的十七大精神，引导学生树立科学发展观

党的十七大在修改党章时，首次将科学发展观写入党章，可

见，科学发展观重要的理论地位与现实意义。"坚持以人为本，树立全面、协调、可持续的发展观，促进经济社会的全面发展"① 的科学发展观是马克思主义基本原理的重要观点，它不仅是全面建设小康社会的根本指针，是构建社会主义和谐社会的根本指针，也是构建社会主义和谐社会的思想保证。为此，政治理论课要引导大学生自觉树立科学发展观。

（三）适应构建和谐社会需要，侧重培养大学生的和谐与合作精神

和谐是马克思主义基本原理的重要方面，也是中国传统哲学的观点。政治理论课，尤其是马克思主义基本原理课，要倡导和谐哲学。和谐哲学有助于维护秩序和稳定，有助于增强民族凝聚力，维护中华民族统一。

团队精神是集体主义在当代的表现形式。政治理论课要大力弘扬集体主义精神，使大学生树立合作精神与团队精神。所谓合作，是指"社会互动中，人与人、群体与群体之间为了达到互动各方都有某种益处的共同目标而彼此相互配合的一种联合行动"②，学会合作是 21 世纪人才的必备素质。高校的素质教育要重视培养学生的"团队协作的能力"，"要培养学生的竞争意识、合作精神"③。

在培养合作精神的基础上，引导大学生进一步树立更高层次的"竞合"理念：在竞争中合作，在合作中竞争，即合作与竞争的辩证统一。"竞合"的核心含义是"双赢"。"竞合"是比单纯的竞争，尤其是不规范的恶性竞争更高层次的竞争，它是建立在合作基础上的竞争，也是建立在规范基础上的合作，其结局是"共赢"

---

① 温家宝. 提高认识，统一思想，牢固树立和认真落实科学发展观 ［N］. 人民日报，2004-03-01.

② 郑杭生. 社会学概论新修 ［M］. 北京：中国人民大学出版社，1998：181.

③ 中共中央国务院关于深化教育改革，全面推进素质教育的决定 ［N］. 光明日报，1999-06-16.

或"多赢"。在社会主义社会，人民群众在根本利益上的一致性要求大学生用合作、共赢、双赢理念代替恶性竞争的观念与行为。

（四）坚持"科学性、时代性、针对性"相统一的教学导向

科学性是指教学内容要准确反映马克思主义的实质和本学科的主要观点，且少而精。在教学中，在保证知识体系的同时，精选教学内容，在精讲、实用上下工夫，使学生更好地掌握科学的世界观和方法论。

时代性是指教学内容是新时期、新局面、新成果的反映，教学内容贴近现实，回答现实问题，引导学生关注世界和中国诸多方面的重大变化，从变化中看到中国发展与世界的联系、经济全球化与中国的联系，引导学生用联系的观点、发展的观点、全面的观点看问题。

针对性是指教学内容要针对学生共性的思想认识问题，即紧扣学生最关心、最想解决的问题，做到有的放矢。政治理论课要在实用上下工夫，要以是否入耳、入脑、入心，是否对学生正确世界观、人生观、价值观的形成发生重要影响作为衡量教书育人实效性的重要标志。

二、转变教学观念

（一）由知识的权威者到知识的引导者

在传统教学观念中，教师被看做是知识的拥有者、权威者。信息时代，随着学生接受知识的途径增多，教师在传授知识过程中的部分"权威"丧失了；现代教育以人为本的平等观念也打破了几千年来师授生学、师道尊严的传统关系。

由于时代的变革与生源的变化，要求教师必须学会带着学生走向知识，而不是带着知识走向学生；要由知识的权威者变为学生学习知识的引导者，引导学生自己从知识的海洋中汲取营养，使学生爱学、乐学、勤学、善学。

（二） 由教师主导到师生互为主导

在传统的政治理论教学中，教师的主导作用发挥有余，而学生的主体地位则体现不足。在现代教学中，学生既是教学的主体，也是教学的主导因素。这就要求教师要打破传统的以传授知识为主的教学观念，树立"以学生为主体、培养学生的创新意识、创新能力为主"的教学理念，与学生互动学习，互动探讨问题，建立师生互为主导的教学关系。

（三） 课堂教学与课下深入相结合

单纯的课堂理论教学是传统的教学观念，随着社会的发展和教学实践的深入，要求教师要经常深入到学生生活中，了解学生的所需所想，掌握他们在思想上、学习上、生活上、情感上所遇到的困惑与问题，从他们所关心的问题出发进行授课，做到以理服人、以情感人，以增强政治理论课的实效性。

三、改革教学内容与教学方法

（一） 教学内容要体现理想与现实的统一

高校的政治理论课要以理想信念教育为核心，理想信念教育要体现理想与现实的统一。我国所建立的社会主义市场经济体制，是为了解放和发展生产力，从而为社会主义的发展和共产主义理想的实现创造物质基础。但我们面临着市场经济负面效应的挑战，作为市场经济以价值规律为基础的交换法则、竞争法则、利益法则、消费法则，改变着人们的生活方式、交往方式、情感方式、是非观念和价值追求。在市场经济条件下，有些学生把获得丰厚的物质待遇当做自己追求的主要目标，精神追求和理想信念淡薄，更多关注的是个人的经济利益。

如何应对市场经济的这种实用、功利导向对大学生的冲击？政治理论课只有体现理想与现实的统一，解决学生对理想与现实矛盾的困惑，才能引导大学生对市场经济的认知理性化与科学化。

（二）教学方法要由注入式到启发式、参与式与辩论式

以往的政治课教学往往重教有余、重学不足，灌输有余、启发不足。要解决政治理论课的"灌输"式教育与当代大学生认知和接受马克思主义的不相适应的矛盾，教师必须转换教学方法，有效的教学方法是提高马克思主义理论的说服力和感染力的重要手段。只有改变传统的"灌输式"的教学方法，代之以启发式、参与式、辩论式的教学方法，激活理论课课堂的沉闷气氛，营造出人人动脑、共同参与、轻松和谐的学习氛围，使教师在第一时间了解学生的所思所想，教学有的放矢，才能增强思想政治理论课的吸引力和感染力，使学生坐得住、听得进、学得好，进而达到教书育人的目的。

（三）考试方式要由单一的闭卷到半开半闭、开卷与综合考核

以往政治理论课是死记硬背的闭卷的考试方式，这不是注重能力考查的科学的考试方式，它不能客观全面地反映学生的学习状态。

改进和完善考试方法，采取多种方式，即把开卷与闭卷、期中与期末、口试与笔试、平时考核与卷面成绩、理论知识与实际能力、出勤率与学习效果等多种方式结合起来考核评价学生的成绩，这样才能基本、全面、客观地反映大学生的马克思主义理论素养与学习状态。

（四）将政治理论课与国家安全教育相结合

人所共知，经济全球化和世界格局的变化，首先影响的是高校。高校发展面临着面向世界、面向未来、面向现代化的问题，尤其是面向世界的问题。高校政治理论教育要有世界眼光与战略眼光，要培养出维护国家主权、维护国家安全、维护国家利益的人才，这一点不可忽略，因此，政治理论教育必须与国家安全教育相结合。

　　首先，将国家安全意识，如"政权安全是我国国家安全的核心"、"党的执政地位的巩固是政权安全的关键"等理论贯穿在教学内容中，使学生树立国家安全意识。

　　其次，结合影响国家安全的现实问题，如西方宗教势力利用藏传佛教"打西藏牌"，境外敌对势力插手我国"新疆问题"，西方敌对势力借口宗教人权问题向我国发难等，使学生了解西方敌对势力在宗教文化方面对我国的渗透，引导学生树立"文化安全意识"。

　　最后，结合社会发展规律等教学内容与教学录像，引导学生了解与反思苏东剧变的经验教训，使学生懂得发展经济与增强科技实力是维护国家安全的巨大力量这一新国家安全观的核心，帮助学生树立国家安全观的新观念。

参 考 文 献

　　[1] 赵甲明. 影响高校思想政治理论课功能实现的矛盾探析.

　　[2] 中共中央宣传部、教育部. 关于进一步加强和改进高等学校思想政治理论课的意见 [N]. 人民日报，2004-10-16.

　　[3] 熊大辉. 高校思想政治理论课要增强吸引力 [N]. 光明日报 2005-04-01.

（本文作者：孙富江 国际关系学院副教授；
冯丹，国际关系学院教授）

拒绝媚俗　回归自然

——增强高校思想政治理论课实效性的思考

张三元

　　"我们的目标非常明确，就是要使这门课程成为大学生真心喜爱、终身受益的一门优秀课程。"① 真心喜爱、终身受益，意味着教育教学的科学性与实效性。然而，高等学校思想理论课教育教学的实效性并不十分令人满意。影响思想政治理论课教育教学实效性的因素很多，既有客观的原因，也有主观的原因，是两者相互渗透的结果。其中，媚俗化倾向是我们必须警惕的。

　　所谓媚俗化倾向，就是以学生的某种需要为借口，一味迎合学生的做法。其结果是使思想政治理论课迷失了方向，丢掉了根本。笔者在教育教学实践中，时刻保持着清醒，但有时还是不自觉地深陷其中。因此，有必要对媚俗化倾向的表现、成因及其危害进行深入分析，并找到有效克服的办法。

一、媚俗化倾向的表现

　　真理是平凡的，但真理是有尊严的。所谓真理的尊严，是指真理具有客观的、现实的力量，是不容亵渎的。但在课堂上，马克思主义的真理性往往没有得到很好的维护。当真理受到玷污时，真理的光芒就烛照不到人的心灵。思想政治理论课教育教学中的媚俗化倾向，就是真理的光芒被遮蔽的重要原因。

---

　　① 周济. 努力使"马克思主义基本原理概论"成为大学生真心喜爱、终身受益的优秀课程 [J]. 思想理论教育导刊，2007 增刊.

媚俗化倾向的表现主要有如下几个方面：

一是以史代论。这种现象较为普遍。马克思主义是人类优秀文化的结晶，体现了人类的智慧，自然有其来龙去脉。因此，在教育教学中，必要的"史"是不可缺少的。问题在于，怎样处理"史"和"论"的关系？单纯的"史"是史学教学的任务。思想政治理论课的任务是理论的教育教学。当然，"史"也是一种理论，但发展史不等于马克思主义理论本身。然而，在现实课堂上，这种关系往往被颠倒，"史"成了主角，"论"则沦为一种点缀。更严重的是，这个"史"，是"史"的泛化。譬如，在"马克思主义基本原理概论"的教学中，中西哲学史和西方经济学史成为主角，而且，这"史"还是支离破碎的。换句话说，"史"和"论"是互证的关系。这种做法亦可称之为"贴标签"。

二是远离现实。马克思主义是从实践中来的，因此它从不回避现实。思想政治课教育教学的根本原则是理论联系实际。然而，在现实的教学中，这一原则却常常被违背，其重要表现是远离现实，即回避现实、回避矛盾。这又表现为两种情形：一是避实就虚，遇到实质性的问题就回避，不敢直面现实；二是虚浮高亢的话语系统占据统治地位，以虚假掩盖真实，以浮华掩盖落寞。这样做的理由很简单：现实中的诸多问题，是课堂上回答不了的。的确，理论和现实是有差距的。不是有个说法吗，"台上三年功，不抵社会现实一分钟"。但这不是理由。这样做的结果也很实惠：安全、保险，不会犯原则性的错误。

三是以丑遮美，即对现实一味地批判。在课堂上，热衷于批判现实，甚至以批判现实为时髦的教师不在少数。批判性是马克思主义的精神气质。批判性使马克思主义的革命性更加彻底。但马克思主义倡导的批判是积极的批判，是以促进理论和实践的发展为目的的批判。但我们一些老师对现实的批判往往是消极的批判，没有一分为二，没有分析，只有对社会阴暗面的揭露和抨击，只有牢骚和不满。这是很得一部分学生欢心的。

四是避重就轻。这里的"重"，可以看成是难点问题、重点问题。这又可以分为三个层面：一是学生思想中的重点、难点问题；

二是社会现实中的重点、难点问题；三是理论上的重点、难点问题。这些重点、难点一般很难讲，出力不讨好。于是，轻描淡写、走过场，便是最常用的处理方式。这是逃避现实的另一种形态。

二、媚俗化倾向的成因

媚俗化倾向的成因是多方面的，既有社会的，也有评价体系方面的，更有教师思想观念上的，是多种因素综合作用的结果。

首先，社会文化媚俗化倾向的影响。近些年来，社会文化媚俗化泛滥成灾，快餐文化登堂入室，文化快速商品化，"娱乐化"和"痞子化"现象日趋严重，"躲避崇高"、"渴望堕落"等口号时髦刺激。这些现象对校园的渗透是明显的。在专业上，大学生基本上是只读教材和二手的东西，很少读原著。在课外，他们"吃"的是快餐文化，是对名著的"恶搞"或"水煮"。笔者在讲授"马克思主义哲学基本原理"时，要求他们读一本原著。可从他们写的读后感中，我感受到了快餐文化的巨大威力，真正读原著的学生少之又少。同时，高校的学术腐败有增无减，很少有人能静下心来坐冷板凳。这些都根源于市场经济的趋利性。这造成的一个直接后果是功利、短视和浮躁。这种风气弥漫了校园，充斥了课堂。

其次，教育教学制度，特别是评价体系的影响。教育教学制度的不断改革，对课堂教学质量的提高大有裨益。但套用一句话，有些改革是一把"双刃剑"，有利有弊，甚至有时弊大于利。譬如课堂教学质量评价体系。现在提倡以人为本，以学生为本，把课堂教学水平评价权交给了学生，由学生打分。而分数的高低，直接影响着教师的经济利益和声誉。应该说，学生的评价在总体上是客观的。但也不能否认，这里头有很多与教师教学水平、态度无关，而与学生的好恶、口味有关的因素。这给教师的教学造成了极大的压力。如果一以贯之地坚持政治性、科学性、崇高性和严肃性，很可能得不到学生的肯定，于是，迎合学生就成为一部分教师的无奈之举。

再次，教师思想观念上存在的问题，这是根本的因素。一是缺乏自信心，有一种自卑感。在专业课教师和学生的心目中，思想政治理论课的地位不高，甚至根本就没地位。这种现实的生存环境一时难以改变。这对思想政治课教师的影响是巨大而深刻的。再加之教师自己对思想政治理论课的地位和作用认识不到位，这样，就极易滋生一种自卑感。于是，一部分教师想通过纵横捭阖、挥洒自如的讲授来证明自己学识上的广博。二是对学生评价的认识存在着偏差。"教师教学水平高不高，就看学生给的分高不高"，这种观点是偏颇的，甚至是错误的。学生的评价是一个参考性的依据，而不是一锤定音。当然，只要方法得当，坚持正确性、科学性、崇高性和严肃性，同样会受到学生的欢迎。三是所谓个性化教学。教师的教学都应该有个性。没有个性，就没有多样性；没有多样性，就没有生命力。因此，应该提倡个性化教学。但是，个性化教学并不是标新立异的代名词。当然，标新立异并不都是坏事。教学内容和形式上的创新是必要的。但确实有一些教师，假个性化教学之名，行媚俗化教学之实。这样的个性化，很可能就"化"掉了马克思主义的科学性和严肃性，"化"掉了思想政治理论课的根本。更重要的是，个别教师对马克思主义不是真懂真信，而是似懂非懂、半信半疑，甚至是根本不懂或不信，媚俗便成了他们的唯一选择。

最后，没有把握好通俗化的"度"。思想政治理论课不应该摆出一副高深的姿态，而应该平易近人、春风化雨、润物无声，因此，通俗化是一个重要原则。通俗化是用通俗易懂、活泼多样的方式表达深刻的思想。通俗化不是媚俗化，而是化有形为无形。这是一种很高的境界，没有深厚的功力是难以达到此境界的。这有一个"度"的问题，如果把握不好通俗化的度，就有可能走向反面。

三、媚俗化倾向的消解

媚俗化倾向的后果是严重的，它取悦了部分学生，却淡化了思想性、政治性，削弱了实效性，使思想政治理论课时尚化、边缘化。通俗化值得提倡，媚俗化必须唾弃，因此，拒绝媚俗，是思想政治理论课及其教师必备的情操。

马克思主义拒绝媚俗化。马克思主义是科学，它始终忠实于客观实际，实事求是，因此它不惧怕任何权威和挑战，从不逃避现实。相反，它以直面现实，解决实际问题为己任。奴颜婢膝、趋炎附势、哗众取宠不是马克思主义的品质。马克思主义是真理，平凡的真理，朴实的真理，它不需要任何粉饰的词藻和刻意的打扮。素面朝天，是任何真理的真性情，因此，马克思主义理论的教学，在形式上，可以灵活多样，但在内容上，必须"回到马克思"，揭示马克思主义的客观真理性，亦即科学性与实践性的统一。

思想政治理论课拒绝媚俗化。思想政治理论课立足于帮助大学生树立正确的世界观、人生观、价值观，是一门雕塑人的心灵的艺术，因而是一门高雅的艺术，一门崇高的艺术。只有高雅和崇高的教育，才能使心灵变得高雅与崇高。但笔者不提倡思想政治理论课教育教学形式上的"高雅"和"崇高"，因为思想政治理论课的教学内容平凡而朴实。平凡、朴实而又符合实际的道理寓于生活之中，不需要花言巧语，不需要自吹自擂，更与矫揉造作和假、大、空相去甚远。笔者没有用"严肃"一词。思想政治理论课是严肃的，严肃的是内容，但"严肃"往往被看成是冷峻、板着面孔、拒人于千里之外。思想政治理论课需要亲切、需要温暖，但亲切绝不是献媚，温暖绝不是对原则的无视。

因此，回归自然，克服媚俗，是思想政治理论课的本质要求。

自然，即事物发展的本性。回归自然，就是回到事物发展的本性上来。思想政治理论课必须回到事物的本性上来，是"（遵循）自然的教育"。具体来说，要做到以下几个符合：

符合马克思主义的自然的本性。实事求是，真实地揭示事物发展的本质和规律，特别是人类社会发展的本质和规律，并在实践的基础上，紧密结合实际，不断研究和解决随着时代的前进和实践的发展所提出的新情况、新问题，这就是马克思主义（包括中国化的马克思主义）的自然的本性。恩格斯曾指出：马克思主义理论"是对包含着一连串互相衔接的阶段的发展过程的阐明"①。因此，

---

① 马克思恩格斯选集 [M]. 第 4 卷. 北京：人民出版社，1995：680.

马克思主义要求我们实事求是，一切从实际出发。如果脱离了这个自然的本性，就从根本上背离了马克思主义。"二十年的历史教训告诉我们一条最重要的原则：搞社会主义一定要遵循马克思主义的辩证唯物主义和历史唯物主义，也就是毛泽东同志概括的实事求是，或者说一切从实际出发。"① 只有在实际中、在实践中，马克思主义才能永葆青春与活力。

符合思想政治理论课的自然本性。思想政治理论课的自然的本性就是理论联系实际。思想政治理论课与别的课程的不同在于，它以解决实际问题，特别是大学生思想上的实际问题为根本出发点。学生思想上的问题，都来自于社会实际，是对客观现实的反映。社会现实有多复杂，人们的思想就有多复杂，因此，贴近社会、贴近生活、贴近学生，分析和解决矛盾，是思想政治理论课的要义。同时，思想政治理论课的根本目的是帮助大学生实现内在精神世界的健康有序，为和谐奠基。心灵的健康和谐，既是人的身心和谐之本，也是社会和谐之根；而心灵的健康和谐，需要培养、需要熏陶。只有和谐的土壤，才能培养和谐；只有高尚的思想，才能培养高尚。

符合大学生思想发展的自然的本性。大学生思想的发展有其自身的特点：淡化权威，强调个性，现实敏感，崇尚自由，对社会的认识带有强烈的感情色彩，等等。因此，在尊重学生、理解学生的基础上，对学生思想中存在的问题，不要回避、不要打棍子，要引导，既不揠苗助长，也不削足适履。著名哲学家和教育家列奥·施特劳斯对自由教育的论述对我们的启示是深刻的："自由教育是在文化之中或朝向文化的教育，它的成品是一个文化人（a cultured human being）。文化（culture）首先意味着农作：对土壤及其作物的培育，对土壤的照料，以及按其本性对土壤品质的提升。"② 他认为"自由教育"就像农民对土壤及作物的培育一样，培育一个和谐的环境使学生置身于其中并自由自在地发展。

---

① 邓小平文选［M］．第3卷．北京：人民出版社，1993：118．
② 列奥·斯特劳斯．什么是自由教育？［OL］．自由教育网，2003-06-17．

　　与内容相适应，思想政治理论课的教学方法和教学手段也应该符合自然的本性。生动、形象、通俗而又不失自然。自然是艺术的最高尺度。或者说，艺术的最高境界是自然。用自然的形式表达自然的内容，是最恰当的方式。羞羞答答、扭扭捏捏、矫揉造作、哗众取宠，不是矫情，就是胆怯。

　　总之，深沉的情感、坚韧的性格、严肃的态度和包容的胸怀，是马克思主义的品质，也是思想政治理论课的品质，亦是思想政治理论课教师应有的品质。

（本文作者：张三元，武汉工程大学政治与法律学院教授，
马克思主义理论研究所所长）

第三编

社会主义核心价值体系
与高校德育研究

社会主义核心价值观与价值多样性
——马克思主义基本原理重点问题研究

任国兰

随着世界经济全球化、政治多极化、文化多元化进程的加快和我国社会主义市场经济的深入发展，价值观念冲突问题已成为社会重大的理论和实践课题。在传统与现代、东方与西方、计划经济与市场经济的价值观念冲突中，以一元的社会主义核心价值观为指导整合和引领多样化的社会思潮和价值追求，对于抵制各种不良思想文化的影响，统一思想、凝聚力量，形成全社会同心协力建设中国特色社会主义和谐社会具有重要的作用。

价值观是指人们对价值的性质、构成、标准和评价的根本看法和态度。是人们从主体的需要和客体能否满足主体的需要以及如何满足主体需要的角度，考察和评价各种物质的、精神的现象及主体的行为对个人、阶级、社会的意义。概括起来说价值观可以分为两类：一是基本价值观，二是核心价值观。

不同的主体有不同的利益和需求，必然会产生不同的价值观，这就是价值的多样性。但各种价值观的地位和层次并不相同，有些价值观处于主导的地位，有些价值观处于从属地位，处于主导地位的价值观就是核心价值观。

中国社会主义的核心价值观是以马克思主义价值学说和关于人的理论为基础的，是在社会主义革命、建设和改革开放历程中逐步形成和发展起来并指导社会主义健康发展的价值目标和价值观念。在其形成至今，有一个艰难的探索过程，经历了由以阶级斗争为纲到以发展经济为中心、再到以人为本的转换。今天，有中国特色社会主义核心价值观的内容包括："弘扬爱国主义、倡导集体主义、提倡荣辱观、确立以人为本、实现共产主义。"社会主义核心价值观是以人民群众为价值主体和评价主体，以人民利益为核心，将实现共同富裕和社会进步与人的自由和全面发展作为社会主义的价值目标和价值取向。对引导社会主体形成科学、先进、合理的价值目标和进行价值选择有着直接的影响，从更深层次影响着我们在建设中国特色社会主义伟大征程中的思想方法与行为方式。

任何社会都存在着主导性和非主导性、正和负等不同的价值观。我们坚持和倡导社会主义核心价值观，并不否认和排斥社会价值观念的多样性。只有尊重差异、包容多样，各类思想文化才能得到整合与发展。而充分利用各种思想资源，挖掘和鼓励不同阶层、不同群体所蕴含的积极向上的思想意识，最大限度地形成思想共识，凝聚力量，万众一心建设中国特色社会主义的和谐社会，这既是坚持和发展马克思主义的题中应有之义，也充分体现了中国共产党人海纳百川的胸怀与自信。

然而，社会价值观念的多样性存在一定的盲目性、逆反性和无序性。在现实生活中，"主观为自己，客观为他人"，"金钱不是万能的，但没钱是万万不能的"等貌似合理的利己主义有相当的市场，个人至上的社会现象也屡见不鲜，对金钱和私利的追求，使一些人的思想和行为失去了道德的规范和应遵循的价值尺度。我们承认差异、包容多样，并不是无视社会思潮中先进与落后、健康与腐朽之间的分野，更不是放弃或削弱主流意识形态的主导地位。要化解社会矛盾，维护社会稳定，扎实推进和谐社会建设，就必须用社会主义核心价值观引领、统摄、整合多样性的价值观念，通过倡导积极的，支持有益的，改造落后的，抵制腐朽的来实现社会主义核心价值观主导下的社会思想文化的和谐。这种核心价值观与多样化价值观念之间既有"一元统领"、"协调有序"，又有"兼容共生"、"和而不同"的一元性与多样性的统一、主导性与宽容性的统一，这是与社会主义和谐社会相适应的和谐思想文化的本质特征。

但社会现实价值取向的多样性，并不能说明价值就是多元的。从严格意义上讲，每一种价值标准不可能都具有根本的"元"的意义。只有代表了先进生产力发展的客观要求，代表了先进文化前进方向，代表了最广大人民群众利益的价值观，才具有主导性地位，才具有"元"的意义。此外，还存在多样的价值观，属于非主导性的，只能处于从属的地位。而近年来"价值是多元的"说法颇为流行。多元论者以顺其自然的态度，给社会生活中的各个领域树立了多种价值尺度，甚至对于同一事物也存在多种价值评价标准，而且每一种价值标准都可以从各自从属的文化中找出证明其合理的依据，由此听之任之各种文化现象和观念的存在和发展。实际上这种观点混淆了主导性价值与非主导性价值的关系，其实质是根本上否定马克思主义在意识形态领域中的指导地位。如若把处于主导性、核心地位的价值观和价值的多样性的关系等同于"多元"的关系，就会抹杀先进与落后、优与劣、正当与不正当乃至善恶、美丑的区别和界线，使人对事物没有确定的认知标准，进而丧失行为准则。

价值取向无主导性的多元论在现实生活中常常表现为价值虚无主义和价值相对主义。

所谓价值虚无主义，指的是根本不相信存在任何道德真理的一种心态。所有的伦理行为或道德论述，在虚无主义者看来，都是没有意义、自以为是的表演，它们最多只能满足行为者潜藏的表现欲望——有了钱，他既可以住豪宅、吃燕窝、开高级轿车，也可以进行各种形式的捐款或赞助，无所谓，都是有钱人的一种欲望表现。由于虚无主义者对道德真理采取全盘否定的态度，由"一切皆虚妄"逻辑地推论出"一切皆允许"，因此他们完全不受任何道德的约束。虚无主义价值观的流行，无形中滋生与助长了一种以越界和放纵为特征的生存方式，必将使整个社会陷入无序和混乱。

而价值相对主义则认为价值本来就是主观情绪所建构出来的东西，所有的信仰或规范性主张都是个别行为者主观认定的结果，这个世界本来就没有客观的真理或道德标准，保守的人可以有保守的看法，激进的人可以有激进的看法，不必多费力气讨论，应该一律宽容，这样大家才能和平相处。

而在今天这样一个社会大变革时期，随着社会生活多样化深入发展，各种思想文化相互激荡，人们思想活动的选择性、多变性、复杂性不断增强，社会向心力和凝聚力面临着新的挑战和考验，价值取向无主导性的多元论的消极因素和危害也越来越明显。如果一个人因为价值多元并陈、莫衷一是，变得凡事无可无不可，毫无原则、人人各行其道，没有可以遵循的、被社会所普遍认可的价值导向，进而怀疑有任何真实无妄的信念或价值存在，实际上这是对腐朽、落后观念的纵容，对符合时代发展规律的、先进的观念的侵害。如此，人们就会失去精神上的感召，社会也就失去了赖以维持公正和谐的精神支柱。

人类社会的发展规律表明，社会越是分化，就越需要社会整合，思想价值观念亦同此理。同一社会虽然可以有多个层次和多样并存的价值观念，但国家层面的指导思想、理想信念、意识形态应当是共同的、一元的。在我们社会主义社会里，是非、善恶、美丑的界线绝对不能混淆，坚持什么、反对什么，倡导什么、抵制什么，都必须旗帜鲜明，这是价值原则，也是立场和方法。社会主义核心价值观"一元"地位的确立，为当前的社会生活提供了权威的价值导向。

今日中国，经济体制深刻变革，社会结构深刻变动，利益格局深刻调整，思想观念深刻变化。处在青年期的大学生正面临着人生的最为关键的时期，他们又是思想最活跃、最容易接受新观念的群体，随着主体意识的觉醒，在市场经济大潮的冲击下，大学生价值观一直处于分化和整合的状态。如何引导他们形成与社会主义核心价值取向相吻合的价值观，作为高校理论工作者应在"主导"、"引领"、"落实"上下工夫。

"主导"就是要有主心骨，确立主旋律意识与阵地意识。在当前矛盾凸显和风险多发的时期，情况错综复杂，噪音、杂音增多，各种非社会主义的价值观对社会主义核心价值观的主导地位形成了严峻挑战，部分大学生不加分析地、盲目地推崇西方社会政治制度和价值观，主张全盘西化，对社会主义、共产主义理想与信念产生怀疑和困惑，在这种情况下，理论课教师要以科学、创新精神开展马克思主义和思想政治教育的理论研究，一定要以对事业热爱的激情和对马克思主义坚定不移的信念理直气壮地宣讲主旋律，坚守指导思想和主导价值的一元化，使社会主义核心价值体系始终成为社会主义意识形态的旗帜和灵魂。

"引领"就是要坚持以社会主义核心价值观引领社会思潮。要使大学生形成并坚持正确的思想观念和价值判断，最大限度地抑止各种落后的价值观念的蔓延和消极影响。在教学过程中，要始终如一地把引导、帮助和教育大学生确立包括理想、人生观、科学观、道德观、审美观等主导价值观在内的价值观念体系作为工作的中心环节来抓。在核心价值观的一元引导和动员下，使多样性的价值观念得到合理的调适和规范，从而最大限度地形成思想共识。

"落实"就是把核心价值观教育具体落实到大学生全面发展的轨道上来。以社会公德和职业道德为突破，把个人理想追求与祖国的前途命运联系在一起，使他们在理想性与现实性的结合中夯实价值基石；以树立典型为手段，把先进性要求同广泛性要求结合起来，使他们在先进示例的感召下不断提升价值理念；以"以人为本"和"人的自由全面发展"的思想为目标，把对大学生主体性的肯定和社会性原则统一起来，引导学生把博学多识，打好学业基础，选择合适职业，尽其所能、奉献社会作为现实的价值追求，使他们在建设社会主义的伟大实践中、在社会性与个体性的联结中真正实现自我价值。

参 考 文 献

[1] 李毅. 关于教材第一、二章若干问题的解读 [J]. 思想理论教育，2007 年增刊.

[2] 刘奔. 从历史观的高度认识哲学价值论 [J]. 新华文摘，2001 (1).

[3] 许瑞芳. 大学生的人生价值观与价值关系重建 [J]. 教育发展研究，2002 (4).

[4] 中共中央关于加强党的执政能力建设的决定 [M]. 北京：人民出版社，2004.

[5] 陈章龙. 论主导价值观 [M]. 南京：江苏人民出版社，2006.

(本文作者：任国兰，天津财经大学人文学院副教授)

爱国主义教育：社会主义核心价值体系构建的重要载体

朱桂莲　沈　雪

胡锦涛总书记在党的十七大报告中提出了兴起社会主义文化建设新高潮、推动社会主义文化大发展大繁荣的重大任务。社会主义核心价值体系是社会主义意识形态的本质体现，在整个文化建设中居于统摄和支配地位。推动社会主义文化大发展大繁荣，必须把社会主义核心价值体系建设作为第一位的任务，努力在全社会形成统一的指导思想、共同的理想信念、强大的精神支柱和基本的道德规范。然而，社会主义核心价值体系建设是一个系统工程，不仅需要各方配合共同努力，也需要发挥各种载体的重要作用，把社会主义核心价值体系融入到国民教育和精神文明建设的各个方面和全部过程，贯穿于思想道德建设的所有环节。爱国主义教育既是精神文明建设的重要内容，也是社会主义思想道德建设的重要手段。构建社会主义核心价值体系，必须重视发挥爱国主义教育的载体作用。

一、载体和作为载体的爱国主义教育

所谓载体，原本是化学领域中的一个科技词汇，意指某些能够传递能量或承载其他物质的物质，后随学科综合化而被运用于社会科学。在教育科学领域，尽管学术界对"载体"一词还是众说纷纭、莫衷一是，但是在载体的表现形式上，概括起来无外乎这样几种形态：文化载体、管理载体、活动载体和媒介载体。其中文化载体就是"以文化为载体"，即把教育思想寓于文化建设中，使人们在享受文化产品中提升自己；管理载体就是"以管理为载体"，使人们在接受管理中提升自己；活动载体就是"以活动为载体"，使人们在活动中提升自己；媒介载体就是"以媒介为载体"，使人们在媒介信息的接受中提升自己。总体来说，不论哪种形式的载体，都有一个共同的特征，就是能承载他物。

爱国主义教育作为承载爱国主义的教育活动，是活动载体一种特殊的具体表现形式。作为活动载体的爱国主义教育，具有以下三个显著的特点：一是具有非常明确的目的性。"任何事情的发生都不是没有自觉的意图，没有预期的目的的"①，爱国主义教育的目的非常明确，就是要振奋民族精神，增强民族凝聚力，树立民族自尊心、自信心和自豪感，巩固和发展最广泛的爱国统一战线，把人民群众的爱国热情引导和凝聚到建设中国特色社会主义的伟大事业上来，做有理想、有道德、有文化、有纪律的社会主义公民，为实现四个现代化、振兴中华的共同理想团结奋斗。二是具有非常强的社会实践性。爱国主义教育作为培养人的爱国主义情感和精神的教育活动，就是通过用爱国主义的意识形态理论灌输和陶冶人们，培养人们对祖国的情感，树立对祖国的信念和信心，产生爱国行为并稳定爱国行为的社会实践活动。一方面爱国主义教育活动需要在社会实践中进行；另一方面爱国主义教育的效果也必须在社会实践中加以检验，所以社会实践性是它的一个基本特征。三是群众参与性。尽管爱国主义教育是一种自上而下的用集体主义的价值取向进行施教的活动，本身带有一定的权威性和无条件服从性，但是爱国主义教育作为特殊的教育实践活动，其教育对象是全民，范围非常广泛，年龄层次也非常广泛，群众的广泛参与与否，是爱国主义教育活动开展成功的必要前提。因此，群众参与性也是作为活动载体的爱国主义教育的一个基本特征。

---

① 马克思恩格斯选集 [M]．第 4 卷．北京：人民出版社，1995：247.

二、把爱国主义教育作为社会主义核心
价值体系构建的重要载体的必要性

社会主义核心价值体系在本质上是一种价值观念体系，其理论构建和实践转化都离不开一定的载体。尽管社会主义核心价值体系构建所需要的载体类型是多种多样的，但是必须把爱国主义教育作为其重要载体，理由如下：

第一，社会主义核心价值体系内在地包含了爱国主义教育。社会主义核心价值体系的基本内容包括马克思主义指导思想、中国特色社会主义共同理想、以爱国主义为核心的民族精神、以改革创新为核心的时代精神、社会主义荣辱观，而在以爱国主义为核心的民族精神和社会主义荣辱观中，爱国主义都处于核心地位。构建社会主义核心价值体系，既是对以爱国主义为核心的民族精神和以改革创新为核心时代精神的传承和弘扬，也是对"以热爱祖国为荣，以危害祖国为耻"为首要内容的社会主义荣辱观的弘扬。从这个意义上说，爱国主义教育实际上内在地蕴含在社会主义核心价值体系中，这就决定了社会主义核心价值体系的构建必须重视爱国主义教育的载体作用。

第二，社会主义核心价值体系也是爱国主义教育的重要内容。爱国主义这个表示对祖国无限热爱的字眼，是一个历史的具体范畴，是与具有一定社会制度的祖国相联系的。在祖国的不同发展的不同历史时期，爱国主义的内容和表现形式是不同的。在今天的中国，爱国主义与社会主义在本质上是一致的，这种一致性也决定爱国主义教育和社会主义教育的一致性。社会主义教育是关于社会主义制度、社会主义本质、社会主义建设成就等方面的教育，是关于马克思主义指导思想、中国特色社会主义共同理想的教育，其目的是增强人们对社会主义的信念和信心，并共同为建设中国特色社会主义伟大理想而奋斗。因而，对人们进行爱国主义教育，并把他们的爱国主义观念上升到社会主义觉悟上来，必然离不开从价值理念上对人进行马克思主义的指导思想和中国特色社会主义共同理想的

教育。同时，爱国主义教育又是关于爱国主义的教育，是培育和弘扬以爱国主义为核心的民族精神和以改革创新为核心的时代精神的主要途径，也是社会主义荣辱观教育的重要手段。由此可见，社会主义核心价值体系基本内容构成的四个方面，本身就是爱国主义教育的重要内容，这也决定了社会主义核心价值体系的构建必须重视发挥爱国主义教育的载体作用。

第三，爱国主义教育功能的特殊性所决定的。爱国主义教育作为关于爱国主义的教育，在社会特别是社会意识形态的整合方面，有着其他教育所不具有的特殊的功能，这是因为爱国主义教育具有很广泛的群众基础和心理基础。爱国主义的物质前提和基础是祖国，它所代表的是人们借以生存和发展的"政治的、文化的和社会的环境"①。尽管这个"环境"也包括作为政治要素的国家在内，但也包含祖国的大好河山等自然要素和祖国的悠久历史文化等社会历史要素。所以，爱国主义教育更容易激起人们团结奋斗的愿望，爱国主义也因此成为凝聚民族精神、动员和鼓舞人民团结奋斗的一面最鲜艳旗帜为古今中外的历代统治者所重视。爱国主义教育本质上是一种以集体主义为核心的价值观教育，它要求人们在国家利益和个人利益发生矛盾时，牺牲个人利益来成全国家利益。这种价值观教育可以超越各种阶级历史意识和意识形态的局限，让人们基于对生养自己的祖国的无限热爱而达到思想和行为的统一，从而表现出更广泛的社会基础和群众基础，为民族振兴和社会建设夯牢坚实的思想道德基础。社会主义核心价值体系的构建，是针对当前社会主义建设过程中的思想多元和价值观念混乱提出来的，目的是对社会主义意识形态进行整合，实质上是要突出马克思主义思想的指导地位，把人们团结到建设中国特色社会主义共同理想的旗帜下来，让人们发扬爱国主义精神，树立社会主义的荣辱观，为建设中国特色社会主义事业而共同努力。然而，在改革所带来的诸多社会矛盾面前，虽然绝大部分人都对社会主义充满信心，但是也不排除一部分改革利益受损者对社会、对党、对社会主义的不满。这虽然

---

① 列宁全集［M］. 第 17 卷. 北京：人民出版社，1998：170.

是显露了我们意识形态工作的薄弱之处，但是也启示我们，用爱国主义教育来统一这一部分人的思想，也许会更有成效。从这个意义上说，构建社会主义核心价值体系也不能忽视爱国主义教育的载体作用。

三、充分发挥爱国主义教育的载体作用

构建社会主义核心价值体系，用社会主义核心价值体系引领社会主义和谐社会的建设，必须充分发挥爱国主义教育的载体作用。

第一，必须在爱国主义教育中坚持不懈地宣传和普及马克思主义中国化最新成果和中国特色社会主义理论体系，引导干部群众始终坚持马克思列宁主义、毛泽东思想、邓小平理论和"三个代表"重要思想，并深入贯彻落实科学发展观，用发展着的马克思主义指导新的社会实践。

马克思主义理论是凝聚中华民族力量的伟大理论，江泽民就曾指出，"我们党所以坚强有力，重要原因之一就是坚持以马克思主义理论体系作为自己的世界观和行动指南。没有先进理论武装的党，不可能是先进的党；没有先进理论武装的共产党员，不可能发挥先进战士的作用；拒绝用先进理论武装头脑的人，就不会有真正的党性，就没有资格存身于工人阶级先锋队的行列"①。我们党在改革开放以来所取得的一切成绩和进步，最根本的原因就是坚持把马克思主义原理同推进马克思主义中国化联系起来，开辟了中国特色社会主义道路，形成了中国特色社会主义理论体系。中国特色社会主义理论体系，就是包括邓小平理论、"三个代表"重要思想以及科学发展观等重大战略思想在内的科学理论体系。这个理论体系坚持和发展了马克思列宁主义、毛泽东思想，凝结了几代中国共产党人带领人民不懈探索实践的智慧和心血，是马克思主义中国化最新成果，是党最可宝贵的政治和精神财富，是全国各族人民团结奋斗的共同思想基础。以爱国主义教育为载体，坚持不懈地宣传和普

---

① 江泽民文选［M］. 第1卷. 北京：人民出版社，2006：95.

及马克思主义中国化最新成果和中国特色社会主义理论体系，引导干部群众始终坚持马克思列宁主义、毛泽东思想、邓小平理论和"三个代表"重要思想并深入贯彻落实科学发展观，用发展着的马克思主义指导新的社会实践，既是爱国主义教育与社会主义教育相结合的体现，也是马克思主义的爱国主义教育的本质彰显。

第二，必须在爱国主义教育中坚持不懈地进行中国特色社会主义共同理想教育，引导广大干部群众深刻认识中国特色社会主义伟大旗帜是当代中国发展进步的旗帜和全党全国各族人民团结奋斗的旗帜，并增强对中国共产党领导、社会主义制度、改革开放事业、全面建设小康社会目标的信念和信心。

社会主义的理想和信念，是我们社会主义革命和建设中战胜困难、取得胜利的指路明灯和精神动力，对此，邓小平曾总结说："为什么我们过去能在非常困难的情况下奋斗出来，战胜千难万险使革命胜利呢？就是因为我们有理想，有马克思主义信念，有共产主义信念。"① 在当代中国，中国特色社会主义伟大旗帜，是社会发展进步的旗帜，是全党全国各族人民团结奋斗的旗帜。中国特色社会主义的共同理想，是人们高举中国特色社会主义旗帜的重要精神支撑和思想基础。因此，爱国主义教育要在对人们进行中国的基本国情、社会主义建设的伟大成就教育，激励人们的爱党、爱社会主义的情感和对社会主义信心的同时，又旗帜鲜明地对人们进行反对国外敌对势力利用"人权"、民族问题、宗教和"民运"组织等方式对我国进行西化、分化、渗透和颠覆活动的教育，培育人们反对国内外敌对势力渗透破坏的自觉性；要通过对党的路线、方针、政策的宣传和教育，使人们从理论上明白社会主义的本质是解放生产力、发展生产力，消除剥削、消除两极分化，最终达到共同富裕的同时，也使人们明白我国社会主义还处于初级阶段，消除剥削、消除两极分化还是一个长期过程，有待于全体社会成员团结一致、艰苦奋斗和共同努力。通过这些教育，引导广大干部群众深刻认识中国特色社会主义伟大旗帜是当代中国发展进步的旗帜和全党全国

① 邓小平文选［M］．第3卷．北京：人民出版社，1993：110.

各族人民团结奋斗的旗帜，并增强对中国共产党领导、社会主义制度、改革开放事业、全面建设小康社会目标的信念和信心。

第三，坚持不懈地加强以爱国主义为核心的民族精神和以改革创新为核心的时代精神教育，在全社会大力弘扬和增强爱国主义、集体主义、社会主义思想及改革创新意识，引导人们自觉把个人价值追求和理想抱负与民族振兴、国家发展相融合，并转化为励志图强、创造崭新业绩的实际行动。

以爱国主义为核心的民族精神和以改革创新为核心的时代精神是中华民族屹立于世界民族之林的精神支撑。中华民族在其五千年的历史长河中，形成了独具民族特色的中华民族精神。不仅有蕴含在中国传统文化中的优秀精神，如"天下为公"的无私奉献精神、"仁者爱人"的博爱大众精神、"自强不息"的积极进取精神、"厚德载物"的宽厚包容精神、"居安思危"的民族忧患精神、"革故鼎新"的改革变通精神、"见利思义"的以义制利精神、"克勤克俭"的勤劳俭朴精神，以及"致中和"的尚中和贵精神，"杀身成仁"、"舍生取义"的英勇献身精神，富贵不淫、贫贱不移、威武不屈的人格独立精神等，还有在社会主义革命和建设形成的一些新的时代精神，如大公无私、服从大局、艰苦奋斗、廉洁奉公的精神，革命与拼命精神，严守纪律和自我牺牲精神，大公无私和先人后己精神，压倒一切敌人、压倒一切困难的精神，坚持革命乐观主义、排除万难去争取胜利的精神，长征精神、延安精神、抗美援朝精神、"两弹一星"精神、大庆精神、抗洪精神以及"六十四字创业精神"，解放思想、实事求是的精神，紧跟时代、勇于创新的精神，知难而进、一往无前的精神，艰苦奋斗、务求实效的精神，淡泊名利、无私奉献的精神，等等①。这些精神都是中华民族虽然历经磨难而立于不败之地的力量之源，也是凝聚、感召和激励一代又一代人为国而奋斗的巨大动力。爱国主义教育要坚持不懈地加强对祖国灿烂文化、历史和社会成就的教育，把爱国主义、集体主义、

---

① 江泽民. 论"三个代表" ［M］. 北京：中央文献出版社，2001：131-132.

社会主义思想及改革创新意识贯穿于生活的点点滴滴中，塑造以爱国主义为核心的民族精神和以改革创新为核心的时代精神，引导人们自觉把个人价值追求和理想抱负与民族振兴、国家发展相融合，并转化为励志图强、创造崭新业绩的实际行动。

第四，在爱国主义教育中坚持不懈地加强以"八荣八耻"为主要内容的社会主义荣辱观教育，引导人们树立正确的荣辱观，在社会主义建设中做到明辱知耻，践荣拒辱。

荣辱观是激发一个人、一个集体、一个民族自立自强的重要精神动力。在中国历史上，正是因为有强烈的民族荣誉感，才有无数志士仁人公忠体国、生民立命；才有无数忠义之士，死而后已、舍己为人；才有无数苍苍蒸民，温良恭俭、勤劳质朴，共同造就了中华民族千百年来的丰功伟绩。也正是因为有强烈的耻辱感，才有越王勾践的卧薪尝胆，才有中国近代史上轰轰烈烈的民族救亡运动。也正是因为当代社会主义中国，把以热爱祖国、为社会主义事业贡献全部力量为最大光荣，而以损害社会主义祖国的利益和尊严为最大耻辱，雷锋精神、焦裕禄精神、孔繁森精神、牛玉儒精神、"两弹一星"精神、载人航天精神等时代精神的号角，才得以响彻我们的社会，中国社会主义现代化建设才能在"忠于祖国、热爱人民"，"解放思想、实事求是"，"知难而进、勇往直前"，"艰苦奋斗、求真务实"，"淡泊名利、无私奉献"等时代精神的凝聚和升华中取得一次次胜利。在社会主义建设的新时期，进行的是一种崭新的社会主义荣辱观教育。这种荣辱观的基本内容为：坚持以热爱祖国为荣、以危害祖国为耻，以服务人民为荣、以背离人民为耻，以崇尚科学为荣、以愚昧无知为耻，以辛勤劳动为荣、以好逸恶劳为耻，以团结互助为荣、以损人利己为耻，以诚实守信为荣、以见利忘义为耻，以遵纪守法为荣、以违法乱纪为耻，以艰苦奋斗为荣、以骄奢淫逸为耻。这是胡锦涛总书记着眼于全局，站在战略的高度，坚持以马列主义、毛泽东思想、邓小平理论和"三个代表"重要思想为指导，从历史、现实与未来相结合的高度，从理论与实践的联系上，提出的社会主义荣辱观，对建立与社会主义市场经济相适应、与社会主义法律规范相协调、与中华民族传统美德相承接、与人类文明发展趋势相一致的社会主义思想道德体系，推动社会主义思想道德建设，有着深远的指导意义。爱国主义教育必须坚持不懈地加强这种以"八荣八耻"为主要内容的社会主义荣辱观教育，引导人们树立正确的荣辱观，在社会主义建设中做到明辱知耻，践荣拒辱。

（本文作者：朱桂莲，中国地质大学（武汉）政法学院教授；

沈 雪，中国地质大学（武汉）政法学院）

以马克思主义为指导构建社会主义核心价值体系

张世萍

社会主义核心价值体系，是社会主义意识形态的本质体现。结合十七大报告中关于"推动社会主义文化大发展大繁荣"的精神，思考社会主义核心价值体系的具体内涵。建设社会主义核心价值体系必须以马克思主义为指导，融合世界文明的一切优秀成果，增强社会主义意识形态的吸引力和凝聚力。

一、构建和谐社会必须建设社会主义核心价值体系

党的十六届六中全会通过的《中共中央关于构建社会主义和谐社会若干重大问题的决定》明确提出："建设和谐文化，是构建社会主义和谐社会的重要任务。社会主义核心价值体系是建设和谐文化的根本。"① 只有抓住了这个根本，才能树立和谐的理念、培育和谐的精神，形成和谐的人际关系、塑造和谐的心态，才能营造和谐的舆论氛围，形成良好的道德风尚和共同的理想信念。建设社会主义核心价值体系，必将有力地推动构建社会主义和谐社会的伟大进程。

在一个社会的多样价值体系中，处于主导、支配地位，反映现实生活和社会发展内在要求以及统治阶级根本利益的基本价值体系就是核心价值体系。社会的核心价值体系是引领人们的思想行为、

① 中共中央关于构建社会主义和谐社会若干重大问题的决定 [J]. 光明日报，2006-10-19.

社会的精神风尚和发展方向的灵魂，是关系社会稳定与国家兴旺的决定性因素。在构建社会主义和谐社会的进程中，建设社会主义核心价值体系具有十分重要的作用。

第一，社会主义核心价值体系为构建和谐社会提供思想指南和精神动力。一个社会的和平和安定，不能仅靠强制力来维持，还必须依靠意识形态的核心价值体系，它起着引领社会发展方向，凝聚民心，促进社会各界形成共识，提供精神动力等诸多作用。特别是在当前价值观出现多样化乃至相互冲突的经济转型期，更加凸显了社会主义核心价值体系的重要作用。正因为有了社会主义核心价值体系的支撑、主导和引领，多元价值观才能得到合理的调适、引领和规范，人们的价值选择才不至于无所适从。同时，这种思想导向也是激励人们万众一心、奋勇前进的希望之光。核心价值体系支撑起人们的精神世界，给人们以前进的方向和力量。这种精神力量是持续推进社会物质文明建设的巨大动力，同时也有利于开发人们的智慧，增强认知事物的能力，为推动社会和谐发展提供强大的智力支持。只有充分发挥社会主义核心价值体系的支撑、主导和引领作用，社会主义和谐文化才可能健康发展，和谐社会建设才可能顺利推进。

第二，社会主义核心价值体系是联系各种社会群体、超越具体利益关系、化解社会矛盾而实现各尽所能、各得其所、维护社会和谐的重要精神纽带。我们要构建的和谐社会，是在中国特色社会主义道路上，中国共产党领导全体人民共同建设、共同享有的和谐社会。要达到共建共享，最重要的是使人们具有共同的价值追求。如果没有共同的理想信念，千人千面，众说不一，就根本不可能实现整个社会的和谐。社会主义核心价值体系的建立，有利于人们形成思想认同和共识。人们一旦有了共同的价值目标和理想追求，就有了超越具体利益关系的精神纽带，就能够宽容谅解、求同存异，团结协作地去化解矛盾、消除冲突。

第三，社会主义核心价值体系是建设和谐文化的根本。价值观是文化的核心，一个社会的主导价值观构成它所特有的文化、文明的精神实质和显著标志。构建社会主义和谐社会，必须不断地发展和建设和谐文化,建设和谐文化是构建社会主义和谐社会的重要任务。而建设和谐文化,最根本的就是要确立我们社会共同遵循的核心价值体系,以之作为整个社会精神文化的基础和支撑。只有以社会主义核心价值体系为指导,才能保证社会的精神文化沿着正确的方向前进,才能保证和谐文化建设取得实际成效。因而核心价值体系在和谐文化建设中占据核心和根本的地位。

二、构建社会主义核心价值体系必须 以马克思主义为指导思想

马克思主义指导思想,是社会主义核心价值体系的灵魂。我们是社会主义国家,马克思主义是我们立党立国的根本指导思想,是社会主义意识形态的旗帜。它决定着社会主义核心价值体系的性质和方向。在建设社会主义核心价值体系过程中,进一步坚持和巩固马克思主义的指导地位具有十分重要的理论和现实意义。

建设社会主义核心价值体系,必须毫不动摇地坚持马克思主义的指导地位。作为一个产生于 160 年前的理论,今天为什么还要坚持呢?坚持马克思主义,是因为它是科学真理,它以无可辩驳的事实和严密科学的逻辑揭示了人类社会的发展规律,揭示了资本主义必然灭亡、社会主义必然胜利的历史发展规律,阐明了工人阶级的历史地位、社会主义革命和建设的奋斗目标;它不仅是无产阶级夺取政权的思想武器,而且也是无产阶级建设社会主义、实现共产主义的行动指南。在社会主义社会,必须始终坚持马克思主义在意识形态领域的指导地位,这是执政的共产党维护工人阶级和人民大众在政治上领导地位的一个先决条件。只有坚持马克思主义的指导地位,无产阶级政党才能始终保持党组织的先进性和纯洁性,社会主义国家才能经受各种严峻的历史考验,始终坚持社会主义的国家性质。

马克思主义在我国意识形态领域的指导地位,是我国近代一百多年来历史选择的必然结果。自 1840 年鸦片战争以来,为了救亡图存,各种理论思潮、流派纷呈林立,如改良主义、社会达尔文主

义、唯意志论、无政府主义、实用主义、民粹主义等，都在我国流行过，但不容否认，马克思主义仍然处于人类社会思想史的高峰，仍然是指引人类前进的一盏明灯。我国广大人民最终选择了马克思主义，并在其指导下，取得了民主革命的伟大胜利。纵观中国革命和建设的每一步胜利，每一步都离不开马克思主义的科学指导。在改革开放和社会主义现代化建设新的历史时期，意识形态领域的矛盾和斗争错综复杂，有时还表现得相当激烈。如果我们不始终坚持马克思主义的指导地位，坚持用马克思主义牢牢占领意识形态阵地，资产阶级自由化和形形色色的错误思潮就会泛滥。正是由于我国始终在意识形态领域坚持了马克思主义的指导地位，我们党才能制定出符合中国实际的路线方针和政策，使我们国家的面貌发生举世瞩目的变化，并在风云变幻的国际环境中排除各种干扰，经受各种考验，继续巍然屹立于世界的东方。

马克思主义是一个开放的理论体系，它始终以客观事实为根据，吸收、借鉴和融合各种优秀的思想文化成果，在实践中不断前进、不断发展。80多年来，中国共产党坚持马克思主义基本原理同中国实际相结合，先后形成了毛泽东思想、邓小平理论、"三个代表"重要思想这三大理论成果，提出了科学发展观等一系列重大战略思想，不断赋予马克思主义以勃勃生机。

马克思主义同社会主义制度是有机统一、不可分割的。在当今中国，坚持走中国特色社会主义道路，必然要求在意识形态领域弘扬马克思主义的主旋律。坚持马克思主义在意识形态领域的指导地位，与坚持社会主义经济制度、政治制度和文化制度的根本要求是完全一致的。

三、构建社会主义核心价值体系必须
融合世界文明的一切优秀成果

以马克思主义为指导建设社会主义核心价值体系，决不是排斥人类文明发展大道上产生的各种价值体系中的积极合理的成分，恰恰相反，我们必须继承、吸纳和借鉴这些宝贵的精神财富。这也是

符合党的十七大报告中关于"推动社会主义文化大发展大繁荣"的精神的。全球化的现状下，必须坚持吸收世界文明成果与弘扬民族优秀文化相结合；一方面要积极吸纳、融合世界文明成果；另一方面要保持民族优秀文化，坚持"文化自觉"。只有在"拿进来"的同时凭借自身文化特色"走出去"，才能在国际上具备文化竞争优势。

第一，以往的价值体系中不仅有反映剥削阶级狭隘利益的内容，还有反映人类共同要求内容。如果没有这样的内容，社会成员就不可能共同生活，任何社会都将不可能存在和发展，这将对所有的社会成员都不利。这些内容我们当然必须继承和发扬。

第二，即使是反映剥削阶级狭隘利益的内容，我们也可以剥离出其中积极的成分，重新予以诠释、熔铸和改造，赋予新的含义，为我所用。例如，西方人道主义和中国传统文化中的民本思想以及"和合"思想中，就既有反映一切社会成员共同要求的成分，也有反映剥削阶级狭隘利益的成分，仍然是我们今天应当有分析地继承和借鉴的宝贵思想资源。比如，我们今天要建设的社会主核心价值体系中的以爱国主义为核心的民族精神和以改革创新为核心的时代精神，社会主义荣辱观，都既与人道主义和民本思想以及"和合"思想有原则区别，又有非常明显的继承关系。不能因为资产阶级人道主义和中国传统文化中的民本思想的理论基础不是科学的历史观，就认为由此而来的价值体系在今天也一无是处。这种做法造成了两种貌似相反而又实际相通的结果，有人借此攻击马克思主义"反人道"，也有人借此把马克思主义等同于或归结为抽象的人道主义。这个教训非常深刻。当然，对这些宝贵的精神财富决不能连同它们的理论基础、阶级和历史局限性一起原封不动地照抄照搬。以马克思主义观点和社会主义的要求对这些精神财富加以改造，使之成为社会主义核心价值体系的有机成分，这才是正确明智的做法。

古人说："论先后，知为先。"正确的价值体系只有被人民群众普遍接受、理解和掌握并转化为社会群体意识，才能为人们所自觉遵守和奉行。以马克思主义为指导建设社会主义核心价值体系，并不是要求全体社会成员都成为马克思主义者。但是，我们必须加强马克思主义的宣传教育，特别是用马克思主义的世界观、人生观、价值观培养教育青年一代，保持马克思主义在意识形态领域的主导地位。

（本文作者：张世萍，西南交通大学人文社会科学学院讲师）

论对德育的比较研究及其价值

李 霞

一、关于比较教育

比较教育是一个具有自身独特研究对象和研究方法，具有跨国性、跨文化性、跨学科性等特征，内容十分丰富和广泛的教育科学研究领域，是现代教育科学体系中一个十分重要的分支。比较教育作为教育学科中的二级学科，从研究对象上讲，比较教育以当代世界上不同国家、不同民族和不同地区以及国际社会的各级各类教育为主要研究对象；从研究方法上看，比较教育以比较为主要的研究方法，在比较分析中发现各级各类教育发展的规律和经验，对未来的教育发展作出科学的预测，从而为本国教育的发展提供服务。

比较教育在当今以和平、发展、合作为时代主题的全球化时代具有着更为重要的意义和价值。首先，教育国际化与国家发展问题是各国发展战略中的重要问题，值得我们始终关注。经济全球化导致了许多国际机构的出现，如世界贸易组织、国际货币基金组织、世界银行，等等，这些国际组织影响着各国的经济、政治、文化行为，也对各国的教育提出了许多新的目标和要求。中国教育要面向世界，是世界经济和文化发展的历史趋势，是党的对外开放政策的重要组成部分。面向世界，既是世界对中国的开放，也是中国对世界的开放，比较教育在开放的世界环境中大有作为。其次，经济全球化与教育国际化过程中存在的问题，需要我们应对。知识经济和多元文化的发展把教育竞争提到了国际竞争的战略高度，教育在迎接全球性竞争中扮演着举足轻重的角色。对于发展中国家而言，在经济全球化与教育国际化进程中所出现的人才的流失，文化的渗透，国际强势语言与民族语言的矛盾等问题，都需要我们予以认真研究和应对。再次，国际化与本土化的关系是比较教育研究中需要解决的最基本的关系。比较教育研究的一个最直接的目的，就是借鉴国际最先进的教育理念和实践经验，运用于本国的教育改革，这就需要一个本土化的过程。本土化决非简单的话语的本土化，而是需要我们处理好共性与个性的关系、普遍性与特殊性的关系，将教育的普遍规律与各国具体的国情紧密地结合。这就需要我们站在世界历史进程的高度，接受新思想、新观念、新知识、新信息，站在发展先进文化的高度，吸取世界各国先进的科学技术知识，吸取人类共同创造的文明成果，特别是要吸收和借鉴世界各国教育发展和管理的成功经验，反映世界优秀文明成果以及当代科学技术最新发展的教材、教学内容和教学方法。通过建设具有中国特色的达到世界先进水平的现代教育，为中国走向世界培养人才。同时，通过加强国际间的教育交流，将中国教育改革的成功经验推介到世界，使中国教育走向世界，使世界更多地了解中国。只有进行这样的国际化与本土化或世界性与民族性的双向交流才有利于各国教育同行的相互理解、相互学习。

二、关注德育比较

所谓德育，就是为培养受教育者的思想政治品德素质而进行的思想、政治、品德教育。德育一般是指学校对学生进行的思想政治教育和品德教育，家庭教育是它的前奏和补充，成人的思想政治工作则是它的延伸。德育有其确定的内涵和外延。从德育的内涵看，德育是教育者根据一定社会和受教育者的需要，遵循思想品德形成和发展的规律，采用言教、身教等有效手段，在受教育者的自觉积极参与的互动中，通过内化和外化，发展受教育者的思想、政治、法制和道德等方面素质的系统活动过程。① 从德育的外延看，大致可以划分为思想教育、政治教育、法制教育、道德教育、心理教育等几个组成部分。因而我们可以把德育看做是思想教育、政治教育、法制教育、道德教育的总称。②

从人的社会化过程看，德育即为个体道德社会化过程。所谓个体道德社会化，就是一定的社会文化共同体使一个自然人逐渐成为社会人。"社会人"乃是走出了家庭和学校、具有独立生活能力的人。这种社会化过程与个性化过程也是相互统一的，即在个性化过程中社会化，同时也在社会化过程中个性化。

随着经济全球化趋势的不断发展，意识形态领域日益表现出主导性与多样性、民族性与全球性、冲突性与兼容性相结合的新特点。重视德育成为当今世界各国教育发展的共同趋势。早在 20 世纪 90 年代中期，联合国教科文组织曾发表"宣言"提出，在未来的 21 世纪，应该把道德教育放在全部教育的首位。当今世界许多国家的大学都在实行课程内容现代化的基础上，重视和加强德育。在对德育的重要性问题的认识上，伦敦大学已故国际比较教育学家约瑟·劳韦里斯 1978 年曾经这样论及德育：它是"值得注意与研究的教育上的第一号战略问题"③。联合国教科文组织总干事松浦晃一郎新近也强调：价值观是全球面临的"一项重大挑战"，因为全球化虽然"首先是一个经济和金融的发展过程，同时还是一个科学技术的发展过程，然而更重要的是，全球化还是一种文化发展"。④ 联合国教科文组织于 1997 年正式启动了普遍伦理的研究项目。普遍伦理应包含两个层面的"普遍"：维护全人类共同利益所

① 鲁洁，王逢贤主编. 德育新论 [M]. 南京：江苏教育出版社，2000：129.

② 鲁洁，王逢贤主编. 德育新论 [M]. 南京：江苏教育出版社，2000：125.

③ 菲力浦·孔布斯著，赵宝恒译. 世界教育危机——八十年代的观点 [M]. 北京：人民教育出版社，1990.

④ 松浦晃一郎. 经济全球化能创造新文明的价值观吗 [J]. 教育展望，2001 (4).

需要的普遍伦理；各种不同伦理规范之间的共性意义上的普遍伦理。简言之，这是一种伦理的多样性与统一性相结合的伦理。普遍伦理的核心内容，即在承认和接受合理多元的前提下，如何平等地对待与自己异质的他元。

当代各国都把德育改革提高到关系国家前途和命运的高度。新加坡自建国以来，一直把加强学校的公民道德教育、提高国民的整体道德水平作为振兴国家的重要措施。该国政府在重视经济发展的同时，高度重视道德教育，把包括学校的公民道德教育在内的精神文明建设作为新加坡发展的一项基本国策，实行统一指导、全面干预，每一项内容都要以政府为主导。政府把学校公民道德教育的发展纳入社会发展的总目标，并制定出非常具体的方案和步骤，提出实施的保证措施，每个环节都有必要的管理和监督。新加坡政府把道德教育作为国家教育政策的三大基础之一（另外两个基础是能力教育和双语教育），使之具有战略地位。由新加坡政府颁发的《共同价值观白皮书》，强调"国家至上，社会为先；家庭为根，社会为本；关怀扶持，同舟共济；求同存异，协商共识；种族和谐，宗教宽容"的共同价值观，并使之成为社会精神文明建设的共同目标。在共同价值观得到认同的基础上，弘扬"敬业乐群、勤劳进取、廉洁奉公、讲求效率"的新加坡精神。

日本的"道德教育"由政府指挥、文部省执行。日本第二次世界大战前实施的国家主义教育体制、军国主义教育体制，是政府根据这时期侵略扩张的政治意图制定的；战后，日本政府确立了全面主义道德教育体制，后来在经济恢复和高速发展时期，又确立了特设道德教育体制。无论是战前还是战后，日本政府在学校德育中都具有非常重要的作用。战前，日本进行学校德育的指导纲领是由明治政府以明治天皇的名义颁布实行的《教育敕语》，其具体机构的设置、政策和措施的颁行由文部省进行。政府根据其特定时期的政治目标设定日本学校德育的目标和内容，政府主管教育的部门——文部省则将其具体化。第二次世界大战后，日本成立了教育委员会，开始了教育改革，在教科书制度上，废除了战时的国定制，采取了审定制。审定制始于1948年，当时审定教科书的主体是占领军司令部。教科书审定制度的目的不在于较细地干预教育内容，而是一种自由主义的、缓和的审定制度。这样，文部省的权力遭到削弱。但自20世纪50年代以后，日本教育的总趋向是加强中央集权，教育委员会由公选制改为任命制。1952年《圣弗兰西斯科和约》生效后，教科书审定的主体转移到日本文部省，文部省的权力重新得到加强。现在，文部省继续作为政府的教育机构影响学校的德育，教科书审定的内容与当时政府的政治主张相吻合。

20世纪80年代，日本前首相中曾根康弘亲自领导第三次教育改革。他所提出的教育改革的七条设想之一就是加强道德情操教育。日本文部省也曾提出，日本的教育之所以出现荒废现象，是因为"战后忽视了德育"。针对这种状况，近年来，日本政府下决心把道德教育放在首位，把第二次世界大战后提出的"智德体"的排列顺序转变为"德智体"的排列顺序，以实践其培养目标。

韩国把道德教育的改革摆在整个教育改革的重要位置。马来西亚要求以强烈的道德、伦理和宗教价值观来维系社会的发展和统一。

20世纪60至70年代以来，西方发达国家也在反思中开始复兴道德教育。

20世纪80年代以来，美国学校道德教育引起美国政府和各界人士的极大重视，前总统里根、老布什、克林顿等多次发表演讲和文章，强调道德教育的重要意义和地位，并通过了《联邦初、中等教育法》，规定各州政府要资助中学开设道德教育课程，并资助担任该课程的教师定期进修。1990年美国33位大学负责人在《致美国第41届总统的建议书》中，强调加强公民道德建设是美国进入新世纪面临的五大挑战之一。1992年春天，美国一些行政组织与研究机构共同拟定一份《阿斯彭品格教育宣言》，呼吁学校向学生传授"尊重、责任心、可靠、关心、公平、正义、公民美德与公民素质"等核心价值观。1993年2月，一个全国性的品德教育联合会成立，其中心工作是"在我们的青年中发展公民美德和道德品质，使我们拥有一个更富怜悯与责任心的社会"。该联合会在全国普遍开展"好公民"教育活动，对青少年的政治资格和道德品格提出相当高的要求，并多次举办全国性的"最佳道德教育方案"竞赛活动，为优者设立高额奖金。1994 年 3 月，美国签署由参、众两院通过的美国教育改革的战略性指导文件《美国 2000 年教育目标法》，把对学生进行良好品德教育定为国家八大教育目标的重要内容。前总统克林顿在 1997 年 2 月 4 日的国情咨文中又特别强调，要恢复美国的国际竞争力，必须从培养人开始抓起，学校必须进行品德教育，必须把美国儿童培养成为好公民，并且建议国会拨出专款，加强学校品德教育工作。

英国的道德教育，过去一直包含在宗教教育中。现在，英国建立了专门的道德教育研究机构，开展道德教育的调查研究工作，研制并推出道德教育的方案。英国教育部还颁发了《道德教育大纲》，要求学校向学生传授道德价值观。

在我国，道德教育一直受到关注和重视。德育历来是我国学校教育和人才培养目标的重中之重。从教育方针和指导思想来看，1957 年，毛泽东第一次提出我们的教育方针是："应该使受教育者在德育、智育、体育几个方面都得到发展，成为有社会主义觉悟的有文化的劳动者。"改革开放以来，邓小平强调，不加强精神文明建设，物质文明建设也要受破坏，走弯路。必须一手抓物质文明建设，一物抓精神文明建设，两手抓，两手都要硬。江泽民在党的十五大报告中强调，要"深入持久地开展以为人民服务为核心、集体主义为原则的社会主义道德教育"，指出"青少年是祖国的未来，民族的希望，要十分重视青少年的思想道德建设"。从德育课程的建设来看，1987 年中共中央下发了《关于改革学校思想品德和政治课程教学的通知》，1988 年又发布《关于改革和加强中小学德育工作的通知》，1990 年国家教委颁发《关于进一步加强中小学德育工作的意见》，1993 年颁发《小学德育纲要》，1994 年中共中央发布《关于加强和改进学校德育工作的若干意见》和《爱国主义教育实施纲要》，1995 年国家教委颁发《中学德育大纲》和《中国普通高等学校德育大纲》。1996 年中共中央下发的《关于加强社会主义精神文明建设若干重要问题的决议》指出：社会主义精神文明是现代化建设的重要目标和重要保证，加强青少年思想道德教育，是关系国家命运的大事。要帮助青少年树立远大理想，培育优良品德。各级各类学校都要全面贯彻党的教育方针，坚持社会主义办学方向，加强德育工作，努力培养德智体等全面发展的社会主义建设者和接班人。进入新世纪，在2001年颁布的《公民道德建设实施纲要》中又重申：各级各类学校必须认真贯彻党的教育方针，全面推进素质教育，把教书育人紧密结合起来。要科学规划不同年龄学生及各学习阶段道德教育的具体内容，坚持贯彻学生日常行为规范，加强校纪校风建设。要发挥教师为人师表的作用，把道德教育渗透到学校教育的各个环节。党的十六大以来，以胡锦涛为总书记的党中央作出了进一步加强和改进德育的重大决策和工作部署。2004年更是我们国家的德育年，2月，中共中央、国务院颁发了《关于加强和改进未成年人思想道德建设的意见》（即8号文件）；8月，中共中央、国务院又颁发了《关于进一步加强和改进大学生思想政治教育的意见》（即16号文件）。为了贯彻和落实好这两个重要文件，党中央召开了两次中央工作会议。在两次中央工作会议上，胡锦涛总书记都作了重要讲话。两个文件、两次会议、两次讲话，在我们党的历史上都是第一次，意义重大而深远。这一系列文件、会议和讲话精神，提高了人们对道德教育重要性的认识，并使学校德育工作者有章可循。

三、进行德育比较研究的意义

在当代，德育已经成为世界各国共同关心的热点和焦点问题，在全球化时代，加强和改进德育工作，不仅要求德育理论和实践的创新，而且需要对其他国家和民族的德育理论与实践进行比较、选择和借鉴研究，通过中外德育的比较研究，以达到加强和改进中国德育之目的，成为当前十分重要和必要的紧迫任务。针对中国学校德育体系结构不够完善、面向实际的训练不足、与社会现实联系不够紧密等实际问题，重视比较德育的功能与作用，运用比较德育研究的方法于学校德育研究，有利于拓展思路、开阔眼界，认识和解决我国学校德育在国际竞争中所处的地位与角色。学校德育如何适应国家经济与社会的迅速变革和发展，如何直接而准确地了解异质德育的真实面貌，如何取得认识异质德育的正确视阈，进而如何客观评价异质德育对于本土德育的意义，如何获取异质德育的精华并转换成为本土德育的有效资源等众多问题，是广大德育工作者和学者长期关注并力求解决的问题。

首先，进行中外德育比较研究，可以开阔我们的视野，探求德育发展的共性与个性、德育的普遍规律与特殊规律，从而加深对德育的本质及其规律的认识。在开放的世界中，德育理论与实践不能囿于本国和本民族的范围，而应当有更为广阔的视野，通过对世界德育史上一些重要的德育思想家及其主要思想，以及当代一些重要理论流派对德育的影响来审视学校德育的发展轨迹，探索学校德育的一般规律和特殊现象以及学校德育的发展趋势。

目前，国内不少同志在思想观念上把德育看成是社会主义国家的特有现象，以至于不注重研究西方国家和中国古代的德育学说，不敢或不善于借鉴前人和外国的成功经验。不少德育工作者在理论研究上，往往把重点放在思想教育的现实问题和党的思想教育的历史经验教训上，而且对"现状"的研究又往往只专注于国内特定的环境或某一时期的情况，忽视或轻视了德育的中外比较研究，没能很好地让德育的现状研究走向世界；对"历史"的考察也往往只是人为地框定在中国共产党的思想政治教育范围之内，尚未能在人类历史发展的进程中长途跋涉，把握好德育中的共性和常规性，常常忽视甚至否定非社会主义的德育成果，这种僵化的思想与行为势必束缚了我们的眼界。

其次，进行中外德育比较研究，可以克服从单一视角研究问题的片面性，加深对德育的理论与实践问题的认识。社会现代化的发展必然带来思想政治领域的深刻变化，并且为学校德育的发展提供了条件，也向德育提出了新的要求。思想道德建设作为现代化建设中的一个重要组成部分，要使其现代化就必须努力借鉴和吸收古今中外一切德育的先进成果。

再次，进行中外德育比较研究，可以增进世界各国在德育领域中的对话、交流与合作，吸收古今中外德育的积极成果。列宁曾深刻指出:"只有确切地了解人类全部发展过程所创造的文化,只有对这种文化加以改造,才能建设无产阶级的文化。"① 邓小平也曾强调指出,建设有中国特色的社会主义,应当善于"大胆吸收和借鉴人类社会创造的一切文明成果"②,其中当然也包括吸收和借鉴人类社会中德育或思想政治教育活动的积极成果。因为德育或思想政治教育作为一门科学,其所揭示出来的带规律性的东西,对于各个时代、各个国家和各个民族而言都有相通之处。特别是德育或思想政治教育的方法理论,其规律性更强,不随人们的主观意志和愿望的改变而变化,它虽然具有一定的阶级性和历史局限性,但更多的还是其科学属性,因而借鉴和吸收起来就更为直接可行。我们只要抽掉其原有的阶级内容,而赋予其现时代的新意,是完全可以达到古为今用、洋为中用的目的。

列宁曾经提醒过,一个马克思主义者,如果认为"只有通过纯粹马克思主义的教育这条直路,才能摆脱愚昧状态,那就是最大的而且是最坏的错误"③。他还指出:"马克思主义这一革命无产阶级的思想体系赢得了世界历史性的意义,是因为它并没有抛弃资产阶级时代最宝贵的成就,相反地却吸收和改造了两千多年来人类思想和文化发展中一切有价值的东西。"④

在新世纪,各国所面临的将是一场"综合国力"的全面较量;较量的焦点是经济发展的快慢;较量的实质是知识的竞争、人才的争夺和科技的竞赛;而知识、人才、科技又离不开教育这个基础。为了发展我国社会主义德育事业,建立具有中国特色的社会主义德育体系,不仅需要研究我国德育的历史和现状,总结我国德育的经验与教训,而且需要研究外国德育的历史和现状,借鉴外国德育的经验与教训。

对德育进行跨时空的比较研究,其出发点和落脚点,都是为了

① 列宁选集 [M]. 第 4 卷. 北京:人民出版社,1960:348.
② 邓小平文选 [M]. 第 3 卷. 北京:人民出版社,1993:373.
③ 列宁选集 [M]. 第 4 卷. 北京:人民出版社,1960:605.
④ 列宁选集 [M]. 第 4 卷. 北京:人民出版社,1960:362.

探索建立具有中国特色的社会主义德育体系，促进当代德育的改革与发展。从比较德育的角度，对中外高校德育的目标、内容、方法、途径等方面进行深入的对比和分析，在吸收中国优秀德育传统理论、借鉴国外先进德育理论、总结中华人民共和国成立 50 多年来高校德育理论成果的基础上，构建新的 21 世纪高校德育理论体系，在与国际接轨的过程中展现中国高等教育独特的实力与魅力，这也是我们进行此项研究的初衷与目的。

（本文作者：李　霞，江汉大学政法学院教授）

20世纪毛泽东思想教育的
形成、发展及其历史评价

周　伟

　　毛泽东思想是20世纪马克思主义中国化的重要理论成果，它的形成和发展以及指导中国革命与建设实践的过程，同时也是对毛泽东思想的宣传和教育不断深入与深化的过程。从历史发展的角度看，20世纪毛泽东思想教育的形成与发展，在不同的阶段呈现出不同的特点和特征，既对中国的革命与建设事业产生了积极的推动作用，又存在一些值得总结和反思的地方。

一、新民主主义革命时期毛泽东思想教育的形成

　　马克思主义从它诞生的那天起，就以其严谨周密的科学理论和震撼人心的逻辑力量，显示出强大的生命力和战斗力。对于中国共产党和中国人民来说，找到这个真理只是在前进的道路上迈出了第一步，更重要的是要把它的基本原理与中国革命的具体实际相结合，制定出正确的纲领和路线。在长期的革命斗争过程中，毛泽东逐渐显示出他独特的不唯上、不唯书、只唯实，善于把马列主义的基本原理同中国革命的具体实际相结合的胆识和智慧，从而成为"马克思列宁主义的理论与中国革命的实践之统一的思想"① ——毛泽东思想的主要创立者。

　　早在20世纪二三十年代，毛泽东就先后撰写了多篇重要文章，毛泽东的思想得到了一定范围内的传播并被中国共产党人所认识。

---

① 刘少奇选集［M］. 上卷. 北京：人民出版社，1981：333.

红军长征结束后，毛泽东的思想和理论的正确性再次得到验证，终于在全党范围内被认可和接受。抗日战争爆发后，在复杂的环境和丰富的实践中，毛泽东思想经过系统的总结和多方面的展开日趋成熟。延安整风运动开始后，党内掀起了学习马克思主义理论的高潮。在学习过程中人们逐渐认识到，毛泽东的思想和理论是马克思主义与中国革命实践相结合的典范，有必要予以恰当的命名和正确的评价。1943 年 7 月 8 日，王稼祥在《解放日报》上首次提出了"毛泽东思想"这一概念，随后便在党的文件和领导人的讲话中被广泛使用。1945 年在中国共产党第七次全国代表大会上，毛泽东思想被正式确立为全党的指导思想，刘少奇在会议上向全党发出了学习、宣传毛泽东思想的号召。他指出："现在的重要任务，就是动员全党来学习毛泽东思想，宣传毛泽东思想，用毛泽东思想来武装我们的党员和革命的人民，使毛泽东思想变为实际的不可抗御的力量。为此目的，一切党校和训练班，必须用毛泽东同志的著作作为基本教材；一切干部，必须系统地研究毛泽东同志的著作；一切党报，必须系统地宣传毛泽东思想。"①以此为标志，中国共产党对毛泽东思想的宣传和教育也正式启动。

毛泽东的著作是毛泽东思想的集中体现。伴随着毛泽东思想的成熟以及对其学习、宣传和教育的深入，集中出版毛泽东的著作便成为当务之急。1944 年，晋察冀中央分局委托晋察冀日报社编辑出版了第一部五卷本的《毛泽东选集》，收集了毛泽东自抗战以来的重要著作，不仅在解放区广为流传，而且在全国也造成了很大影响。党的七大以后，为了响应党关于系统学习毛泽东著作并掌握毛泽东思想基本观点的号召，各个解放区的出版社都相继出版了在内容选择和编排体例上不尽相同的毛泽东选集，对于传播毛泽东思想、帮助党的高中级干部和宣传理论工作者学习、了解、掌握和研究毛泽东思想无不具有重要作用。解放战争开始后，随着人民军队在战场上的节节胜利，毛泽东在全党、全军和全国人民心目中的威望越来越高，对于毛泽东思想学习和宣传的重心也已从党的领导干

---

① 刘少奇选集［M］. 上卷. 北京：人民出版社，1981：337.

部和理论家下移到普通人民群众中。

由此可见，新民主主义革命时期对毛泽东思想的宣传与教育，是随着毛泽东在党内地位的确立以及毛泽东思想的形成、成熟和日益完善紧密联系在一起的。总的来说，这一时期的毛泽东思想教育在宣传作为中国革命领袖的毛泽东的优良品质的同时，更多地侧重于肯定和宣传毛泽东思想的正确性，尤其是中国共产党第七次全国代表大会把毛泽东思想正式确定为党的指导思想后，毛泽东思想教育开始从不自觉走向自觉，从零散走向系统，从以党的中高级干部、党的理论工作者和宣传工作者为主体，走向全党党员和解放区的人民。

二、中华人民共和国成立后毛泽东
思想教育的继续发展

中华人民共和国成立后，毛泽东思想开始在社会意识形态领域中占据主导地位，广大民众也对毛泽东思想真诚地信仰并愿意努力学习。此外，面临紧迫的革命与建设任务，新生的人民政权也需要一个能够凝聚民心、推动各项事业继续向前发展的精神动力。因此，对毛泽东思想的学习、宣传和教育就成为当时社会政治和文化生活中的重要内容。总体而言，中华人民共和国成立后的毛泽东思想教育大体经历了三个时期：

从1949年到1965年，是群众性的普及宣传、学习和教育的时期。中华人民共和国成立后，毛泽东思想得到了大规模的普及，全国各行各业都开展了毛泽东思想的宣传和教育，从而使毛泽东思想逐渐深入人心。在这个过程中，为了使全国人民更好地学习毛泽东思想，从1951年至1960年，人民出版社出版了经过毛泽东本人审定的《毛泽东选集》第1~4卷。与此同时，毛泽东关于社会主义建设的一些重要论著和讲话也不断在报刊上发表或者以单行本的形式面世。毛泽东著作的大量出版和广泛发行，为毛泽东思想教育在全国的普及和推广提供了最基本、最重要的素材和资料。在整个20世纪50年代，毛泽东思想教育的内容十分广泛，涉及哲学、政治、经济、军事、文艺等领域。然而，随着林彪主持中央军委工作以后，毛泽东思想的学习、宣传和教育开始呈现出越来越多的阶级斗争和个人崇拜的倾向，甚至出现了背警句、走捷径的简单化、片面化趋向，林彪提倡的"活学活用"、"立竿见影"等所谓的思想革命化逐渐成为思想理论学习的主流。

从 1966 年到 1978 年，是在"文化大革命"主导下的"群众运动"式的学习、宣传和教育的时期。在这一时期，正常的毛泽东思想教育被林彪和"四人帮"反革命集团所扭曲和利用，主要表现在：其一，毛泽东思想的理论学习和价值观教育被狂热的政治宣传所取代。据粗略统计，仅"文化大革命"前期出版发行的各种版本的《毛泽东选集》就达到 8640 多万部，相当于"文化大革命"前 15 年出版总和的 7.5 倍。与此同时，有关毛泽东思想的宣传也大量充斥于各种媒体、传单、大字报以及人们的日常工作和生活之中。其二，毛泽东思想的宣传教育被教条化、形式化、庸俗化，唯心主义、实用主义充斥其间。人们热衷于从毛泽东的著作中寻章摘句、断章取义，俨然"句句是真理"，"语录随身带，随时学起来"在当时蔚然成风。①其三，毛泽东思想的学习和宣传与"文化大革命"的实际运动及其进展紧密相连。"无产阶级专政下继续革命"的理论被视为毛泽东思想的新发展，对党内的"修正主义"与"走资派"的无情批判和坚决斗争，成为林彪、"四人帮"集团篡党夺权的借口和工具。"文化大革命"结束后，毛泽东思想的宣传教育仍然受到"两个凡是"的桎梏，直到 1978 年底召开的十一届三中全会上，才重新确立了实事求是的思想路线，强调要完整准确地理解和掌握毛泽东思想的科学体系。

从 1979 年开始，是毛泽东思想教育回归科学和理性、趋于系统和务实的时期。1981 年 6 月，党的十一届六中全会讨论通过了《关于建国以来党的若干历史问题的决议》，从而为全党和全国人民学习和宣传毛泽东思想指明了方向。随着改革开放的深入，毛泽东思想的研究和宣传教育也越来越受到重视。在毛泽东诞辰等纪念

---

① 石仲泉.毛泽东研究述评 [M]. 北京：中央文献出版社，1992：47.

日，中共中央都会举办一些重要的研讨会和理论宣传活动。1991年6月，经中共中央批准决定，重新修订后的《毛泽东选集》第1~4卷出版发行，成为新时期开展毛泽东思想研究和教育的重要载体。此外，《毛泽东年谱》、《毛泽东军事文集》、《毛泽东外交文选》等相继出版，众多的毛泽东传记也在国内出版发行。与此同时，关于毛泽东思想的教育也全面得到了加强。从中央党校到各高等院校都相继开设了毛泽东思想研究的课程，理论工作者对毛泽东思想的概念、原理和发展史等进行了开拓性的研究。一系列毛泽东思想研究的学术团体也相继成立，并且出现了不少相关的学术刊物，毛泽东思想的教育和研究在经过曲折历程后进入了一个新的历史阶段。

三、20 世纪毛泽东思想教育的历史评价

纵观 20 世纪毛泽东思想教育的形成和发展过程，可以说每个阶段都体现出不同的具体特点和时代特征。在革命战争年代，毛泽东思想教育主要是从政治和理论上宣传肯定毛泽东思想的正确性，中心是强调马克思主义与中国革命的实际相结合、使马克思主义中国化的重要意义。通过开展卓有成效的宣传教育工作，树立了中国共产党自己的思想旗帜，确立了毛泽东思想在全党思想意识中的主导地位。但由于中国共产党思想认识的不足以及出于政治的需要等因素，这时的毛泽东思想教育也存在一个较大的偏差，那就是基本上把毛泽东思想等同于毛泽东个人的思想。之所以出现这种情况，一方面是因为当时并无"集体智慧"这一说法，但更重要的是，"毛泽东当时关于中国革命的一系列理论观点都是正确的，不可能如'文化大革命'之后那样，实践本身提出了将毛泽东思想和毛泽东个人的思想加以区分的问题"。①

中华人民共和国成立后，毛泽东思想的宣传教育则将对毛泽东

---

① 杨凤城. 毛泽东思想研究述评 [M]. 北京：中国人民大学出版社，2002：10.

本人的宣传和赞颂与主要以毛泽东为代表的中国共产党人在各个时期的政治路线、方针、政策的宣传、学习和贯彻紧密地结合在一起，并最终将毛泽东思想从党的指导思想发展成为国家的指导思想。从1949年到1965年，毛泽东思想教育开始在全国大规模的展开，在教育的方式方法上以通俗化的宣传为主，目的主要是为了毛泽东思想的普及服务。通过在人民群众中开展正面积极、富有成效的学习、宣传和教育活动，毛泽东思想在较短的时间内妇孺皆知、深入人心。然而，随着1957年后反右扩大化等一系列运动的开展，毛泽东思想教育也出现了一些偏差，对阶级斗争的渲染日趋强烈，各种忌讳和禁区也越来越多。总而言之，这一时期的毛泽东思想教育侧重于对毛泽东思想的大规模普及和通俗化解说，离成熟、科学和理性尚有相当的距离。

从1966年到1978年，毛泽东思想教育进入极端不正常和非理性的阶段。在这一时期，毛泽东思想教育主要以非理性的态度狂热地进行宣传，毛泽东思想更是被吹捧为无所不能、无往不胜的绝对真理，将其形式化、绝对化、神圣化。与此同时，为了迎合当时政治路线的需要，毛泽东思想又被庸俗化、简单化、片面化，更加强调活学活用和立竿见影的效果。此外，林彪和江青等人为了实现自己的政治目的，一方面把毛泽东思想当作打倒党内"走资派"的武器；另一方面又把它当作禁锢人民思想和言论的工具，进一步加剧了毛泽东思想教育的混乱和无序。"文革"结束后，由于"两个凡是"的推行和个人崇拜的影响仍未消失，毛泽东思想教育并未完全恢复到理性的轨道上来，这种极不正常的现象直到十一届三中全会召开以后才得以结束。因此就总体而言，这一阶段的毛泽东思想教育侧重于对毛泽东思想进行教条式的说教和非理性的神化，唯心主义和实用主义充斥其间。

党的十一届三中全会后，中共中央对毛泽东本人及其思想进行了科学的历史评价，毛泽东思想教育开始回归到理性的轨道中来。随着改革开放的进行，全国性的、群众运动式的毛泽东思想宣传教育活动基本上停止了，取而代之的是理论工作者开始对毛泽东思想进行系统的研究。苏东剧变后，面对西方国家对中国实施"和平演变"的压力，中国共产党重新认识到，必须在意识形态领域加强马克思主义理论教育，加强对党员和群众的政治观、价值观教育。而与此同时，经历过改革开放浪潮的冲击后，在风云变幻的国际形势面前，广大民众也再度萌发了学习毛泽东思想的强烈愿望。此后，一度有所弱化的毛泽东思想教育活动重新在全国以多种形式展开并不断得到加强。不过与以往相比，新时期的毛泽东思想教育活动更加趋于理性、系统和务实，杜绝了以往的非理性、庸俗化和简单化的倾向。

回顾 20 世纪毛泽东思想教育的历史进程不难看出，在战争年代对毛泽东思想进行肯定性的宣传和教育，这既是中国革命发展的现实需要，也是中国革命最终取得胜利的重要保障。中华人民共和国成立初期，在强烈的感情因素和政治情结的作用下，毛泽东思想教育不可能完全科学和理性，但仍然取得了较大的成果，主要表现就是对毛泽东思想的通俗化解说和大规模普及。"文革"开始后，随着毛泽东本人及其思想被无限制的拔高和夸大，毛泽东思想教育完全脱离了理性的轨道，变得庸俗化、简单化和教条化。然而，真理标准问题的大讨论最终破除了对毛泽东及其思想的神化，毛泽东思想教育重新步入理性和科学的轨道。在新的世纪里，曾经深刻影响了 20 世纪中国历史进程的毛泽东思想依然是中国主流意识形态的核心内容之一，也仍将是中国开展的马克思主义理论教育中的重要组成部分。这一方面与它作为中国共产党的指导思想的地位以及意识形态的导向作用密切相关；另一方面其最根本的原因还在于毛泽东思想本身所蕴藏的丰富内容及其巨大的影响力量。

（本文作者：周伟，海南大学政治与行政学院讲师）

中庸思想的现代意义[①]

王利红

党的十七大报告把弘扬中华传统文化，建设中华民族共有精神家园作为社会主义核心价值体系的重要内容。而在中国传统文化中，作为儒家思想体系重要组成部分的中庸思想，既是中国思想与文化的灵魂的直接诠释，意味着一种全面深邃、具体而微的文化理想，又表达了个人在其日常生活的当下承担世界的责任意识。[②] 因此，对中庸思想的研究，既是对祖国传统文化的继承和发扬，又体现了时代发展的需求。

一

在孔子之前，"中庸"一词是分开来使用的。学者许金龙认为，中国古代"中"的意思有一个从动词、名词向形容词、副词，由实词向虚词转化的过程。"中"最早来源于原始社会先民的尚中思想，是动词，表示箭射靶心、射中目标的意思，后来发展到表示空间的名词中心、核心、中间、重心，指事物在时间、空间上处于核心的部位，最后引申为表示人的行为质量的形容词和强调正确行动的副词，即中正、中和、正确、恰当、适度等意思。[③] 许慎在

---

① 本文获得安徽省教育厅人文社会科学研究项目资助，项目批号：2004SK069。

② 陈赟. 中庸之道：作为一种全面深邃的文化理想 [J]. 学术月刊，2006 (4).

③ 许金龙，刘海涛. 论儒家的中庸之道及其现代价值 [J]. 沈阳师范大学学报（社会科学版），2005 (1).

《说文解字》中指出："庸，用也，从用从庚。庚，更事也。"有三方面内涵：首先，"庸"就是"常"，就是规律，与"变"相对。"不偏之谓中，不易之谓庸。" "庸者，天下之定理。"① 其次，"庸"即"用"。关于这一点，庄子曾经谈道："庸也者，用也；用也者，通也；通也者，得也。"② 最后，"庸"还具有庸常、日常、寻常、平庸的意思。③

孔子在继承前人尚中传统和"中和"思维的基础上，将"中"、"庸"二字加以联结，首次提出"中庸"一词，在《论语》中第一次使用。他说："中庸之为德也，其至矣乎！民鲜久矣。"④ 这句话至少有两方面的含义：一是中庸作为一种最高的道德信条和方法论原则，极难遵守和实行，是为"至德"；二是中庸观念的出现比孔子生活的时代要早得多，在更久远的古代，中国的先民们曾模范地遵守过中庸之道，后来被老百姓放弃了，才有"民鲜久矣"的说法。

孔子独钟中庸，因为中庸所表达的理想，正切合孔子的现实需求。孔子生活的春秋之际，正是中国历史发生重大变化的时期，王室衰微，诸侯崛起，礼崩乐坏，宗法秩序混乱，尊王之风殆尽，即孔子所谓"乱臣贼子"时代。伴随着"礼崩乐坏"，"世道衰微"而来的，必然是思想混乱，人心无所适从。严酷而复杂的现实，迫切需要一位博学的集大成者以其智慧和理论勇气来完成一种新的学说，以定人心，拯乱世，和家国。此时，孔子本其悲天悯人之胸怀，辅世长民之宏愿，起而力倡"中庸"学说，将"中庸"准则作为立身处世的人生哲学，以纳人心于正规，挽救世道人心，进而形成以"仁义"为中心内容，以"礼制"为基本形式，以"中庸"为思想方法，以"大同"为远大理想的思想体系，故在孔子那里，

---

① 《二程集·遗书》卷七。

② 《庄子·齐物论》。

③ 刘成纪.中庸的理想［M］.北京：北京语言文化大学出版社，2001：8-13.

④ 《论语·雍也》。

"中庸"首先是一种社会政治教化哲学,是对和谐稳定的社会政治理想的理性追求。他所倡导的理想人格的培养,最终也是为了实现这一目标。孔子力图使"中庸"思想方法在社会生活各个领域得到完满的表现和贯彻,以达到仁义与礼的高度统一,最终实现社会的稳定和谐。①

可见,孔子对中庸之道的重新发现与提倡,不仅是对传统思想的回归,更带有现实的政治诉求和道德追求。而中庸思想在上古和先秦时期所经历的产生、遗忘、再发现和发展的过程,也充分表明了作为一种思想和方法,中庸之道所具有的巨大包容性和强大生命力,这使它成为孔子学说中最基本的范畴和贯穿孔子思想体系的"一贯之道",成为儒家学说和中华文化的精华之所在。② 其影响延续至今,特别是在思想和文化领域。

中国儒家文化之所以在历史发展的进程中,总能根据形势的需要作出让人叹为观止的自我调整,吸纳外来思想体系,吐故纳新,进行自我完善和自我扩张,成为一种常新的文化形态,最重要的原因就是在这一过程中,中庸思想作为一种认识论和方法论发挥了极其独特和重要的作用。中庸使儒家在思想上理性地认识到自己只是代表了真理的一极,而不是已经拥有了完备的真理,这使它时刻准备和渴望着另一极与自己构成相反相成的关系,从而达成对真理的更大范围的包容。也就是说,只要能为我所用,它就从不因政治、文化的偏见故意排斥异己,而是在坚持文化本位主义的前提下,用"拿来主义"整合外来文化,直至使其成为儒家文化的有机组成部分。中国文化史上出现的"儒道互补"、"三教合一"的情形,就说明了这一点。正因为如此,中国文化长期以来能保持一种充满生机与活力的状态。深入骨髓的中庸认识论使中国知识分子对其他文化形态向来较少抱有偏见,这种对其他学说表现出来的宽容精神、扬弃态度,正体现了中庸的文化精神。这一点直至近现代,依然如

---

① 于建福.孔子的中庸教育哲学 [M]. 北京:中央编译出版社,2004:46-48.

② 于建福.孔子的中庸教育哲学 [M]. 北京:中央编译出版社 2004:29.

此。五四时期的新文化运动，"中学为体"、"西学为用"，鲁迅先生的"拿来主义"，蔡元培先生的"循思想自由原则，取兼容并包主义"的主张，都体现了这一精神。当然，这种中庸的宽容和平衡并不是不讲原则、不论是非，而是以强调儒家哲学的主体性为前提，以保持儒家哲学的生命活力为终极目的，否则就会导致在自我反省中自我怀疑，在自我否定中自我毁灭的结局，这一点在近现代思想史上同样也是有深刻教训的，因此，综观历史，可以看到，在儒学面临危机时，中庸是一种寻找生存空间的策略；在文化重建时，中庸是一种自我完善的手段；在儒学的地位不可动摇时，中庸是表明儒家哲学具有开放性和宽容精神的一面旗帜。①

但应该看到的是，在孔子那里，中庸所具有的这种文化和哲学意味尚未充分表现出来，中庸思想在孔子那里，还不具有宇宙论和本体论或形而上的含义，真正给予"中庸"以清楚明白的本体解释，使之成为一个完整体系的是子思所作的《中庸》。② "这篇文章的重要性就在于，它用一种更具包容性的理论框架使儒家学说理论化，并将其提升到形而上的层次。"③ 这种提升对整个中华文化产生了广泛而深远的影响，它已不限于一家一派之学，而成为中国思想与文化的灵魂，它既上达于天，又下达于人，宇宙万物无不纳于其中，真正成就了一派大家风范。

二

这种成就和提升，很大程度上来自道家的影响。《中庸》对道家思想的吸纳最突出的体现在开篇第一章。《中庸》第一句话就讲性与天道问题："天命之谓性，率性之谓道，修道之谓教。"这里

---

① 刘成纪. 中庸的理想 [M]. 北京：北京语言文化大学出版社，2001：45、59-61.

② 关于《中庸》一书的作者是不是子思，学术界尚有争论，本文在此倾向于是子思所作。

③ 刘成纪. 中庸的理想 [M]. 北京：北京语言文化大学出版社，2001：33.

的性是指上天赋予人的自然秉性；道是指人遵从自然秉性去做事，而把"道"修明并且推而广之教给他人就是"教"。这种观点正是《老子》所说的"法自然"，《庄子》所说的"任其性命之精"。像先秦时期的孔子思想一样，道德伦理问题依然是《中庸》一文的核心问题，但它的高明之处在于，它是在人外讲人，在道德之上讲道德。① 而这样的境界，正是道家思想赋予和提升的。《中庸》"把这么一段纲领式的经典文字作为全篇的开头，一下子就把中庸从至高的道德标准提到天地万物的根本，表明《中庸》作者是从道法自然的本体论高度去阐释中庸的，也是从天道本体论的高度去阐释人性和人的道德修养的"②。这使《中庸》具有了毫不含糊的本体论含义。

接下来，《中庸》指出："中也者，天下之大本也；和也者，天下之达道也。致中和，天地位焉，万物育焉。"把"中"看作是对立统一，是万物之本，把握阴阳和谐，则是达到大道的途径，一旦达到"中和"，天与地就各在其位，万物有序生长，"万物并育而不相害，道并行而不相悖，小德川流，大德敦化，此天地之所以为大也"③。这和老庄道家的观点是一致的。《老子》认为万物都由阴阳两方面构成，"万物负阴而抱阳，冲气以为和"，阴阳的和谐统一构成天地万物之本质。而《中庸》，既指万物之本体，亦指达到万物本体之道的途径。④

关于这一点，理学家程颐在为《中庸》一文所作的"序"中说得最为清楚，他讲道："其书始言一理，中散为万事，末复合为一理。放之则弥六合，卷之则退藏于密，其味无穷，皆实学也。善读者玩索而有得焉，则终身用之，有不能尽者矣。"⑤ 而朱熹对于《中庸》一文的哲学内涵和严谨逻辑的评价就更为精当，他说：

---

① 刘成纪. 中庸的理想 [M]. 北京：北京语言文化大学出版社，2001：35.

② 孙以楷. 道家与中庸 [J]. 江淮论坛，1999 (3).

③《中庸》第二十九章。

④ 孙以楷. 道家与中庸 [J]. 江淮论坛，1999 (3).

⑤《二程集·遗书》卷七。

"《中庸》一书，枝枝相对，叶叶相当，不知怎生做得一个文字整齐！"他认为："《中庸》多说无形影，如鬼神，如'天地参'等类，说得高，说下学处少，说上达处多。"①

可见，在《中庸》一文中，天下合一的宇宙观和引天道以明人事的道家思维方式在结构安排上表现得十分明显。② 我们可以从其结构的安排和思想的表达上，感到其思想的深邃和说理的精当。综观《中庸》一文，从引述道家之道开始，进而转向儒家人道、人性及人的道德修养及行为规范的论述，最后又回到道家辩证之理。其收放自如，自成一体，无不体现了其思想之深邃和立意之高远。

三

对《中庸》和中庸之道，我们不能仅仅停留在表面的文字和世俗化的理解之上，而要深入其文化和哲学内涵，把握其思想精髓，着眼于中庸所表述的高远的境界和形而上的追求，不管是在文化的意义上，还是在个人的修为上，都是如此。虽然从历史上看，《中庸》所表达的理想似乎从未实现过，所谓"天下国家可均也，爵禄可辞也，白刃可蹈也，中庸不可能也"③。但这并不妨碍作为一种文化理想、文化体系以及个人修为的中庸之道有其内在的真实性④，这种真实性正源于一代代的人们对理想的现实追求。

我们今天正处于建设中国特色社会主义文化的重要时期，而以中庸为代表的传统文化正是构成社会主义先进文化的重要组成部分。中庸所蕴含的深刻内涵和其所表达的理想，使我们在一种充满活力的动态平衡中，既保持中华文化的主体性，同时又决不会把眼

---

① 《朱子语类》卷六十二。
② 孙以楷．道家与中庸［J］．江淮论坛，1999（3）.
③ 《中庸》第九章。
④ 陈赟．中庸之道：作为一种全面深邃的文化理想［J］．学术月刊，2006（4）.

光仅仅停留在中国，而是以一种全球意识和宇宙意识，努力与异文化，与整个自然，与整个宇宙展开对话，提升着中华文化的国际影响力。

（本文作者：王利红，安徽医科大学人文学院副教授，历史学博士）

关于科学发现四种逻辑方法的价值分析

孙钟伟　王　星

科学哲学曾被归结为甚或等同于方法论，这种规范方法的传统立场业已受到挑战。一些科学哲学家强烈反对方法论崇拜，与此同时，在反对科学方法论的研究中也提出了许多新的观点。逻辑与历史一致性的原则让我们演绎出一个结论：规范方法论会使科学方法广为传播，但同时又使它经受着严峻的威胁。归纳—演绎、分析—综合、公理化、类比这四种科学发现的方法，便是一个明证。在剖开这四种方法的横截面之前，可以毋庸置疑地坚持一个观点：我们尊重方法，但我们鄙视方法论的崇拜。

一、四种逻辑方法的合理性

众所周知，逻辑思维是迄今研究最多、应用最广的一种思维类型，而归纳、演绎、分析、综合、类比、公理化方法等无疑又是典型的，且应用最广的科学方法。"凡存在的都是合理的，凡合理的都是存在的。"上述四种科学发现的方法在对自然科学的发展，在对人类哲学科学的进步中，起着不可或缺的作用，意义重大。

1. 归纳和演绎的作用及合理性

科学源于经验，科学必须扎根于经验，离开了感觉经验的土壤，科学就将枯萎。归纳作为科学发现的方法，正是对经验的重视，才获得了"发现的逻辑"的美誉。归纳是科学认识从特殊到一般的基本方法和途径，其推理前提不是现成的一般知识，而是已知的科学事实，它起于个别，终于一般，将事实与理论沟通起来，兼具直接现实性与理论普遍性的特点。这是归纳方法的优势所在。

同时，事实层出不穷，永远不会完备，但从已知事实的共性中可以推知新事实，解释和概括新事实，从而扩展认识成果，形成新的一般原理，又具有很大的创造性。如注意到月球发亮的一面总是朝着太阳的，由此归纳出月球发光是由太阳光的反射所致；如从许多人的死亡中概括出"凡人必死"的普遍性结论。

但是，科学又必须是超经验的。从经验到理论的归纳只是认识过程的一个阶段，理论既是认识过程中一个终点，更是一个起点。科学必须从一般的理论演绎出个别性的结论，这个认识的伟大任务由演绎在实践，表现在三个方面：为科学认识的合理性提供逻辑证明；可以扩张知识，作出科学预见；是构造科学理论体系的重要手段。

归纳和演绎的统一又使两者的作用融为一体，对科学发现的意义不可估量。牛顿将归纳—演绎法作为科学认识的基本方法，应用于科学研究，从而对物理学的发展作出了划时代的贡献。归纳、演绎的合理性使人们不断加深对工具的探讨，以图希望得出一个终极的方法，正如对待分析、综合一样。

2. 分析和综合的作用及合理性

分析是综合的必要途径，综合是分析的最终结果，分析综合法渗透于各学科中，在科学认识中发挥着重要作用。近代和现代人类文明创造了巨大奇迹的自然科学的许多学科，诸如，热学、声学、光学、电学、磁学、化学、原子物理学、生理学等的兴起和发展，无一不是从分子、原子到原子核、基本粒子以至层子，从有机体、器官、组织到细胞、细胞器、染色体、有机大分子纵深探索的结果；20世纪中期以来，生命科学、心理科学以及控制论、系统论等新兴学科的发展，又无不是对各个部分整合的结果。

分析和综合贯穿于科学认识的全过程，广泛应用于经验认识层次，理性认识层次和各种科学方法中，具有普遍性的意义。分析是认识自然规律的必经之路，真正意义上的自然科学就是从分析开始的。分析能够深入事物的内部，弄清其基本结构和特征，把握事物的本质；综合则恢复了事物固有的联系和中介，揭示出事物在分割状态下不曾出现的新的特征和规律。综合有利于更好地开拓新领域，建立新学科，打开新局面，综合本身就是创造。

3. 公理化方法的作用及合理性

公理化方法狭义上就是一种演绎。通过演绎，从少数几个被看作公理的基本原理出发，依次推导出一系列定理，从而构成一个完整的，逻辑上严密的理论系统即公理化系统。这种整理已有认识，建构科学理论的方法，称为公理化方法。公理化方法产生于古希腊时代，在现代科学中，特别是在那些比较发达或相对成熟的学科中，有广泛的应用。众所周知，牛顿力学和爱因斯坦相对论就是用这种方法建立起来的公理化系统。运用公理化方法，帮助我们弄清知识之间的逻辑关系，使科学摆脱混乱状态。而且，既然我们有理由相信，经过充分验证的科学理论系统的逻辑结构至少在一定程度上反映着实在世界的内在结构，那么运用公理化方法无疑会有助于我们对实在世界的内在结构洞察和认知。

4. 类比方法的作用及合理性

人工智能不妨说是类比法在计算机领域的具体化。思维模拟尽管不是思维本身，人工智能也不是本来意义上的人的智能，但从类比角度，在信息过程的处理上，就目前人们的认识来说，却是一致的。下面就具体细说一下类比的作用：

首先，类比法是提出科学假说的一个重要推理法。在科学史上，许多重要的科学假说，就是用类比法建立起来的。例如，1923年法国物理学家德布罗意将光学现象和力学现象作了类比，于是大胆推论：物质粒子也具有波粒二象性。而薛定鄂又采用类比法，导致波动立学的创立。

其次，类比法也是促进技术发展的一种科学方法。如生物所具有的小巧灵敏、快速高效、结构严谨、抗干扰性等许多特性，为人们提供了各种仿生技术的原型和机理。

再次，类比法可以促进科学方法的发展。如控制论创始人维纳，把生物的合目的性动作与机器从功能上加以类比，创立了控制论科学及其方法。而前文所列的人工智能就是结构、功能两者模拟的相结合。

二、四种逻辑方法的局限性

科学哲学运动殚精竭虑几十年，它的目标概言之就是为了建立一个永恒中立的方法论框架，这就迈进了方法合理性的困难境地。在这个世界上不存在永恒中立的放之四海而皆准的方法体系，方法本身是不完善的，只可以去完善它，但终究是完善不了的。归纳、演绎、分析、综合、公理化、类比方法曾经一度具有其不证自明的合理性，成为方法论崇拜者的论据，但其合理性困难境地的出现又使方法论崇拜者步入了尴尬的境地。

在归纳法方面，像古典归纳主义那样，把归纳看做是完全合理的、绝对可靠的，显然是不正确的。归纳不具有逻辑必然性，在逻辑上是不完全合理的，也是不完全可靠的。现代证伪法就是对归纳法的一个无情讽刺。九百九十九只乌鸦的羽毛是黑色的，所以归纳出所有乌鸦的羽毛都是黑色的，但证伪方法说明只要在某个地方找到第一千只白色羽毛的乌鸦，就能推翻这个看似放之四海而皆准的真理。

而演绎同样步入泥潭，作为演绎大前提的理论命题从何而来，这个问题在演绎关于逻辑必然性的本质上是无法克服的。进一步，逻辑必然性的推论又决定了演绎结论的普遍性程度低于前提的普遍性程度，这就又对公理化方法提出了挑战。现在，人们在运用公理化方法时，已经不再将公理看做是天赋的、先验的和不证自明的，而仅仅看做是作为公理化系统逻辑出发点的不作证明就加以使用的初始原理。人们已经认识到，科学理论系统中的公理及其一切推论其实都是可错的。

如果要涉及综合，就不可离开分析，综合的作用也不是无穷的。中国古代机体论思维方式使人们囿于"天人合一"、"天人相应"的观念之中，消极地顺应自然，保持人与自然的和谐统一，致使对自然的认识停留在非分析的"静观"、"玄览"的直觉思辨水平上，堵塞了中国古代学术通向以受控实验和定量分析为特征的近代自然科学的研究之路。以牺牲客观事物活生生的联系为代价，分析法在其巨大作用的另一方面又给人们带来了一种孤立、片面、静止地看问题的习惯，这也证明分析法的形而上学的局限性。

再看一看类比法，当我们充分肯定类比法在科学认识中的作用时，对它的局限性也必须予以足够的重视。在逻辑推理方法中，类比法是最为悲剧的一种，类比的创造性是以出卖逻辑思维可靠性的灵魂为代价的。类比法是异中求同的方法。如果脱离了必然性的类比，就可能导致错误的结论，类比的逻辑根据也是不充分的，且前提和结论之间没有必然联系，类比的规则也是不够严密的。就推理结论可靠性而言，演绎法最大，归纳法次之，类比法最小。

法无定法，乃为至法；运用之妙，存乎一心。"在科学方法论背后，如果没有一种生气勃勃的精神，它们到头来不过是笨拙的工具。"只有扬弃对科学方法论的那种先入为主的无限崇拜，才能获得这种生气勃勃的精神。

（本文作者：孙钟伟，西安工业大学人文学院副教授；

　　　　　王　星，西安工业大学人文学院副教授）

加强理工科大学的文科研究生培养①

李兆友

在理工科为主的大学中开办和增设文科研究生教育点，是我国教育体制改革深入的结果，也是保持一支人文社会科学学科研究队伍的需要。同时，这些文科专业学位点的设立，也为理工科大学带来了新鲜的人文空气。文科的科研活动从选题、论证到结项，同工科的科研活动都有着不同的思路和模式。然而，由于这类大学学科发展的根基在于理工科各相关专业，因此在研究生管理方面往往容易用对待工科研究生的思路对待文科研究生，再加上文科研究生自身及其导师存在的某些弊端，导致在文科研究生培养目标、途径和效果评价方面出现了不少的问题。具体表现在：一是多数以理工科为主的大学仍然按照现成的理工科的学术规范和评价标准来衡量或约束文科研究生导师和他们所指导的研究生；二是由于文科专业的硕士生导师来源比较复杂，他们的文科素养亟待提高；三是文科研究生的培养目标与培养模式存在着比较严重的脱节问题；四是不重视论文写作的训练，尤其忽视开题报告的环节。针对这些问题，笔者曾经进行过专门的探讨，并提出了诸如应把文科教育同理工科教育放到同样重要的地位、通过开设文科研究生公共必修课的方式拓展其知识基础、开设文科研究生论文写作规范课程使其熟悉学术规范及早进入研究角色、加强导师队伍建设发挥群体思维作用等对策。②

---

① 基金项目：东北大学学位与研究生教育科学研究计划项目。
② 李兆友．推进理工科大学的文科研究生培养 [J]．学位与研究生教育，2004（3）.

结合最近几年指导研究生的实践以及在这个问题上的深入思考，本文想就如何加强理工科大学的文科研究生培养提出如下的对策，以就教于各位同人。

一、从学校建制上体现文科教育 同理工科教育同样重要

科学精神与人文精神的统一是由马克思首先提出来的。在《1844 年经济学—哲学手稿》中，马克思指出："说生活还有别的什么基础，科学还有别的什么基础——这根本就是谎言。"① 科学研究离不开人的实践活动，事实上，科学活动本身就是人所从事的实践活动。在现代社会，自然科学通过工业日益在实践上进入人的生活并改变人的生活，工业已经成了自然科学与人之间的现实的历史的关系，自然科学是一切知识的基础，也是人文科学的基础，"历史本身是自然史的即自然界生成为人这一过程的一个现实部分。自然科学往后将包括关于人的科学，正像关于人的科学包括自然科学一样：这将是一门科学"。"自然界的社会的现实和人的自然科学或关于人的自然科学，是同一个说法。"② 由此可见，在马克思看来，把自然科学与人文科学、科学精神与人文精神分离并对立起来，本来就是错误的，因为两种科学、两种精神都统一在人的社会实践活动之中，都是在人的社会实践活动中逐渐形成和发展起来的。

正如有的研究者所指出的，无论科学技术工作者，还是人文社会工作者，既要有科学精神，也要有人文精神，既要有良好的科学素质，又要有良好的人文素质，使得人们在处理科学技术问题时既能遵循科学精神从事活动，又能顾及其人文社会的后果，用人文精神来观照和妥善处理好科学技术本身以及科学技术应用所带来的种种人文社会方面的问题；使得人们在处理人文社会问题时，不仅遵

---

① 马克思恩格斯全集 [M]. 第 3 卷. 北京：人民出版社，2002：307.
② 马克思恩格斯全集 [M]. 第 3 卷. 北京：人民出版社，2002：308.

循人文精神，而且也能受到科学精神的向导，在科学地、正确地理解和把握人和社会存在和发展规律的基础上，处理好人与人的关系和人与自身的关系，做到真与善、情与理的统一。①

2001 年 8 月，江泽民在北戴河会见部分国防科技和社会科学专家学者时提出了哲学社会科学与自然科学的"四个同样重要"思想；2002 年 4 月 28 日，江泽民在视察中国人民大学时，就哲学社会科学发展发表了重要讲话，重申了"四个同样重要"的思想。"四个同样重要"思想进一步肯定了哲学社会科学在人们社会生活中的重要地位和作用；同时，也是对哲学社会科学工作者的高度评价。

哲学社会科学与自然科学是相互依存、相互作用，密不可分的。为使文科教育同理工科教育真正放到同样重要的地位，必须从体制上进行改革：一是在研究生院（处）设立文科处（科、室），从学科建制上体现出对于文科研究生培养的特殊性的关注。这样一来，才能够保证文科研究生在论文的资助、评奖等方面获得公平竞争的真正机会。当然，由于有建制上的保障，也可以考虑把文科同理工科研究生的评奖、资助等分开来进行。二是在学校的科学技术处设立文科科室，专门负责文科教师科研项目的申报、管理等工作，调动他们的科研积极性。三是制定切实可行的文科研究生导师的考核指标体系，并同学校总体聘任制的考核体系相衔接，从学校决策者的层面深刻认识文科研究同工科研究的不同之处，认识不同学科之间在研究对象、研究方法方面的差异性及其合理性。

二、加强文科研究生对学科的认同教育

《中国大百科全书·教育》卷将"学科"定义为："教育科目，也称科目，即依据一定的教学理论组织起来的科学基础知识的体系。为了教学的需要把某一门科学的浩繁的内容加以适当的选择，

---

① 彭纪南．现代科技革命推动着科技与人文的融合［J］．华南理工大学学报（社科版），2002（1）．

合理的组织和排列，使它适合学生身心发展的水平和某一级专门学校教育应达到的程度。这就形成了同这门科学相应的学科。"① 科学研究发展成熟而成为一个独立学科的标志是：它必须有独立的研究内容、成熟的研究方法、规范和学科体制。

人文学科是欧洲人文主义运动带来的既有别于传统的神学又有别于新兴的自然哲学（自然科学）的学科体系。文科研究的是人文现象与社会现象，同自然科学研究对象的清晰性、可再现性有着非常明显的区别，文科研究的思路和范式也同工科研究有着比较明显的区别。

目前在我国高校中，同时存在着六种评价文科学科制度的标准：自然科学的评价标准；行政管理的标准；市场经济的标准；学者个性化的标准；国际主流标准；本土化标准。② 不过，就总体来说，我国多数以工科为主的大学主要是按照现成的工科的学术规范和评价标准来衡量或约束文科研究生的指导教师，往往以科研经费多少万元、是否获得科技进步奖等指标来衡量，对于文科研究生则以是否被 SSCI 或 A&HCI 收录为判据，把本来是很软的文科研究硬性规定为可以量化的硬科学。一些高校对于文科博士学位论文资助课题获资助者在中期检查和结题报告书中的考核也是以 SSCI 和 ISTP 为标准的。考察这种评价标准形成的根源，不能不说，量化标准同一刀切的管理有某种内在联系。因为能够量化的东西就很容易成为可以比较的东西，于是也就很容易用定量的方法来管理所有类型的学术研究成果了。

无独有偶，几十年来，西方的人文社会科学的研究也在尽可能多地援引数理统计等方法，以便简化研究对象、避免抄袭和力争有效累积。这种办法效果虽明显，但也不无危机。今天，"新制度经济学"、"新政治经济学"和"公共选择学"的兴起，意味着一场

① 中国大百科全书编辑委员会. 中国大百科全书·教育 [Z]. 北京：中国大百科全书出版社，1998：434.
② 吴志攀. 文科学科制度中评价标准的几个问题 [J]. 中国社会科学，2002（3）.

社会科学研究方法论上的"人文主义"回归潮的出现。①

吉林大学哲学专家孙正聿教授认为，从某种意义上说，搞文科比搞理科还要困难。没有专业系统的"功夫"，没有广博知识的"学养"，没有很高的"悟性"，没有强烈的人格的魅力和"境界"，文科是搞不好的。他把文科研究的主要工作概括为：寻找理论资源，发现理论困难，创新理论思路，做出理论论证。②

自然科学与工程技术本身不是目的，它的真正目的是为人类服务。而文科研究的任务，就是要揭示出社会和人的复杂性，从而变革人们对人与人、人与社会、人与世界之间关系的理解。在这一点上，自然科学同人文社会科学是一致的。事实上，也不存在哪个学科更加重要，哪个学科更不重要的问题，不同的学科之所以能够并存，就是因为整个人类知识的大厦需要不同的学科来共同支撑。因此，文科也是人类知识积累和发展的需要，从事文科研究同样是很光荣的事业。

在加强文科研究生认同学科方面，指导教师也起着一定的作用，指导教师要主动地引导研究生认同学科，这可以通过导师的言传身教来完成，研究生在同导师的学习交流过程中体会学科的特殊性；还可以通过开设相关讲座的方式，研究生在听讲座的过程中实现对自己学科的认同，并由此熟悉学术规范，进入研究角色。

三、强化文科研究生指导教师的创新能力培养

据不完全统计，进入"211工程"的理工科大学，一般都依托原来的"两课"教育和大学外语教育设立了马克思主义理论与思想政治教育（现为马克思主义基本原理、思想政治教育，从属于

---

① 萧琛. 中国文科学科制度建设与经济学精神 [J]. 中国社会科学，2002 (3).

② 孙正聿. 我国人文社会科学研究的范式转换及其他——关于文科研究的几点体会 [J]. 学术界，2005 (2).

"马克思主义理论"一级学科)、科学技术哲学、外国语言学与应用语言学等专业的硕士点,并且在这些学科点的基础上,相继发展出了不同的文科专业学位点。这些文科专业学位点的设立,为理工科大学带来了新鲜的人文空气。

同理工科专业相比,这些高校文科专业的硕士生导师来源更复杂,有些并不是该专业的行家或科班出身。他们中的部分人,早年毕业于工科专业,由于学校教学工作的需要被安排在马克思主义基础课或公共外语课的教学,缺乏严格的文科专业的训练,再加上学校近些年本科生扩招,这些导师们的本科教学任务明显增加,有的是处于超负荷运转,根本没有精力从事科学研究。

与此同时,文科研究生培养过程中的生师比过高,影响了创造性人才的培养。而创造性的培养已经超出个人生活的范畴,被视为公共利益的体现,它不仅有益于个体的成功,甚至在更大程度上可以影响经济和社会的持续、健康和稳定发展。虽然流行着所谓"师傅领进门,修行在个人"的说法,但毕竟也需要有师傅把研究生领进门作为前提。近年随着研究型大学研究生招生扩大,文科研究生的扩大招生更为突出。有的导师居然一届招收十多个研究生,三届将有三四十人之多,人数一多,面对面交流的机会自然就要减少,有的导师就改用网络渠道用电子邮件联系。在这样的条件下,研究生的创造性培养可想而知。

上述问题除了与学校研究生招生与培养体制等因素相关外,还与导师自身有着一定的关系。必须认识到,文科研究生创新能力的培养同指导教师的创新能力提高是一个并行且互动的过程,从理工科大学的实际出发,导师作用的发挥更为关键。为此,指导教师需要有大量时间从事文献阅读和学术研究。社会之所以喜欢把研究生导师比做"师傅",并流行着"师傅领进门,修行在个人"的说法,实质上是把导师看做研究生的领路人。为了能够胜任领路人的角色,导师似乎应该比学生站得更高些;为了能够站得更高些,就需要多一些阅读资料的时间,少一些社会应酬的时间。当然,还可以通过各种途径,如定期的国内(外)进修学习、学科点内(外)

的读书报告、学院范围内的导师培养经验交流等，切实提高指导教师的创新能力。

（本文作者：李兆友，东北大学文法学院教授、博士生导师）

马克思主义在当代面临的新课题

王培暄　周春梅

在 20 世纪行将结束之际，英国的 BBC 在一次关于"千年伟人"的评选中马克思名列榜首，这确实是意味深长的。的确，马克思主义从诞生到现在的 160 年时间里，推动着千百万无产阶级的革命实践，共产主义已经由"幽灵"变成巨人，这是全世界政治生活中毋庸置疑的事实。

当然，马克思主义从来没有封闭自身发展的道路。马克思曾经说过，每个时代总有属于它自己的问题，而所谓问题，"就是公开的、无畏的、左右一切个人的时代声音。问题就是时代的口号，是它表现自己精神状态的最实际的呼声"①。马克思主义在理论上的发展，马克思主义的强大生命力，从根本上说，决定于它把握、理解和解决时代重大课题的程度和水平。列宁也曾说过："正因为马克思主义不是死的教条，不是什么一成不变的学说，而是活的行动指南，它就不能不反映出社会生活条件的异常剧烈的变化。"② 因此，总结自然、社会和人类思维领域中发现的新情况，研究现实生活中提出的新课题，从而坚持和发展马克思主义，这是时代赋予我们的伟大而光荣的任务。尤其是在新世纪之初，在经历了 20 世纪的整个危机与不安、进步与希望之后，重新理解马克思主义的当代性，阐说其当代意义，就显得十分重要了。那么，当代"社会生

---

① 转引自方军. 迈向 21 世纪的马克思主义哲学 [J]. 哲学研究，2000 (1).

② 转引自方军. 迈向 21 世纪的马克思主义哲学 [J]. 哲学研究，2000 (1).

活条件"出现了哪些为马克思主义理论研究者所不得不格外重视的异常剧烈的变化，向人们提出了哪些必须研究或探索的重大时代课题呢？

一、马克思主义和当今科学技术的新成果

科学技术的新成果，对人类生活的各个领域产生了广泛而深远的影响。20 世纪以来现代自然科学脱颖而出，它以相对论和量子力学为理论支柱，以新颖的实验工具和思维形式为研究武器，在广度和深度上急剧扩张。自然科学越来越深入地揭示出各个层次上的物质结构，越来越精细地描绘出各种自然规律，获得了不少史无前例的重大发现。现代自然科学在其发展过程中表现出高度综合又高度分化的发展趋势。一方面，自然科学通过分化产生大量的分支学科、深入研究自然现象的各个细节；另一方面，自然科学互相融会，利用多种学科的理论及方法进行研究的边缘学科、交叉学科和横断学科不断涌现，填补了各门学科之间的空隙，描绘了自然界整体运动的科学图景。现代自然科学的发展正深刻地影响着人类社会生活的各个领域。另外，自 20 世纪 70 年代以来，在全球范围内正在形成一个新技术革命的高潮，它以微电子技术为先导，在通讯工程、材料工程、能源工程、海洋工程、生物工程等各个技术领域获得了突破性运用。这一革命对于人类社会具有不可估量的巨大作用。

马克思主义创始人十分重视自然科学研究和科学技术的发展。正如恩格斯在马克思墓前的讲话中所指出的："在马克思看来，科学是一种在历史上起推动作用的、革命的力量。任何一门理论科学中的每一个新发现——它的实际应用也许还根本无法预见——都使马克思感到衷心喜悦，而当他看到那种对工业、对一般历史发展立即产生革命性影响的发现的时候，他的喜悦就非同寻常了。"马克思、恩格斯在世的年代，电的应用还只是初见端倪；当今科学技术的面貌是大大改观了。科学技术的发展开辟了许多新的生产领域，为生产力的飞跃发展创造了以往不能想象的广阔的可能性。知识经

济的兴起更是大大缩短了科学革命、技术革命与产业革命之间的"时间差"，科学研究本身，知识的创新、生产、传播和运用成为制约经济发展的重要因素，科学技术在社会生产力发展中的贡献率越来越高，科学技术成为名符其实的第一生产力。科学技术的迅猛发展，大大拓宽和深化了人们的世界图景，极大地影响了人们的思维方式、生活方式、劳动组织方式、社会结构和价值观念，使人对人与自然、人与社会、人与自身的关系的认识跃升到一个新的层次。研究这些新的变化、新的影响，利用人类对自然界、社会和自身的新认识来丰富马克思主义，是当代马克思主义理论工作者的重要任务。可以说，脱离当代科学技术所取得的一切成就，要发展马克思主义是不可想象的。

当然，当代科学技术的发展，造成了社会生产力迅猛发展的可能性，同时也给走向 21 世纪的人类社会带来了新的问题。例如，由就业、资源、生态和环境保护等构成的全球性问题；由科学技术发展及其广泛应用中出现的负面影响而产生的科学合理性与技术合理性问题（科学是否能够做到"价值中立"，技术的发展与人本身的发展的关系是怎样的）；由社会的信息化所导致的文明危机与文化冲突问题，等等。进一步说，一方面，科学技术的发展在其可能性上能够造福于地球上的居民；但另一方面，就现实本身而言，并非所有人都能平等地享用科学技术的发展成果，世界的贫富差距反而有不断扩大的趋向。由于资本主义制度的存在而产生的这种矛盾，是科学技术发展本身不能解决的。而现实的社会主义一方面是与资本主义世界长期共存并且又必须与之打交道；另一方面由于原有生产力水平低又必须高度重视通过发展科学技术来发展社会生产力，就有一个如何把社会主义建设同当代科学技术的发展潮流很好地结合起来的问题。

二、马克思主义和当今社会发展的新情况

20 世纪以来，在世界范围内出现了一系列深刻影响人类历史进程的大事，两次世界大战的爆发，无产阶级革命和民族事业的高

涨，战后资本主义世界的一度"繁荣"，国际共产主义运动的曲折发展，等等，展现了当今时代的特点。今天，两种主要社会制度并存、竞争的关系日趋复杂，日益深化：两大阵营（帝国主义阵营和社会主义阵营）之间对抗的局面，早已演变为两种类型国家（资本主义国家与社会主义国家）之间既对立又对话的错综复杂的局面。以政治和军事较量为主，冷战、热战交替上升的严峻形势，正逐步演变为政治、军事、经济、科技、文化和意识形态的较量为主，以及和平、发展两大主题突出，紧张关系相对缓和的形势。世界范围内的由资本主义向社会主义的过渡，在新的条件下，新的水平上，以新的形式发展着。马克思主义在这一系列重大事件中经受着检验；马克思主义在当代的作用和生命力，已成为全球关注的重大问题。

首先，发达资本主义国家在国内国际各种因素交互作用的影响下，特别是在科技革命推动下，以不触动其根本制度为前提，多方面调整生产关系和社会关系，以图给资本主义制度躯体注入"青春的活力"，力图保持长期的稳定和发展，以求在同社会主义较量中能占据上风。在经济上，它们一方面利用战后社会对固定资本和民用消费品的旺盛需求，凭借丰富的技术资源和人才资源，把战争中生长起来的新技术迅速转移到各个物质生产部门，扩大了生产规模，提高了劳动生产率；另一方面又调整了经济政策，刺激了资本主义经济的增长，改变了经济危机的具体形式。新技术的运用和经济政策的调整，使资本主义国家的经济结构产生了变化。私人垄断资本独霸天下的格局开始冲破。在政治生活中，由于科学技术在现代资本主义生产中逐渐占主导性地位，工人阶级的构成发生了变化，从事技术和管理工作的白领工人比重大大超过蓝领工人；资产阶级为了缓和阶级矛盾，把"福利措施"纳入国家经济生活中，普遍实行"三高"政策，并且给工人有限的参政议政和管理权利，因而阶级意识和斗争精神发生变化。在对外政策上，现代资本主义的全球霸权战略和对外扩张政策受到全世界和平力量的扼制而不得不有所收敛，并且涂抹了新的色彩；在"缓和"的掩护下进行军备竞赛，在"援助"的幌子下进行对外掠夺，在"合作"的口号下进行互相残杀，这在一定程度上伪装了它们本身的形象。

其次，虽然自第二次世界大战以后，一系列社会主义国家相继建立，推动了亚洲、非洲、拉丁美洲民族解放运动的蓬勃发展，由此极大地改变了国际政治力量的对比，社会主义国家在经济建设方面也取得了举世瞩目的成就，显示了社会主义的强大生命力。但是，社会主义国家在取得重大的历史成就的同时所遭到的一定挫折，限制了生产力的发展和人民生活水平的提高，以致妨碍社会主义制度优越性的进一步发挥。当前，社会主义国家掀起了一个经济体制改革和政治体制改革的浪潮，进行自我完善；社会主义正在重振雄风，更加充分地显示它的优越性。

三、马克思主义和当今西方世界的新思潮

20 世纪以来，在哲学理论方面，西方世界形成了两大思潮，即现代人本主义和科学主义思潮。这两大思潮在西方世界影响很大，同时也波及社会主义国家。马克思主义和这些思潮相比较而存在，相斗争而发展。在理论较量中，马克思主义显示出强大的生命力。

现代西方人本主义思潮的产生可以追溯到 19 世纪二三十年代，德国唯意志论者叔本华和丹麦的神秘主义者基尔凯格尔是这一思潮之开创者。19 世纪下半叶尼采的权力意志论和柏格森生命哲学，以及 20 世纪初弗洛伊德主义是这一思潮的进一步发展。20 世纪上半叶出现的存在主义是这一思潮最典型的代表，同期出现的新托马斯主义和人格主义，则是这一思潮同宗教神学的结合。从 20 世纪30 年代开始，特别是五六十年代，这一思潮逐渐与马克思主义"融合"，产生出"存在主义的马克思主义"和法兰克福学派。现代人本主义把全部哲学理论归结为"人学"，以研究人的情感，人的意志，人的价值，个人命运为核心，认为世界的本质或是生存意志，或是权力意志或是心理本能，或是生命冲动或是人格，或是个人的意识存在等非理性的情感、意志和无意识的心理本能冲动，主张绝对个性自由。这一哲学流派在 20 世纪五六十年代的西方国家

中形成了一股思潮。

科学主义思潮渊源于18世纪休谟的经验主义哲学。19世纪30年代，创立实证主义哲学的法国哲学家孔德，是科学主义思潮的鼻祖。流行于19世纪下半叶和20世纪初的马赫主义是实证主义的第二代。实用主义在20世纪30年代以前曾盛行一时，到30年代开始衰落，代之而起的是逻辑实证主义。50年代以后，逻辑实证主义开始走下坡路，波普尔的批判理性主义流行起来。60年代开始，库恩等人的历史主义学派又代之而起。科学主义思潮追踪着自然科学的足迹，认为哲学的根本任务是研究科学观、科学理论结构，科学进步图式和科学方法论问题，拒绝讨论哲学的基本问题和历史、人生问题，同时反对传统的认识论，把科学归结为对科学知识本身的研究，这一思潮在自然科学界有较大的影响。

20世纪初，西方哲学发展中出现了两个当时未引起人们高度注意，后来却影响深远的事件：一个是英国哲学家罗素和摩尔发动了对他们原来深受其影响的新黑格尔派唯心主义的反叛；另一个是德国哲学家胡塞尔提出了以意向性原理为核心的现象学方法。前者被公认为发展了19世纪实证主义的反形而上学倾向，为20世纪在英美哲学中长期占支配地位的分析哲学运动的兴起开辟了道路；后者发展了现代哲学超越心物主客对立和分离以及实体主义的倾向，为20世纪在德法等欧陆国家广泛流行的现象学运动奠定了基础。这两个事件由此被许多哲学家认为是西方哲学近现代过渡期基本结束、现代哲学正式形成的重要标志。这种分期当然只有相对意义。①

总之，哲学源于生活，源于对"时代的迫切问题"的理论自觉。② 我们应当看到，随着时代的变迁，当代现实的发展给马克思

① 刘放桐. 对哲学上的革命变更和现代转型的认识 [J]. 江海学刊, 2003 (5).

② 孙正聿. 以哲学的工作方式推进马克思主义哲学研究 [J]. 学术月刊, 2007 (5).

主义提出了许多新的课题，这些都是值得今天的马克思主义理论工作者认真研究的。

（本文作者：王培暄，南京大学公共管理学院副教授；

周春梅，南京大学公共管理学院副教授）

试论十七大报告与辩证唯物主义、历史唯物主义的有机统一

张慧卿

党的十七大报告是马克思主义的纲领性文件，它与辩证唯物主义、历史唯物主义是有机统一的。对于"实践"的高度重视，体现了十七大报告与辩证唯物主义实践观的有机统一；对科学发展观的具体阐述，体现了十七大报告与唯物辩证法总特征——普遍联系和永恒发展的有机统一；"十结合"以及"科学发展观统筹兼顾的根本方法"，体现了十七大报告与唯物辩证法的实质和核心——对立统一规律的有机统一；"生态文明"的提出，体现了十七大报告和历史唯物主义关于"人与环境相互依存"论述的有机统一；对民生、民主、民意的高度重视和深刻论述，体现了十七大报告与历史唯物主义群众史观的有机统一。在某种程度上而言，十七大报告可以说是当代中国马克思主义的纲领性文件。本文仅论述十七大报告与马克思主义理论科学体系的哲学基础——辩证唯物主义、历史唯物主义的关系。

第一，对"实践"的高度重视，体现了十七大报告与辩证唯物主义实践观的有机统一。

党的十七大报告提出了不断赋予当代中国马克思主义鲜明的实践特色、民族特色、时代特色的论述，充分重视"实践"在中国特色社会主义建设中的作用。而辩证唯物主义认为，实践是马克思主义首要的基本的观点。正确的理论不仅来自于实践，而且接受实践检验并随着实践的发展而发展。我们既要从实践发展的需要出发，对马克思主义科学原理和科学精神进行准确的把握和运用，又要结合新的实践，在回答和解决实际问题中推进理论创新。

十七大报告提出了"中国特色社会主义理论体系",指出"中国特色社会主义理论体系,就是包括邓小平理论、'三个代表'重要思想以及科学发展观等重大战略思想在内的科学理论体系。这个理论体系,坚持和发展了马克思列宁主义、毛泽东思想,凝结了几代中国共产党人带领人民不懈探索实践的智慧和心血,是马克思主义中国化最新成果,是党最可宝贵的政治和精神财富,是全国各族人民团结奋斗的共同思想基础"。这正是在解决实际问题的实践基础上,对马克思主义的理论创新。

第二,对科学发展观的具体阐述,体现了十七大报告与唯物辩证法总特征——普遍联系和永恒发展的有机统一。

联系和发展是唯物辩证法的总特征。辩证唯物主义指出,世界是普遍联系和永恒发展的。十七大报告对科学发展观的深入阐发,与世界普遍联系和永恒发展的理论论断具有内在一致性。

科学发展观的第一要义是发展,核心是以人为本,基本要求是全面协调可持续,根本方法是统筹兼顾。

科学发展观把发展视为第一要义,指出"必须坚持把发展作为党执政兴国的第一要务。发展,对于全面建设小康社会、加快推进社会主义现代化,具有决定性意义。要牢牢抓住经济建设这个中心,坚持聚精会神搞建设、一心一意谋发展,不断解放和发展社会生产力"。这是"世界是永恒发展"这一唯物主义辩证法论断在建设中国特色社会主义事业过程中的具体体现。

科学发展观的基本要求是全面协调可持续发展。十七大报告提出"要按照中国特色社会主义事业总体布局,全面推进经济建设、政治建设、文化建设、社会建设,促进现代化建设各个环节、各个方面相协调,促进生产关系与生产力、上层建筑与经济基础相协调"。而马克思主义关于事物普遍联系的原理,认为整个世界是相互联系的统一整体,要求人们要善于分析事物的具体联系,确立整体性、开放性观念,从动态中考虑事物的普遍联系。"四位一体"的建设方略正是对普遍联系观点的具体化。

第三,"十结合"以及"科学发展观统筹兼顾的根本方法",体现了十七大报告与唯物辩证法的实质和核心——对立统一规律的有机统一。

对立统一规律、质量互变规律、否定之否定规律是唯物辩证法的三大基本规律，其中对立统一规律是其实质和核心。

对立统一规律揭示了矛盾双方既斗争又统一的矛盾运动规律。运用对立统一规律的原理指导实践，不仅要把握冲突与斗争对事物发展的作用，还要注意把握和谐对事物发展的作用。

党的十七大报告在总结改革开放的经验时指出："在改革开放的历史进程中，我们党把坚持马克思主义基本原理同推进马克思主义中国化结合起来，把坚持四项基本原则同坚持改革开放结合起来，把尊重人民首创精神同加强和改善党的领导结合起来，把坚持社会主义基本制度同发展市场经济结合起来，把推动经济基础变革同推动上层建筑改革结合起来，把发展社会生产力同提高全民族文明素质结合起来，把提高效率同促进社会公平结合起来，把坚持独立自主同参与经济全球化结合起来，把促进改革发展同保持社会稳定结合起来，把推进中国特色社会主义伟大事业同推进党的建设新的伟大工程结合起来，取得了我们这样一个十几亿人口的发展中大国摆脱贫困、加快实现现代化、巩固和发展社会主义的宝贵经验。"

十七大报告指出，科学发展观的根本方法是统筹兼顾。统筹兼顾就是"要正确认识和妥善处理中国特色社会主义事业中的重大关系，统筹城乡发展、区域发展、经济社会发展、人与自然和谐发展、国内发展和对外开放，统筹中央和地方关系，统筹个人利益和集体利益、局部利益和整体利益、当前利益和长远利益，充分调动各方面积极性。统筹国内国际两个大局，树立世界眼光，加强战略思维，善于从国际形势发展变化中把握发展机遇、应对风险挑战，营造良好国际环境。既要总揽全局、统筹规划，又要抓住牵动全局的主要工作、事关群众利益的突出问题，着力推进、重点突破"。

"十结合"以及"科学发展观统筹兼顾的根本方法"正是对立统一规律方法论中注重和谐在事物发展中的作用的具体体现。

第四，"生态文明"的提出，体现了十七大报告和历史唯物主义关于"人与环境相互依存"论述的有机统一。

党的十七大报告指出："建设生态文明，基本形成节约能源资源和保护生态环境的产业结构、增长方式、消费模式。"报告还强调，要"使生态文明观念在全社会牢固树立"。人们注意到，从十二大到十五大，我们党一直强调建设社会主义物质文明、精神文明；十六大在此基础上提出了社会主义政治文明；在十七大报告中，首次提出生态文明。

历史唯物主义认为，人的活动受其生存于其中的自然环境和社会环境的制约。同时，环境又不是游离于人的活动之外孤立存在、静止不变的。环境是人活动的产物，人的本质力量的确证和表现。无论是自然环境还是社会环境，都只有现实的人的活动联系起来才有意义。在历史上，每一代人都在前辈所创造的自然环境和社会环境的基础上从事活动，把前一代人活动的终点作为自己活动的起点，同时又超越前辈们所创造的环境，在已有的基础上进行新创造。

所以人要生存必须要有个好的生态环境、好的生态文明。十七大报告"生态文明"的提出，正是在处理人与自然环境关系时，对"人与环境相互依存"论述的具体展开。

第五，对民生、民主、民意的高度重视和深刻论述，体现了十七大报告与历史唯物主义群众史观的有机统一。

党的十七大报告强调"必须坚持以人为本"，"要始终把实现好、维护好、发展好最广大人民的根本利益作为党和国家一切工作的出发点和落脚点，尊重人民主体地位，发挥人民首创精神，保障人民各项权益，走共同富裕道路，促进人的全面发展，做到发展为了人民、发展依靠人民、发展成果由人民共享"；强调"扩大人民民主，保证人民当家做主"；强调"必须在经济发展的基础上，更加注重社会建设，着力保障和改善民生"；强调要"真诚倾听群众呼声，真实反映群众愿望，真情关心群众疾苦，多为群众办好事、办实事，做到权为民所用、情为民所系、利为民所谋"，等等。

历史唯物主义群众史观认为，人民群众是历史的创造者。群众史观是群众观点和群众路线的理论基础。而十七大报告对民生、民主、民意的高度重视和深刻论述，正是对群众史观及其方法论的坚持和发展。

　　总之，党的十七大报告与辩证唯物主义、历史唯物主义是有机统一的，它体现了辩证唯物主义和历史唯物主义的基本原理和方法论，是辩证唯物主义、历史唯物主义基本原理与中国特色社会主义实践相结合的产物。

　　　　　　　　　　（本文作者：张慧卿，海南大学政治与行政学院讲师）

以十七大报告为指南在和谐社会
视阈下加强党的执政能力建设

张爱波

胡锦涛在党的十七大报告中指出:"党的执政能力建设关系党的建设和中国特色社会主义的全局,必须把提高领导水平和执政能力作为各级领导班子建设的核心内容抓紧抓好。""要以扩大党内民主带动人民民主,以增进党内和谐促进社会和谐。"胡总书记的这些论述为我们今天在和谐社会视阈下加强党的执政能力建设提供了科学的指导思想。

一、和谐社会的文化底蕴及其内涵

和谐社会具有深厚的文化底蕴。"和"者,和睦也,有和衷共济之意。"谐"者,相合也,有协调、顺和、无抵触、无冲突之意。"和谐"就是指世间的事物处于均衡、协调、平顺的发展状态,就是事物的发展变化合乎逻辑或规律。中国传统文化中,和谐精神的含义是多方面的,集中表现为人与自然的和谐;个人身心修养的和谐;构建政治社会的和谐;人际关系、个人与群体的和谐等四个方面。中国传统文化中关于"和谐"精神的论述,为我们今天理解与构建社会主义和谐社会提供了有益的借鉴和合理的营养。

那么,究竟什么是社会主义的和谐社会呢?根据胡锦涛总书记的论述,社会主义和谐社会应定义为以社会主义制度为基础,全体人民各尽所能、各司其职、各得其所,各种利益关系得到有效协调,社会管理体制不断健全,充满创造活力,体现社会公平、决策多元化,以人为本这样一个稳定有序的社会。社会主义和谐社会应具备以下几个基本特征：其一，民主法制健全；其二，实现公平正义；其三，社会诚信友爱；其四，充满创造活力；其五，社会发展运行稳定有序；其六，人与自然和谐相处。总之，我们党所要建设的社会主义和谐社会，是一个民主法治、公平正义、诚信友爱、充满活力、安定有序、人与自然和谐相处的社会。

二、构建社会主义和谐社会是提高党的执政能力的必然要求

提出加强党的执政能力建设，这是党加强自身建设的一个新特点、新思路，也是对我们党执政经验教训的再总结。我们党作为执政党，就是要建立一个和谐社会，调节社会各阶层之间的矛盾，这顺应了时代发展的潮流，也是党执政为民、巩固执政社会基础、实现执政历史使命的必然要求。

（一）构建和谐社会是巩固党的执政基础的必然要求

党的十六届四中全会指出，加强党的执政能力建设的总体目标是：通过全党共同努力，使党始终成为立党为公、执政为民的执政党，成为科学执政、民主执政、依法执政的执政党，成为求真务实、开拓创新、勤政高效的执政党。面对当前改革发展关键时期出现的错综复杂的社会问题，我们党只有着力提高构建社会主义和谐社会的能力，正确处理人民内部矛盾，合理协调不同社会阶层、不同利益群体的关系，有效整合各种社会力量和社会资源，真正形成全体人民各尽所能、各得其所而又和谐相处的社会，才能不断巩固党执政的社会基础，使我们党永远立于不败之地。所以，执政党能力建设是党执政后的一项根本建设。

（二）构建和谐社会是解决当前社会出现的不和谐现象的需要

改革开放以来，中国社会发生了翻天覆地的变化，取得了举世公认的巨大成就。但是，也存在着社会发展与经济发展之间不和谐

的现象，如贫富差距拉大问题、失业问题、社会保障缺位问题、社会公共事业不适应问题等。这就要求我们党要增强建设和谐社会的意识，提高处理经济发展和社会发展协同发展的能力，努力消除和减少不和谐因素，使人民群众普遍享受到改革开放的成果，认同改革，认同发展，从而为构建和谐社会奠定坚定而广泛的社会基础。

（三）构建和谐社会是实现党的历史任务的基本要求

我国现在处于改革发展的战略机遇期，也是经济社会发展的关键时期，党的十七大报告指出：到 2020 年，实现人均国内生产总值比 2000 年翻两番。2003 年，我国人均国内生产总值已突破 1000 美元，目前正处在向人均 3000 美元发展的阶段，这往往既是一个国家经济发展的黄金期，也是社会矛盾凸显期。这个时期的社会经济结构、生产方式、生活方式、社会阶层结构都要发生深刻变化甚至于剧烈变动，国家引导得好，处置得当，就能使我国顺利地度过这个关键时期；反之，就会出现经济社会发展脱节，导致社会差距扩大，社会矛盾加剧，经济社会发展徘徊不前等问题。我们党必须在构建社会主义和谐社会的实践中，把最广大人民的积极性和创造性调动起来，为实现全面建设小康社会的目标共同奋斗，顺利完成党的执政任务。

（四）能否建设好和谐社会是评判党执政成功与否的新标准

中国共产党的执政成功与否，要看是否坚持用发展着的马克思主义指导新的实践，要看是否推进社会主义的自我完善，要看是否把发展作为解决中国一切问题的关键，要看是否坚持立党为公、执政为民，始终保持同人民的血肉联系，要看是否坚持科学执政、民主执政、依法执政，不断完善党的领导方式和执政方式，不断增强党的创造力、凝聚力、战斗力。这一切最终都要落实到社会主义和谐社会的构建之中，构建社会主义和谐社会对加强和巩固党执政地位，获得执政成功具有重大的战略意义。

三、构建和谐社会是党的执政实践的着眼点

和谐与冲突是对立统一的关系，和谐与不和谐是相对而言的，以党的十一届三中全会为标志，我国社会经历了一个由相对不和谐到相对和谐的历程。对于客观存在的不和谐的因素，我们要正视它，承认它的存在。然后再分析它的成因和发展规律，并在此基础上采取有效的对策加以解决。提高构建社会主义社会和谐社会的能力是一个系统而又长期的工程，作为执政党，应该从战略高度提高认识，从全局层面加以规划，并在实践中推向前进。

（一） 匡正发展理念，着力推进全面、协调、可持续的发展

过去我们在发展的理念和指导思想上存在着偏差，需要加以匡正。我们党提出科学发展观，这是我们党执政理念的一个飞跃，它使人明确，发展是以经济建设为中心的发展，但不等于 GDP 的增长，也不单是经济的发展，而是社会各方面的全面、协调、可持续的发展，要坚持走生产发展、生活富裕、生态良好的文明健康发展道路，保证一代接一代的永续发展。同时，发展必须坚持以人为本，维护好、实现好最广大人民的根本利益，努力推进人的全面发展。

（二） 实现党的领导的科学整合化

党的领导的科学整合化，首先，要科学地形成整合社会的目标，并以此来统一人们的思想，引领社会和谐快速发展。其次，要形成科学有效的整合性政策和法律法规，以此来推动社会的和谐快速发展与文明进步。再次，要运用功能完备的有效制度来实现党的领导的科学整合化。

（三） 缓解社会矛盾，核心是正确处理人民内部的利益矛盾

中国经过连续 20 多年的高速增长，取得了举世公认的巨大成就；同时，出现了许多过去没有遇到过而又不能绕开的问题。这些

新情况使得新时期的社会矛盾出现了前所未有的复杂局面。妥善解决各种社会矛盾，特别是正确处理好人民内部矛盾，意义十分重大。必须坚持把最广大人民的根本利益作为制定政策和开展工作的出发点和落脚点，正确反映和兼顾不同方面群众的利益，要让最广大的工人、农民、知识分子以及其他社会劳动者成为主要受益者。教育引导广大干部群众正确处理个人利益和集体利益、局部利益和整体利益、当前利益和长远利益的关系，增强主人翁意识和社会责任感。只有这样，才能巩固党团结群众的社会基础。

（四）推动社会公平，保障所有社会成员共享改革发展的成果

社会发展的基本宗旨是人人共享，普遍受益，公平是社会和谐的基础。一个和谐的社会，必定是一个公平的社会。我党在推进社会公平方面要极大关注和扶助弱势群体，我国社会现在的弱势群体规模较大，这样一种不稳定的社会结构直接对社会安定构成威胁。弱势群体承担了改革的大部分成本。国企改革取得重大进展，导致了大批工人下岗、失业；工业化和城市化快速推进，在许多方面损害了许多农民的利益，加重了"三农"问题。处在弱势群体中的个人，与处在强势群体中的个人，对社会的认同感是不一样的：强势一方希望维持社会现状，而弱势一方希望改变社会现状。这种对立的状态，必将影响社会的融洽和谐。我党必须高度关注弱势群体问题的解决，这是实践党的宗旨的应有之义，也是全面建设小康社会的内在需要。在市场经济体制下，政府要把维护社会公平放在优先的位置，建立健全社会保障体制，维护弱势群体的基本利益，缩小城乡、地区、阶层间过大的贫富差距，这是目前面临的重要任务。

执政党建设是一项长期的伟大工程，加强党的执政能力建设则是目前十分紧迫的战略任务。我们要构建社会主义和谐社会，以提高党的执政能力，就必须要抓住宝贵的发展机遇，坚持以人为本的科学发展观为指导，在政策和制度上保证整个社会的和谐发展。我们党要不断提高面向未来的观测能力、统筹全局的驾驭能力、科学决策的实践能力、团结协作的领导能力、防微杜渐的控制能力，不断接受构建社会主义和谐社会的考验，努力提高自身的执政能力和执政水平。

（本文作者：张爱波，山东大学马克思主义学院副教授）

当前高校校园多元文化生态构建浅析

张　睿　吴朝阳

　　当前由于全球化进程日益加深、市场化进程不断加快、网络文化渗透日趋广泛、高校与社会之间的互动日渐加强，高校校园中正形成一种非常复杂的多元文化生态；既呈现出一种积极、健康、清新、高雅的总体趋向，又存在某种程度的消极、颓废、病态、粗陋的低俗之风，需要引起我们的高度重视。

一、马克思主义文化：熟悉的陌生

　　以马克思主义为指导的社会主义先进文化，无疑是高校校园文化发展的主流；经过几十年的宣传教育，马克思主义一直牢牢占据着中国思想文化的制高点，成为全社会的指导思想。在高校思想政治教育中，马克思主义更是重中之重，掌控着高校思想文化的主阵地。据有关调查显示，有62.10%的学生认为，经过30年的改革开放，中国的社会主义制度越来越显示出它的优越性。有60.89%的学生认为马克思主义具有与时俱进的理论品质，中国必须坚持以马克思主义作为主流意识形态。① 但是，我们也要看到，大学生们对马克思主义的理解很多只是停留在表面上。从中学到大学长期的马克思主义理论教育，一方面使大学生对马克思主义非常熟悉，很多学生都能随口讲出"唯物主义和唯心主义、对立统一、否定之否定"等道理，对"三个代表、科学发展观、和谐社会"等理论名

---

　　① 马克思主义深受 80 后大学生支持 . http：//www. jyb. com. cn/comments/df/t20070403_ 74930. htm.

词也能侃侃而谈，但如果再进一步深入追问一些理论的细节，许多同学就茫然了。在学习中，不少学生也只是把马克思主义理论作为一种知识，并没有把它转化为自己的内在信仰，他们为了对付包括考研在内的各种政治理论课考试，会拼命记下许多的马克思主义理论教条，并且能把自己所掌握的马克思主义原理像运用数学公式一样去机械地"辩证"现实；但这种带有强烈功利色彩的政治理论学习，很少有助于学生对马克思主义的真正认同和接受，这就造成了一些大学生在情感上对马克思主义某种程度的陌生感，甚至有些学生出于逆反心理还可能产生排斥感。这使马克思主义文化在高校的存在呈现出一种奇怪的状态，它也许是大学生在心理上最熟悉的理论，但可能也是大学生在情感上比较陌生的理论。

二、爱国主义文化：燃烧的激情

当代大学生对国家与民族抱有深厚的感情，不论是在学校的课堂上还是在网络的论坛上，不论是在校园的辩论会上还是在夜晚宿舍的卧谈中，国家的命运、民族的前途一直是大学生热烈讨论、争论不休的永恒话题。不管他们对中国今天的发展现实持积极的支持和颂扬还是坚持某种批判立场，都反映了大学生们对国家和民族所怀有的满腔热情。大学生们希望自己的国家繁荣富强、社会和谐进步、人民幸福安康；也愿意在高校学习期间发奋图强报效祖国，这代表了当代大学生积极向上的主流价值取向。但也要看到，当代大学生在爱国主义问题上也存在一些不良的倾向：一是在全球化的大背景下，在经济利益诱惑和冲击下，一部分大学生出现思想蜕化、贪图享乐、崇洋媚外倾向；二是口头爱国派，有的人嘴上说爱国，但在国家利益与个人利益发生冲突的时候，却可能做出损害国家利益，保护一己私利的选择。三是某些自称爱国的大学生，持有一种狭隘的民族主义情绪，妄自尊大、愤世嫉俗。对西方国家一概排斥，似乎只有坚决排外才是爱国；对社会现实则一律批判，似乎拒绝一切才是爱国，有些人甚至声称爱国不等于爱党，爱国不等于爱社会主义；事实上在当代中国，这种脱离中国共产党领导的非社会主义的爱国模式是不存在的。正像邓小平所指出的："有人说不爱社会主义不等于不爱国。难道祖国是抽象的吗？不爱共产党领导的社会主义的新中国，爱什么呢？"① 其实这种爱国主义只是一个没有实质性内容的空洞外壳，充其量不过是某种脱离现实的孤独燃烧的激情。

三、传统文化：模糊的背影

建设和谐高校校园，追求和谐境界，就是要最大限度地汲取传统文化的精华。在五千年的历史长河中，中华民族孕育出了许多丰富深刻、泽被后世的传统美德，如孝敬父母、尊敬师长、勤劳敬业、精忠报国、见义勇为、助人为乐、诚实守信、礼貌谦让、自尊互敬，等等；正是这些美德，构成了中国优秀传统文化的主题和精髓。但20世纪80年代以来，市场机制在经济领域取得成功的同时，也同时冲刷着传统文化的道德基础。社会公众从改革开放前的清贫生活方式，转而追求实惠利益的生活方式；崇高的道德追求迅速让位于利益的算计；这种社会环境也对大学校园的文化生态带来巨大的冲击，象牙塔中的莘莘学子们的思维方式和行为习惯在市场经济的影响下发生急剧的转变。具体表现为：在学习中，在当前巨大的就业压力面前，大学生多数都变得很现实，他们对实用性课程如专业课、英语、计算机、驾照等的重视远远超过对包括传统文化在内的人文素质课的重视；在人际交往中，一些大学生也变得越来越功利化，他们也开始学着投机取巧；在学生入党、干部竞选、奖学金分配、保研指标等牵涉自己切身利益的问题上机关算尽，千方百计为自己牟取好处。在他们心中，一方面有着道德的崇高感，希望通过高尚的人格和辛勤的努力来实现自己的家国抱负；另一方面又经受不住花花世界的利益诱惑，时而表现出一种"不为五斗米折腰"的清高孤傲，时而又对那些因折腰而富贵的人们充满艳羡，有些大学生则干脆认为，管他君子小人，君子只是一种虚无的人格

① 邓小平文选［M］.第2卷.北京：人民出版社，1993：392.

光环，小人才是真实的生存技巧，获得实惠的利益，追逐名牌时尚高消费才无愧自己的青春。"理想是假的，道德是虚的，权力是硬的，票子是实的。""理想理想，有利就想；前途前途，有钱就途"，成了部分大学生内心的真实写照，还有些大学生更是把《厚黑学》之类的书籍奉为圭桌。这种情景下的传统文化在大学生的心目中日益成为一个美丽而模糊的背影。

四、西方文化：拥抱与拒绝

西方文化对中国高校的影响由来已久，中国现代大学从产生之初就深受西方文化的影响，几十年来，西方文化先是影响中国校园文化，又通过校园文化影响整个社会文化的变迁；应该说，优秀的西方文化对中国的全面进步和发展发挥了重要的作用。作为引领社会风气之先的当代高校大学生更是一直深受西方文化的影响，他们从西方文化中学到了许多优秀的品质：鲜明的个性、自主的思想、竞争的意识、开放的观念、科学的思想、求新求异的创造精神、自由平等民主的政治理念，等等，这些都对大学生的健康发展起到了积极的作用；但同时大量腐朽的西方文化也通过各种途径渗透到大学校园中。近年来，在翻译、出版、介绍外来文化艺术作品和音像制品方面，出现了对西方文化不加选择、粗制滥造、盲目吹捧的现象。某些作品极力宣扬西方资产阶级的世界观、政治观，鼓吹个人主义、拜金主义、享乐主义的人生观和价值观，这些对于不具备很强鉴别力的高校大学生而言，必然会带来许多消极的影响。在生活方式上，许多大学生"洋"味十足，穿洋服、吃洋餐、看洋片、过洋节，蔚为时尚；而对于中国的传统生活方式却逐渐拒绝和抛弃，过传统节日也往往被认为是土气的表现。

五、后现代文化：解构与时尚

后现代思潮在中国的登陆是晚近的事情，但它来势汹汹，借助于文学艺术以及各种视听媒体的力量迅速将其影响布展到中国社会的各个角落，大学校园中更是到处晃动着它光怪陆离的身影。从社会发展的线形视角来看，当代中国存在着"历时态问题的共时态呈现"现象，前现代、现代、后现代的语境在中国表现为一种复杂的多元共生局面。一方面我们要实现前现代向现代的转化，提升主体、崇尚科学、建立一个理性的社会；另一方面西方后现代思潮对现代性的反思和批判又唤起了国人对于理性的警觉，于是在中国社会，尤其在引领风气之先的大学校园，大学生们在还没来得及拥抱现代，也来不及回归传统的思想情景中，却迅速遭遇到后现代思潮，并不假思索地接受了它。他们很快就习惯了后现代的思维方式：躲避崇高、拒绝神圣，消解中心、排斥权威，甘心堕落、自觉颓废，喜欢另类、欣赏暧昧。他们习惯了用调侃的语调说话，以游戏的态度做事，抱着玩世不恭的心态做人。实际上，这种后现代思潮对于当代中国而言是一个历史错位，西方后现代的兴起源于对理性滥觞的一种理论反动，而当代中国却是在现代性发育不足的情况下与后现代不期而遇。这种弥漫于大学校园的后现代思潮，其矛头所指不仅仅是现代性，对于前现代情景中的传统文化也有较大的杀伤力。因为后现代思潮的价值其实不在于建构什么，而恰恰在于它是一种无边际的颠覆和解构，是一个没有终点的"崩溃的逻辑"。它不仅试图瓦解现代性的理性基础，也直接指向了传统文化的同一性逻辑。当前部分大学生对思想道德教育的冷漠和逆反，对历史传统的戏谑和反讽，其实都只是后现代思潮影响的开始。周星驰的电影及以其话语风格为代表的各种形式的文艺作品在高校相当流行，戏说历史、大话西游、水煮三国、恶搞水浒、乱解红楼等类型作品在大学校园也很有市场。对现实社会现象和传统文化的恶搞在某种程度上已经成为大学校园的一种话语时尚。

六、电子文化：真实与幻影

伴随着信息时代的来临，网络及其衍生产品如 QQ、BBS、动漫、网游、博客等正在以惊人的速度改变着人们的思维方式、生活方式、学习方式和工作方式，也对高校大学生产生了越来越大的影响，越来越多的大学生开始利用网络、喜欢网络、依赖网络，甚至迷恋网络。美国未来学家阿尔温·托夫勒说："谁掌握了信息，控制了网络，谁就拥有整个世界。"① 除了网络，影视、流行音乐、手机文化等电子产品也对大学生产生着广泛而深刻的影响。网络固然能增强大学生的参与性、平等性、自由性等，但在网络的虚拟空间中，由于文化的施教者的缺位，使大学生的自我施教过于随意。在这些电子产品中，虽然优秀文化也可以通过影音等资料被大学生们所认识和理解，甚至他们可以通过电子游戏模拟现实情景，感受虚拟的历史和现实。这的确能让大学生们进入某种文化景观，但他们所进入的只是一个虚拟的文化情景，这种文化充其量也只是一个"被注视"的他者的文化。当大学生们沉浸在网络所营造的虚拟空间中时，生活中的现实文化的真实根基实际上却被逐渐抽空了。此外，电子文化中的某些低级文化也对一些缺乏免疫力的大学生有很强的杀伤力。如暴力游戏、涉黄短信、涉黄网络的盛行，网络论坛和聊天室的粗鲁用语、低俗甚至下流的侮辱谩骂和人身攻击等都在毒化着大学生的心灵。一些电子产品虽然丰富了学生的精神生活，扩大了学生的视野，但大量良莠不齐的电子产品却向大学生提供了各色各样的垃圾信息和各种类型的虚拟快感，填充着一部分大学生无所事事的空虚灵魂。近年来，因沉迷网络而补考、留级、休学、退学乃至最后走向犯罪的大学生人数都在不断攀升，网络空间的虚拟幻影正在冲击着健康校园文化的形成，阻碍着和谐高校的构建，应该引起教育者的高度重视。

七、多元文化：共生与和谐

客观地说，当前高校校园的多元文化生态的形成，为大学生的全面健康的发展，也为高校和谐校园的形成奠定了良好的基础。但由于当前高校的多元文化生态处于一种自生自灭的散漫的无政府状

---

① 阿尔温·托夫勒，海蒂·托夫勒著，陈峰译．创造一个崭新的文明 [M]．北京：三联书店，1996：31．

态，一些落后的甚至不健康的文化仍然在一部分高校和一部分大学生中很有影响力。因此这就要求我们要弘扬主旋律，处理好多元文化之间的关系，构建共生和谐的校园文化生态。首先，要以马克思主义文化为主导，确保高校校园文化阵地的先进性。一方面充分利用高校思想政治课教学这一传播马克思主义理论的主阵地；另一方面要加强对高校思想政治课教师的"四真"培养，使一线的高校思想政治课教师对马克思主义理论做到真信、真学、真懂、真用；此外，要引导学生用马克思主义理论分析校园内存在的多元文化，尤其是一些不良亚文化，使其形成正确的思想观念。其次，要构建良好的文化平台，推动健康文化的蓬勃生长。在大学校园中，一些消极文化大行其道，而积极健康的文化却存在危机，其中的原因是复杂的，但缺乏适应健康文化传播的文化平台无疑是其中一个非常重要的因素。因此只有创新大学校园的文化活动方式，扩大大学生的文化参与，打造为大学生所喜闻乐见的文化平台，才能为优秀文化的传播创造条件。最后，还要打造文化"防火墙"，阻断不良文化在高校校园的蔓延。当前高校校园文化中普遍存在着"娱乐性内容多，学术性内容少"的反常现象；武侠、言情小说、星象手册、流行歌曲充斥校园，粗陋课桌文化、庸俗饮食文化、不良网络文化甚至不洁黄色文化等也在部分大学生中泛滥，这些都对大学生形成正确的人生观和价值观产生极其不利的影响。因此为了大学生的健康成长，必须打造文化防火墙，阻断不良文化在高校校园的蔓延。首先，要以人为本，在思想上高度重视低俗文化对大学校园文化的冲击和恶劣影响；其次，要开展活动抵制低俗文化，使其在大学校园没有存身之地；再次，要利用高校教师队伍尤其是思想政治教育队伍，帮助大学生认清低俗文化的危害；最后，更根本的还是要用健康的文化活动丰富大学校园生活。

（本文作者：张　睿，海南大学政治与行政学院教师；
　　　　　　吴朝阳，海南大学政治与行政学院讲师）

马克思的制度分析方法与人的
全面发展的实现路径

宋增伟

马克思一生以惊人毅力写下的辉煌著作，都是从哲学、经济、政治、文化及意识形态上对资本主义制度所作的深刻而全面的分析，力求在批判旧世界中发现新世界，并对未来世界的美好蓝图从总体方向上作出一些描绘，处处闪烁出他关于社会制度的科学思想。马克思在分析揭露资本主义制度时无处不渗透着其深切而强烈的人文关怀，关注人的生存、发展、前途以及命运。马克思制度分析的初始点源于对人的"实然"与"应然"矛盾的解决，而其制度分析的终极目标则是为人的自由和全面发展探寻理论路径及实现条件。

一、制度是个人交往的产物

交往是基本实践活动之一，指个人、民族、国家之间相互交流、往来及其作用的过程，是社会关系的生成机制。人的交往活动是人存在和发展的方式，它不仅是社会物质运动的具体表现形态，而且也是人类的特性。它最初表现为族内的行为，其后由种族内部扩展到部落、地域之间，今天已经演变为全球性活动并生发出全球化趋势。马克思对交往的作用有如下评价：（1）交往传承文明，是人类文明积淀、提升的重要机制。（2）交往产生各地域和各民族间的相互影响，是个人社会化和民族历史走向世界历史的重要条件。（3）交往直接影响生产，它是生产的前提，为生产提供动力，使生产得到繁荣，从而标志着生产力发展的水平。4. 交往使个人获得现实存在和发展的条件，是人之现实性的根据之一。制度实质上就是调整交往活动主体之间以及社会关系的规则或规范，它标志着规则或规范对人的交往活动以及社会关系的功能和价值。因此，马克思从人的交往活动的视角来考察制度的视角，是因为"制度只不过是个人之间迄今所存在的交往的产物"。而人为什么会发生交往活动呢？马克思指出："全部人类历史的第一个前提无疑是有生命的个人的存在。因此，第一个需要确认的事实就是这些个人的肉体组织以及由此产生的个人对其他自然的关系。"①作为人类历史第一个前提的个人，在其存在结构和存在状态以及由此所决定的他们与自然的关系上，是一个非自足系统，他必须靠同周围的他物进行物质、能量、信息等多重内容的交换，才能维持系统的平衡，从而使人自身存在和发展。但问题的关键是，人们在生产过程中以及结束时，将会产生什么，这便是交往活动和交往形式的关系问题，即交往和作为规范的制度的关系问题。因为任何个体，其创造能力和活动范围都是有限的，然而他们自身的需求却是无限的。这种有限与无限的矛盾单靠个体自身是不能解决的，它必须借助于个体之间的交往活动来解决。基于这种原因，制度建构就成为必然的了。所以说，制度之所以出现的原因就在于交往的过程充满着矛盾。一方面，交往必然引起冲突；另一方面，交往扩大增强着合作。冲突和合作是交往实践中既对立又统一的一对矛盾。冲突是社会历史的普遍现象，其产生主要与分工、资源稀缺、权力分配、目标差异和人的自身的弱点有关。为了解决冲突，把冲突限制在一定秩序的范围内，就需要有规则和制度。如果说冲突产生制度的必要性，合作则产生制度的可能性。合作也是历史的普遍现象，而且合作具有反复多次的特征，反复多次的行为使规则成为可能，并且只有在反复多次的行为中规则才有可能。有合作的愿望，有达成一致认识、形成共同观念、接受并履行共同规则的可能，制度才能够得以产生。所以，"制度是个人交往的产物"，不外是说制度担负着规范人的行为、通过规范人的行为来调节交往主体间的相互关系来限制冲

---

① 马克思恩格斯选集［M］. 第1卷. 北京：人民出版社，1995：67.

突、增强合作的职责。人的交往活动形成了制度，制度安排源于人的存在和发展的需要，是人的自由自觉活动的产物。

二、社会制度决定人的本质

在马克思看来，人是现实的历史的，他把处于一定社会制度中的人概括为"社会关系的总和"，即"人的本质不是单个人所固有的抽象物，在其现实性上，它是一切社会关系的总和"。既然人是社会关系的总和，历史上所有的积淀，包括以物质形态与精神形态存在的成果，是特定历史时代的人们活动的规定，也是特定历史阶段的人的存在和发展的现实基础。人一出生就必须接受既定的制度制约，就如人无法选择自己的出生一样。既定的制度往往对人怎样活动，包括活动的方式和活动的空间，做出种种安排，对人的权利与义务、自由与秩序，制定出各种规定，因此，特定历史阶段的人不可避免地要被打上制度的烙印，要研究人和清楚地说明现实中的人及其存在，就不能不研究人生活于其中的制度。马克思主义认为：现实中的个人是怎样的，是由其生活方式和生产方式决定的，也就是说，生活方式和生产方式决定人和人的本质。马克思对制度决定人有着精彩的论述："专制制度的唯一原则就是轻视人类，使人不成其为人……专制君主总把人看得很下贱。他眼看着这些人为了他而淹在庸碌生活的泥沼中，而且还像癞哈蟆那样，不时从泥沼中露出头来。""专制制度必然具有兽性，并且和人性是不相容的。"① 马克思说：普鲁士制度存在是由于普鲁士庸人的存在。"无论是宗教专制还是政治专制，都无一例外地将人变成工具和无机的物件，所有人都不再是完整的人，而是非人，治于人者是如此，治人者也是如此。"② 人类是在既定的生产力结构和特定的社会形态中进行的，作为一个现实的个人，受到外部制度环境的制约。当这

---

① 马克思恩格斯全集 ［M］. 第 1 卷. 北京：人民出版社，1956：411、414.

② 陈忠武. 人性的烛光 ［M］. 昆明：云南人民出版社，2004：357.

种制约成为个人不能抗拒的力量时，就出现了马克思所说的人的异化现象，即制度与人的目的相背离。"人的异化"是随着私有制产生后人的发展出现分裂的状况，是指人的价值的贬值和物的价值的增值成正比关系；是物支配人，而不是人支配物；是物的地位财富的地位对人的地位的压抑和否定。马克思说："人同自己的劳动产品，自己的生命活动，自己的类本质相异化的直接结果，就是人同人相异化。"① 也就是说，劳动产品的异化，劳动过程的异化，最终会导致为"类本质"的异化。由于人随着社会生活的发展而不断变化发展，所以不同时代的人，随着社会存在方式——生产方式、实践方式、生活方式、交往方式——的变化，具有不同的时代特点。人是历史的前提，人用自己的活动创造社会联系；人又是历史的产物，人是在社会联系中历史地形成和发展的。

三、制度主义制度与人的异化

马克思指出，资本主义制度的私有制和旧式分工，是导致"必然王国"社会状态中个人发展片面化的根源，资本主义生产关系下劳动者与产品的分离和对立，人的狭隘的占有方式，以物的依赖关系为特征的人与人的交往关系，决定了人作为人是片面的、畸形的、贫乏的和异化的人。

第一，利己主义的个人是资本主义社会的产物。"资产阶级在它已经取得了统治的地方把一切封建的、宗法的和田园诗般的关系都破坏了。……它把宗教虔诚、骑士热忱、小市民伤感这些情感的神圣发作，淹没在利己主义打算的冰水之中。它把人的尊严变成了交换价值，用一种没有良心的贸易自由代替了无数特许的和自力挣得的自由。"② 在资本主义社会里，金钱确定了人的社会地位及其价值。"在资产阶级看来，世界上没有一样东西不是为了金钱而存

---

① 马克思.1844年经济学—哲学手稿［M］.北京：人民出版社，2000：59.

② 马克思恩格斯选集［M］.第1卷.北京：人民出版社，1995：274-275.

在的，连他们本身也不例外，因为他们活着就是为了赚钱，除了快快发财，他们不知道还有别的幸福，除了金钱的损失，也不知道还有别的痛苦。"①

第二，在资本主义制度下，工人不过是一架为别人生产财富的机器，成为某种局部劳动的工具。"在现代制度下，如果弯腰驼背，四肢畸形，某些肌肉的片面发展和加强等，使你更有生产能力（更有劳动能力），那么你的弯腰驼背，你的四肢畸形，你的片面的肌肉运动，就是一种生产力。如果你精神空虚比你充沛的精神活动更富有生产能力，那么你的精神空虚就是一种生产力，等等，等等。如果一种职业的单调使你更有能力从事这项职业，那么单调就是一种生产力。难道资产者、工厂主关心工人发展他们的一切才能，发挥他们的生产能力，使他们象人一样从事活动因而同时发展人的本性吗？"②"工场手工业把工人变成畸形物，它压抑工人的多种多样的生产志趣和生产才能，人为地培植工人片面的技巧，这正象在拉普拉塔各州人们为了得到牲畜的皮或油而屠宰整只牲畜一样。"③

第三，竞争最充分地反映了流行在资本主义社会中的一切人反对一切人的战争。"竞争最充分地反映了流行在现代市民社会中的一切人反对一切人的战争。这个战争，这个为了活命、为了生存、为了一切而进行的战争，因而必要时也是你死我活的战争，不仅在社会各个阶级之间进行，而且也在这些阶级的各个成员之间进行；一个人挡着另一个人的路，因而每一个人都力图挤掉其余的人并占有他们的位置。工人彼此竞争，资产者也彼此竞争。"④

第四，奴隶式的分工使人畸形发展，使人变成片面的人。"现代工业的全部历史都表明，如果不对资本加以限制，它就会不顾一

---

① 马克思恩格斯选集［M］．第2卷．北京：人民出版社，1979：564.

② 马克思恩格斯全集［M］．第42卷．北京：人民出版社，1972：261-262.

③ 马克思恩格斯全集［M］．第23卷．北京：人民出版社，1972：399.

④ 马克思恩格斯全集［M］．第2卷．北京：人民出版社，1979：359.

切和毫不留情地力求把整个工人阶级弄到这种极端退化的绝境"。①
"就个人自身来考察个人，个人就是受分工支配的，分工使他变成
片面的人，使他畸形发展，使他受到限制。"②

四、共产主义社会与人的全面发展

马克思在看到了私有制和社会分工对人的发展造成了巨大障碍
的情况下，提出了人的全面发展问题，认为人的全面发展只有消灭
了社会分工即只有到了共产主义社会才能实现。私有制和社会分工
是紧密联系的。社会分工是导致私有制产生、存在和发展的直接原
因，而私有制又是维护社会分工的物质基础。在社会发展和人的发
展进程中，先是社会分工发展到一定阶段，导致了私有制的产生，
私有制的存在和发展又反过来保证社会分工的合理合法化。私有制
和社会分工作为社会历史发展的产物，又会历史地消亡。然而，私
有制的消灭却是社会分工消灭的历史前提。历史发展由社会分工开
始，中间经过私有制，再到社会分工消亡，形成了一个发展周期，
即社会分工——私有制——社会分工消亡。社会分工消亡后的社会
也就是共产主义社会。在马克思看来，社会分工严重地阻碍了人的
全面发展。

第一，社会分工造成劳动对人的奴役。由于强制的社会分工造
成了脑力劳动和体力劳动对人的奴役，劳动成为与人对立的异己力
量，控制着人、支配着人，加上城市和乡村的分离，破坏了农村居
民的精神发展基础，使农民陷于数千年的愚昧状态，也破坏了城市
居民体力发展的基础，使他们为各种专门的手艺所奴役。土地支配
着农民，手艺则支配着手工艺者。由于这种分工，人自己也被分成
几部分，为着行动的某一方面的发展，一切其他肉体的和精神的能
力，都遭受了牺牲。人身的残缺，与分工同时并进。

第二，社会分工把人固守在特定的劳动领域和职业上，屈从于

---

① 马克思恩格斯全集 [M]. 第2卷. 北京：人民出版社，1995：90.
② 马克思恩格斯全集 [M]. 第3卷. 北京：人民出版社，1972：514.

它们，使人失去了肉体和精神的自由。因为每个人都有一个既定的、专属的活动领域，这样就限制了他，使他摆脱不了，他只能一辈子是猎人，是渔夫，是牧人，或是艺术家、文学家、教师和医生。由于分工的结果，天才只是集中地表现在个别人身上，而其他人的艺术才能无法发挥。

第三，社会分工使个人独特的和自由的发展受到限制。由于分工，劳动不再是人的自由的生命活动，而成了一种桎梏。因为个人独特的和自由的发展，是由个人的联系决定的。这种联系通过经济前提、一切人的自由发展的必要合作和以现有生产力为基础的个人普遍性三方面表现出来。在社会分工条件下，个人受制于分工的经济前提，失去了自由，也不能有效地开展与他人的合作，个人的普遍性无法展现，只能束缚在特定的劳动领域和职业上，个人想进行创造性的劳动或通过劳动进行自由的创造，都没有任何可能。只有分工造成的专门发展停止，个人对普遍性的要求以及全面发展的趋势才能显露出来。马克思正是基于对社会分工种种弊端的分析，提出了人的全面发展的学说，在马克思看来，在社会分工的历史条件下，人是无法实现全面发展的，也不可能造就全面发展的人。马克思认为，全面发展的人，或人的全面发展，只有在消灭社会分工的共产主义社会才有可能存在。那时"迫使个人奴隶般地服从分工的情形已经消失，从而脑力劳动和体力劳动的对立也随之消失之后；在劳动已经不仅仅是谋生的手段，而且本身成了生活的第一需要之后；在随着个人的全面发展，他们的生产力也增长起来，而集体财富的一切源泉都充分涌流"。①

（本文作者：宋增伟，海南大学政治与行政学院教授）

---

① 马克思恩格斯选集 [M]. 第3卷. 北京：人民出版社，1995：305.

第二届全国高校马克思主义基本原理教学与学术研讨会述要

李德芳　张云阁

　　为了总结全国高校开设"马克思主义基本原理概论"课程的经验，进一步促进马克思主义理论教学工作，2008 年 1 月 12—13 日，在海南省海口市召开了第二届全国高校马克思主义基本原理教学与学术研讨会。研讨会由全国高校马克思主义基本原理教学与学术研究会主办，海南大学政治与行政学院承办。来自中国社会科学院、武汉大学等全国 50 余所高校的 100 余位专家、学者，围绕马克思主义基本原理教学与学术问题，进行了深入研讨和广泛交流。

一、关于对马克思主义基本原理的解读

　　"马克思主义基本原理"这一概念可以从三个角度来理解：一是指马克思主义基本原理本身；二是指马克思主义理论学科中的这个二级学科；三是指高校思想政治教育理论课程中的一门课程。与会专家首先对马克思主义基本原理本身进行了解读。

　　中国社会科学院学部委员李崇富教授在大会主题报告中指出，必须科学地理解科学社会主义。科学理解和全面掌握科学社会主义，既是推进科学社会主义理论研究和理论创新的内在要求，也是科学社会主义实践探索和实践创新的本质要求。马克思和恩格斯创立的科学社会主义，既是科学的理论，也是革命的理论，是科学性和革命性的内在和高度统一。科学社会主义的科学基础在于实践，科学社会主义离不开社会主义运动，但一些冠以"社会主义"名

称的运动并不一定就是科学社会主义的。有些政党和政府自称搞的是社会主义，但并不是无产阶级的社会主义，而是资产阶级的改良主义。在实践中对马克思主义、对科学社会主义做到坚持与发展的辩证统一，是马克思主义所必经的道路。

武汉大学梅荣政教授在大会主题报告中提出，必须重视突出马克思主义基本原理及其科学体系整体性的研究，因为这是马克思主义作为完整世界观的内在要求，也是完整地认识马克思主义，反对肢解马克思主义的根本要求。现在出版的一些有关马克思主义理论的优秀著作，概念清晰，原理讲得深透，读后使人感到很有收获。但是，也有一些论述马克思主义理论的著作在对重要原理和重要范畴的使用上存在一些值得注意的情况：一是直接使用某个原理和范畴，不做解读；二是有解读，但是不够深透；三是解读不科学、不正确，甚至有错误；四是解读不全面；五是解读的史实有误。这些情况不仅使人们难以全面准确地、深刻地把握马克思主义原理或重要范畴的精髓和实质，影响了对它的创造性运用，而且也难以有针对性地回答对马克思主义基本原理提出的有关挑战。因此，我们必须对马克思主义若干重要原理、重要范畴作深入的科学解读。同时，我们也必须坚持从继承与创新的统一中丰富马克思主义基本原理的范畴，并且把马克思列宁主义的基本原理和中国特色社会主义的基本原理联系起来加以考量。

华中科技大学刘家俊教授对马克思主义基本原理的发展观进行了阐释，认为在元典马克思主义中存在着一个基本的、整体的、大体上相对成形的"马克思的发展观"，马克思的关于发展的世界观形态，即马克思关于发展的总体看法和根本观念形态。从"马克思的发展观"自身"开山祖"的特点和"宏大叙事"的内容看，特别是与后来的中国化马克思主义的系列发展观相比较，其可被称之为"普遍规律发展观"。它研究的是发展的最一般、共同、共有、同一的规律，其包括四个方面：一是世界发展的普遍规律，二是社会发展的普遍规律，三是资本主义发展的普遍规律，四是人的发展的普遍规律。

海南大学的李辽宁博士对共产主义进行了多维视角的解读，指出：共产主义是一种社会制度、一种理论学说、一种生存状态、一种现实运动，这几种维度之间是相互联系的。共产主义不仅是一种社会制度和理想目标，也是一种关于这一理想目标的科学理论，它反映着人生存发展的理想状态，并且体现为向着实现这一理想目标的历史进程与现实运动。有的人对共产主义失去耐心和信心，或者对共产主义存在种种怀疑与猜测，往往与对共产主义的认识存在偏差有关。只有把以上几个方面结合起来，从整体上认识到共产主义的本质及其优越性，我们才能在内心深处树立起共产主义的崇高信念，才会勇于面对重重困难，并通过扎扎实实的行动为实现这一远大理想而不懈奋斗。

党的十七大报告提出了推动当代中国马克思主义大众化的命题。南华大学周晓阳教授等人认为大众化是马克思主义的内在要求，中国马克思主义大众化的过程是在马克思主义中国化过程之中完成的，马克思主义大众化既是坚持和发展马克思主义的必然要求，也是马克思主义中国化的根本目的。以中国的风格、专业的人才、通俗的语言、多样的形式推进当代中国马克思主义大众化，对发展中国特色社会主义伟大事业，推进党的理论创新具有重大的现实意义和实践价值。

科学发展观是中国特色社会主义理论体系的重要组成部分。来自山东大学、大连理工大学、华中农业大学、广东商学院、海南大学等诸多高校的专家，联系党的十七大报告，对科学发展观、构建社会主义和谐社会等问题进行了大会书面交流。

二、关于马克思主义基本原理教学问题

马克思主义理论教育的核心是马克思主义基本原理的教育。为了加强马克思主义理论教育，2007年秋全国高校普遍开设"马克思主义基本原理概论"（以下简称"原理"）课程，对马克思主义理论教育进行了新的探索。全国统编教材（高等教育出版社2007年版）在教学实践中有哪些问题，如何搞好教学工作，是来自教

学一线的各位专家讨论的重点所在。

厦门大学陈宣明副教授指出，教材反映了马克思主义的整体性，含有"七层内容"，贯穿"一条中心线"，具有"六个特点"和"四大功能"。在教学实施过程中要把握和展现马克思主义整体性。在外部联系上，把握"七层内容"，以逐步深入追问问题的形式，推进教学实施进程，综合呈现马克思主义的外观整体性。在内部联系上，抓住"一条中心线"，以范畴的逻辑演进为途径，如穿针引线那样，步步为营，推进教学实施进程，深刻揭示马克思主义的内在整体性。在本质特征上，牢记"六个特点"，以系统的辩证关系为观察点，前呼后应，左提右挈，横连纵出，充分说明马克思主义整体的有机性。在教育作用上，强调"四大功能"，以对问题的观察、分析和解决为思路，凸显马克思主义的基本立场、基本观点和基本方法，充分揭示马克思主义的整体效应，让大学生真正感受到马克思主义的逻辑魅力和精神力量。

中南民族大学阎占定教授、杨金洲副教授等认为，"原理"教材最大的特色是整体感较强。从特色上看，该教材充分体现了马克思主义中国化的最新成果和中国特色社会主义实践的最新经验，突出了马克思主义的立场、观点、方法等教学重点，具有现实性、针对性、可读性的特点。从内容上看，既综合了马克思主义哲学、马克思主义政治经济学、科学社会主义等三个部分的知识要点，又高于三个组成部分，力图从整体性角度把握马克思主义原理。从主题上看，着重回答什么是马克思主义、为什么要坚持马克思主义、如何坚持马克思主义。从章节线索来看，从绪论到第七章依次阐述了马克思主义的一般规定、辩证唯物主义和唯物辩证法、马克思主义认识论、历史唯物主义、资本主义的形成、本质和历史进程以及社会主义的产生、发展与前途。该教材体系全面、系统、深刻回答马克思主义的基本立场、基本观点、基本方法。

北京交通大学施惠玲副教授认为，统编教材并没有把马克思主义理论中的主旨有效地凸显出来。学生在阅读教材时，感觉头绪太多，很难把握书中所阐发的基本原理和观点之间的有机联系。产生问题的主要原因，是教材没有鲜明地突出马克思主义基本原理中的主题或主线（人的发展和人的解放问题），没有把握住所要阐发的原理、观点之间内在的逻辑性。统编教材仍未摆脱过去教科书中马克思主义三大块的影响，或者说，统编教材是对"三大组成部分"的机械整合。加之目前师资队伍的现状，使得"原理"课程的实效性与其想达到的目标相去甚远。

江西师范大学王玲玲教授、汪荣有教授等指出，当前大多数高校"原理"教学存在的主要问题是：该课在实际上常常被不少学校所轻视，处于边缘化的状态；学生学习态度过于功利；教师教学方法呆板、僵化，教学内容脱离实际；师资队伍不能完全适应社会转型时期对"原理"教学的新要求。导致"原理"教学问题的原因是多方面的，但由于意识形态领域的斗争实际上直接影响到了包括"原理"在内的思想政治理论课的教学效果和影响力，所以，没有认识到意识形态之争对"原理"课程的强大影响力，不能正确认识"原理"课程的意识形态意义，是"原理"课程教学所有问题的症结所在，也是制约"原理"教学效果的瓶颈。我们必须从马克思主义整体性的角度去讲授这门课程，在教学中加大主流意识形态教育的力度，用马克思主义占领社会主义意识形态阵地。

对于"原理"课程的教学效果，武汉理工大学华夏学院闵嘉国教授等通过对该院 460 名大学生的抽样调查后指出，虽然大多数学生认为该课程有必要作为大学生必修课，有利于帮助大学生树立正确的世界观、人生观和价值观，但也有不少学生认为该课程内容单调、没有实际意义，缺乏足够的学习兴趣和动力。不少学生的学习态度不够端正，认为学习"原理"课程的目的仅仅是为了通过考试。因此，要想提高"原理"课程的教学效果，首先必须帮助大学生树立正确的学习态度，让他们真正意识到学习该课程的重要性和实用性。另外，大学生普遍喜欢既有较高专业水平，又幽默风趣的老师，教师的专业素质与人格魅力对于教学效果起着至关重要的作用。加强师资队伍建设是提高教学质量的一个关键性因素。

湖北经济学院路杨教授认为，精心组织、提高修养是搞好"原理"课程教学的前提。在教学中，一要突出基础地位，明确课程教学的重点；二要精选例证，体现教学重点的特性；三要提高修养，增强课堂讲授的吸引力。马克思主义理论课教师只有高标准严格要求自己，从师品（德高为师）、师智（学高为师）、师能（技高为师）、师表（身正为师）等各方面不断提高自己，才能为高质量讲授"原理"课程奠定基础。

杭州师范大学傅德田副教授、浙江财经学院朱巧香副教授等强调，在"原理"课程教学过程中，要以学生为本，注意加强学生的参与活动。从其教学成效看，大多数学生都参与了教学，课堂活跃，部分学生课余热情地钻研"原理"课程相关理论，扩大了其理论眼界，提升了其精神风貌。

中南民族大学阎占定教授、杨金洲副教授等指出，"原理"课堂教学实效性是一个必须引起注意的问题。在教学中，特别要处理好三大关系：一是"原理"教材体系与课堂教学体系之间的关系；二是课堂教学体系与学生思想实际、学术观点之间的关系；三是课堂教学内容与教学形式及社会实践形式之间的关系。只要我们围绕这三个方面努力钻研，扎实工作，"原理"课程教学就会更具实效性、针对性、亲和性，受到大学生的真心喜爱。

西安理工大学廉永杰教授，中南大学谭希培教授，同济大学章仁彪教授，武汉大学张晓红教授、龚玉敏副教授，西安交通大学李建群教授、宋永平教授，上海交通大学王平教授，贵州师范大学唐昆雄教授，鲁东大学王干才教授等许多专家，结合本校的"原理"教学问题，在大会发言或小组讨论中各抒己见，对如何搞好高校思想政治理论课教学，特别是"原理"教学发表意见。与会者普遍认为，通过本次大会，分享了彼此的教学经验与探索成果，对今后进一步搞好马克思主义基本原理教学与研究工作，具有积极的促进作用。

（本文作者：李德芳、张云阁，海南大学政治与行政学院教授）

后　记

　　2007 年秋，全国高校普遍开始开设了"马克思主义基本原理概论"课程。为总结一个学期以来各高校开设该课的基本经验，促进今后"马克思主义基本原理概论"的教学工作，2008 年 1 月中旬在温暖如春的海口市召开了"第二届全国高校马克思主义基本原理教学与学术研讨会"。会议由全国高校马克思主义基本原理教学与学术研究会主办，海南大学政治与行政学院承办。来自中国社会科学院、武汉大学、南京大学、同济大学、厦门大学、山东大学、中南大学、西安交通大学、北京交通大学、西南交通大学、哈尔滨工业大学等 50 余所高校的 100 余位专家、学者参加了会议。中国社会科学院学部委员、中国历史唯物主义学会会长李崇富教授、武汉大学政治与公共管理学院马克思主义基本原理国家重点学科带头人梅荣政教授应邀莅会并作大会主题报告。

　　会议期间，我们学院提供了马克思主义理论学科近年出版的部分成果，如由武汉大学出版社出版、顾海良教授作序的"马克思主义理论与思想政治教育研究丛书"（包括《思想理论教育前沿问题纵论》、《当代中国思想政治教育意识形态功能研究》、《马克思思维方式论》、《中国共产党执政新思维研究》、《儒道佛与中国传统文化教育》、《琼崖革命精神论》等），以及《世界马克思主义理论教育比较研究》、《中国与越南：马克思主义理论教育比较研究》、《中国传统思想政治教育理论史》、《中国共产党农村思想政治教育史》、《中国传统思想道德与东南亚伦理》、《人的存在与发展》、《制度公正与人的全面发展》、《转型期高校德育研究》、《科学社会主义理论教育若干重要问题研究》等，供会议参考。

　　会议前后，我们收到专家、学者们提交的论文近百篇。现在，我们从中选出 60 余篇编辑成书，并根据内容编为三个专题："马克思主义基本原理若干重要问题研究"、"马克思主义基本原理教学探索"、"社会主义核心价值体系与高校德育研究"。在论文的编选中，我们对部分论文的注释和参考文献格式进行了统一规范，并校正了部分内容。本书是全国高校首轮开设"马克思主义基本原理概论"课程后来自教学一线的马克思主义理论课教师，以及一些相关学者交流的成果，它对下一步《马克思主义基本原理概论》教材的修订，以及今后进一步深化马克思主义基本原理教育教学和学术研究，具有较大的参考价值，是高校思想政治理论课教师的重要教学参考资料。

　　会议的成功举办，得益于李崇富教授、梅荣政教授以及全国高校马克思主义基本原理教学与学术研究会负责人谭希培教授、章仁彪教授等的大力支持和指导，也得益于全体与会专家的积极参与、充分理解和热情帮助。海南大学马克思主义理论学科是海南省级重点学科，在今后学科建设与发展过程中，我们希望继续得到学界同仁的关爱和支持。

　　由于时间仓促、水平有限，本书的编辑可能会存在着这样或那样的不足之处，还请各位专家、学者和读者谅解。

编　者

2008 年 4 月 26 日